新编高等院校经济管理类规划教材·专业课系列

投资心理学

张玉智　刘克　　编著

清华大学出版社

北　京

内 容 简 介

本书以投资心理的理论分析为切入点，以投资主体的案例分析为突破口，以投资行为的实验分析为着眼点，全面、深入、系统地演绎了投资主体心理活动规律与行为波动轨迹。

本书采用总论——分论——总论的研究层次，既研究投资个体的心理过程，又分析投资群体的行为意愿，由远及近、由浅入深、由表及里地阐述了很多同类教材所忽视的内容。本书还给出不同的课堂实验和典型的投资案例，适合作为高等院校经济管理类相关专业的教材，也可作为证券和期货市场的从业人员和投资者的学习读物。

本书配有课件和习题答案，下载地址为：http://www.tupwk.com.cn/downpage。

图书在版编目(CIP)数据

投资心理学/张玉智，刘克 编著. —北京：清华大学出版社，2012.6（2020.1重印）
（新编高等院校经济管理类规划教材·专业课系列）
ISBN 978-7-302-28669-1

Ⅰ.①投… Ⅱ.①张… ②刘… Ⅲ.①投资—经济心理学 Ⅳ.①F830.59

中国版本图书馆 CIP 数据核字(2012)第 078294 号

责任编辑：施　猛
装帧设计：牛艳敏
责任校对：蔡　娟
责任印制：杨　艳

出版发行：清华大学出版社
　　　　　网　　　址：http://www.tup.com.cn，http://www.wqbook.com.
　　　　　地　　　址：北京清华大学学研大厦 A 座　　　邮　　　编：100084
　　　　　社 总 机：010-62770175　　　　　　　　　邮　　　购：010-62786544
　　　　　投稿与读者服务：010-62776969，c-service@tup.tsinghua.edu.cn
　　　　　质 量 反 馈：010-62772015，zhiliang@tup.tsinghua.edu.cn
　　　　　课 件 下 载：http://www.tup.com.cn，010-62781730
印 装 者：北京九州迅驰传媒文化有限公司
经　　　销：全国新华书店
开　　　本：185mm×260 mm　　　印　张：21.75　　　字　数：413 千字
版　　　次：2012 年 6 月第 1 版　　　　　　　　印　次：2020 年 1 月第 4 次印刷
定　　　价：58.00 元

产品编号：044074-02

前 言
PREFACE

作为资本市场的重要组成部分，证券市场为经济和社会发展作出了重要贡献。截至2011年11月31日，沪深两市共有A股账户16 235万户，B股账户252.08万户，有效账户13 988.31万户，上市证券达2 500多只，沪深股市总市值30.1万亿元，流通市值20.1万亿元。此外，包括远期、期货、互换、认股权证、可转换债券在内的金融衍生品市场也有了长足的发展，股指期货、融资融券业务步入正轨。这些对我国建设多层次资本市场体系意义重大。

2011年下半年美债危机、欧债危机频频爆发，大宗商品价格震荡走低，全球资本市场陷入低迷。应该说，像美国这样金融业高度发达、资本市场法律非常完善、衍生品市场监管体系十分健全的经济体，其投资主体已经经历了长期的投资洗礼，却仍然摆脱不了债务危机导致的投资失误的宿命，那么资本市场发展初级阶段的中国投资主体更不可能独善其身。因此，开展必要的心理调适和行为疏导工作就更为关键。

从2000年开始，我们几乎每年都要给本科生、研究生讲授投资心理学、投资学、证券投资实务、证券投资分析、期货投资学、期货与期权、金融衍生工具、金融衍生证券理论与实务、金融工程学等课程，还多次组织研究生、本科生进行大规模的"投资心理调查"、"证券市场调查"活动。在教学和实践活动中，我们发现学生对投资心理方面的认识还很肤浅，投资者的投资心理还很不成熟，证券公司、期货公司对投资心理的研究也很薄弱。

通过查询文献，我们发现虽然关于投资心理方面的研究浩如烟海，但能够系统诠释投资者心理调适与行为疏导的论著并不多见，适合于本科生、研究生教学的规范教材更是凤毛麟角。编写一本集系统性、知识性、规范性、实践性、趣味性于一体的《投资心理学》教材，就成了我们的动力。

本书在研究投资心理学基础理论的同时，通过对个体和群体投资心理与行为的系统分析，针对投资主体的心理异象与行为障碍提出了心理调适与行为疏导的基本思路和具体架构。

虽然我们在此前出版了《农产品期货投资策略》、《金融工程》、《中国金融衍生品市场监管体系重构》、《证券投资心理与行为》等几部著作，主编了《证券投资学》、《国际金融》、《货币银行学》、《货币金融学》、《商业银行管理》、《管理思想史》、《宏微观经济学教程》、《财政与金融》等几部教材，但是，仍不能保证本书十全十美，书中难免有纰漏之处，因此，我们诚恳地请求各位读者提出宝贵的意见。

本书在写作过程中参考了大量文献，我们尽可能地标明了文献的出处，但难免挂一漏万，在此向那些我们引用过却未能或者无法明确标明文献出处的作者深表歉意、谢意和敬意。

张玉智 刘克

2011年12月于长春

目 录
CONTENTS

第1章 导论

"由于投资取决于难以预料的未来时间的紧张不安的预期,所以它是极端变幻莫定的。"①

——【美】保罗·A.萨缪尔森,威廉·D.诺德豪斯

投资心理学是一门新兴学问,它是投资学与心理学的有机结合。在现代经济社会,可投资的领域很广,如股票市场、债券市场、期货市场、黄金市场、外汇市场、房地产市场等,但就主体参与的广泛性及各种投资领域在国内的规模来看,股票市场首屈一指,研究股票投资心理具有典型意义。

本章从投资心理学的概念与特征入手,通过对投资心理学作用和地位的论证,详细介绍了投资心理学的研究对象、内容、方法,以及投资心理学的体系与结构,为进一步学习和领会投资心理学奠定基础。

●开篇案例●

2007年5月,家住长春的小童考虑了一年以后终于做出决定:卖掉现在的70平方米的住房,换购一套120平方米的新房。

身为大学教师的小童算得上白领。几年下来,不仅靠积蓄买了一套集资房,而且还有存款近10万元。6月份,拿到20多万元卖房款后,小童租了一个临时住处,便开始奔波于大大小小的新建楼盘中,寻找合适的目标。然而,位置好的楼盘价格高得离谱,价格稳定的楼盘位置又不好。找了一个多月,他始终没有找到自己满意的新房。此时,房价一直处于上涨状态。在这期间,股市火得不得了,"平民股神"之类的财富故事如雨后春笋般冒出来,分外撩拨人心。

一边是诱人的财富效应,一边是存款贬值的压力,从未炒过股票的小童,再也按捺不住躁动的心。他把卖房款和存款全部投入了股市。随着股市的节节攀升,小童股市资金账户中的数字也一天天变化,在不停地调仓换股后,到10月份已经超过了50万元。

当时长春市的平均房价大概在每平方米3 000元,小童盘算着用这50多万元在稍好地段买一套150平方米的住房。

---

① 保罗·A.萨缪尔森,威廉·D.诺德豪斯.经济学(第12版)[M].北京:中国发展出版社,1992:227.

随着上证指数的突然暴跌，小童的纸上财富也一点点被吞噬，但他不愿相信到手的"150平方米"的房子飞走，对股市的再次转好心存侥幸。到2009年初，其账户资金只剩下不足11万元，连原来的70平方米集资房的一半也买不起。

此后，小童心情受到了极大打击，没有心思投入工作，整天沉溺于股市，险些酿成重大教学事故……[①]

心理专家解读：情绪是影响身心健康的重要因素，眼下经济生活的频繁波动对人的情绪、心理影响越来越直接、越来越明显，人们必须学会理性思考，对各类经济波动冷静视之，淡定处之，学会建立情绪疏导渠道，释放压力，做自己情绪的主人。

1.1 投资心理学的概念与特征

作为行为金融学的一个分支，投资心理学的产生历史并不久远。投资心理学研究的内容包罗万象，但归根结底是研究投资主体的心理现象及其规律的一门科学。投资心理学运用行为科学、投资学、心理学、信息经济学、管理学、情报学、博弈论等有关理论，从投资主体的心理现象入手，着重揭示投资主体在投资过程中的心理活动规律，是投资主体从事证券投资所必须了解和遵循的实用法则。

1.1.1 投资心理学的概念

心理学是研究人或动物心理现象及其规律的科学。广义上讲，投资心理学是研究投资主体的心理现象及其规律的科学。狭义上讲，投资心理学是研究证券市场参与者的心理现象及其规律的科学。根据这一论断，我们很容易给出投资心理学的基本定义。

投资心理学是研究包括证券市场管理者、证券中介者和证券投资者在内的证券市场主要参与者的心理现象及其规律的科学。事实上，人们在投资过程中，一般都会低买高卖，以获得差价收益，如图1-1所示。

但是，所有的价格走势图都是盘后分析，谁也无法预料本次买进的点位是否是低点，当然，谁也无法预料本次卖出的点位是否是高点。正因为如此，技术分

---

① 张玉智.证券投资心理与行为[M].北京：经济日报出版社，2009:165-166.

析在投资过程中虽偶有奇效，却终难担大任。而要掌握投资的精髓，非投资心理学莫属。

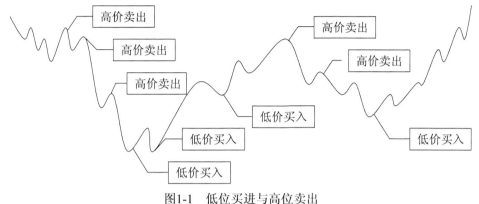

图1-1 低位买进与高位卖出

课堂分享案例1-1

一头老驴掉到了一个废弃的陷阱里，陷阱很深，驴根本爬不上来；主人看它是老驴，懒得去救它了，让它在那里自生自灭。那头驴一开始也放弃了求生的希望，结果每天还不断地有人往陷阱里面倒垃圾。按理说老驴应该很生气，应该天天去抱怨：自己倒霉掉到了陷阱里，它的主人不要它，就算死也不让它死得舒服点，每天还有那么多垃圾倒在它旁边。可是有一天，它决定改变它的人生态度(确切地说应该是驴生态度)。它每天都把垃圾踩到自己的脚下，从垃圾中找到残羹来维持自己的生命，而不是让垃圾淹没自己。终于有一天，它重新回到了地面上。①

观点碰撞：任何崇尚技术分析的投资者，更应该改变投资态度，尝试掉过头来研究一下基本分析，或许会柳暗花明。

要准确地理解投资心理学的定义，必须掌握以下几个要点。

第一，投资心理学是一门新兴学问。从学科体系来讲，投资心理学是投资学、心理学共同派生的学问。投资心理学的产生和发展时间较短，目前，有关投资心理学的书籍有(美)约翰·诺夫辛格的《投资心理学(第二版)》(北京大学出版社2008年3月出版)、(匈)安德烈·科斯托拉尼(Andre Kostolany)的《大投机家的证券心理学》(林琼娟译，重庆出版社2007年11月出版)，以及东北财经大学陆剑清等编著的《投资心理学》(东北财经大学出版社2000年9月出版)、中央财经大学翁学东编写的《证

---

① 开心果.陷阱里的老驴[N].经理日报，2008-8-30(6).

券投资心理学》(经济科学出版社2005年8月出版)、徐敏毅编著的《股票投资心理分析》(东华大学出版社2007年11月出版)等。通过查询百度、谷歌等网站,到目前为止,比较系统、全面、有针对性地对以投资主体的心理现象及其规律进行充分、翔实论述的教材或著作尚不得见。

第二,投资心理学是以人为研究对象的。广义上讲,投资心理学的研究对象是投资主体。可以说,投资主体的思想、举动、言行都是投资心理学的研究对象。狭义上讲,投资心理学的研究对象主要是投资主体的心理现象及其规律。投资主体的心理过程、行为动机、操作手段等,不同的投资主体的心理活动状况、心理素质变化对投资决策的影响等,同一投资主体在不同的投资机会面前表现出来的不同判断方式、认识程度等,都是投资心理学研究的主要对象。人的心理现象和行为是有机联系的,可以说,外在的信息、资料、理论等内化为人的主观意识后,又外化为人的行为。也就是说,心理意识支配着人的行为,而行为也在不断地纠正和改变心理意识。从这个意义上说,研究人的心理现象及心理意识的规律,有助于正确把握投资机会。

第三,投资心理学是研究人在投资过程中的心理现象及其规律的。一方面,不同的投资主体在不同的投资时间、不同的投资地点、不同的投资场合和不同的投资环境下有不同的投资心理活动;另一方面,同一投资主体在受不同的情绪、意志等的影响时对待同一个投资机会也会做出不同的投资决策。往往有这样的事情发生:一个投资者早晨经过对比和筛选,选择了一个投资品种,并且实施了投资活动。但是,中午的时候,一件偶然的事情,或者是单位的事情,或者是家庭的事情,反正是一件比较糟糕的事情,就可能会搅得该投资者心神不宁。在这样的心理状态下,早晨所做的投资决策就极有可能被否定,甚至被反向操作。现实生活中,这样的例子屡见不鲜。投资心理学正是一门在深入挖掘和捕捉投资主体心理现象的同时,揭示和演绎投资主体心理活动规律的学问。

第四,投资心理学是证券投资主体、证券市场研究者、市场监管者以及从业人员的必修课。证券投资主体是证券市场赖以存在的基础。投资主体的心理意识及行为深刻影响着证券市场的生存和发展,投资主体要进行证券投资,了解和掌握自己和他人的心理现象和规律是必须的步骤,正所谓"知己知彼,百战不殆"。而证券市场研究者是市场发展的理论与实践指导者,离开了对投资心理学的研究,其研究成果将缺乏必要的说服力。证券市场的监管者是市场秩序的维护者,除了要监管相关法律法规的执行状况,还要监管投资主体的投资行为,所以监管者也必须研究投资者的投资心理。至于证券市场的从业人员,更应该掌握投资心理学的基本理论,以便更好地为广大投资者服务。

1.1.2 投资心理学研究的简要回顾

1. 国内外投资心理学的研究现状

投资心理学是当代经济心理学的重要分支。美国拉斯维加斯市内华达大学心理系为本科生开设了该门课程。讨论的范围包括:一是投资基础,如现金、股票市场、证券、经济分析等概念,重点强调其中的心理学因素。二是文献综述,包括早期作者(如Mackay、Hoyle、Selden等)和近期作者(如Neiu等)文献的回顾,他们侧重研究在投资和投机活动中心理因素的重要性。三是现代作者的工作。Wyckoff研究了市场循环、大众行为、证券类型、数字偏好以及日期与季节效应;Dremen分析了依从、感情等非理性心理变量,从而解释许多职业投资者的心理弱点产生的原因。除此之外,还有对股票市场行为进行精神分析的研究等。四是投资者人格特质。五是投资与投机的心理理论。Hayden认为,根据乐观—悲观连续带理论,风险规避水平可以划分为不同的层次,乐观和悲观的心理预期在投资和投机行为的决策中起着相当大的作用。

我国的经济心理学研究总体上尚处于萌芽阶段,能够获得的国外资料和信息非常少。但我国在与经济心理学有关的一些心理学分支学科如消费心理学(又称消费者行为学)、广告心理学等领域的研究从20世纪80年代就开始了,并出版了一定数量的专著、研究报告和论文等。我国学者在投资心理方面也有比较深入的研究,如华东师范大学心理系俞文钊教授和彭星辉先生对上海股民的投资行为与个性特征的研究、对投资心理与居民消费结构的动力变化的研究等(参考1994年1月5日第170期《上海证券报》,1993年11月《中国心理学会第七届会议文集》),前文谈及的陆剑清、翁学东、徐敏毅等也做过相关的研究。但是,国内的研究基本上还没有形成百花齐放、百家争鸣的局面,可以说,仍处于初步研究阶段。

2. 国内外专家学者对股票投资心理的主要讨论

股票投资者是证券投资活动的主体,又称投资人、投资体,是指从事股票投资活动的法人或自然人。中小投资者俗称为股民,是证券市场中最大的参与群体。股票投资主体是股票投资权力体、投资责任体和投资利益体的内在统一。股票投资主体就是资本所有权在股票投资领域中的人格化。

研究表明,股票投资过程,是指股票投资者在一定的动机驱使下,在自认为适当的时候投入一定量的资本,来选择、评价(分析)、决定、购买、储存和卖出股票以获利了结或止损出局的过程。可见,这个过程是从投入资本开始、以出售股票结束的。

在上面这个过程中投资者的心理活动表现得淋漓尽致,投资者的行为也具有一定的规律性。如图1-2所示,一般情况下,人们习惯于把握阶段行情,不追求最高点卖出，当然也不追求最低点买入。

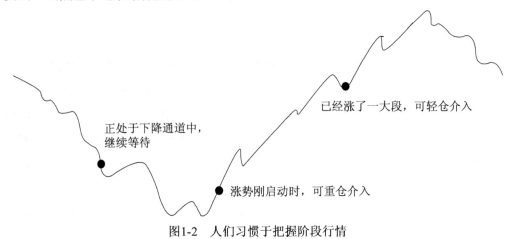

图1-2 人们习惯于把握阶段行情

由于对价格走势判断的标准不同，人们对未来趋势的判断也就迥异。影响人们判断价格趋势的因素有很多，投资者的心理活动(包括认识、情绪、意志)，投资者的个性倾向(需要、动机、态度)，投资者的风险意识、挫折适应心理，投资者的性格、气质、智力等，这些心理因素都对投资的绩效、投资的行为方式有重要作用。股票市场是个社会场所，投资者之间的心理和行为必然相互影响、相互作用，因此，投资者心理活动还包括从众心理和从众行为、传谣信谣心理、心理气氛、人气、多空搏杀心理、主力与散户心理等股市的社会心理现象。

━━━━━━━ 课堂分享案例1-2 ━━━━━━━

聪明又漂亮的小红狐灵灵到朋友家串门，不知不觉逛到了猪妈妈家，听到猪仔小胖和小黑正在争吵。原来是正在争夺猪妈妈留给它们的一块鸡蛋饼。猪妈妈有事情不回来，特意做了一大块鸡蛋饼给两只小猪吃，谁知道两只小猪却互相指责，说对方得到的比自己多，自己得到的比对方少。

见小红狐来了，两只小猪仔请小红狐主持公道。小红狐看了看切成两块的鸡蛋饼，笑了笑，问两只小猪仔："你们说的可都是实话？""实话，实话。"两兄弟异口同声地回答。"好，既然你们说的都是实话。小胖你认为小黑分得的饼比你的多，你把你分得的饼给小黑。小黑你认为小胖分得的饼比你的多，你把你分得的饼给小胖。这样你们都得到了那块大的。"两只小猪仔一听，顿时哑口无言。①

观点碰撞： 任何事物都有其两面性，如果站在对方的立场分析，就很容易看出自己的判断并非正确。

───────────────

① 谷儿.巧分鸡蛋饼[N].经理日报，2008-8-30(6).

3. 国内外投资心理学的研究方法

科学方法可以帮助人们发现新的事实、现象以及现象与现象之间的必然联系。对于投资心理学来说，学者们一般根据研究对象、研究课题的性质、研究的物质条件等因素的不同，选择相应的某种方法或几种方法，以求各种方法取得的结果之间相互印证。

国内外所用的投资心理学研究方法主要来自实验心理学和社会心理学，主要有以下几种：

(1) 实验室实验法。实验室实验法是在实验室中，控制一切估计会干扰实验结果的其他因素，有目的、有组织地操纵某个因素，观察此因素对被试者心理和行为有何影响。在实验时，实验者不主观地任意挑选被试，而是使某一范围里的每个人都有相等机会作为被试，这称为实验取样的随机化，以使实验结果减少特殊性和偶然性，增强可靠性。目前，湖南大学在这方面的硬件和软件投入都走在了前列，研究成果也很丰硕。

(2) 现场实验法。现场实验法又叫自然实验法，是在自然情况下控制条件进行实验，对由此发生的相应的心理、行为变化进行分析研究，得出结论。这种方法在很大程度上可以推断出因果关系，但运用这种研究方法必须与有关方面建立协作关系。它与实验室实验法相比，控制条件与施加实验措施可能不如实验室实验法那样方便，但它更接近于生活的真实情况，故其实验结果较易于推广。

(3) 现场调查法。现场调查法是研究者运用问卷、谈话等方式，对研究对象进行了解调查，以收集材料并加以分析归纳。这种方法用来研究投资需要、动机、决策、风险态度、情绪反应等内容较为实用。这种调查方法简单易行，调查的结果可以提交有关部门作为参考。调查前要精心设计调查表，调查问卷可以采用不记名方式。面对面谈话要事先拟定谈话范围、主题、提问提纲等，谈话时设法在融洽的气氛中进行，使被调查者能够畅所欲言。目前，长春工业大学金融学专业本科生和证券投资与管理专业专科生每年都开展大范围的投资心理调查活动，整理出的调查报告被提交给证券公司、期货公司，为指导投资者稳健投资提供了有益的借鉴。

(4) 观察法。从一定的目的出发，对研究对象进行系统和有步骤的观察记录，以获得数据得出结论，即为观察法。这种研究方法的最大优点在于：对于所研究的对象既没有施加任何外来的影响，又能够掌握研究对象的许多生动、活泼的实际材料，所以它有很大的现实意义，资料的可靠性也较强。但这种研究方法也有一定的缺点，即可了解到"是什么"，但很难推测"为什么"。这种方法如果运用得当，也不失为一种较方便的方法。

1.1.3 投资心理学的特征

1. 投资心理学学科属性单一

投资心理学涉及投资学、金融学、经济学、社会学、行为学等多种学科的内容，是一门边缘性的交叉学科。这门最近二十多年才兴起的新型学科，反映了科学发展的基础与应用并重以及有关学科相互吸收融合共进的时代潮流。应该说，投资心理学的学科属性比较单一，是心理学与投资学的共同衍生学科。投资心理学的学科属性如图1-3所示。

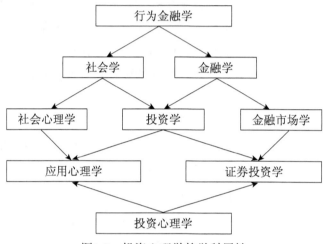

图1-3 投资心理学的学科属性

从心理学来看，投资心理学属于社会心理学的应用部门，是一个崭新的分支领域，与人们的经济生活、投资行为、增值心理息息相关。[①]

2. 投资心理学重点针对性格等心理特征进行研究

每个人有不同的性格。性格是指人对客观现实的、稳固的态度以及与之相适应的惯常的行为方式，如坚定、自信、勇敢、怯懦、固执、多疑等。投资者的性格特征是投资者在投资过程中表现出来的习惯化的行为方式。

在证券营业部中经常会看到某些个性鲜明的投资者。如1996年的大牛市，没有实行涨跌停板制度前，有的投资者专门追涨杀跌，那时的股票一天涨20%~30%是常有的事。到1996年年底，居然有两只股票一天涨100%以上。追涨杀跌就是这种股民的性格特征之一。而2006—2007年的大牛市中，有的投资者居然也能够骑上像ST金泰这样的黑马，连续享受40多个涨停板，同时也有人骑着黑马一直到现在，资产缩水十几倍，黑马早已经变成了黑暗。图1-4是2007年ST金泰股票价格走势。

---

① 李晓梅.证券投资心理学[J].证券导刊，2005(40).

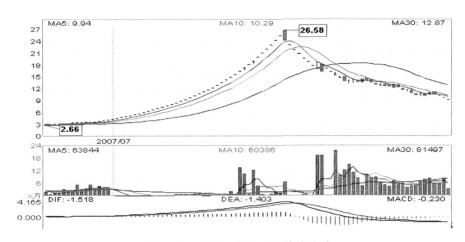

图1-4　2007年ST金泰股票价格走势

有的投资者年年解套又年年被套，总是喜欢在高位去追买热点股票，形成一种习惯性上套，被套住了从不愿认赔割肉，等到解套以后，又忍不住杀入其他的股票，最后又被套，这也是一种性格特征。还有的股民总是能买上黑马股，却总是骑不住，要么赚点小钱便被震荡出来，要么不赚钱或赔点小钱，然后仓皇出局。

这种现象非常普遍，我们称之为一贯性操作偏差。这些一贯性的操作偏差形成了不同投资者的独特性格。某些性格特征在某些投资者身上屡屡出现，就像命运一样难以改变。

从心理学的角度上说，尽管气质是与生俱来、难以改变的，但性格却是相对容易改变的心理特征。那么投资者为什么难以改变自己的性格？为什么总是会犯同样的错误？主要原因还在于投资者对于自己的性格重视程度不够，或者说他们不认为自己的失败是由于性格的因素造成的。因为每一次被套的股票都不相同，或每一次股市下跌的原因都与上一次不同，似乎每一次失败与性格都没有关系。其实，这恰恰是症结所在。

3. 本书更侧重在实践中研究理论

本书是我们多年来从事投资活动和心理学研究的总结，它是一本普及性读物，向广大读者、投资者介绍这门新型学科，用投资者的心理描述与分析，使投资者能知己知彼，了解大众投资者的心理误区，了解自己在投资操作中的个性特点，以便战胜自己的心理弱点和情绪困扰，走向成熟，力争成为一个成功的投资人。

理论指导实践当然有效，问题是理论是否来源于实践。实践是检验真理的唯一标准，是研究投资心理的最关键的要素。离开了实践，任何理论研究都将失去指导意义。

因此，本书在重视心理学与投资心理学的历史发展关系的同时，注意从宏观战略的高度用实践验证理论，通过案例分析、实证研究实现心理学理论与经济学理论的结合，对投资心理方面的探究提出了一些大胆设想和开拓性的见解。具体有以下几个方面：

(1) 理论研究与实践验证相结合。本书有50%的篇幅是关于理论研究的，既有学术前辈们的思想精华，比如心理学相关理论的介绍、投资学基本内容的阐述等，也有作者的理论创新，比如个体投资者的投资心理与行为、群体投资者的投资心理与行为、证券市场不同主体的信息博弈等。在理论研究的同时，本书还用了大量的篇幅进行实证研究，通过大量身边的例证说明理论的产生、发展、成熟过程，既具有前瞻性和通俗性，又具有交互性和趣味性。

(2) 国外资料与国内成果相结合。作为一本相对独立的教材，本书的个别部分可能与其他同类资料的相关部分略有重复。这种重复既难避免，也未尝不可。作为一门分支学科，投资心理学的结构应该是独立的、完整的和系统的。如果没有必要的重复，势必影响本书的整体脉络，读者在阅读时将会产生脱节之感，导致不必要的困惑。因此，在编著本书时，对于其他资料中同样涉及的内容，我们也进行了有限的借鉴。

(3) 知识介绍与实务探讨相结合。高质量教材的目的就是能够减少读者接受知识的难度。本书以基本的证券投资心理方面的知识探讨为突破口，辅之以必要的、一定深度的实务分析，目的是为了满足不同层次读者的需求。需要指出的是，有些实务是读者必须了解的，有些是必须熟悉的，而有些则是必须掌握的。

1.2 投资心理学的地位与作用

投资心理学是研究证券投资主体的心理现象及其规律的学问。研究的结果是找出影响投资心理的本质规律，利用这些规律规范投资行为，防范和化解投资风险，从而促进证券市场乃至资本市场的健康发展。因此，投资心理学对促进证券市场健康发展，规范投资主体运作行为，甚至对于推进社会经济发展方式转变都具有至关重要的地位与作用。

1.2.1 促进证券市场健康发展

市场的发展离不开规范。只有在不断规范的市场中进行投资，才能降低投资风险，获取投资收益。然而，由于投资主体的结构差异、素质差异、道德差异以及心理状态的差异，不同的投资主体在同一市场、同一品种、同一时间、同一操作上的行为也就不尽相同，交易的结果也就因人而异。而不同的交易结果将直接影响着证券市场的健康发展。因此，投资心理学在促进证券市场健康发展方面具有举足轻重的地位与作用。

1. 健康的投资心理对证券市场健康发展的积极作用

健康投资心理的表现形式主要包括以下几个方面：

(1) 投资目的明确。投资前，就有很明确的目标，或者为了实现自有资产的合理增值，或者为了充分利用闲散资金，或者为了促进经营方式的科学定位，总之，投资是经过缜密研究、科学调查、充分计划和严密组织后确定的。

(2) 投资规模合理。能够量体裁衣，按照自身的经济实力合理分配资金，不贪多贪大，不嫌少嫌小。

(3) 投资方式科学。根据自身的环境、状况、特点，选择不同的投资方式。比如，从事粮食加工的投资主体，在选择投资方式时，可能会选择原料的套期保值和产品的实物交割；从事证券投资的投资主体可能会选择投机交易等。

(4) 投资心态平稳。能够平静地享受因投资决策正确产生的高额利润，也能够耐心地承担因投资决策失误产生的巨额亏损。

(5) 投资信心十足。不会因一次或几次的失败而丧失信心，始终坚信有投资必有回报，理性投资必有合理回报。

健康的投资心理对证券市场健康发展的积极作用主要表现在以下几个方面：

(1) 促进投资主体形成理性思维，使投资主体能够正确看待证券市场运作过程中出现的各种现象，并能够正确理解证券市场投资与投机、投资与收益、投资与风险的辩证关系，便于有关部门对证券市场进行监管。

(2) 促进投资主体关心市场发展，使投资主体能够积极地规划证券市场的发展目标、科学地预测证券市场的发展趋势、稳健地掌握证券市场的发展规律。

(3) 促进投资主体树立全局意识，在市场风险加剧的情况下，能够不计较个人的利益得失，而以市场发展的全局为重，从而使主管部门能够比较顺利地防范和化解市场风险。

2. 不健康的投资心理对证券市场健康发展的消极影响

不健康投资心理的表现形式主要包括以下几个方面：

(1) 投资急功近利。梦想一夜暴富，不顾环境、时间、方式的变化，具有典型的赌博心态。

(2) 追求过度投机。不能正确估量自己的资金实力和知识素质，凭想当然和撞大运进行大量的投机交易。

（3）投资心态不稳。不能正确看待亏损，不去分析亏损的原因，不想承担亏损，甚至怨天尤人。

（4）投资方式单一。基本上以投机为主，在出现风险后一意孤行，直至倾家荡产。

不健康的投资心理对证券市场健康发展的消极影响主要有以下几个方面：

（1）对证券市场来之不易的大好局面的人为破坏。投资心理不健康，尤其是不能正确地看待失误和亏损，往往会人为地激化矛盾，甚至煽动闹事。1994年原上海粮油商品交易所R503粳米风波就是典型的例子。作为市场空头的诸多粮食企业无法承受市场价格不断上升的压力和不断产生的新亏损，不停地砍仓割肉后，把矛盾集中到了交易所，要求交易所拿出所谓的措施，进而夸大事实真相，并受到了国务院的关注，最终导致粳米品种被取消，潜在的后果是交易量一路下滑，交易所被合并。

（2）极大地挫伤投资者的入市信心。如果投资者的投资理念不正确，会影响其他投资者的投资行为，挫伤其他投资者的入市积极性和市场信念。

（3）导致投资主体比例失调。目前中国股市约有15.8万投资者，中小投资者占绝大部分。由于股市操纵之风难以得到根本的抑制，中小投资者的利益得不到应有的保护，因此，一部分中小投资者成了大户操纵的牺牲品，一部分比较"理智"地自动退出了股市，等待股市的净化。于是，作为股市依托的中小投资者比例严重失调。

2011年7月，长春工业大学金融学社开展了证券市场调查项目。本次调查发放问卷2 500份，回收有效问卷2 180份。调查结果显示，2010年7月1日—2011年6月30日，上证指数收盘价从2 373.79点上升到2 762.08点，上升了388.29点，上涨了16.36%。此间，中小散户的盈亏比例为63%和37%。而根据东北证券的研究报告分析，此期间机构的盈亏比例则为89%和11%，机构的盈利水平明显好于散户。因此，大力发展机构投资者，有利于证券交易市场的稳定。

3. 克服不良投资心理促进证券市场健康发展

投资不仅是智慧的较量，更是心理的考验。一个成功的投资者，离不开健康、积极的心理。[①]

对于股市投资而言，市场有许多不可预测的突发变数，投资者身处其中，一定要有良好的心理承受能力。因此，克服缺乏主见、心存侥幸、偏颇浮躁等不良心理，对证券市场健康发展具有积极的促进作用。

（1）投资者不可缺乏主见。无主见者要么没有自己清晰的投资计划，对市场缺乏合理的见解，人云亦云，盲目跟风；要么无法独立做出投资决策，易受外界影响，

---

① 汇添富.投资要有健康心理[N].新民晚报，2008-8-23(4).

面临市场变化当断不断，这样的心理难免从一开始就埋下失败的隐患。

(2) 投资者不可心存侥幸。不是基于对市场行情和相关因素的认真研判，也不是充分利用准确的市场信息和有效的技术手段做出缜密的分析与判断，而总是寄希望于钻市场的空子，像赌徒一样把获利希望押宝在碰运气上，这样的投资决断焉有常胜之理？赢了就急不可耐大胆加注，输了就干脆孤注一掷以求翻本，在复杂的市场中如此投资结果可想而知。心存侥幸实在是投资者的心理大忌。

(3) 投资者还要注意避免失之于偏颇和浮躁。不了解市场，缺乏对市场的全面、深刻认识，想法片面又缺少实际经验，患得患失却一心想当常胜将军，偏颇心理危害不小。很多投资者处理问题时急躁不安，很难静下心来多做理性思考。只关注短期利益，不愿放眼长线风光，从炒股票到炒基金，凡投资都以短炒为上，心理上就已经棋输一着了。

1.2.2　约束投资主体规范操作

投资心理学研究的主要对象是投资主体的心理现象及其规律，在约束投资主体规范操作方面的地位和作用越发突出。

1. 管理层能够准确把握投资主体的操作动向和心理活动规律

投资心理学是投资主体、证券研究者的必修课，管理层通过研究投资心理学，可以比较准确地预测投资主体的心理活动，便于有关部门及时做出决策，规范投资主体的投资行为，防范和化解市场风险。

2011年5月30日，中国证监会网站上发布了对个人投资者徐国新的行政处罚决定书。徐国新在2009年8—9月期间，涉嫌利用多个个人账户操纵股票ST科健、*ST联油(现更名为*ST亚太)，非法获利24.2万元。

处罚决定书显示，徐国新在2009年8月24日、25日，通过先期买入ST科健建仓，在该股票涨停后，仍通过"华成民"、"王冬香"、"徐才校"等账户挂单申报买入，误导其他投资者对股票走势的判断，影响股票交易量和开盘价。本次交易累计获利11.54万元。另外，2009年9月4日，徐国新在9月3日先期买入*ST联油后，为了能以较高价格将持有的该股票卖出，在9月4日集合竞价可撤单阶段，采用不以成交为目的的虚假申报手段，在短时间内以涨停价大量申报买入*ST联油，误导其他投资者对股票走势的判断，影响股票交易量和开盘价。本次交易获利12.67万元。

这是2011年证监会第四起有关个人投资者的处罚决定。依据《证券法》第二百零三条和《中华人民共和国行政处罚法》第二十七条的规定，证监会决定：对徐国新没收违法所得24.2万元,并处以24.2万元的一倍罚款。[①]

2. 管理层能够科学地引导投资者的投资方向

2005年以来,随着管理层股权分置改革等一系列管理措施的出台,中国股市发生了翻天覆地的变化,上证指数从2005年6月10日的998.23点上升到2007年10月19日的6 124.04点。随着股市"泡沫"的产生以及通货膨胀压力的加剧,管理层出台了一系列紧缩货币的政策,股市也从2007年10月19日的6 124.04点应声而下至2008年10月31日的1 664.93点。此时,管理层酝酿了多项"救市"计划,包括降息、降低存款准备金率、鼓励央企回购股票、限制大小非减持、投资4万亿扩大内需等,股市逐步企稳。2010年下半年以来,由于物价持续攀升,央行已经多次运用货币政策调控通胀预期。仅2011年1—7月,央行货币政策调控多达9次。表1-1是2011年历次货币政策调控情况。

表1-1 2011年历次货币政策调控情况[②]

序号	时间	货币政策	方向	百分点(%)
1	1月14日	存款准备金率	提高	0.5
2	2月8日	金融机构人民币存贷款基准利率	上调	0.25
3	2月18日	存款准备金率	提高	0.5
4	3月25日	存款准备金率	提高	0.5
5	4月5日	金融机构人民币存贷款基准利率	上调	0.25
6	4月17日	存款准备金率	提高	0.5
7	5月12日	存款准备金率	提高	0.5
8	6月14日	存款准备金率	提高	0.5
9	7月7日	金融机构人民币存贷款基准利率	上调	0.25
10	12月5日	存款准备金率	降低	0.5

说明:数据截止到2011年12月10日。

至此,商业银行存款准备金率已经达到21%,金融机构人民币存款基准利率已经达到3.5%。从2002年以来,央行数次动用货币政策调控通胀预期。图1-5是2002年来中国人民银行人民币存贷款基准利率的调整情况。

---

① 李欣.个人投资者徐国新受证监会处罚[EB/OL].http://www.caijing.com.cn/2011-05-31/110734102.html,2011-05-31/2011-12-26.
② 中国新闻网.中国人民银行2011年历次货币政策调控一览[EB/OL].http://www.chinanews.com/fortune/2011/07-06/3162608.html,2011-07-06/2011-12-26.

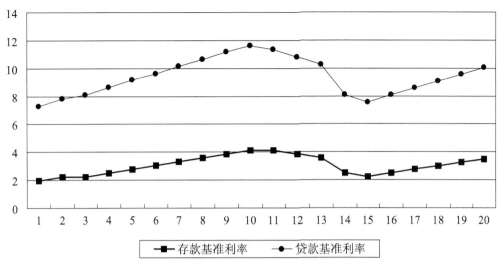

图1-5　2002年来中国人民银行人民币存贷款基准利率的调整情况①

随着央行存贷款利率的调整，上证指数也在管理层的引导下走出了一个个波段行情。图1-6是2004年来上证指数走势(月K线)。

图1-6　2004年来上证指数走势

从图1-5和图1-6的对比分析可知，央行的货币政策调整与上证指数走势具有一定的相关性。这表明，管理层在调控通胀预期的同时，也科学地引导了投资主体的投资方向。

3. 管理层能够不断地树立投资者的投资信心

研究投资心理学，其目的之一是激发投资者的投资兴趣，树立投资者的投资信心。通过学习投资心理学，有关部门可以不断更新管理观念，不断形成纠错机制，不断提高监管水平，从而增强投资者的投资信心，促进成交量和成交金额的稳步提升。2008年上半年，管理层针对经济增长由偏快转为过热、价格由结构性上涨演变为明显通货膨胀的趋势，多次以加息、提高存款准备金率、公开市场业务等手段进行必要的宏观调控，上证指数从2008年1月4日的5 361.57点(最高点为1月18日的5 522.78点)下降到6月30日的2 736.10点(最低点为当日的2 693.40点)，此时，经济

① 张玉智，张丽娜.提升吉林省期货经纪业的对策研究[J].长春工业大学学报：社会科学版，2011(3).

放缓的迹象已经逐步显现。因此，在随后的一段时间内尽管通货膨胀率仍然高企，但管理层实行了由"双防"(防止经济增长由偏快转为过热，防止价格由结构性上涨演变为明显通货膨胀)向"一保一控"(保经济增长，控制物价水平)的政策转变。随后，多次下调存款准备金率，多次调减存贷款利率水平，调整证券交易印花税征收办法，鼓励国有大企业增持股票，实施"积极的财政政策"和"适度宽松的货币政策"等一系列措施。在全球股市一片低迷的市况下，上证指数从2008年7月1日的2 644.78点下跌到10月28日的1 664.93点，下跌幅度为37.8%。此后，上述货币政策的时滞效应开始发挥，上证指数从10月28日的1 664.93点上升到2009年8月4日的3 478.01点，上升了108.9%。这说明我国管理层为投资者树立了长期投资信心。

1.2.3　推动社会经济稳健增长

既然学习投资心理学能够促进市场的健康发展，那么，同样，学习投资心理学也能够推动社会经济的健康发展。我们知道，一个健康的证券市场对经济的贡献是显而易见的。除了能够安置数百万的从业人员，每年能够产生数百亿元的税收[①]外，还能够促进大中型企业经营业绩的提升。

结合沪深上市公司2010年年报披露的财务数据，就其业绩总体情况、主要特点以及从业绩分析中发现的值得关注的问题等方面，可以很容易地得出结论：成熟的市场造就心理成熟的投资者；反过来，心理成熟的投资者会推动市场越来越成熟。据Wind统计，截至2011年4月28日，沪深两市2 175家上市公司中，有2 085家公司发布了2010年财务报告(包括B股公司和随招股说明书发布的财报)。这些公司实现营业总收入170 290.69亿元，增长35.56%；实现归属于母公司股东的净利润16 272亿元，同比增长38.84%；营业收入和净利润增速明显高于2009年。加权平均每股收益为0.503元，超过2007年上市公司加权平均每股收益0.42元的历史高点。

2011年一季度，上市公司业绩继续向好。1 832家上市公司一季度实现归属于母公司股东的净利润3 747.045亿元，同比增长24.05%。加权平均每股收益0.14元，净资产收益率达4%。据Wind资讯统计，2010年度净利润排名前十的上市公司分别是工商银行、建设银行、中国石油、中国银行、农业银行、中国石化、中国神华、中国人寿、交通银行和招商银行。回顾近几年来的年报数据，除中国联通、中国远洋等一些公司偶尔上榜外，A股前十大"最赚钱公司"几乎被银行、煤炭、石油几大巨头垄断，2010年年报"前十"席位与2009年相比几乎没有变化。

2011年一季度，工商银行实现净利润538.36亿元，同比增长29.03%；建设银行

---

① 2010年证券交易印花税收入为544.17亿元。

实现净利润472.33亿元，同比增长34.23%；中国银行实现净利润350.1亿元，同比增长28.03%；中国石化实现净利润205.01亿元，同比增长24.49%。[①]

值得一提的是，经历"瘦肉精"事件的双汇发展一季度实现营业总收入84亿元，实现净利润2.65亿元，同比分别增长4.89%和10.49%，增速明显放缓。

随着投资者信心的逐步增强，经济发展的驱动力和拉动力越来越强，我国证券市场的发展根基更加牢固，投资者的投资心理逐渐成熟，一个能够有效发挥功能的证券市场正渐行渐近。

课堂分享案例1-3

美国斯坦福大学心理学家詹巴斗曾做过这样一项试验：他找来两辆一模一样的汽车，一辆停在比较杂乱的街区，一辆停在中产阶级社区。他把停在杂乱街区的那辆车的车牌摘掉，顶棚打开，结果不到一天就被人偷走了。而停在中产阶级社区的那辆车过了一个星期也安然无恙。后来，詹巴斗用锤子把这辆车的玻璃敲了个大洞，结果，仅仅过了几个小时它就不见了。

后来，政治学家威尔逊和犯罪学家凯琳依托这项试验提出了"破窗理论"。这一理论认为：如果有人破坏了一个建筑物的窗户玻璃，而这扇窗户又未得到及时维修，别人就可能受到暗示性的纵容去破坏更多的窗户玻璃。久而久之，这些破窗户就给人造成一种无序的感觉。那么在这种公众麻木不仁的氛围中，犯罪就会滋生、蔓延。

"破窗理论"在社会管理和企业管理中给我们的启示是：必须及时修好"第一个被打碎的窗户玻璃"。中国有个成语叫"防微杜渐"，说的正是这个道理。[②]

观点碰撞：任何一只股票绝不是专属于某一类人，而是属于所有投资者。那些认为自己只适合购买某一类股票的人，犯下的往往是最低级的错误，尽管他认为自己是高级投资者。

诚如亚当·斯密在《国富论》(1976年)中叙述的那样："每个人都在力图应用他的资本，来使其生产品能得到最大的价值。一般地说，他并不企图增进公共福利，也不知道他所增进的公共福利为多少。他所追求的仅仅是他个人的安乐，仅仅是他个人的利益。在这样做时有一只看不见的手引导他去实现一种目标，而这种目标决不是他所追求的东西。由于追逐他自己的利益，他经常促进了社会利益，其效果要比他真正想促进社会利益时所得到的效果好。"

① 林喆. 2 085家公司去年净利增长近四成[N].中国证券报，2011-4-29(A1).
② 潘柳松，何逊. "破窗理论"的启示[J].现代商业银行，2002(9).

1.3 投资心理学的研究内容与方法

2002年经济学领域的一件大事，莫过于当届诺贝尔经济学奖授予了美国投资心理学家Daniel Kahneman和经济学家Vernon Smith。诺贝尔经济学奖授予投资心理学家的重大意义在于，经济学不是蚂蚁的经济学，也不是蜜蜂的经济学，经济学领域的研究越来越重视对人类经济心理与行为的研究。

1.3.1 本书的研究内容

美国投资心理学领域的一些专家教授(如普林斯顿大学的Daniel Kahneman、圣·克拉尔大学的Meir Statman、芝加哥大学的Richard Thaler、耶鲁大学的Robert Shiller以及Amos Tversky、Brad Barber、Terrance Odean等)的研究内容主要有非理性因素与过度反应理论、视野理论、后悔理论、过度自信理论等几个方面。[①]

上述诸多理论是在比较成熟的证券市场上逐渐产生的，对于一个新兴市场来说，这些理论具有一定的指导意义。但是，成熟市场与新兴市场具有诸多不同，因此，针对新时期我国投资主体的心理特征与行为轨迹来设计投资心理学的主要研究内容就显得尤为重要。

本书的研究内容主要涉及基本理论、投资心理、投资行为、心理调试与行为疏导4个模块，共10个部分。

在导论部分，重点研究投资心理学的概念、特征、地位、作用，并阐述主要研究内容与研究方法。

在行为金融与投资心理部分，主要从能力、气质、性格、需要、动机等方面分析认知、人格、行为动力等理论，及其与投资心理的关系。重点研究行为金融学理论对投资心理学的指导意义。

在信息经济与投资心理部分，主要分析信息失衡对投资心理的影响、信息维度与投资心理的关系、信息博弈对投资心理的暗示等内容，重点分析信息经济学对投资心理学的理论支撑。

在市场操纵与投资心理部分，主要介绍证券交易与投资心理的联系、证券投资中市场操纵行为的产生、市场操纵行为的主要特征，以及市场操纵与心理暗示的关系，重点研究市场操纵对投资心理变迁的影响。

需要说明的是，上述4个部分，作为投资心理学的理论基础模块，在深入浅出地诠释理论基础知识的同时，还形象地演绎投资心理活动的主要过程。

---

① 翁学东.美国投资心理学理论的进展[J].心理科学进展，2003(3).

在个体投资心理部分，主要分析了个体投资的心理状态、心理过程和心理兴趣，重点研究个体投资的心理活动轨迹。

在群体投资心理部分，介绍了证券投资群体的内涵特征，主要对群体投资的心理倾向、心理预期和心理异象进行了系统分析，重点研究了群体投资的心理趋向。

个体和群体投资心理作为本书的第二个模块，是系统研究投资主体心理活动的最主要内容。

在个体投资行为部分，主要分析了个体投资的博弈行为、追风行为，以及个体投资中的行为偏差和行为障碍，重点揭示了处于信息不对称劣势的个体投资者不断纠正投资行为的演化过程。

在群体投资行为部分，主要分析了群体投资的羊群行为、从众行为、投机行为、博弈行为以及操纵行为，重点研究作为信息不对称优势一方在市场中呼风唤雨的行为特征。

个体和群体投资行为作为本书的第三个模块，是全面分析投资行为的最现实、最直接、最有说服力的内容。

在证券投资主体的心理调适部分，重点针对证券投资者的信息专享心理、相反意见心理、各种心理障碍设计符合投资者心理特征和心理诉求的调适策略。

在期货投资主体的行为疏导部分，重点针对期货投资者的风险识别行为、分析固化行为和过度投机行为进行分析，设计符合投资者行为特征的疏导建议。

心理调试与行为疏导作为本书的第四个模块，旨在解决投资者心理与行为方面的知行矛盾。需要说明的是，影响投资者心理与行为的因素千差万别，任何对策和建议也不可能完全对症下药，因此，本部分仅提出大众投资心理与行为的调适与疏导策略和建议。

课堂分享案例1—4

多年前的一个傍晚，一个叫亨利的青年移民站在河边发呆。这天是他30岁生日，可他不知道自己是否还有活下去的必要。因为亨利从小在福利院长大，身材矮小，长相也不漂亮，说话又带着浓厚的法国乡下口音，所以他一直很瞧不起自己，连最普通的工作都不敢去应聘，没有工作，也没有家。

就在亨利徘徊于生死之间的时候，他的好朋友约翰兴冲冲地跑过来对他说："亨利，告诉你一个好消息，我刚刚从收音机里听到一则消息，拿破仑曾经丢失了一个孙子。播音员描述的相貌特征，与你丝毫不差！"

"真的吗？！我竟然是拿破仑的孙子！"亨利一下子精神大振。联想到爷爷曾经以矮小的身材指挥着千军万马，用带着泥土芳香的法语发出威严的命令，他顿感自己矮小的身材同样充满力量，说话时的法国口音也带着几分高贵和威严。第二天一大早，亨利便满怀自信地去一家大公司应聘。

20年后，已成为这家大公司总裁的亨利，查证自己并非拿破仑的孙子，但这早已不重要了。①

观点碰撞：当一个错误决策即将出台的时候，任何一个心理暗示都有可能改变这个决策，不管这个暗示是对是错。而当一个正确的决策即将出台的时候，心理暗示则显得不那么重要。

1.3.2 投资心理学体系

投资心理学体系是按照投资学体系、心理学体系，结合投资心理学的主要研究内容，充分考虑读者的心理接受习惯，并经过深入调研、科学综合、不断咨询而逐步归纳的体系。

投资心理学体系如图1-7②所示。

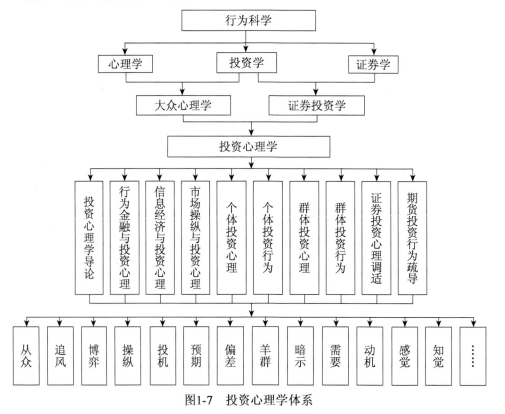

图1-7　投资心理学体系

---

① 刘年兵.暗示也是一种力量[N].东亚经贸新闻，2001-8-23(6).

② 1982年在美国出版的《管理百科全书》(第3版)对行为科学的解释是："行为科学包括用类似于其他自然科学的实验和观察的方法，对人(和低等动物)在自然和社会环境中的行为进行研究的任何学科。得到公认的行为科学有心理学、社会学、社会人类学以及在观点和方法上与之类似的其他学科。"

图1-7的体系是投资心理学的基本体系。本书将按照这一体系，详细描述投资主体在投资过程中的各种心理活动，从而深刻揭示投资主体在投资前、投资中和投资后的心理现象及规律。

1.3.3 投资心理学的研究方法和手段

学习投资心理学，与学习其他学科有不同之处，需要投资者及学员根据不同时期、不同场合、不同环境以及不同投资主体的实际情况来进行分析和研究，并不断加以验证和总结。

1. 投资心理学的研究方法

常见的投资心理学研究方法有以下几种：

(1) 虚拟假设法。这种方法主要是将自己假设成投资主体，假设成市场管理者，假设成从业人员。

作为市场的投资主体，应深刻感知投资前的心理准备、投资中的心理反应、投资后的心理感受。无论是多大规模的投资，无论是投资于哪一种形式，都要设身处地地切实感受每一次心理活动。

作为市场管理者，要时时刻刻揣摩投资主体的心理活动，预测投资主体的心理预期，引导投资主体的心理倾向，从而使投资主体形成健康的投资心理。

作为从业人员，要在提供各种服务的同时，随时洞察投资者的投资心理，发现不利倾向，并及时引导、纠正，甚至向主管部门汇报自己的看法，以使投资者的投资心理沿着健康的轨道发展。

(2) 调查摸底法。调查摸底法主要是通过定期和不定期的心理调查掌握投资者的投资心理状况。一是盈利者调查。通过对盈利者的心理调查，可以不断分析投资主体的正常投资心理。这种调查可以采用调查组的方式，深入到证券营业部。二是持平者调查。对在一定时间内投资既没有收益也没有亏损的投资主体的调查，可以摸清其对当前股票市场、债券市场、期货市场的看法。这种看法往往是比较客观的、公正的和全面的。三是亏损者调查。对亏损者的调查要采取谨慎的态度。在调查时，力争选择自己比较熟悉的投资者，或者熟人推荐的投资者，宜单个调查。这些投资者对证券市场有自己的见解，对投资操作过程有较清晰的记忆，对投资的失误有较正确的理解，对失误的原因有较深刻的认识。实践证明，对亏损者进行调查，能够获得意想不到的收获。

(3) 理论积累法。在掌握了大量的资料之后，就要通过学习心理学、金融学、证券投资学、证券投资分析的有关理论，将获得的材料进行理论的检验，从而不断充实和完善投资心理学。

需要掌握和积累的主要理论有：心理学理论、行为科学理论、数量经济学理论、金融学理论、投资学理论、金融工程学理论、统计学理论、博弈论、管理学理论、情报学理论等。

课堂分享案例1-5

　　18世纪末的维也纳是音乐气氛最浓的城市。在显赫贵族的客厅里，音乐表演成了一件高尚和时髦的事。所以，贝多芬也就经常处在贵族及拥有各种头衔人物的包围之中，可他总是高高昂起他的头，从不献媚于任何人。

　　一次，利西诺夫斯基公爵的庄园来了几位"尊贵"的客人。这几个不是别人，正是侵占了维也纳的拿破仑。公爵为了取悦这几位客人，便非常客气地请求贝多芬为客人们演奏一曲，但贝多芬断然拒绝了。当公爵由请求转为要求的时候，贝多芬愤怒到了极点，他一声不响，猛地推开客厅的门，顶着倾盆大雨愤然离去。

　　回到住处，贝多芬把利西诺夫斯基公爵给他的胸像摔了个粉碎，并写了一封信：公爵，你所以成为一个公爵，只是由于偶然的出身；而我之所以成为贝多芬，完全是靠我自己。公爵现在有的是，将来也有的是，而贝多芬只有一个。

　　正如贝多芬所言，由于偶然的出身，这个世界上的确有过无数的公爵。然而，历史最公正，时光最无情，当这些显赫一时的公爵一个个都灰飞烟灭，消失在历史的长河中时，贝多芬却没有从人们的记忆中消失。贝多芬没有高贵的出身，却有不朽的作品，正是它们，为贝多芬赢得了无尚的荣誉。要知道人们首肯的永远是那些让他们心悦诚服的高贵的灵魂。[①]

　　观点碰撞：决定市场价值的是投资的未来收益，而不是权贵。权贵可以包装得富丽堂皇，但总有露馅的那一天。

2. 投资心理学的研究手段

投资心理学的研究内容很复杂，需要从多维度、多层次、多视角、多侧面进行研究。这种研究既有理论层面的，又有技术和应用层面的，需要借鉴许多相关学科的理论与方法。

(1) 层次分析。通过层次分析，对中国证券市场信息博弈进行系统分析，结合信息博弈的相关理论设计出相关模型。

(2) 专家咨询。通过专家咨询，对相关评价指标体系进行综合评价，以获得权威数据，为分析证券市场投资主体的投资心理提供理论支撑。

---

① 王虎林.贝多芬的灵魂[J].知识窗，2001(3).

(3) 模型研究。通过模型研究法，设计证券市场投资主体间投资心理与行为特征的核心模型，并在此基础上，构建证券市场投资主体的投资心理与行为的疏导机制模型。

(4) 实证研究。采集相关数据对上海证券交易所、深圳证券交易所、中国金融期货交易所、大连商品交易所、中国郑州商品交易所和上海期货交易所的不同投资偏好进行实证研究。

(5) 调查研究。通过调查研究，对证券市场管理人员、证券投资主体进行现场调查，分析投资心理对投资主体的影响，并进一步研究投资心理对证券市场效率的影响。

(6) 网络信息检索。通过网络信息检索，利用各种搜索引擎查找与证券市场投资心理相关的内容，并访问国内外有关投资心理学的众多网站，了解国内外有关投资心理学方面的最新研究成果及研究动态，紧跟投资心理学的发展前沿。

(7) 综合归纳。对所查阅的资料进行综合归纳，并以全新的视角对中国证券市场投资主体的投资心理与行为进行分析。

本章小结

投资心理学是建立在心理学、投资学基础上的一门新兴学科。广义的投资心理学是研究证券投资主体、市场监管者、证券从业人员的心理现象及其规律的科学，狭义的投资心理学的研究对象就是证券投资主体的心理现象及其规律。健康的投资心理对证券市场的健康发展具有十分积极的作用，而不健康的投资心理对证券市场的健康发展具有相当大的消极影响。此外，投资心理学对规范投资主体操作行为以及推动社会经济稳健发展都具有极大的促进作用。在研究投资心理学的过程中，要根据具体情况采用适当的研究方法。

思考练习

一、名词解释

心理学　投资心理学　股票投资者　股票投资过程　性格　调查摸底法

二、判断题

1. 投资心理学研究的内容包罗万象，但归根结底是研究投资主体的心理现象及其规律的一门科学。　　　　　　　　　　　　　　　　（　　）

2. 人们在投资过程中，一般都会追求高买低卖，以获得差价收益。（　　）

3. 我国的经济心理学总体上已经很完善，能够获得的国外资料和信息也非常多。　　　　　　　　　　　　　　　　　　　　　　　（　　）

4. 股票投资主体就是资本所有权在股票投资领域中的人格化。 （ ）

5. 投资时人们总是追求最高点卖出、最低点买入。 （ ）

6. 投资心理学涉及投资学、金融学、经济学、社会学、行为学等多种学科的内容，是一门边缘性的交叉学科。 （ ）

7. 实践是研究投资心理最关键的要素。 （ ）

8. 投资方式单一，基本上以投机为主，在出现风险后一意孤行，直至倾家荡产。 （ ）

9. 研究投资心理学，其目的就是激发投资者的投资兴趣，树立投资者的投资信心。 （ ）

10. 专家咨询就是通过专家咨询，对相关评价指标体系进行综合评价，以获得权威数据。 （ ）

三、单选题

1. 证券市场赖以存在的基础是( )。
   A. 证券投资主体　　B. 证券市场研究者　　C. 市场监管者　　D. 从业人员

2. 证券市场中最大的参与群体是( )。
   A. 经纪人　　　　　B. 企业　　　　　　C. 中小投资者　　D. 政府

3. 投资心理学作为一门分支学科，其结构不应该是( )。
   A. 独立的　　　　　B. 完整的　　　　　C. 系统的　　　　D. 散乱的

4. 下列是健康投资心理的表现形式的是( )。
   A. 投资急功近利　　B. 追求过度投机　　C. 投资规模合理　　D. 投资心态不稳

5. 下列不是健康投资心理的表现形式的是( )。
   A. 投资目的明确　　　　　　　　　B. 投资方式单一
   C. 投资心态平稳　　　　　　　　　D. 投资方式科学

6. 学习投资心理学，有关部门不可以( )。
   A. 不断更新管理观念　　　　　　　B. 不断形成纠错机制
   C. 不断提高监管水平　　　　　　　D. 不断加大投资力度

7. 下列不是学习投资心理学的方法的是( )。
   A. 调查摸底法　　B. 理论积累法　　C. 自我发明法　　D. 虚拟假设法

8. 调查摸底法调查的对象不包括( )。
   A. 套牢者　　　　B. 盈利者　　　　C. 持平者　　　　D. 亏损者

9. 下列不是研究投资心理学的方法的是( )。
   A. 层次分析法　　B. 实证研究法　　C. 综合归纳法　　D. 自我推测法

10. 投资心理学是一个复杂的研究内容，除( )外都是其研究的层面。
    A. 理论　　　　　B. 艺术　　　　　C. 技术　　　　　D. 应用

四、多选题

1. 投资心理学运用的相关理论有(　　)。

    A. 行为科学　　　　B. 投资学　　　　　C. 心理学　　　　　D. 信息经济学

2. 投资心理学所研究的证券市场主要参与者有(　　)。

    A. 证券市场管理者　　　　　　　　B. 证券中介者

    C. 证券投资者　　　　　　　　　　D. 政府

3. 股票投资主体是(　　)的内在统一。

    A. 投资权益者　　　B. 股票投资权力体　　C. 投资责任体　　　D. 投资利益体

4. 国内外投资心理学所用的研究方法主要来自(　　)。

    A. 实践心理学　　　B. 实验心理学　　　　C. 社会心理学　　　D. 自然心理学

5. 投资时的不良心理有(　　)。

    A. 心存侥幸　　　　B. 积极向上　　　　　C. 偏颇浮躁　　　　D. 缺乏主见

五、简答题

1. 要准确地理解投资心理学的定义，必须掌握的要点主要有哪些？

2. 影响人们判断价格趋势的因素有哪些？

3. 投资心理学的特征主要有哪些？

4. 简述学习投资心理学的地位与作用。

5. 约束投资主体规范操作的作用体现在哪些方面？

六、论述题

1. 论述国内外投资心理学所用的研究方法。

2. 论述健康投资心理的表现形式。

综合案例

美国电影《死亡实验》由《劳拉快跑》的男主角主演，该影片讲述一次科学实验：作为一个心理研究项目科学实验的一部分，20个应征者被随机分成两组，12个人一组扮演在押犯人，8个人一组扮演监狱看守。在这个被控制的类似监狱的环境中，"犯人"被监禁且必须遵守制度规定，"看守"则接到命令维持这里的秩序。你将被进行两周的"洗脑"，检验对角色分配的执行情况、权力和控制，而这个实验在两周结束后，你将不再是你。但这仅仅是个模拟实验，也或许不是……

出租车司机Tarek看到一则报纸广告，内容是征求模拟监狱的参加者，奖金为4 000德国马克。Tarek前去应征并被接受，在一所大学内进行模拟监狱生活的体验。"体验"是这样进行的：20位参加者被分为两组，一组是8个监狱看守，看守有制服、手铐和其他装备；另一组是犯人，生活在一间很小的牢房中，只能穿一件长长的白外套，不允许暴力行为。看守制定了6条规定让犯人遵守。教授们使用监视器传送图像给控制中心，那里有人监视犯人的一举一动。这样，"体验"的第一天开始了。随着时间一天天地过去，两组人之间先前的和平关系逐渐紧张起来，一些小打小闹发展成大规模的、严重的打斗，甚至因为Tarek(现在是囚犯77号)的反抗，之前还是普通人的看守开始为权利而与犯人斗争，看守利用不必要的手段折磨和羞辱犯人。当一个小小的冲突和争吵发生时，双方都投入到了自己所担任的角色中，而随着冲突的升级，看守们必须使用任何可能的手段让犯人们保持秩序，随后发展到滥用权力、私刑、发泄个人情绪，最后组织实验的几个教授都被"看守"们抓了起来，专案负责人被杀……

实验揭示了这样一种残忍的人类本性，在持续增强的压力之下，人性的发展远远超出了教授们的预计，每一个事件都导致了不可避免的灾难……

本片根据1971年的真人真事改编，描述德国某研究院进行仿真监狱实验：20个应征入选的男子，分别担任狱警和囚犯。该实验历时两周，期间禁止使用暴力，由研究小组监察双方的"人性反应"。他们最初很轻松，但逐渐假戏真做，终于酿成失控的大迫害和大反抗，因为狱警之一充满权力欲，又是虐待狂，而做囚犯的卧底记者又故意惹是生非，以致惹出大祸。[①]

案例讨论题

(1) 封闭制度空间下人类攻击行为模式如何演化？

(2) 游戏为何会变成流血冲突？

(3) 邪恶是否能够被创造出来？

(4) 权力是否会产生腐败？

(5) 大众投资者如何克服环境变化带来的心理失控？

---

① 李飞.虚拟情境中的从众与服从分析[J].知识经济，2011(10).

第2章 行为金融与投资心理

> 工业的历史和工业的已经产生的对象性的存在，是一本打开的关于人的本质力量的书，是感性地摆在我们面前的人的心理学……如果心理学还没有打开这本书，那么这种心理学就不能成为内容确实丰富的和真正的科学。如果科学从人的活动的如此广泛的丰富性中只知道那种可以用"需要"、"一般需要"的话来表达的东西，那么人们对于这种高傲地撇开人的劳动的这一巨大部分而不感觉自身不足的科学究竟应该怎样想呢？[①]
>
> ——卡尔·马克思(Karl Marx，1818—1883)

投资心理学是建立在行为金融学基础上的派生学科。行为金融学将心理学尤其是行为科学的理论融入金融学之中，从微观个体行为以及产生这种行为的心理等动因来解释、研究和预测金融市场的发展。行为金融学的认知理论、人格理论以及行为动力理论构成了投资心理学的基础理论。

本章从行为金融学理论分析开始，通过对认知理论、人格理论和行为动力理论的详细阐述，分析投资心理学的理论基础，揭示建立在科学的系统的理论基础之上的投资心理学理论的完整性、科学性和系统性。

◉开篇案例◉

在云南某地，当地猎人捉猴子的方法非常简单：一个普通的木箱加上一个桃子就可以了。他们制作一个比较沉的木箱，然后在木箱上面开一个刚好能让猴子伸进爪子的小洞，在木箱里面放一个桃子，将木箱放在猴子经常出没的地方，然后远远地看着。这时候，如果有猴子过来把爪子伸进木箱抓桃子，那么这只猴子就跑不掉了。原理在于猴子把爪子伸进木箱抓住桃子后就出不来了，因为洞不够大。奇怪的是，即便猴子看到猎人过来了，也不会放下手中的桃子，眼睁睁地看着猎人来把自己捉住。其实猴子只要放下手中的桃子就可以轻易脱身，但几乎没有一只猴子舍得放下即将到手的美食。

鸵鸟生活在炎热的沙漠地带，那里阳光照射强烈，从地面上升的热空气与

---

① 马克思，恩格斯.马克思恩格斯全集：第42卷[M].北京：人民出版社，1979：127.

低空的冷空气相交，由于散射而出现闪闪发光的薄雾。平时鸵鸟总是伸长脖子透过薄雾去查看，而一旦受惊或发现敌情，它就干脆将潜望镜似的脖子平贴在地面，身体蜷曲一团，以自己暗褐色的羽毛伪装成石头或灌木丛，加上薄雾的掩护，就很难被敌人发现。另外，鸵鸟将头和脖子贴近地面，还有两个作用：一是可听到远处的声音，有利于及早避开危险；二是可以放松颈部的肌肉，更好地消除疲劳。

遇到危险时，鸵鸟会把头埋入草堆里，以为自己眼睛看不见就是安全的。事实上鸵鸟的两条腿很长，奔跑得很快，遇到危险的时候，其奔跑速度足以摆脱敌人的攻击，如果不是把头埋藏在草堆里坐以待毙的话，是足以躲避猛兽攻击的。

后来，心理学家将这种消极的心态称为"鸵鸟心态"。"鸵鸟心态"是一种逃避现实的心理，是不敢面对问题的懦弱行为。[①]

心理专家解读： 捉猴子的故事告诉我们要拿得起与放得下，这是简单的道理。很多朋友们都有那种"鸵鸟心理"，以为把头埋进沙里就与自己无关了。有的散户买股票被套了，却总是认为终有一天会涨上来，便开始长期投资，结果往往一拿就是几年，最后也不见翻身。其实资金亏损了，哪怕腰斩一半，也并不可怕，都可以再赚回来的，但时间失去了，就永远回不来了。人生是短暂的，行情也是不等人的。如果被一些差股套住，不肯割舍5%~10%的损失，那可能会错过获利几倍的大牛股。

2.1 认知与投资心理

心理是感觉、知觉、记忆、思维、情感、意志和气质、能力、性格等心理现象的总称。心理活动，即是客观事物以及它们之间的联系在人脑中的反映。动物进化到一定阶段，出现了神经系统，神经系统不断适应周围环境的变化，从而产生了心理。最初的心理现象是感觉；以后在外界环境急剧变化的影响下，随着动物神经系统的发展，动物的心理逐渐复杂化；继而出现了知觉、记忆、思维的萌芽。人的心理现象如图2-1所示。

从图2-1可以看出，心理现象从感觉开始，经历知觉、记忆、思维和想象等认识过程后，进入到情感过程和意志过程。

---

① 王尚.不做股市里的鸵鸟[J].楚天金报，2007-11-3.

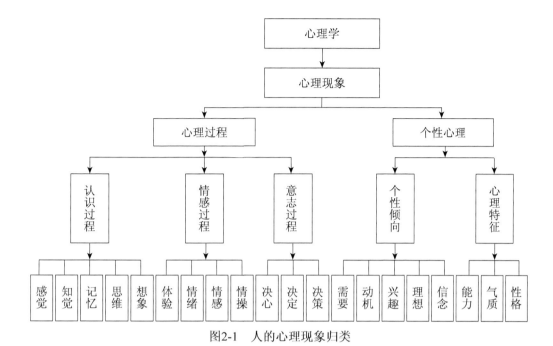

图2-1 人的心理现象归类

2.1.1 认知

人的心理是动物心理发展的继续，动物心理的发展为人的心理产生做了生物学上的准备。但人的心理和动物的心理有着本质的区别，人的心理是人类社会实践的产物，具有自觉性和能动性的特点。

"认知"是心理学界普遍使用的一个术语，但是国内外心理学家在使用"认知"一词时往往含义不同。一般认为，认知有广义和狭义之分。广义的认知与认识的含义基本相同，指个体通过感觉、知觉、表象、想象、记忆、思维等形式，把握客观事物的性质和规律的认识活动。狭义的认知与记忆的含义基本相同，是指个体获取信息并进行加工、储存和提取的过程。认知心理学对认知活动的研究涉及认知过程、认知风格、认知策略、元认知等四个方面的内容。

认知心理学是以信息加工观点研究人的认知活动的心理学，是现代心理学的重要分支。所谓信息加工观点，就是将人脑类比为计算机的信息加工系统。认知心理学主要的研究领域包括认知活动、认知发展和人工智能(计算机模拟)等。认知心理学兴起于20世纪50年代中期，这是心理学发展史上的一个重大事件，它标志着现代心理学的诞生。

认知心理学家关心的是作为人类行为基础的心理机制，其核心是输入和输出之间发生的内部心理过程。但是人们不能直接观察内部心理过程，只能通过观察输入和输出的东西来加以推测。所以，认知心理学家所用的方法就是从可观察到的现象来推测观察不到的心理过程。有人把这种方法称为会聚性证明法，即把不同性质的数据会聚到一起，而得出结论。但现在，认知心理学研究通常需要实验、认知神经科学、认知神经心理学和计算机模拟等多方面证据的共同支持，而这种多方位的研究也越来越受到青睐。认知心理学家们通过研究脑本身，欲揭示认知活动的本质过程，而非仅仅推测其过程。最常用的就是研究脑损伤病人的认知与正常人的区别来证明认知加工过程的存在及具体模式。

课堂微型实验2-1

【实验目的】

通过实验了解"认知"的基本特征。

【实验原理】

人们对客观事物的认识往往先入为主。当人们第一眼看到某一事物的时候，一般会在脑海中迅速形成某种印象，并且在随后的观察中，会越发加深对这一事物的认识。如果没有外力给予偏差纠正，那么这种认识一般不会改变。

【实验工具】

图片。认知的示例图片如图2-2所示。

图2-2　认知的示例图片[①]

【实验步骤】

1. 观察图片。

2. 你认为图片中的动物是鸭子还是兔子？

【结果与讨论】

结果：有些男人，性格中有女人的特质；有些女人，性格中有男人的特质。凡是第一眼看到便认为图片中的动物是鸭子的，就是男人特质多一点，凡

---

① 张安洁.心理学上23张准得诡异的图片[EB/OL]. http://news.xinhuanet.com/forum/2011-08/31/c_121939227.htm，2011-08-31/2011-12-26.

是第一眼看到便认为图片中的动物是兔子的，就是女人特质多一点。

讨论："认知"的线索。

【实验延伸】从实验结果可知，人们第一眼看到的是什么，就会遵循这一认识而继续强化自己的认知，越是深入认识，对自己认知的强化就越严重。

在投资过程中，第一感觉很重要。当人们经过一段时期观察，认为某种投资品种的价格呈上升趋势时，他会按照这种认知去操作。操作后一旦价格如其所愿，他会对自己的判断非常满意，且有极大的表达冲动，甚至过度自信；而一旦该品种价格下跌，他会想方设法找理由证明自己当初的判断正确，并且不断地强化这一认知。

2.1.2 注意

1. 注意的内涵

注意是心理活动对一定对象的指向与集中。注意是心理活动的重要特性，但不是独立的心理过程。注意有两个相互联系、不可分割的基本特点，即指向性和集中性。指向性就是指人的心理活动在某一时刻指向一部分对象，而离开其他对象，表现出心理活动的选择性。集中性使个体的心理活动不仅离开无关事物，而且对无关的活动进行抑制。通常，注意的集中性有两种含义。广义的集中性是指相关的心理活动集中于一定的对象上；狭义的集中性是指同一心理活动集中于一定的对象上。

注意具有选择功能、维持功能和调节功能。

2. 注意的类型

根据注意的目的性和维持注意是否需要意志努力，可以将注意分为无意注意、有意注意和有意后注意。

(1) 无意注意。无意注意是事先没有预定的目的，也不需要付出意志努力的注意，又称不随意注意。引起人的无意注意的刺激物一般具有以下特点：一是刺激物的强度(包括绝对强度和相对强度)，刺激的强度越大，越易引起无意注意；二是刺激物之间的差异程度，差异越显著，越易引起无意注意；三是刺激物的变化，活动的刺激比静止的刺激更易引起无意注意；四是刺激物的新异性，新异的刺激比熟知的刺激更易引起无意注意。个体的主观状态中的许多因素影响着无意注意的产生。其中，个体的需要和兴趣是最主要的。能满足个体的需要、符合个体的兴趣的事物就很容易成为注意的对象。此外，良好的心境、饱满的精神状态也可促进无意注意的产生。

(2) 有意注意。有意注意是事先有预定的目的，需要付出意志努力的注意，又称随意注意。例如，同学们按老师的要求观察两种相似植物的特点时所表现出的注意，就是有意注意。有意注意的引起和维持是一系列心理因素共同作用的结果。一是对活动任务的认识。活动任务越明确，对活动意义的理解越深刻，就越能引起和维持有意注意。二是对活动的间接兴趣。间接兴趣是个体对活动结果的兴趣。间接兴趣越浓厚，就越能集中注意。三是个体的意志努力。个体克服各种不良刺激的干扰，抵御各种诱惑，需要付出艰苦的意志努力。四是对活动的精心组织。很好地组织各种活动可以防止因单调而产生疲劳、分心。

(3) 有意后注意。有意后注意是事先有预定的目的，但不需要付出意志努力的注意。有意后注意形成的条件有两个，一是对活动有浓厚的兴趣，二是活动的自动化。

课堂微型实验2-2

【实验目的】

通过实验了解"注意"的基本特征。

【实验原理】

生活中总有各种各样的事情会引起人们的注意，不管是有意注意还是无意注意，抑或是有意后注意。如果一件事情引起了人们的极大注意，说明这件事情在人们的心中占有极其突出的分量。正因为如此，当某件事情引起某人注意时，他会产生刨根问底、穷追不舍的愿望。

【实验工具】

图片。注意的示例图片如图2-3所示。

图2-3　注意的示例图片[①]

【实验步骤】

1. 观察图片。

2. 你第一次注意本图片时看到的是什么？

3. 60秒内，你能找到几只海豚？

---

① 张安洁. 心理学上23张准得诡异的图片[EB/OL]. http://news.xinhuanet.com/forum/2011-08/31/c_121939227.htm，2011-08-31/2011-12-26.

【结果与讨论】

结果：这幅画是桑德罗·德·皮特的名画——《海豚的爱》。孩子们第一眼看到的是一群玩耍的海豚，但是成年人第一眼看到的却是"另一些东西"。

讨论："注意"的起点。

【实验延伸】从实验结果可知，人们越成熟，就越容易世故，也就离天真越来越远。如果不提示，成年人很难第一眼就看到海豚。

在投资过程中，注意是最为关键的修炼之一。但是，不管是成熟的投资者，还是刚刚进入市场的新秀，都会面临市场价格急涨急跌的环境。此时，能够抑制投机冲动的，当属"注意"了。一旦人们注意了市场风险，则会谨慎选择投资的方向、规模和期限。但如果不去分析市场上另外的一些因素，则极有可能一意孤行，直至万劫不复。需要特别强调的是，每个人在自己的第一眼"注意"中，都或多或少了解自己所投资的市场，了解投资品种的自然状况和价格走势规律，他会按照自己的"注意"去判断今后价格的走势，而忽视与自己的"注意"相对应的另外的因素。倘若有他人提醒，那么该投资者也可能换个角度看问题，或许会一改初衷。

2.1.3　感觉和知觉

1. 感觉的内涵与类型

感觉是个体对直接作用于感官的刺激的觉察。通常，感觉能力是通过感觉阈限来测量的。所谓感觉阈限是指引起某种感觉的一定限度的刺激量。感觉能力与感觉阈限成反比，感觉阈限越大，感觉能力越差。人的感觉能力可以通过训练加以提高。

感觉可以分为外部感觉和内部感觉两大类。外部感觉是个体对外部刺激的觉察，主要包括视觉、听觉、嗅觉、味觉、皮肤觉。内部感觉是个体对内部刺激的觉察，主要包括机体觉、平衡觉和运动觉。其中，视觉和听觉是最重要的感觉。视觉是个体对光波刺激的觉察。我们感觉到的客观事物都是有颜色的，人类对颜色的视觉具有色调、明度、饱和度三种特性。听觉是个体对声音刺激的觉察。人类的听觉具有音调、音响、音色三种特性。

2. 感觉现象

感觉现象包括感觉后象、感觉适应和感觉对比三个方面。

(1) 感觉后象。当刺激对感官的作用停止以后，我们对刺激的感觉并没有立即停止，而是继续维持一段很短的时间，这种现象被称为感觉后象。

感觉后象可以使我们对断续出现的刺激产生连续的感觉。当然，这种断续刺激的出现必须达到一定的频率。

(2) 感觉适应。当刺激持续地作用于人的感官时，人对刺激的感觉能力会发生变化，这种现象叫感觉适应。

(3) 感觉对比。当同一感官受到不同刺激的作用时，其感觉会发生变化，这种现象叫感觉对比。

3. 知觉的内涵、类型与特征

知觉是个体将感觉信息组织成有意义的整体的过程。

按照知觉所反映的事物的特性不同，可以将知觉分为空间知觉、时间知觉、运动知觉；按照知觉所凭借的感觉信息的来源不同，可以将知觉分为视知觉、听知觉、嗅知觉、味知觉、触知觉。另外，我们把知觉印象与客观事物不相符合的知觉称为错觉。

知觉的基本特征包括：

(1) 知觉的意义性。人在知觉过程中，总是力图赋予知觉对象一定的意义，这就是知觉的意义性(又称为理解性)。

(2) 知觉的完整性。人在知觉过程中，总是倾向于把零散的对象知觉为一个整体，这就是知觉的整体性。在完整性的知觉中，对象内部的关系起重要作用。

(3) 知觉的选择性。当我们面对众多的客体时，常常优先知觉部分客体，这就是知觉的选择性。被清楚地知觉到的客体叫对象，未被清楚地知觉到的客体叫背景。

(4) 知觉的恒常性。当知觉的条件在一定范围内发生变化时，知觉的印象仍然保持相对不变，这就是知觉的恒常性。

2.1.4 表象和想象

1. 表象的内涵、特征与种类

表象是表征的一种特殊形式。作为心理活动，它是大脑以形象的心理形式表现客观事物的过程；作为心理活动的结果，它就是在大脑中保持的客观事物的形象。

表象的特征是既有直观性，又有概括性，在人的认识过程中占有重要地位。一方面表象以知觉为基础，与知觉联系紧密；另一方面，表象不为具体事物的知觉所限制，概括地反映事物主要的外部特征，为概念的形成提供了必要的感性基础。正因为如此，表象常被人们看做知觉与思维相联系的桥梁。

表象有很多种。根据表象产生的信息来源不同，可以将表象分为视觉表象、听觉表象、味觉表象等；根据表象的概括程度不同，可以将表象分为个别表象和一般表象；根据表象的创造性，可以将表象分为记忆表象和想象表象。

2. 想象的内涵与特征

想象是个体对已有表象进行加工，产生新形象的过程。想象既有形象性，又有新颖性的特征。

根据想象的目的性，可以将想象分为有意想象和无意想象。事先有预定的目的的想象叫做有意想象。事先没有预定的目的的想象叫做无意想象。梦是无意想象的极端形式。

有意想象有两种形式，即再造想象和创造想象。再造想象和创造想象产生的形象在新颖性方面存在着较大的差异。再造想象是根据现成的描述而在大脑中产生新形象的过程。创造想象是不根据现成的描述，而在大脑中独立地产生新形象的过程。幻想是创造想象的一种特殊形式，它是与个人生活愿望相联系，并指向未来的想象。

━━━━━━ 课堂微型实验2-3 ━━━━━━

【实验目的】

通过实验了解"想象"的基本特征。

【实验原理】

想象是人在大脑中凭借记忆所提供的材料进行加工，从而产生新的形象的心理过程。也就是人们将过去经验中已形成的一些暂时联系进行新的结合。它是人类特有的对客观世界的一种反映形式。它能突破时间和空间的束缚，达到"思接千载"、"神通万里"的境域。

【实验工具】

1. 烟头。
2. 矿泉水瓶。
3. 不锈钢茶杯。

【实验步骤】

1. 让人们想象出烟头烫矿泉水瓶的场景。
2. 用点着的烟头烫矿泉水瓶。
3. 观察烫点是凹进去还是凸出来的。
4. 想象烟头烫不锈钢茶杯的情景。

【结果与讨论】

结果：烟头烫不锈钢茶杯不会使烫点凹进去。人们在思考和选择事物时，与各种类别相关的脑区域的活动变得激烈。这是因为，人们想象事物时，其实是用各种"类别"的"感子"(感觉到最小微粒)在"组合"，并"模拟"事物的，而这些组合多种多样，所以，当然也可以"组合"出本来没有的事物了。在这些"组合"中，"属性"的组合最为明显。实验已经给人们展示了矿泉水瓶被"烫"到的样子，结果肯定是凹了进去；而如果赋予这个"矿泉水瓶""不锈钢茶杯"的"属性"，然后再"想象"用"烟头"去"烫"它，杯子不再是"凹"进去的，这时，人们的想象就会跟"属性"联系起来。

讨论：想象的发散。

【实验延伸】从实验结果可知，当人们打开大脑记忆库的时候，曾经感受过的场景会再次浮现。如果给出同样的场景，那么人们会毫不犹豫地想象出将会发生的结果，正如一想到烟头烫矿泉水瓶，就能够得出"凹进去"的结论一样。

在投资过程中，人们同样会产生既定的想象。当某一品种在位于某一价位多次反复震荡停滞不前，却也不甘就此下跌，而是一次次触及这一关键价位，并且借助于某种机缘突然攻破这一关键阻力位，那么人们就会认为此番价格上升将会有一个较大的空间，这就是人们常常提及的价格区间理论。可以预见的是，如果什么时候该品种跌破了这一关键价位，那么人们一定会认为：下一次价格冲破这一关键阻力位一定会大费一番周折。这就是想象的结果。

3.想象的认知加工方式

想象常用的认知加工方式有4种：

(1) 粘合。粘合就是把从未结合过的形象要素结合在一起，构成新形象。

(2) 夸张。夸张就是对客观事物的形象中的某一部分进行改变，突出其特点，从而产生新形象。

(3) 人格化。人格化就是对客观事物赋予人的形象和特征，从而产生新形象。

(4) 典型化。典型化就是根据一类事物的共同特征来创造新形象。

2.1.5 记忆

1.记忆的内涵

记忆就是人脑对有关信息进行编码、储存和提取的认知加工过程。

(1) 信息的编码。信息的编码是记忆活动的第一个环节，又可称为识记。有目的的识记有两种形式，即机械识记、理解识记。机械识记是根据记忆对象的外部联系，通过重复进行识记。理解识记又叫意义识记，是根据记忆对象的内部联系，通过建立记忆对象与已有知识的联系来进行识记。

(2) 信息的储存。信息的储存是记忆的中间环节，通常也称为保持。与保持相对而言的就是遗忘。遗忘并不是所记忆的信息的完全丧失，而是所保持的信息不能在使用时顺利地提取出来。有的遗忘是因为提取信息的线索不当而造成的，这种遗忘叫做暂时性遗忘；有的遗忘是由于丢失的信息过多，无法提取，这种遗忘叫做永久性遗忘。

(3) 信息的提取。信息的提取是记忆的最后一个环节。信息的提取有两种形式，即再认和回忆。再认就是当以前记忆的内容重新出现时，能够将它们辨认出来。回忆是在大脑中把所记忆的内容再现出来。信息的提取能否成功主要取决于两个条件：一是信息的保持是否巩固；二是提取信息的线索是否适当。通常，对所保持的信息建立的意义联系越丰富，就越易于找到提取信息的线索；同时，积极而平静的情绪状态和灵活的思维活动也是有助于寻找提取信息的线索。

2. 记忆的种类

记忆有很多种，根据记忆所加工信息的内容的不同，可以将记忆分为四种：

(1) 形象记忆。形象记忆是以感知过的事物的具体形象为内容的记忆。

(2) 动作记忆。动作记忆是以做的运动或动作为内容的记忆。

(3) 抽象记忆。抽象记忆是以语义或命题为内容的记忆。

(4) 情绪记忆。情绪记忆是以体验过的情绪和情感为内容的记忆。

3. 记忆活动

心理学研究表明，记忆活动是由感觉记忆、短时记忆、长时记忆三个相互联系的记忆系统组成。这三个记忆系统在信息的储存时间、信息的编码方式、记忆的容量等方面都有各自不同的特点。同时，三个系统的信息加工水平是不同的，感觉记忆的信息加工水平最低，长时记忆的信息加工水平最高。信息的长期保持是在一定的条件下，将信息由感觉记忆转入短时记忆，再由短时记忆转入长时记忆。

(1) 感觉记忆。通过感觉获得的信息在大脑中都要保存一个极短的时间，这就是感觉记忆，又称瞬时记忆或感觉登记。在感觉记忆中，信息保持的时间大约有0.25～2秒。信息的编码是以信息所具有的物理特性来进行的，具有鲜明的形象性。

(2) 短时记忆。在注意的条件下，将有关信息只短暂地呈现一次(信息呈现的时间一般为1秒)，对这种当前信息的记忆叫做短时记忆。短时记忆所加工的信息有两个来源，其一是感觉记忆中的信息因受到注意而进入短时记忆的，其二是为了解决当前的问题而从长时记忆中提取出来，暂时存放在短时记忆中的。在短时记忆中，信息的保存时间约为5秒～2分钟。信息的编码方式以言语的听觉形式为主，也存在视觉编码和语义编码。短时记忆的容量相当有限，一般约为7±2个组块。短时记忆中的信息经过复述就进入了长时记忆，如果得不到复述就会随时间而自动消退。

(3) 长时记忆。长时记忆是对经过深入加工的信息的记忆。长时记忆保存的时间很长，可以是1分钟，也可以是几个小时、几天、几年，甚至是终生。长时记忆的容量非常巨大，我们在一生中所学的东西几乎不可能将其填满。长时记忆主要采用语义的形式进行编码，有时也以各种感觉形象的形式进行编码。

课堂微型实验2-4

【实验目的】

通过实验了解"记忆"的基本特征。

【实验原理】

识记即识别和记住事物特点及联系，它的生理基础为大脑皮层形成了相应的暂时神经联系；保持即暂时联系以痕迹的形式留存于脑中；再现或再认则为暂时联系的再活跃。通过识记和保持可积累知识经验，通过再现或再认可恢复过去的知识经验。从现代信息论和控制论的观点来看，记忆就是人们把在生活和学习中获得的大量信息进行编码加工，输入并储存于大脑中，在必要的时候再把有关的储存信息提取出来，应用于实践活动的过程。

【实验工具】

1. 多媒体教室。
2. 一张印有10个11位移动电话号码的幻灯片。

【实验步骤】

1. 组织大家收好纸和笔，背手端坐。
2. 提示大家记忆电话号码，并倒计时。
3. 打开幻灯片60秒。
4. 组织大家拿出纸和笔，把记忆结果写出来。
5. 收好结果，对照幻灯片评出答案最佳者。

【结果与讨论】

结果：一般情况下，人们能够答对2~4个电话号码就已经很了不起了，当然也有超级记忆者。如果某人在观察后能够将电话号码归类，只记后8位或者更少，那么该人的正确率就会高出其他人。这就是说，记忆有方法，当然有挖掘的潜力。

讨论：记忆的挖掘。

【实验延伸】 从实验结果可知，短时记忆的容量有限，这个容量就是平常所说的记忆广度。如果超过短时记忆的容量或插入其他活动，短时记忆容易受到干扰而发生遗忘。为扩大短时记忆的容量，可采用组块的方法，即将小的记忆单位组合成大的单位来记忆，这时较大的记忆单位就叫做块。例如，将单个汉字(人、学、机)变成双字的词(人民、学习、机器)来记，记忆的容量便扩大了一倍。

在投资过程中，记忆会使人们陷入往事。一个人的投资生涯会发生许多故事，有成功的经验，也有失败的教训；有盈利的辉煌，也有亏损的悲催；有受尊敬的洋洋得意，也有受嘲讽的郁郁寡欢。这些往事都在大脑中储存着，一旦什么时候哪根神经被触碰，记忆的闸门就会打开。而这时，不管你处于何种心情，打开的那段记忆都会感染你的情绪，或高涨，或失落。记忆导致的投资结果，很多时候都有上次投资的印记，只有冲破枷锁，才能获得真知灼见。

4. 记忆保持的基本规律

记忆保持的基本规律有以下五个方面：

(1) 干扰与遗忘的关系。遗忘主要是由于先后学习的内容相互干扰而产生的。先后两种学习的时间间隔越短，干扰就越大。先后两种学习具有中等程度的相似性时，干扰最大；先后两种学习具有高相似或不相似时，则干扰较小。

(2) 遗忘的进程的规律。遗忘的进程是不均衡的，有先快后慢的特点。这是由艾宾浩斯首先发现的。

(3) 遗忘的大小与记忆材料的性质和长度的关系。从记忆材料的性质上说，抽象的材料比形象的材料更容易遗忘；无意义的材料比有意义的材料更容易遗忘。从记忆材料的长度来说，记忆材料长度越长，就越容易遗忘。

(4) 遗忘的大小与个体的心理状态的关系。能满足个体需要或对个体有重要意义的材料容易保持，不能满足个体需要或对个体没有意义的材料容易遗忘；能引起个体愉快的情绪体验的材料容易保持，能引起个体不愉快的情绪体验的材料容易遗忘。

(5) 遗忘与个体的学习程度和学习方式的关系。从学习程度方面来说，学习重复的次数越多，就越不容易遗忘。当学习重复的次数达到能刚好完全背诵的150%时，对阻止遗忘的效果最好。从学习方式方面来说，反复阅读与试图回忆相结合比单纯的反复阅读记忆保持的效果好。这是因为，反复阅读与试图回忆相结合能加强注意力，同时，能根据不同部分材料的记忆效果分配时间，充分利用时间。

2.1.6 思维

1. 思维的内涵与特征

认知心理学认为，思维是以已有知识和客观事物的知觉印象为中介，形成客观事物概括表征的认知过程。

思维的特征包括以下三个方面：

(1) 思维的概括性。思维是对客观事物概括的表征，具有概括性。所谓概括的表征是指，思维活动所表征的是客观事物的本质属性(或称共同特征)，而不是客观事物具体的形象；是客观事物变化的规律，而不是客观事物的具体变化。

(2) 思维的间接性。事物本质是隐含在事物内部的，事物变化的规律是包含在各种复杂的变化中的，它们不能被直接观察到，必须以已有知识和客观事物的知觉印象为中介，才能认识到。因此，思维具有间接性。

(3) 思维的问题性。问题是引起思维活动的重要条件，而思维主要体现在解决问题的活动中。在解决问题的各个环节，都是以思维活动为中心。

2. 思维的类型

根据思维活动的特征，可以将思维分为以下三种类型：

(1) 动作思维、形象思维、抽象思维。根据思维活动所凭借的工具的不同，可将思维分为动作思维、形象思维、抽象思维。动作思维是以具体动作为工具来解决直观而具体问题的思维。形象思维是以头脑中的具体形象来解决问题的思维活动。抽象思维是以语言为工具来进行的思维。

(2) 辐合思维与发散思维。根据在解决问题时思维活动的方向和思维成果的特点，可将思维分为辐合思维与发散思维。辐合思维是人们利用已有知识经验，向一个方向思考，得出唯一结论的思维。发散思维是指人们沿着不同方向思考，得出大量不同结论的思维。

(3) 常规思维和创造思维。根据思维活动及其结果的新颖性可以将思维分为常规思维和创造思维。对已有知识经验没有进行明显的改组，也没有创造出新的思维成果的思维叫做常规思维。对已有知识经验进行明显的改组，同时创造出新的思维成果的思维叫做创造思维。

3. 思维的认知加工方式

思维的认知加工方式有以下三个方面：

(1) 分析与综合。分析与综合是思维活动最基本的认知加工方式，其他的思维加工方式都是由分析与综合派生出来的。分析就是将事物的心理表征进行分解，以把握事物的基本结构要素、属性和特征。综合是与分析相反的认知加工方式，是将事物的结构要素或个别的属性、特征联合成一个整体。

(2) 比较。比较就是将各种事物的心理表征进行对比，以确定它们之间的相异或相同的关系。比较是以分析为基础的，比较的目的是要确定事物之间相同或相异的关系。但是，比较也离不开综合。

(3) 抽象与概括。抽象与概括是更高级的分析与综合活动。抽象就是将事物的本质属性抽取出来，舍弃事物的非本质属性。概括是在抽象的基础上进行的，是将抽取出来的本质属性综合起来，并推广到同类事物中去。

课堂微型实验2-5

【实验目的】

通过实验了解"思维"的基本特征。

【实验原理】

思维主体是可对信息进行能动操作(如采集、传递、存储、提取、删除、对比、筛选、判别、排列、分类、变相、转形、整合、表达等活动)的物质。思维主体既有自然进化而形成的动物(如人)，也有逐渐发展完善的人工智能产品。思维活动的对象是信息及意识。信息是能被思维主体识别的事物现象及表象。意识是思维活动的产物，以信息的形式储存、表现和输出，意识传播的实质是信息传播。意识往往又会成为思维主体进行下一步思维的基础。

【实验工具】

1.教室。

2.由两个小讲台合并在一起的大讲台。

3.黑板。

【实验步骤】

1.老师在讲台上讲课。

2.尝试在不经意的情况下一只脚踩在两个小讲台的夹缝中而摔倒。

3.重新站起来继续讲课(不超过5分钟)。

4.组织6名学生(3男3女)上讲台演示一段课程内容，要求有板书，每人5分钟。

5.观察学生在讲台上的每一个动作。

【结果与讨论】

结果：当学生在讲台上开始演示时，内心一定非常紧张，不过这并不是实验的目的。仔细观察学生在运用板书演示时经过两个小讲台的缝隙处时的眼神和动作。分析结果是：当每一名学生在经过缝隙处时，都会低头看一下缝隙然后大步跨过缝隙继续演示，6个人的动作几乎一致。尤其需要说明的是，女同学在面对缝隙时处理的时间要比男同学长。

讨论：思维定势的形成。

【实验延伸】从实验结果可知，思维可以通过归纳与概括掌握现实中事物的规律，还可以在已有的事物上，通过想象，建立全新的、不存在的事物。发明家可以通过已经存在的物品，通过新的想象，对其加以改进，从而发明出新的物品。其能否成功关键取决于思维的推断是否与现实相符。正如本实验所得出的结论一样，人们往往逃不出定势的包围，即使崴脚是个小概率事件。

在投资过程中，思维的发散与收敛同样影响着决策。发散性思维会促使投资者对每一个影响价格的因素都进行必要的分析，即使各种信息纷繁复杂无法整理，也会从中找出影响力大的因素与其他因素对比，从而获得投资决策的依据。收敛性思维则会促使投资者对极少数的因素进行权衡，做出某品种走势方向和深度的判断。但不管是采用发散性思维还是收敛性思维，一旦在某个环节出现失误导致投资决策有误，那么再次投资时一定会在这一环节上犹豫再三，既有可能规避同样的风险，更有可能丧失绝佳的机会。

4. 解决问题的思维过程

解决问题思维过程一般由发现问题、分析问题、提出假设、验证假设四个阶段组成。解决问题是一种极为复杂的心理过程。人们在解决问题的过程中，要受到各种心理因素的影响。

第一，动机是解决问题的重要条件。动机是推动人们解决问题的动力因素。动机水平与解决问题的效率的关系可以描绘成一个倒"U"形曲线。这项研究表明，在一定的程度内，动机的强度与解决问题的效率成正比。动机水平过强或过弱，都不利于问题的解决。

第二，个体对问题情境的知觉特点影响问题的解决。问题情境是指问题呈现的方式。当问题的呈现方式越符合人们的经验或知觉的习惯，人们就越易于知觉问题情境，问题的解决也就越容易。

第三，定势是影响问题解决的重要因素，是心理活动的一种准备状态。这种准备状态是先前心理活动的结果。如果新的问题与先前解决的问题相类似，则定势会促进新问题的解决，否则就会阻碍新问题的解决。

第四，原型启发会促进问题的解决。原型就是指对问题解决有启发作用的事物。原型启发会使人们在问题解决过程中豁然开朗，找到解决问题的方法。原型之所以具有启发作用，就是因为它与人们面临的问题有某种相似性。人们可以将原型的某些特点类推到所遇到的问题上，从而有利于问题的解决。

2.1.7 投资者认知水平的提高

从行为金融学角度来看，在从个体投资者感知信息→处理信息→产生决策→实施行为的整个主体客体认知链条中，认知水平高低十分关键。[①]研究表明，证券市场上中

---

① 贾伟. 提高投资理财认知水平[N]. 经济日报，2010-01-08.

小投资者比例过大，作为市场参与主体的投资者在投资理念、投资知识和技能方面尚不够成熟，存在典型的"投资者认知偏差"问题，从而引起投资者的行为偏差：有的投资者在周围人都赔钱的时候，也跟随着离开这个市场，而从投资的角度来看，那个时候往往是建仓的最佳时机；有的投资者等别的投资者都赚钱了，并且赚到一定程度之后，才开始想进入这个市场，而这个时候其实已经开始有一定的投资风险了。

例如，在牛市行情中，各投资品种往往普遍上涨，但投资者需要了解的是，其盈利并不一定是因为买了一个好品种，而是牛市整体带来的效益。所以投资者更要关注那些在熊市中依然能够为投资者带来收益的品种。此外，投资者需要了解的是，决定风险和收益的其实是投资者自己的认知和决策。如证券市场处在牛市行情中时，投资盈利也是不一样的，因为牛市不一定都等于是牛品种。一些品种有可能涨也有可能不涨，而且涨幅还有差别。即便投资者买了走牛的品种，也并不等于可以大幅获利。

假设投资者在熊市中连续赔了两年，而在两年之后，市场忽然涨了30%，这时有的投资者就很难把握住了。因此，即便投资者买到了很好的品种，但也可能只赚了一半就跑了；另一种可能是，投资者手里持有多个品种，这其中最高的赚了80%，剩下的只赚了20%，平均只有30%、40%的收益。所以投资者不仅要买到好品种，还要把好品种买到足够的量，持有好品种足够长的时间，这样才有可能获取最大收益。

在投资领域，投资者更应该把握自己如何在资本市场里获得最大收益，而这个收益很多时候取决于投资者自己的决定和选择。否则市场涨上去的时候投资者没赚到钱，市场跌下来的时候投资者又躲不过去。因此，找一个比较好的产品让自己建立比较好的认知，是未来盈利的关键部分。

2.2　人格与投资心理

2.2.1　人格

1. 人格的内涵与特征

人格，又称个性，是指个体有别于他人的整个心理面貌。人格是一个多侧面、多层次、复杂的统一体。一般认为，人格是受一定个性倾向性制约的心理特征的总和。个性倾向性和个性心理特征是人格的两种重要成分。

人格具有整体性、独特性和共同性、稳定性和可变性、社会性和生物性等特征。

(1) 人格具有整体性。人格的整体性是指构成人格的各种心理成分不是相互独立的，而是相互联系构成一个完整的功能系统。

(2) 人格具有独特性和共同性。人格的独特性是指每个人都有与他人不同的人格特征。人格还具有共同性。例如，由于共同的社会文化影响，同一民族、同一地区、同一阶层、同一群体的个体之间具有很多相似的人格特征。因此，人格是独特性和共同性相统一的整体。

(3) 人格具有稳定性和可变性。人格的稳定性是指，个体的人格特征在一定程度上保持不变的特性。人格的稳定性是相对的，人格的特征也是可以变化的。

(4) 人格具有生物性和社会性。所谓生物性，就是指人的人格是在人的自然的生物特性的基础上发展起来的。人的生物特性影响着人格发展的道路和方式，也决定人格特点形成的难易。但是，人的生物特性并不能决定人格的发展方向。对人格发展起决定作用的是个体的社会历史文化背景，这就是人格的社会性。

2. 西方人格心理学的主要理论

(1) 弗洛伊德的人格结构理论。S. 弗洛伊德认为，人格是由本我、自我、超我三个部分组成的结构。S. 弗洛伊德的人格理论过分强调本能的作用，是一种生物决定论的观点，显然是不科学的。该理论对人格结构的深层次研究，特别是强调本我、自我、超我保持相对平衡的观点，是有一定科学价值的。

(2) 卡特尔的人格特质理论。R. B. 卡特尔认为，人格特质是在不同情境中表现出来的稳定而一致的行为倾向。人格特质是人格结构的基本单元，通过分析人格特质的特点，可揭示个体的人格结构。卡特尔根据人格特质的独特性，将人格特质区分为独特特质和共同特质。卡特尔还根据人格特质的层次性，将人格特质区分为表面特质和根源特质。卡特尔认为，每个人都具有16种根源特质。

2.2.2 气质

1. 气质的内涵

气质是人生来就具有的典型的、稳定的心理活动的动力特征。对于气质这种心理现象可以从以下几个方面理解：

(1) 气质反映的是心理活动的动力方面的特征。气质主要反映心理活动在速度、强度、稳定性和指向性方面的动力方面的特点。

(2) 气质是一种典型的心理特征。气质使人的全部精神活动都染上独特的色彩，表现出与他人不同的典型特点。具有某种气质的人，会在不同情境中表现出相同性质的心理活动的动力特点。

(3) 气质是一种稳定的心理特征。通常，它不会因活动的情境发生变化而变化。在环境和教育的影响下，可能有所改变，但其变化很慢，几乎看不出其变化。

(4) 气质具有天赋性。气质是与生俱来的。婴儿一生下来就存在着明显的气质差异。

2. 关于气质的学说

关于气质，有以下几种学说：

(1) 体液说。体液说是最早的气质学说。公元前5世纪，古希腊医生希波克拉特认为，人体有四种体液：血液、粘液、黄胆汁、黑胆汁。希波克拉特根据哪一种体液在人体中占优势，把气质分为四种：多血质、粘液质、胆汁质和抑郁质。希波克拉特用体液多少来解释气质的类型，虽然缺乏科学根据，但人们在日常生活中确实能观察到这四种气质类型的典型代表。所以，这四种气质类型的名称，为许多学者所采用，一直沿用至今。

(2) 体型说。体型说是由德国精神病学家克瑞奇米尔提出来的。他根据对精神病患者的临床观察，认为人的身体结构与气质特点有一定的关系，可以按照人的体型划分人的气质类型。他把人的气质分为肥胖型、瘦长型等类型。

(3) 血型说。血型说是日本学者古川竹二提出来的。他认为人的气质与血型有关。古川竹二根据人的血型将气质分为A型、B型、AB型、O型四种类型。

(4) 激素说。气质的激素说是由英国心理学家L.柏尔曼提出来的。柏尔曼认为，人的气质是由甲状腺、肾上腺、脑垂体、副甲状腺和性腺等内分泌腺的活动水平决定的。

(5) 高级神经活动类型说。高级神经活动类型说是由巴甫洛夫提出来的。人的气质是由人的高级神经活动类型决定的。巴甫洛夫发现，大脑皮层的基本神经过程有强度性、均衡性和灵活性三种基本特性。根据这三种特性，可以将个体的神经活动分为不同的神经活动类型。

由此可见，人的神经活动的类型可分为四种：强、不平衡型(兴奋型)，强、平衡、不灵活型(安静型)，强、平衡、灵活型(活泼型)和强、平衡、弱型(抑制型)。巴甫洛夫认为，每一种高级神经活动的类型都对应着一种气质类型。神经活动的兴奋型对应的气质类型是胆汁质；神经活动的安静型对应的气质类型是粘液质；神经活动的活泼型对应的气质类型是多血质；神经活动的抑制型对应的气质类型是抑郁质。

3. 气质的心理特征

气质的心理特征就是区分气质类型的心理指标。通常，心理学用以区分气质类型的心理指标有6项：感受性、耐受性、反应的敏捷性、可塑性、情绪的兴奋性、外倾性与内倾性。

气质类型是指一类人所共有的气质特征的有规律的结合。由于气质特征的种类很多，它们的组合形式是多种多样的，因而气质的类型有很多种。但较为代表性的气质类型有四种，即多血质、粘液质、胆汁质和抑郁质。每一种气质类型都具有独特的气质特征。

应当指出，实际上只有少数人是这四种气质类型的典型代表，多数人是介于各类之间的中间类型。

课堂微型实验2-6

【实验目的】

通过实验了解"气质"的基本特征。

【实验原理】

气质是人的天性，无好坏之分。它只给人们的言行涂上某种色彩，但不能决定人的社会价值，也不直接具有社会道德评价含义。一个人的活泼与稳重不能决定他为人处世的方向，任何一种气质类型的人既可以成为品德高尚、有益于社会的人，也可以成为道德败坏、有害于社会的人。

【实验工具】

1. 正装5套。

2. 休闲服5套。

3. 运动服5套。

4. 化妆用具1套。

【实验步骤】

本次实验是竞选课程助教。

1. 老师宣布课程助教的待遇及职责；宣布竞选课程助教的规则；宣布评委的构成；宣布参赛选手的选拔程序。

2. 选拔参赛选手。

3. 竞选准备10分钟。

4. 每人竞选演说3分钟。

5. 宣布竞选结果。

【结果与讨论】

结果：

(1) 1~5人参选时，大家几乎都选择着正装。

(2) 5~10人参选时，至少5人着正装。

(3) 10人以上参选时，至少7人着正装，其余着休闲服。

(4) 没有人穿运动服。

(5) 女同学很少动用化妆工具；男同学大都选择梳子梳理头发。

讨论：气质的展示。

【实验延伸】从实验结果可知，为了展示自己的气质，同学们都很在意自己的形象。正装能体现正式场合特有的气质，因此，着正装的人数居多。人都愿意给他人展示华丽的外表，不管自己的内在多么寒酸。

在投资过程中，大多数投资者更在乎以投资的成败来塑造气质，而不是靠华丽的外表。倘若上述实验不是竞选课程助理，而是竞选分析师或操盘手，那么，选择休闲服的人一定多于选择正装的人。这是因为，在同学们的脑海中，那些功成名就的超级明星接受各种媒体采访时都是着便装出现，还没有见过哪个CEO西装笔挺正襟危坐地接受采访。这也是气质。还应该注意的是，不同的环境、不同的机遇、不同的条件对人的气质的形成也有着不同的影响力。

4. 气质对投资心理的影响

(1) 投资气质。气质是指表现在人的心理活动和行为的动力方面的特征，如迅速与强度的特点、稳定性的特点、指向性的特点等，这些特征一般不受个人活动的目的、动机和内容的影响。比如，有的人在沉着冷静中投资，而有的人在急躁焦虑中投资；有的人情绪比较稳定而内向，无论是盈利还是亏损都表现得很平淡，而有的人情绪容易激动而外向，盈利时手舞足蹈，亏损时暴跳如雷。

由于人类不具备无穷的计算能力，能够加工和储存的信息必然是有限的；而且人是有情绪情感、有动机需要、有个性特征、彼此相互作用的社会人，因而在决策过程中存在着诸如上述各种心理上的理性缺陷。因此，面对开放性风险决策任务，投资个体往往使用启发式策略，而不是算法策略，即投资者必须在正式决策之前自己先提出可行的备选方案并对各种方案的结果做出预测，且还必须根据决策环境的变化适时做出调整，选择不同的决策程序或技术。在此基础上，再根据其主观预期收益水平的偏好选出一种"满意"的决策方案。而这种偏好是多样的、可变的，且通常在决策过程中才形成。

正是因为投资个体的这种气质差异导致的决策的有限理性，在对股票价格进行估计时，投资个体更重视经验和直觉，使用了大量的异质信息和个性化、具体化、感性化、局部化的方法，并以这种估价为依据，运用简单推理和传统方法进行决策，从而使决策具有多变性。同时，决策的可变性、情感性、时间压力越强，决策程序就越具经验性和直觉性，其结果使股价的波动性增大。

(2) 投资气质的表现。

① 自信。过分自信、高估自己的判断力，是人类相当显著的心理特征之一，不少心理学家已经在实验室里反复验证了人类这一显著的心理特征。在证券市场的投

资者中，这种过度自信的倾向更明显。若投资者判断的准确性与其判断的自信水平一致，则为自信；若自信水平显著地高于判断的准确性，则为过度自信；若自信水平显著地低于判断的准确性，则为自信不足，如图2-4所示。

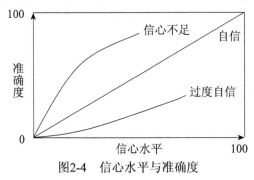

图2-4　信心水平与准确度

过度自信与自信不足对投资都有不利影响。对于过度自信问题，已有众多研究者对这个问题进行过研究(如De Bondt & Thaler，1995)。投资者在连续经历几次成功之后，很容易产生过度自信的现象；而连续经历几次失败之后，则很容易产生自信不足的现象。产生过度自信的原因有三个：一是基本归因错误，即将投资成功归因为自己内部稳定因素，诸如能力等；而将失败归因为外部随机因素，比如运气等，久而久之，就会对自己的能力产生不切实际的信任。二是投资者往往习惯于寻求证据来证明自己的正确，而不习惯于从对立的角度来挑战自己的想法。三是投资者过度相信某些投资知识或投资技巧的功能。投资者要克服过度自信，应尽量从正确归因入手，多从对立的角度来挑战自己的想法。

自信情结的另一种形式是所谓的自归因，它指的是人们总是将过去的成功归功于自己，而将失败归因于外部因素的心理特征。在证券市场上，投资者将投资成功归功于自己的判断能力，而将失败归咎于外部因素的不利。这样，投资者的自信心将随着公开信息与自有信息的一致而不断加强；但一旦公开信息与自有信息相反时，其自信心并不会等量地削减。

② 锚定。Northcraft和Neale(1987)的研究表明，在房产交易过程中，从较高的起始价开始达成的最终成交价比从较低的起始价开始达成的最终成交价明显要高，这就是所谓的锚定效应导致的结果。金融市场上的资产定价具有相当大的不确定性，比如谁也不能确定当天的证券综合指数到底值多少，因而过去的价格也就成为今天价格的重要参考因素，受锚定效应的影响，新价格会倾向于接近过去的价格。

③ 显著性思维。某些事件发生的概率很小，但一旦发生后影响很大，能为人们所瞩目。对于这样的事件，人们通常会高估其发生的概率。例如，飞机失事是小概率事件，但如果最近媒体报道了一起飞机失事，则人们主观上认为的飞机失事概率

就会大大提高。这种心理特征是造成证券市场上过度反应的主要原因之一。

④ 分离效应。分离效应是人们想等到信息显示后再进行决策的倾向。也就是说，即使有些信息对决策并不是真的重要，在没有信息时也会做出相同的决策，也要等到信息显示后才采取最终决策。分离效应有助于解释信息显示时股票价格的易变性或者交易量的变化，如有时出现在重大事项前的低易变性和低交易量，而在重大事项后的高易变性和高交易量。具体例子如 Tversky 和 Shafir(1992) 研究的总统选举，选举结果的揭晓有时会引起股票市场的易变性变化，即使人们也并不确定选举结果会对股票价值产生影响。

⑤ 奇幻思维与准奇幻思维。Skinner(1992) 的一个经典实验表明，尽管喂食动作与鸽子的行为无关，它们还是会觉得它们的某种行为导致了"喂食"行为的发生，从而这些鸽子都习惯于展示某个动作，以便得到食物。这与心理学家提出的奇幻思维有关。奇幻思维是对表面看来具有的因果关系的心理反应和强化，是一种缺乏逻辑关系的行为模式。证券市场上对确定性新闻的反应变化不定的产生原因与此有关。"准奇幻思维"一词是 Shafir 和 Tversky(1992) 给出的：人们在行动时，似乎错误地相信他们的行为会影响结果(像奇幻思维一样)，但事实上他们并不相信这些，就像是一种自我欺骗意愿。Shefrin 和 Statman(1985) 指出，人们持有亏损股、卖出盈利股的倾向与准奇幻思维有关，人们在某种程度上感觉持有亏损股能逆转其已亏损的事实。在股价明显被高估时，股票的公众需求也受准奇幻思维的影响，认为自己持有，股价还会继续上涨。

⑥ 注意力局限。早期的心理学家认为人脑会考虑进入人脑的一切信息，而没有注意到人的注意力的选择性现象：当人们考虑事物时，成千上万的外部事物从来不可能完全为"我"所体验，"我"体验的是"我"感兴趣的，当未经选择的事物充斥"我"的脑海时，"我"的体验会变得混乱不堪。投资者对不同投资类别(投资股票还是债券或是房地产，投资国内还是国外)的注意力受公众注意力存在与变动的影响。Shiller(1989) 指出，投资者对市场的注意力随时间而改变，金融市场上的灾难性情形就像注意力变动的现象，是大量的公众注意力混乱突然集中于市场使然。

综上可知，在证券市场上，投资者的心理活动是非常复杂的，其行为只能是有限理性的。

(3) 投资的气质对投资行为具有一定的影响，主要表现在以下几个方面：

① 心理分隔。与锚定现象相联系的人类倾向是：基于表象将特殊事件置于心理间隔或心理账户内。与期望效用理论描述的综览全局不同，人们只看到个体的、分别的小范围决策。人们趋于将其投资置于任意分开的心理间隔中，并基于它们所在的间隔分别对投资做出决策。投资者自然想到要在自己的投资组合中有一"安全"

部分以防止价值减少,有一风险性部分以抓住获利的机会。

② 规避损失。趋利避害是人类行为的主要动机之一,而在经济活动中,人们对"趋利"与"避害"的选择首先是考虑如何避免损失,其次才是获取收益。人们在从事金融交易中,其内心对利与害的权衡是不均衡的,赋予"避害"因素的考虑权重是"趋利"因素的两倍,这也是股市中投资者"追涨杀跌"的心理原因之一。

③ 后悔与认知偏差。人们在犯错时常常会有一种倾向:后悔。认知偏差是指当人们面对证明自己的判断或假设是错误的证据时的抵触情绪。这种心理状态同样普遍存在于经济活动中。例如,即使决策结果相同,如果某种决策方式可以减少投资者的后悔心理,对投资者来说,这种决策方式仍然优于其他决策方式。

④ 赌博行为与投机。人们喜欢赌博的倾向对不确定下的人类行为理论提出了难题,即必须既接受风险规避行为又接受适当的风险喜好行为。由赌博行为所体现的人类行为的复杂性可用来理解投机性市场中泡沫的起因。尽管投机者在某种程度上对其投机的可能结果有相当理性的预期,但还是有其他的感觉驱动了其实际行为。

2.2.3 性格

1. 性格的内涵与特征

性格是个体在对现实的态度及其相应的行为方式中表现出来的稳定而有核心意义的心理特征。性格与个体的态度和行为方式关系密切,是个体稳定的心理特征。

性格是由多侧面、多成分的心理特征构成的复杂的心理结构。通常,心理学中将性格区分为4种特征。

(1) 性格的态度特征,是指个体在对现实生活各个方面的态度中表现出来的一般特征。

(2) 性格的理智特征,是指个体在认知活动中表现出来的心理特征。

(3) 性格的情绪特征,是指个体在情绪表现方面的心理特征。

(4) 性格的意志特征,是指个体在调节自己的心理活动时表现出来的心理特征。自觉性、坚定性、果断性、自制力等是主要的意志特征。

2. 性格类型

性格类型是指一类人所共有的性格特征的有规律的结合。按照一定的标准将性格加以分类,在理论上和实践上都是有意义的。通常性格有以下4种分类方式。

(1) 按照心理活动的心理机能划分性格的类型。按照性格结构中认知、情绪、意志三种心理机能哪种占优势,可以将性格分为理智型、情绪型、意志型。

(2) 按照心理活动的倾向性划分性格的类型。按照个体心理活动是否外露，可以将性格分为内向型和外向型。

(3) 按照心理活动的独立性划分性格的类型。按照个体心理活动的独立性程度，可以将性格划分为独立型和顺从型。

(4) 其他的性格分类方式。性格分类还有其他几种方式，比较著名的有E. 斯普兰格和T. L. 霍兰对性格类型的划分。E. 斯普兰格提出，按照人的社会价值取向将性格划分为理论型、社会型、经济型、政治型、审美型、宗教型六种类型；T. L. 霍兰提出，按照性格与职业选择的关系将性格划分为现实型、研究型、艺术型、社会型、企业型、常规型6种类型。

3. 性格与气质的关系

性格与气质既有区别又有联系。

(1) 性格与气质的区别。性格与气质作为不同的个性心理特征，都有自己的特点。第一，性格与气质虽然都与人的心理活动有关，并在人的活动中得到体现，但它们反映的是心理活动的不同侧面。第二，性格与气质的形成条件有很大区别。从社会意义上讲，气质没有好坏之分，而性格则有好坏之分。第三，性格与气质的发生发展是不同步的。第四，性格与气质的区别还表现在，相同气质的人可以形成完全不同的性格，而不同气质的人也可以形成基本相同的性格。

(2) 性格与气质的联系。性格与气质都与人的神经活动有关，因而两者之间具有紧密的联系。第一，由于神经活动的类型对暂时神经联系的形成有重要的影响，因而气质会影响性格的形成和具体表现。首先，一定的气质对形成某些性格特征有重要影响；其次，气质会影响性格的具体特征的表现形式。第二，由于已形成的暂时神经联系会改变神经活动类型的某些特征的具体表现，因而性格对气质有一定的制约作用。

4. 性格对投资心理的影响

我国现有1.6亿证券开户账户，由于经济实力、知识经验、年龄特征等方面的不同，投资者的性格有着明显不同的类型和极大的心理差异。

(1) 投资性格的内涵、特征与表现。性格是人对现实的稳定的态度和习惯化的行为方式，比如，有人在投资盈利时谦虚谨慎，而有的人则骄傲自满；有的人勇于承认自身的优点，不断调整投资心态，而有的人始终抱怨。这些是性格的差异。

从证券投资个体的性格来看，有四个方面的特征值得注意：第一，投资个体不仅看重财富的绝对量，更加看重财富的相对变化量。与投资总量相比，投资者更加关注投资的盈利或亏损数量。第二，投资个体面临条件相当的未来损失时更倾向于冒险赌博(风险喜好)，而面临条件相当的未来盈利时更倾向于实现确定性盈利(风险厌恶)。第三，财富减少产生的痛苦与等量财富增加给投资个体带来的快乐不相等，前者大于后者。第四，前期决策的实际结果影响后期的风险偏好和决策，前期盈利可以使人的风险喜好增强，还可以平滑后期的损失；而前期亏损则会加剧以后亏损的痛苦，风险厌恶程度也相应提高。对于投资个体来说，其从现在的盈利或亏损中获得的效用依赖于前期的投资结果。

上述四点性格特征始终贯穿于投资个体的证券投资活动中。

一般来说，投资者性格和证券价格之间存在着互相影响和互相制约的关系。如果投资者对股市行情过分悲观，就会大量抛售手中的股票，致使股价急速下跌；当投资者对股市行情乐观时，就会大量买进股票，引起股价持续上扬。因为股票投资既可获利，又有风险，所以投资者的心理状况非常容易波动。诸多因素都可能引起投资者的性格变化，甚至连传闻、谣言也会造成投资者抢购或抛售股票，引起股价的暴涨暴跌。

(2) 不同资金量投资个体的性格。①主力大户的性格。主力大户是证券市场上的"龙头老大"，基本掌握着市场晴雨表。主力在市场操作中的一切手法，是以反大众心理为基础进行操作的，在跟风盘的多数看涨时出货，在跟风盘的多数看跌时进货。主力利用自己在市场行情走势中的优势和主动，通过一系列行为实现自己的获利心理，通过拥有某些个股或指标股、流通股的多数，来实现自身的市场操作意图。②中等规模投资个体的性格。中等规模的资金主力一般通过坐庄参与股市，他们通常精心研究自己控制的目标股。③中小散户的性格。中小散户是指股市中的小额投资者，通常是没有组织、缺乏计划地进行投资，往往会成为股市波动的最先牺牲者。由于散户股民处于非合作性博弈情境之中，信息无法有效互动，因而当面临庄家人为炒作的获利机遇时，散户股民出于贪利心态而蜂拥追涨，客观上为庄家抬了轿、造了市。正是由于其贪惧心态所造成的决策离散性，致使散户股民的投资方向不能有效整合，投资力度内部耗散，无法形成整体优势，反为庄家所制。人们倾向于认为多数人的决定是低风险、高回报的最优选择，在散户股民中形成了强烈的从众心理。

(3) 不同经历投资个体的性格。在证券市场的投资个体中，表现出明显的知识经验的差异性。老股民在股市久经沙场，经验比较丰富，在操作中易于把握获利机会，避免风险，及时获利。新股民富有勇气，缺乏经验，缺乏应变的策略和能力，对市场的瞬间变化往往显得不知所措。但是，老股民常常缺乏耐心，易被胜利冲昏头脑，结果有些人在变盘时一败涂地。一些遭受过失败打击的老股民过于小心谨慎，经常错过机会。新股民无套牢或亏损的经历，反倒能在市场上轻松交易。

(4) 不同文化层次投资个体的性格。从文化层次看，较高文化层次投资者的市场知识和经济金融知识较为扎实，善于发现他人忽视的信息，挖掘到真实的好消息，获利机会较多。但在操作中常常因过于理性化和自信而陷于教条主义和规范主义，时常弄巧成拙。低文化层次投资者没有太多顾虑，在操作上往往以捂为主，不赚钱不走。在行情看好时成为赢家的可能性大，但常常缺乏理性，不够灵活。

(5) 不同年龄投资个体的性格。不同年龄阶段的投资者在证券市场上所表现出来的心理与行为特点也有所不同。青年投资者精力旺盛、充满活力，额外的心理负担较轻，易于持续、刻苦地专心研究股市现象和规律，把握股市脉搏，在实际操作中，一般对市场前景较为乐观，敢于抓热点，买老年投资者不敢买的股票。但他们的操作手法一般属于投机型，以短线为主，耐性差，受舆论影响大。中年投资者的目的性很明确，独立性强，对盈利机会和获利的把握性较强。老年投资者大多是为了摆脱寂寞、孤独和怀旧的心态，为了消除离退休后的不适而进入股市。他们时间充足，操作谨慎，输赢较小。

(6) 投资性格对投资心理的影响。按照2002年诺贝尔经济学奖获得者Kahneman与已故的A.Tversky合作提出的一种能更好地说明人类行为的期望理论，可以解释为什么投资者有时候倾向于出售账面盈利的股票而保留账面亏损的股票。[①]

假设投资者购买了一只股票，他认为这只股票的期望收益足以补偿它的风险。如果股票升值了，他将采用购买价格作为参照点，于是，股票价格就处于投资者价值函数的凹的、风险厌恶的部分。这只股票的期望收益可能仍然足以补偿它的风险，但是，如果投资者降低了对这只股票的收益预期，他可能卖出这只股票。如果这只股票没有升值，而是贬值了，它的价格将处于投资者价值函数的凸的、风险喜好的部分。这时，即使它的期望收益降低到本来不应该购买它的程度，投资者也将继续持有这只股票。这样，与已经上涨了的股票相比，投资者关于这只下跌了的股票的期望收益的信念必须进一步下降才能促使他出售这只已经下跌了的股票。

类似地，假设投资者拥有两只股票，一只上涨了，一只下跌了，如果他面临流动性需要，并且没有任何关于这两只股票的新信息，他更可能卖出上涨的股票，而保留下跌的股票。[②]

根据上述分析不难发现，证券投资个体的性格与其投资行为具有一定的因果关系。

---

① 邹辉文，李文新，汤兵勇.证券市场投资者的心理和决策特征评述[J].财贸研究，2005(3).

② Daniel Kahmeman，Mark W. Riepe. Aspects of Investor Psychology[J].Journal of Portfolio Management，1998，(24)：4.

2.2.4 能力

在证券市场上，投资个体的能力千差万别，投资者的心理活动也是非常复杂的，其行为只能是有限理性的，其决策过程也无法达到理性决策的程度，而是呈现出有限理性的特征，且更符合期望理论所描述的决策过程。

1. 投资能力的内涵

证券市场是从事股票、债券等有价证券交易的场所，是长期资本市场，也是金融资本进行大规模投资的重要场所，是长期资本的最初投资者和最终使用者之间的有效中介，也是一种特殊的金融市场。证券市场的诸多特征要求证券投资个体应具有相应的能力。

能力是人顺利地完成某种活动所必须具备的心理特征，体现着个体活动效率的潜在可能性与现实性。例如，对于投资者来说，有的人观察敏锐精确，有的人观察粗枝大叶；有的人善于交往，有的人呆板保守；有的人反应迅速，有的人应变缓慢；有的人思维敏捷，有的人思维迟钝；有的人短线进出自由，有的人不会瞬时交易……这些都是能力的差异。

在证券市场上，投资个体所处的决策环境是复杂和不确定的，决策任务中的备选方案不是现成的，一般不存在闭环的、数目有限的备选方案供决策者选择，这些方案全都需要决策者独创地提出。因此，在这种开放性的风险决策问题上，投资个体的能力决定着投资决策的实施。

2. 证券市场对投资能力的要求

由于股票具有不可偿还性、收益性、流通性和波动性等特点，从而增加了其风险性。股票一般可以通过买卖方式有偿转让，股东能通过股票转让收回其投资，但不能要求公司返还其出资。股东与公司之间的关系不是债权债务关系，而是所有者与经营者的关系。股东是公司的所有者，以其出资额为限对公司负有限责任，承担风险，分享收益。股票的转让意味着公司股东的改变，但并不减少公司资本。由于股票价格受到所属公司经营状况、供求关系、银行利率、大众心理等多种因素的影响，其波动有很大的不确定性。价格波动的不确定性越大，投资风险也越大，对投资个体的能力要求也就越高。

相比之下，债券市场是债券发行和债券买卖的场所，是金融市场的组成部分之一。债券是政府、金融机构、工商企业等直接向社会借债筹措资金时向投资者发行，并且承诺按一定利率支付利息和按约定条件偿还本金的债权债务凭证。债券通常有固定的利率，与企业绩效没有直接联系，收益较稳定，风险较小。在企业破产时，债券持有人享有优先于股票持有者对企业剩余资产的索取权。债券的收益性表现在两个方面：一是投资债券可以给投资者定期和不定期地带来利息收入；二是投资者在证券市场上利用债券价格的变动买卖债券可赚取利差收入。因此，债券投资风险相对较小，投资者心理相对安全、稳定，其对投资个体能力的要求也略小。

3. 投资能力的表现及其对投资行为的影响

证券投资个体的能力有多种表现形式，但归根到底，主要的、本质的能够影响投资行为的能力无外乎分析能力、承受能力和决断能力。

(1) 分析能力。心理学家温卡特桑曾就群体对消费者的影响做过实验，结果发现，大多数消费者都是听从别人的意见而行动。[①]股票买卖过程中也有类似现象，它表现为"一人购买，众人趋之"。多数投资个体其实并不懂得投资股票是需要很多金融知识的，也不计能否得利便盲目从股，这样极易糊里糊涂地赔钱蚀本。有一部分投资个体对投资风险的理论与实务所知甚少，对盈利机会缺乏清醒认识，对自己承受亏损的能力也无适当评估，只因受了鼓励投机的舆论影响而贸然入市。入市后亦未投入足够的时间与精力进行基础分析、技术分析，在选择交易品种、决定买卖时机等关键问题上几乎没有个人的独立见解，主要依靠别人的意见做出决策。另有一些投资个体，在自己的分析研究中本已定下基本决策或交易原则，但开市前后受市场情绪左右，听信他人意见而陷入迷惑，甚至突然改变主意。尤其在市场情况不明时，这类投资者对他人意见的依赖程度更高，从众心理表现强烈。

证券市场风险固然很大，但市场运行仍是有规律可循的。对大户而言，采取一定手段诱发中小户从众心理是其操纵市场的重要手段。在股票操作学领域里，有一个相当重要的原则，就是要实行与一般群众心理相违的反向操作。即在群众的一片乐观声中应该警惕，在群众普遍悲观时要勇于承接。因为，群众大都是"抢涨杀跌"。在股票理论上，股价愈涨，风险愈高，然而群众却愈有信心；股价愈跌，风险愈小，但一般的投资者却愈来愈担心。对投资者而言，如何在投机狂热高涨时保持理智的判断，以及在群众恐惧、害怕的时候，仍保持足够的信心，对其投资能否获利关系甚大。

(2) 承受能力。证券投资本身就是风险投资，没有风险的投资是不存在的。既抗拒不了高利的诱惑，又害怕承担亏本的风险，带着重重矛盾心理进入市场，常常事与愿违。以股票为例，由于股票市场是由股票买卖双方、经纪人、银行及证券交易所等共同组成的，因而可以把来自各方面的、不同角度的有关政治、经济、金融等动态信息及时地汇集于股票市场上，并且相互传播，迅速扩散。

股票市场上资金的需求者通过发行股票的方式筹集资金，使货币资金转化为生

---

① 李玉杰.证券市场投资心理浅析[J].经济师，2001(6).

产资本，这样，便使经营风险部分转移和分散给投资者，同时也减轻了企业对银行的压力，分散了银行贷款的风险。也就是说，进入股市就是去分担银行、企业和市场的风险，必须有足够的风险意识和风险心理承受力。

股票的价格，从本质上来说是不稳定的，它不仅要受一国政治、经济、法律等宏观因素的影响，还要受企业经营、利率水平、通货膨胀以及投资者心理等多种因素的制约，并且往往是偶然发生变动，极易给投资者带来难以消除的风险。作为投资者，只有对每种股票价格变动的历史数据进行详细的分析，从中了解其循环变动的规律，了解其收益的持续增长能力，看其收益增长率是否稳定，据此进行投资才会取得预期的收益。投资者应以股份变化的历史数据为基础计算出标准差，作为选择买卖时机的一般标准。当股价低于标准误差下限时，可以购进股票；当股票价格高于标准误差上限时，最好将手头的股票卖掉。只有这样，才能使风险降到最低。

(3) 决断能力。对于证券市场的运作，投资者既要有耐心，又要看准时机，处之果断。有些投资个体在买卖股票时，原本制定了计划，考虑好了投资策略，但当受到"羊群心理"的影响时，往往不能严格执行自己的投资方案。听到他人与自己不同的评论时，对自己出售股票的决策马上产生怀疑，从而放弃了抛售股票的大好时机。还有些投资个体一直要等到更便宜、更实惠的股票，似乎认为目前所有的股票都不值得购入，应更廉价才可以入市。于是乎，越等价越高，越等越不敢入市。

投资者优柔寡断，举棋不定，常常错误估计形势，坐失良机。因此，在投资股市时，不能只关注股市动态，还要密切关注国际政治、经济及企业经营成果的动向，把对形势的估计和对股价走势的技术分析结合起来，这样才能及时捕捉买入或卖出时机，做出正确决策。

2.3 行为动力与投资心理

行为动力理论是研究人的行为如何被推动和维持的。心理学研究表明，需要是一切行为产生的源泉，而需要只有转化为动机才能成为推动和维持个体行为的内部动力。

2.3.1 需要

1. 需要的内涵
需要是由生理上或心理上的缺失或不足所引起的一种内部的紧张状态，是个人活动积极性的源泉。

(1) 需要是一种内部的紧张状态。导致这种紧张状态的原因是生理上或心理上的缺失或不足。

(2) 需要都指向一定的对象。需要无论是来自内部还是外部，都指向能满足生存和发展要求的一定对象。没有对象的需要是没有的。

(3) 需要是个人活动积极性的源泉。人的需要、兴趣、爱好、动机、价值观、人生观等，都是推动人们从事各种活动的动力因素，但需要是最根本的，其他的动力因素都是在需要的基础上形成和发展起来的。

2. 需要的类型

根据需要的起源，可以将需要分为自然性需要和社会性需要。按照需要对象的性质，可以将需要分为物质需要和精神需要。

需要的层次理论是美国心理学家A. H. 马斯洛提出来的。他认为，人的需要包括不同的层次，而且这些需要都由低层次向高层次发展。层次越低的需要强度越大，人们优先满足较低层次的需要，再依次满足较高层次的需要。马斯洛把需要分为五个层次，即生理需要、安全需要、归属与爱的需要、尊重的需要和自我实现的需要。

马斯洛认为，需要的产生由低级向高级的发展是波浪式推进的，在低一级需要没有完全满足时，高一级的需要就产生了；在低一级需要的高峰过去了但还没有完全消失时，高一级的需要就逐步增强，直到占绝对优势。

马斯洛的需要层次理论系统地探讨了需要的实质、结构以及发生发展的规律，这不仅对建立科学的需要理论具有一定的积极意义，而且在实践中也产生了重要的影响。许多企业家就是依据这个理论，制定满足职工需要的措施，以调动职工的工作积极性。但马斯洛的需要理论也存在一定的不足。首先，马斯洛把生理需要、安全需要、归属与爱的需要、尊重的需要都称为基本需要，并认为这些需要是与生俱来的，需要的发展是一种自然成熟的过程，这严重低估了环境和教育对需要发展的影响；其次，马斯洛强调个体优先满足低级需要，忽视了高级需要对低级需要的调节作用。连他自己也承认，他"并不完全了解殉道、英雄、爱国者、无私的人"。

马斯洛需求理论的层次是金字塔型的，但人们的需求层次不仅仅表现为从低级向高级发展，而且还具有以下特点：一是各层次的需求是同时存在、相互交叉的，也即五个需求层次具有交叉性。每个人都有这五种需求，人活在社会中不仅仅有生理的需要或是安全的需要，还有其他的需要。只是在某种条件下他无法同时追求更高层次的需要，所以只能退而求其次，先满足低级的需要。这同时也是接下来要讲到的一个特点。二是在不同的情况下每个人最为迫切的需要表现是不同的，也就是五种需求对每个人来说重要性的排序是不同的。由于从个人出身到后天的努力等情况都是"不平等"的，并且在不同的时间、不同的地点，对于不同的人来说某特定的时间段里他们所表现出来的需求的重要性就有不同了。以住宅为例，对刚参加工作的人来说他们最希望的是能有一个自己的家，这个家并不需要多豪华，能有个安身的地方就是最好的了，"居者有其屋"说的就是这种情况吧，因为他很清楚他现在最需要什么。而对于一个有钱的人来说住宅就不仅仅是安身立命之所了，住宅要能体现他的身份与地位甚至是权力，所以，在中国真正的别墅或高档住宅都是有钱人的地盘，这就是"居者优其屋"。三是马斯洛需求层次还有一个最大的特点就是反复性。

课堂微型实验2-7

【实验目的】

通过实验了解"需要"的基本特征。

【实验原理】

人为了求得个体的生存和发展，必然需要食物、衣服、睡眠、劳动、交往等。这些需求反映在个体头脑中，就形成了他的需要。需要被认为是个体的一种内部状态，或者说是一种倾向，它反映个体对内在环境和外部生活条件的较为稳定的要求。

【实验工具】

1. 教材电子版。

2. 讲义电子版。

3. 课件。

4. 参考资料电子版。

5. 本课程全部复习题及答案电子版。

【实验步骤】

1. 该门课程最后一次课结束前一个小时。

2. 宣布一周后闭卷考试，考试内容不超出复习题的范围。

3. 要求学生在上述五种实验工具中选择自己需要的工具，每人只准选择一种。

4. 查看学生的选择。

【结果与讨论】

结果80%的同学毫不犹豫地选择"本课程全部复习题及答案电子版"，有12%的学生选择"讲义电子版"，有8%的学生选择"教材电子版"，没有同学选择"课件"和"参考资料电子版"。

讨论：需要的选择。

【实验延伸】从实验结果可知，大多数同学选择"本课程全部复习题及答案电子版"，是因为"本课程全部复习题及答案电子版"涵盖本次考试的全部内容，而且，即将到来的闭卷考试不但给同学们以考试内容的压力，同样给同学们考试时间的压力，因为随后将会有更多的考试要求同学们必须参与。正因为如此，几乎没有谁在剩余的一周内愿意去欣赏优美的"课件"，或者浏览"参考资料电子版"。这就是需要发挥作用的结果。

在投资过程中，人的需要也是随环境变化而不断变化的。当两个阶段行情之间的盘整阶段某品种价格涨跌幅度不大，甚至在一个区间内微幅波动的时候，投资者的需要也会随之调整，即便参与交易，其需要也很现实，一般以保本、微利为主要目标；在一个大的行情中，投资者的需要会随着行情的剧烈波动而不断加大，甚至超过了当初预定的需要目标。而风险，恰恰是在这个时候悄无声息地来临。

3. 证券投资主体的投资需要

证券投资个体的投资需要与人的需要相一致，同样表现为生理需要、安全需要、归属与爱的需要、尊重需要、自我实现需要。

证券投资个体的生理需要，指的是投资者在投资的过程中对营养、保健、健康等用于维持个体生存以及生命延续的物质需要。证券投资个体的安全需要，表现为投资者要求交易秩序稳定、投资资金安全、个人生存居住环境受到保护，能免除投资恐惧及焦虑等。证券投资个体的归属与爱的需要，表现为投资者要求与他人建立信息沟通联系或关系，如结交投资伙伴、追求感情投资、得到所在投资圈或投资团体的承认等。证券投资个体的尊重需要包括自我尊重和受到其他投资主体尊重。自我实现需要是指投资者力求发展并施展自己的投资天分、能力或潜能，以达到完美的投资境界的成长需要。

需要是个体在生理上和心理上的某种失衡状态。需要是动机的基础，是个体进行活动的基本动力，是个体积极性的源泉。人的需要有很多种，就投资主体来说，既有投资时一掷千金的洒脱需要，也有盈利时小富即安的保守需要；既有冒险时不顾一切的侥幸需要，也有出险时避轻就重的现实需要；既有温饱时一夜暴富的狂想需要，也有亏损时破罐子破摔的放任需要；既有盈利时被人尊敬的表现需要，也有失败时渴望同情的心理需要，等等。

证券投资个体的投资需要相互联系，按优越性的等级排列，如图2-5所示。

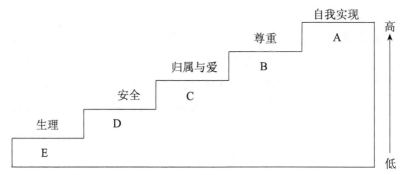

图2-5　证券投资个体的投资需要的等级排列

图2-5表明，最占优势的目标将独占全部意识，并趋向于自行组织机体内各种能量的运用。次优的需要则被减弱到最低限度，甚至被遗忘或被否定。例如，当投资者在投资的过程中对营养、保健、健康等用于维持个体生存以及寿命延续的物质需要没有得到满足时，其安全需要就会大大减弱，甚至被遗忘或被否定。

但是，当某一需要得到相当好的满足后，另一占优势的("更高级的")需要会显现，转而支配有意识的生活并作为行为组织的中心，因为得到满足的需要不再是活跃的动机因素。比如，当投资者要求交易秩序稳定、投资资金安全、个人生存居住环境受到保护，能免除投资恐惧及焦虑等需要得到了相当好的满足后，投资者就会产生强烈的参与到交往圈子的需要，因为参与进去不仅仅能够获得归属感、爱与被爱，更重要的是在一个相当级别的"圈子"中能够获得展示自我的机会，能够获得更多的投资信息，能够产生更大的投资收益。

因而，证券投资个体是永远不知足的人。一般情况下，对这些欲望的满足并不是完全相互排斥的，它们只是趋向于相互排斥。市场上一般个体投资主体的各种欲望大多是部分地得到满足和部分地没得到满足。我们从经验中观察到层级原则通常的表现形式是，层级越高则未得到满足的百分比越高。比如，自我尊重和受到其他投资主体尊重的需要以及投资者力求发展并施展自己的投资天分、能力或潜能，以达到完美的投资境界的成长需要得到满足的百分比越低。

有时也能看到与需要层次的一般顺序相反的现象。我们还看到有的投资者在特定条件下可能会永远失去高层次的需要。日常行为不仅具有一般的多重动机，而且还有动机之外的许多决定因素。

如果投资者的这些基本目标受到阻遏或可能受到阻遏，或者保护这些目标的防御物受到威胁，或者它们所依赖的基础条件受到威胁，我们就可以认为是心理上的威胁。除了少数例外情况，所有心理病态的根源都可以部分地追溯到这种心理威胁。事实上，可以把基本需要受到阻遏的人称为"病人"，因为这些遏制都是来自于投资者本身。这几年，因投资失败导致投资者某些需求没能满足致使忧郁甚至自残自杀的事件也时有所见。

2.3.2 动机

1. 动机的内涵

动机是引起并维持人们从事某项活动以达到一定目标的内部动力。动机是直接推动个体活动的动力，人的需要、兴趣、爱好、价值观等都要转化为动机后，才对活动产生动力作用。

动机的动力作用具体表现为动机的激活功能、指向功能、维持和调整功能。

动机与活动的关系十分复杂。动机是个体活动的内部动力，由一定动机引起的活动应指向能满足个体动机的对象。动机与活动的目的之间不是一一对应的关系，动机与活动效果的关系也十分复杂。一般来说，动机与活动效果是一致的。良好的动机一般能产生良好的效果，不良的动机则会产生不良的效果。

2. 动机的形成

动机的形成主要有需要和诱因两个因素。

(1) 需要是动机形成的基础。人的动机是在需要的基础上形成的。当人们感到生理上或心理上存在着某种缺失或不足时，就会产生需要。一旦有了需要，人们就会设法满足这个需要。只要外界环境中存在着能满足个体需要的对象，个体活动的动机就可能出现。

(2) 诱因是动机形成的外部条件。诱因是指能满足个体需要的外部刺激物。

3. 影响动机形成的因素

影响动机形成的因素包括以下四个方面：

(1) 价值观。价值观是由个体评价事物的价值标准所构成的观念系统。个体的兴趣、信念、理想是价值观的几种主要表现形式。价值观是在个体需要的基础上形成的，是个体需要系统的反映。人们的需要是各种各样的，一方面，需要本身有强弱之分；另一方面，在社会生活中，只有一部分需要能够满足，有时，满足某种需要是以抑制其他需要为前提的。这样，个体就逐渐形成了各种需要按强弱程度组成的一个需要系统。这个需要系统为个体所意识到，就成为一定的观念系统，亦即价值观。它从整体上控制着人们对事物价值的评价。

(2) 情绪。情绪是个体对需要是否满足而产生的愉快或不愉快的体验。当需要得到满足，个体就会出现高兴、快乐等积极情绪；如果需要得不到满足或需要的满足一再受到阻碍，就会产生悲痛、愤怒、恐惧等消极情绪。

情绪对已有的需要有放大的作用。愉快的情绪加强已有的需要，大大提高个体活动的积极性；而不愉快的情绪则削弱已有的需要，抑制个体活动的积极性，降低活动的效率。

(3) 认知。认知是影响个体动机的重要因素。心理学在这方面进行了大量的研究。J. W. 阿特金森认为，诱因能否引起个体的行为动机，关键在于个体对行为价值和成功概率的估计。对行为价值的估计叫效价，对成功概率的估计叫期望。他提出：行为动机是效价与期望的乘积。这种估计是主观的，但个体对行为的效价和期望估计越高，其动机的强度就越大。B. 韦纳认为，个体的期望大小与个体对成败的归因有关。每个人都力求解释自己的行为，分析行为结果的原因，这种认知活动就是归因。个体对成败的归因直接影响行为动机的强度。如果将行为结果的成败归因于内部的、可以控制的因素(如努力程度、方法)，则会增强相应的动机；如果将行为结果的成败归因于外部的或不可控制的因素(如运气、难度等)，则会削弱相应的动机。A. 班杜拉提出，个体的期望大小与其自我效能感有关。自我效能感是个体根据以往的经验，对自己从事该活动的能力进行的估计。这种估计是主观的。自我效能感强的人喜欢富有挑战性的工作，遇到困难能坚持不懈，情绪饱满。自我效能感弱的人则相反。

(4) 行为的结果。动机作用产生的行为，其结果对动机本身产生一定的影响。首先，行为结果的成败对动机有重要影响。成功的结果能增强信心，提高自我效能感，从而加强已有的动机；相反，失败的结果则会削弱已有的动机。其次，行为结果的及时反馈对动机有重要影响。一般而言，及时知晓行为的结果既能使个体发现自己的成功和进步，增强活动的热情，又能发现自己的不足，以调整自己的行为。如果个体不能及时知晓行为的结果，则行为结果的反馈作用就会减弱或消失。再次，他人对行为结果的评价对动机有重要影响。表扬和奖励等正面评价对已有动机有强化作用，批评与惩罚则对已有动机有削弱作用。

4. 动机的类型

根据不同的分类方法，动机有不同的分类。

(1) 主导动机与非主导动机。根据动机对行为作用的大小和地位，可以将动机分为主导动机和非主导动机。

(2) 内部动机与外部动机。根据引起动机的原因，可以将动机分为内部动机和外部动机。内部动机是由内部因素引起的动机，外部动机则是由外界刺激作用而引起的动机。

(3) 近景性动机与远景性动机。根据动机引起的行为与目标之间的远近关系，可以将动机分为近景性动机和远景性动机。

(4) 生理性动机与社会性动机。根据动机的起源，可以把动机分为生理性动机和社会性动机。

人在同一时间往往有多种动机，这些动机有的是目标相互一致的，有的则是相互矛盾或对立的。人的行为到底由什么动机决定，主要取决于这些动机相互作用的结果。

(1) 动机的联合。当个体同时出现的几种动机在最终目标上基本一致时，它们将联合起来推动个体的行为。

(2) 动机的冲突。当个体同时出现的几种动机在最终目标上相互矛盾或相互对立时，这些动机就会产生冲突。常见的动机冲突有双趋冲突、双避冲突、趋避冲突。双趋冲突是指，当个体的两种动机分别指向不同的目标，且只能在其中选择一个目标而产生的冲突。双避冲突是指，当个体的两种动机要求个体分别回避两个不同目标，但只能回避其中一个目标，同时接受另一个目标而产生的冲突。趋避冲突是指，当个体对同一个目标同时产生接近和回避两种动机，又必须做出选择而产生的冲突。

课堂微型实验2-8

【实验目的】

通过实验了解"动机"的基本特征。

【实验原理】

动机是在目标或对象的引导下，激发和维持个体活动的内在心理过程或内部动力。动机是一种内部心理过程，不能直接观察，但是可以通过任务选择、努力程度、活动的坚持性和言语表示等行为进行推断。动机必须有目标，目标引导个体行为的方向，并且提供原动力。动机要求活动，活动促使个体达到他们的目标。动机具有激活、指向、维持和调整功能。动机是个体能动性的一个主要方面，它具有发动行为的作用，能推动个体产生某种活动，使个体从静止状态转向活动状态，同时它还能将行为指向一定的对象或目标。当个体活动由于动机激发而产生后，能否坚持活动同样受到动机的调节和支配。

【实验工具】

1. 一个敞口的纸箱。

2. 50个乒乓球。

【实验步骤】

1. 将敞口的纸箱放到讲桌上。

2. 给每个学生分10个乒乓球。

3. 学生可以自己选择距离纸箱的任何位置。

4. 学生依次向纸箱中投掷乒乓球。

5. 记录每一个学生投中的数量。

【结果与讨论】

追求成功的学生选择了距离纸箱适中的位置,然而避免失败的学生却选择了要么距离纸箱非常近、要么距离纸箱非常远的地方。这是因为:追求成功的学生选择了具有一定挑战性的任务,但同时也保证了具有一定的成功可能性。因此选择了与纸箱距离适中的位置;避免失败的学生关注的不是成功与失败的取舍,而是尽力避免失败以及与此有关的消极情绪。因此,要么距离纸箱很近,轻易成功,要么距离纸箱很远,几乎没有成功的可能,这是任何人都达不到的,因此也不会带来消极情绪。

讨论:动机的修炼。

【实验延伸】从实验结果可知,由于有碍于面子问题,几乎很少有同学距离纸箱最近;大多数同学都是在距离纸箱适中的位置开始投递,这也说明人们善于遵循平均数;少数同学距离纸箱很远,如果投中了,则说明自己技巧高超,如果投不中,则没有什么遗憾,因为本来就没指望能投中,并且因为距离远,即使投不中,也不会被同学们另眼相看。这也是一种灵活性动机。

在投资过程中,人的动机也存在着灵活性。以股票交易为例:当投资者经过潜心研究决定购买某只股票,并且预测出三个月的盈利目标后,股价却掉头向下。随着时间的推移,三个月转眼就要过去了,而目标还没有实现。这时,投资者就会调整动机,变短期投资为长期投资。

5. 投资主体的投资动机

(1) 投资动机的概念及表现。动机是推动人进行活动,并使活动朝向某一目标的内部动力。证券投资个体的投资动机就是推动投资者进行投资活动,并使活动朝向投资预期目标的内部动力。

人的一切活动,无论是简单的还是复杂的,精神的还是肉体的都是在某种内部动力的推动下进行的。比如,一个人希望投资具有高额回报,且没有风险,那么他就会想方设法努力学习和研究投资对象,这种内部动力会成为推动他刻苦钻研趋利避害的动机。再比如,一个人希望成为投资专家(当然投资专家是不存在的,但还是有很多人向往),那么这种内在动力会促使他认真总结、研究自己和他人投资的经验和教训的动机。正是因为动机的作用,才使得个体产生行为,促使个体的行为指向一定的对象,并不断调节行为的强度、持续时间和方向,使个体在行为中达到预定的目标。

股票投资的优点包括投资收益较高、购买力风险小、拥有一定的经营控制权等,其缺点主要是风险大，具体表现为求偿权居后、股票价格不稳定、股利收入不稳定。

证券投资个体进行股票投资的动机主要有五种表现：一是获利，即作为一般的证券投资，获取股利收入及股票买卖差价；二是保值，即通过证券投资，获得相应的股息和红利，以抵消物价上涨导致的货币相对贬值；三是避税，即通过证券投资可以取得除印花税外的合法收益；四是炫富，即通过证券投资，显示自身的实力；五是控股，即通过购买某一企业的大量股票达到控制该企业的目的，这主要是指具有一定实力的投资个体。

证券投资个体的投资动机还有许多，诸如"洗钱"、"操纵"、"套现"、"资产转移"等。

(2) 投资动机的产生与发展。胡锦涛总书记在党的十七大报告中首次提到"创造条件让更多群众拥有财产性收入"的说法，内涵丰富、新意十足。"创造条件"是指多拓展渠道、多提供机会；"更多"意味着覆盖面更广；"群众"就是老百姓；"拥有"就是合理、合法拥有；"财产性收入"是指各方面的财富，涉及诸多金融理财方式。整句话连在一起的意思就是"让老百姓的财富保值增值，让老百姓拥有更多的财富"。

人的任何行为都有一定的动机，也就是说，人在进行任何决策前，一定是先有动机，后有行动。证券投资个体也是这样。

证券投资个体投资动机的最初产生，主要是源于个体资本的积累。随着经济和社会发展，人们的收入水平较30年前改革开放开始时期已经有了翻天覆地的变化。国家统计局的信息显示，2011年上半年我国国内生产总值204 459亿元，同比增长9.6%。社会消费品零售总额85 833亿元，同比增长16.8%。汽车、房地产相关商品销售放缓。[①]根据测算，2011上半年居民消费价格指数为5.4%，CPI居高不下。为此央行不断调整存贷款基准利率，以缓解居民储蓄负利率的矛盾。

在这样的背景下，居民的理财观念也发生了显著变化，股票、国债、基金以及期货等衍生品投资动机越发强烈。2010年年末股票账户15 454.03万户，到2011年11月31日，股票账户达到了16 235万户，说明广大群众投身证券市场的意愿越来越强，"获利"和"保值"的动机也就应运而生。为了实现资本"获利"，为了实现财产"保值"，广大群众更多地参与到了证券市场，分享经济发展带来的成果，并获得了更多的可支配收入。这样，"避税"、"炫富"和"控股"的意愿就更加强烈，于是产生了更加高级的投资动机。

(3) 个体投资动机对投资行为的影响。心理决定行为。一般来说，一个行动包含不止一个动机。获利、保值、避税、炫富和控股五种动机的存在，有其深刻的经

---

① 盛来运. 上半年全国社会消费品零售额同比增16.8%[EB/OL].http：//www.stats.gov.cn/，2011-12-26/2011-12-26.

济学、金融学、投资学和心理学理论基础，也对投资主体的投资行为产生了深远影响。这一点从近年来我国货币政策调整及其对证券市场的影响方面就可以得到佐证。表2-1是央行近年调整利率的时间及调整后上证指数的表现。

表2-1　央行近年调整利率的时间及调整后上证指数的表现[①]

次数	调整时间	调整内容	公布第二交易日股市表现(沪指)
1	2006年8月19日	一年期存、贷款基准利率均上调0.27%	8月21日涨0.20%
2	2007年3月18日	上调金融机构人民币存贷款基准利率0.27个百分点	3月19日涨2.87%
3	2007年5月19日	一年期存款基准利率上调0.27个百分点；一年期贷款基准利率上调0.18个百分点	5月21日涨1.04%
4	2007年7月20日	上调金融机构人民币存贷款基准利率0.27个百分点	7月23日涨3.81%
5	2007年8月22日	一年期存款基准利率上调0.27个百分点；一年期贷款基准利率上调0.18个百分点	8月23日涨1.49%
6	2007年9月15日	一年期存款基准利率上调0.27个百分点；一年期贷款基准利率上调0.27个百分点	9月17日涨2.06%
7	2007年12月20日	一年期存款基准利率上调0.27个百分点；一年期贷款基准利率上调0.18个百分点	12月21日涨1.15%
8	2008年9月16日	一年期贷款基准利率下调0.27个百分点	9月17日跌2.90%
9	2008年10月9日	一年期存贷款基准利率下调0.27个百分点	10月10日跌3.57%
10	2008年10月30日	一年期存贷款基准利率下调0.27个百分点	10月31日涨2.55%
11	2008年11月26日	一年期存贷款基准利率下调1.08个百分点	11月27日涨1.05%
12	2008年12月22日	一年期存贷款基准利率下调0.27个百分点	12月23日跌4.55%
13	2010年10月19日	一年期存贷款基准利率上调0.25个百分点	10月20日涨0.07%
14	2010年12月25日	一年期存贷款基准利率上调0.25个百分点	12月27日跌1.9%
15	2011年2月8日	一年期存贷款基准利率上调0.25个百分点	2月9日跌0.89%
16	2011年4月5日	一年期存贷款基准利率上调0.25个百分点	4月6日涨1.14%
17	2011年7月7日	一年期存贷款基准利率上调0.25个百分点	7月8日涨0.13%

从表2-1可以看出，从2006年开始，我国的一年期定期存款利率呈上升趋势，直到2008年10月9日，利率开始下调。到2010年10月19日，利率又开始上调。而同期，居民消费价格始终居高不下，2011年6月份的CPI增幅为6.4%，远高于同期存款利率。因此，投资证券进行必要的保值成了居民的首选。

此外，存款准备金率的调整也激发着投资主体的投资动机，并促使着这些动机直接作用于投资决策。

---

① 证券之星.央行历次调整利率时间及调整后股市表现一览[EB/OL].http://news.stockstar.com/info/darticle.aspx?id=GA,20081009,00147908，2008-10-09/2011-12-26.

本章小结

行为金融学出现后，人们对认知、注意、感觉、知觉、表象、想象、记忆以及思维方面的认知进行了系统研究，对人格、气质、性格和能力方面的人格进行了全面分析，对需要和动机方面的行为动力进行了广泛探讨。认知理论、人格理论和行为动力理论在投资过程中极易左右投资行为。因此，深入了解和掌握上述理论，打好投资心理学理论基础尤为重要。

思考练习

一、名词解释

心理　　感觉阈限　　记忆　　思维　　人格　　性格　　证券市场　　动机

二、判断题

1. 人的心理和动物的心理有着本质的区别，人的心理是人类社会实践的产物，具有自觉性和能动性的特点。　　　　　　　　　　　　　　　　　　　　（　　）

2. 感觉后象可以使我们对断续出现的刺激产生连续的感觉。　　　　（　　）

3. 想象常被人们看做知觉与思维相联系的桥梁。　　　　　　　　　（　　）

4. S. 弗洛伊德认为，人格是由自我、超我两个部分组成的结构。　（　　）

5. 多数人是介于各类气质类型之间的中间类型。　　　　　　　　　（　　）

6. 较高文化层次的投资者一定获利较多。　　　　　　　　　　　　（　　）

7. 证券投资个体的性格与其投资行为具有一定的因果关系。　　　　（　　）

8. 证券投资个体的能力有多种表现形式，但归根到底，主要的、本质的、能够影响投资行为的能力无外乎分析能力、承受能力和决断能力。　　　　（　　）

9. 心理学研究表明，动机是一切行为产生的源泉。　　　　　　　　（　　）

10. 人的任何行为都有一定的动机，也就是说，人在进行任何决策前，一定是先有动机，后有行动。　　　　　　　　　　　　　　　　　　　　　　（　　）

三、单选题

1. 心理学发展史上的一个重大事件，且标志着现代心理学的诞生的是(　　)。

　A. 感知　　　　　　B. 认知　　　　　　C. 知觉　　　　　　D. 动机

2. 感觉能力与感觉阈限成(　　)。

　A. 正比　　　　　　B. 反比　　　　　　C. 无关　　　　　　D. 不确定

3. 想象是个体对已有表象进行加工，产生新形象的过程，则想象具有的特征有(　　)。

A. 形象性和概括性　　　　　　　　B. 形象性和直观性

C. 直观性和新颖性　　　　　　　　D. 形象性和新颖性

4.记忆有很多种，根据记忆所加工的信息的(　　)不同，可以将记忆分为形象记忆、情绪记忆、抽象记忆和动作记忆。

A. 形式　　　　B. 方式　　　　C. 内容　　　　D. 内存

5.若投资者判断的准确性与其判断的自信水平一致，则这种情况称为(　　)。

A. 自信　　　　B. 自负　　　　C. 自满　　　　D. 自足

6.根据需要的起源，可以将需要分为(　　)。

A. 物质需要和自然性需要　　　　B. 精神需要和社会性需要

C. 自然性需要和社会性需要　　　　D. 物质需要和精神需要

7.(　　)是个体在生理上和心理上的某种失衡状态。

A. 需要　　　　B. 动机　　　　C. 投机　　　　D. 需求

8.证券投资个体与投资需要相互联系，按优越性的等级排列，其正确的顺序为(　　)。

A. 安全—生理—归属与爱—尊重—自我实现

B. 生理—安全—归属与爱—自我实现—尊重

C. 生理—安全—尊重—归属与爱—自我实现

D. 生理—安全—归属与爱—尊重—自我实现

9.不是动机的动力作用具体表现的是(　　)。

A. 激活功能　　B. 指向功能　　C. 维持功能　　D. 协调功能

10.根据引起动机的原因，可以将动机分为(　　)。

A. 主导动机与非主导动机　　　　B. 近景性动机与远景性动机

C. 内部动机和外部动机　　　　D. 生理性动机与社会性动机

四、多选题

1.注意有两个基本相互联系、不可分割的特点，即(　　)。

A. 指向性　　　B. 导向性　　　C. 集中性　　　D. 集聚性

2.根据注意的目的性和维持注意是否需要意志努力，可以将注意分为(　　)。

A. 无意注意　　B. 有意注意　　C. 有意后注意　　D. 有意前注意

3.想象常用的认知加工方式有(　　)。

A. 粘合　　　　B. 典型化　　　C. 人格化　　　D. 夸张

4.根据在解决问题时思维活动的方向和思维成果的特点，可将思维分为(　　)。

A. 辐合思维　　B. 形象思维　　C. 抽象思维　　D. 发散思维

5.投资的气质对投资行为具有一定的影响，主要表现在(　　)。

A. 心理分隔　　　　　　　　　　B. 规避损失

C. 赌博行为与投机　　　　　　　D. 后悔与认知偏差

五、简答题

1. 简述知觉的基本特征。

2. 记忆保持的基本规律有哪几个方面？

3. 简述解决问题的思维过程。

4. 简述气质的内涵。

5. 证券投资个体进行股票投资的动机主要有哪几种表现？

六、论述题

1. 论述性格与气质的关系。

2. 论述马斯洛的需要层次理论。

综合案例

　　1973年的某一天，被人们称为"珍珠王"的意大利钻石商人萨尔瓦多·阿萨尔的游艇停靠在法国圣特罗佩，克洛德·布鲁耶从邻近游艇上过来拜访。布鲁耶对萨尔瓦多介绍说当地碧蓝的海水中盛产一种黑边牡蛎——珠母贝，这些黑边牡蛎的壳里出产一种罕见之宝：黑珍珠。那时候黑珍珠还没有什么市场，买的人也不多。但是布鲁耶说服了萨尔瓦多合伙开发这一产品，合作采集黑珍珠到世界市场上销售。但是萨尔瓦多首战不利：珍珠的色泽不佳，又灰又暗；大小也不行，就像早期步枪使用的小弹丸，结果萨尔瓦多一颗都没卖掉，无功而返，回到了波利尼西亚。事情到了这个地步，阿萨瓦多本可以放弃黑珍珠，将库存低价卖给折扣商店；或者搭配一些白珍珠做首饰，推销出去。但萨尔瓦多并没这样做，他又等了一年。他们努力改良出一些上好的品种，然后带着样品去见一个老朋友哈利·温斯顿，一位具有传奇色彩的宝石商人。温斯顿同意把这些珍珠放到他第五大道的店铺橱窗里展示，并标上令人难以置信的高价。同时，萨尔瓦多在数家影响力广泛、印刷华丽的杂志上连续登载了整版的广告。广告里，一串塔希提黑珍珠在钻石、红宝石、绿宝石的映衬下熠熠生辉。

　　不久前还含在一簇簇黑边牡蛎壳里，吊在波利尼西亚海水中的绳子上，"养在深海人未识"的黑珍珠，如今来到了纽约城，环绕在最当红的歌剧女明星的粉颈上。原来不知价值几何的东西，现在被萨尔瓦多捧成了稀世珍宝。

　　另一个故事与此相同。

　　数十年前，自然学家康拉德·洛伦茨发现刚出壳的幼鹅会依附于它们第一眼看到的生物(一般是母鹅)。洛伦茨在一次实验中发现，他无意中被幼鹅们首先看到，它们从此就一直紧跟着他。由此洛伦茨证明了幼鹅不仅根据它们当时环境中的初次发现来作决定，而且决定一经形成，就坚持不变。洛伦茨把这一自然现象称为"印记"。这种印记在行为经济学中被称为"锚"或"锚定"。人类的大脑也和幼鹅一样会受到局限，对幼鹅起作用的对人类也同样适用，例如这里提到的"锚定"。显然，"珍珠王"神奇的经商策略就很容易理解了。萨尔瓦多从一开始就把他的珍珠与世界上最贵重的宝石"锚定"在一起，此后它的价格就一直紧跟宝石。同样，我们一旦以某一价格买了某一产品，我们也就为这一价格所锚定。"珍珠王"正是利用人们的这一心理赢得了巨额的财富。[①]

案例讨论题

(1) 购买珍珠的人如何判断黑珍珠的价值？

(2) 是什么原因使得"珍珠王"获得成功？

(3) "锚定"是怎样形成的？

(4) 投资者如何克服"锚定"心理？

(5) 与故事中的宝石商人哈利·温斯顿相比，股市中的庄家有怎样的影响力？

---

① 武瑶. "珍珠王"的传说[J]. 商业股市，2011(3).

第3章　信息经济与投资心理

> "冲突"这个词常被用于各种情境：(1)冲突行为的前置原因(如资源稀缺、政策差异)；(2)当事人情感状态(如压力、紧张、敌对、焦虑)；(3)个人的认知状态，也就是当事人对冲突情形的感知和认知；(4)冲突行为，从消极的抵制到公然的攻击。试图确定到底什么是真正的冲突？是条件？态度？认知？还是行为？这很可能会导致空洞的争论。真正的问题并不在于去选择哪种概念定义，而是在于找出它们之间的关系，因为任何一种概念定义都可能是冲突发展过程中的一个环节。[①]
>
> ——【美】路易斯·庞蒂(Louis R Pondy，1938—1987)

20世纪80年代以来，情报学理论的发展使得管理学学科内涵更加丰富。作为投资主体来说，了解和掌握必要的情报学理论，研究信息经济学理论、信息空间理论、信息生态学理论是十分必要和具有重要意义的。实践证明，情报学理论掌握得好，就能够占有信息优势，就能够在投资中占有先机，就能够掌握市场主动。

正因为这样，在第2章研究了心理学理论后，本章将研究情报学理论。本章将通过研究不对称信息经济学理论、基于信息的三个空间理论以及博弈论，分析上述理论指导下的证券投资心理与行为。

●开篇案例●

伊拉克前总统萨达姆·侯赛因出身平民，精明能干，通过奋斗夺取了国家最高权力。但他出现了两个关键性的重大决策失误，导致付出生命的代价。一次是入侵科威特，这是基于美国不会武力干预的判断；第二次是在核武器问题上采取强硬立场，这是基于对自身武装力量的过高估计。为什么像萨达姆这样精明的人会犯这种错误呢？

萨达姆实际上是一个信息洞穴人，他所接触到的信息都被伊拉克高级官员所垄断，而这些官员往往或是依据自身利益来歪曲、加工与屏蔽信息，或是投其所好，报喜不报忧，以此保住官位。于是萨达姆呆在虚假信息的洞穴中，看不清洞穴外的事实真相，做出基于错误信息的错误判断与决策也就不可避免了。[②]

---

① Pondy Louis R.Orgnizational Conflict：Concepts and Models[J]. Administrative Science Quarterly，1967(2)：296-320.

② 姜春良.正确认识信息时代战争的特点[N].学习时报，2009-3-2.

心理专家解读：在证券市场上，上市公司高管与庄家相互勾结，配合庄家对股价的操纵而制作财务数据、发布虚假消息，普通投资者对庞杂信息的识别缺乏专业知识的支持，更容易被愚弄。投资者是典型的信息洞穴人，证券市场上活跃着交易所、上市公司大股东及管理层、公募与私募基金、证券公司、普通股民、投资咨询机构、媒体、银行、律师及审计事务所等主体，构成了一个巨大的生态系统，每个个体都处于链上的某一个环节，为了各自的切身利益，时常有意识或下意识地发布、制造、夸大、歪曲信息。由于信息发布者"裁剪"信息的内容，不少人被虚假或片面信息所操纵，从而做出错误的投资决策。因此，理论的积累必不可少。

3.1 信息失衡与投资心理

信息失衡又称作信息不对称。2001年10月10日，诺贝尔委员会宣布将2001年的经济学奖授予三位美国经济学家——伯克利加州大学经济系的乔治·阿克尔洛夫(George Akerlof)，斯坦福大学商学院的迈克尔·史宾斯(Michael Spence)，哥伦比亚大学经济系、商学院和国际关系学院的约瑟夫·斯蒂格利茨(Joseph Stiglitz)，以表彰他们为现代信息经济学做出的奠基性贡献。这三名获奖者在20世纪70年代奠定了对充满不对称信息市场进行分析的理论基础。其中，阿克尔洛夫所做的贡献在于阐述了这样一个市场现实，即卖方能向买方推销低质量商品等现象的存在是因为市场双方各自所掌握的信息不对称所造成的。史宾斯的贡献在于揭示了人们应如何利用其所掌握的更多信息来谋取更大收益方面的有关理论。斯蒂格利茨则阐述了有关掌握信息较少的市场一方如何进行市场调整的有关理论。

3.1.1 不对称信息经济学理论

新古典经济学的基本假定是理性的经济人和"完备信息"。在此前提下，任何经济行为的结果都是确定的和唯一的。

阿克尔洛夫对市场的不对称信息研究具有里程碑意义，他引入信息经济学研究中的一个著名模型"柠檬市场"[①]。该模型主要用来描述当产品的卖方对产品质量比买方掌握的信息更多时，低质量产品将会驱逐高质量商品，从而出现市场上的产品质量持续下降的情形。阿克尔洛夫的理论被广泛运用于一些完全不同的领域，如健康保险、金融市场和雇佣合同等。

---

① 杨小凯.经济学原理[M].北京：中国社会科学出版社，1998：180-182.

课堂分享案例3-1

乔治·阿克尔罗夫在其发表的《柠檬市场：产品质量的不确定性与市场机制》的论文中举了一个二手车市场的案例。该案例指出，在二手车市场，显然卖方比买方拥有更多的信息，两者之间的信息是非对称的。买方肯定不会相信卖方的话，即使卖家说得天花乱坠。买方唯一的办法就是压低价格以避免信息不对称带来的风险损失。买方过低的价格也使得卖方不愿意提供高质量的产品，从而低质品充斥市场，高质品被逐出市场，最后导致二手车市场萎缩。

为了清楚地说明这个现象，我们假设市场中好车与坏车并存，每100辆二手车中有50辆质量较好的、50辆质量较差的，质量较好的二手车在市场中的价值是30万元，质量较差的二手车在市场中的价值是10万元(尽管经过维修，换新后)。二手车市场的特性是卖方(经销商或原车主)知道自己的车是好车或坏车，但买方在买卖交易时无法分辨。在买方无法确知车子的好坏时，聪明的卖方知道，无论自己手中的车是好车还是坏车，宣称自己的车是"好车"一定是最好的策略(反正买方无法分辨)。尽管市场中有一半好车、一半坏车。但如果买方去询问车况，卖方必有一个统一的答案——我们的车是好车。但买方真的会以好车的价格向卖方买车吗？不会！买方知道，自己买的车有一半的几率是好车、有一半的几率是坏车，因此最高只愿出价20万元(10×1/2+30×1/2)买车。

此时不幸的事情陆续发生，市场拥有好车的卖方开始惜售，一台30万元的好车却只能卖到20万元，有一些卖方宁愿留下自用，亦不愿忍痛割爱，因此好车逐渐退出市场。当部分好车退出市场时，情况变得更糟。举例而言，当市场中好车、坏车的比例由1∶1降到1∶3时，消费者此时只愿花15万元(10×3/4+30×1/4)买车，车市中成交价降低(由20万降至15万)迫使更多的好车退出市场，最后车市中只剩下坏车在交易，买卖双方有一方信息不完全，因而形成了一种市场的无效率性(好车全部退出市场)。[①]

观点碰撞： 价高质次的股票在市场上大行其道，甚至整个ST板块都一飞冲天时，市场的顶部就近在咫尺了。

阿克尔洛夫对现代经济学具有足以骄傲的洞察力，他认识到市场结构的理论建立在参与者可以严格地充分利用信息的基础上，这是一个对交易和合同具有统治权的机械理论。这种情况会阻止资源的有效配置，相反，信息的流动可以使市场得到发展，改善资源配置。

---

① 肖钢.突破"柠檬市场"探索危机形势下二手车行业的发展出路[J].特区经济，2009(8).

斯蒂格利茨的理论创新在于他提出了现代经济学最优理论的非均衡量。斯蒂格利茨运用信息经济学理论分析了传统经济理论的缺陷，并指出标准新古典模型中有关信息的假设是一个严重的失误，因为在标准信息假设中，轻微的不均衡变化将彻底改变。

在现实生活中，不仅个体搜集、吸收和处理信息的能力是有限的，而且信息的传递是有噪音的和不完全的，同时人有时会犯错误也是合理的现象，这一切都是经济运行分析的前提。描述经济运行仅仅局限于运用价格机制是远远不够的，在不完全信息条件下价格机制实现帕累托效率的有效性与普遍性是值得怀疑的。因此，新古典模型并不能为市场体制的选择提供理论指导，一旦将信息不完全性引入分析之中，就很难得出市场是有效率的推论。

斯蒂格利茨将不完全信息和不完备市场引入，进而批评了以新古典模型为基础的兰格—勒纳—泰勒定理在描述市场社会主义特征方面的种种错误理解和误导。指出，其关于竞争市场经济的推论存在两个重要缺陷，即它没有理解市场经济框架的不充分性，并错误地鼓吹了市场社会主义的可行性，它所提供的仅仅是一种与潜在效率相距甚远的经济模型。

在不完全信息和不完备市场基础上，斯蒂格利茨提出了新的模型并描述了非对称信息条件下的经济运行。斯蒂格利茨的模型不仅为洞察市场经济运行拓宽了理论视角，而且为在转型经济中的体制设计和政策选择提供了有启发性的思路。

不对称信息经济学的理论方法对于我们研究信息商品交易活动、规范信息市场提供了一种有效的工具。事实上，信息市场本身就是典型的不对称市场，由于信息商品具有效用滞后的特性，在交易达成之前，买方无法确切地了解和验证其真实效用，只能主要依据卖方所提供的有限资料进行大致的估测和抉择，而卖方则很可能故意隐瞒对自己不利的信息或不真实地夸大信息商品的效用以谋求更高的价格。因此，信息商品交易中的买方不仅常常陷入一种"逆向选择"的困境，而且表现得比一般交易活动更为显著，这种状况导致信息商品交易中的欺诈行为十分普遍，并经常使信息市场陷入混乱和无序状态，严重地妨碍了信息市场的有效运行。引入不对称信息经济学的理论与方法，并借助这一工具设计和改进某种制度安排，肯定会有助于提高信息市场的运行效率。

3.1.2　不对称信息经济学理论的研究范畴

不对称信息经济学所讨论的议题涵盖很多方面。简而言之，经济行为中所有由于信息不充分和不对称分布所引起的市场不确定和交易障碍都属于不对称信息经济学研究的范畴。

在这里，非对称信息指的是某些参与人拥有但另一些参与人不拥有的信息。信息经济学所讨论的信息是指这种影响双方利益的信息，而不是指各种可能的信息。持有较多私人信息的一方具有信息优势，而且信息不对称分布的实际发生概率要比理想状态高得多。非对称会使经济均衡的性质发生一定程度的扭曲，影响市场的均衡状态和经济效率。

不对称信息按内容可以分两类。第一类是双方知识的不对称，指一方不知道另一方诸如能力、身体健康状况等信息，这是外生的、先定的，不是双方当事人行为造成的。这类信息不对称是因为经济决策人对经济现实中存在着的事实缺乏了解。对于这类信息不对称，信息经济学称之为"隐藏知识"或"隐藏信息"。[①]第二类不对称信息是指在签订合同时双方拥有的信息是对称的，但签订合同后，一方对另一方的行为无法管理、约束，这是内生的，取决于另一方的行为。这类信息不对称是因为经济行为人故意隐瞒事实真相，掩盖真实信息，甚至提供虚假信息。对于这类信息不对称，信息经济学称之为"隐藏行动"。

按不对称信息发生的时间进行分类，在事前发生的信息不对称会引起逆向选择问题，而事后发生的信息不对称会引起道德风险问题。逆向选择和道德风险是信息经济学两大基本研究课题。逆向选择是指在信息不对称条件下，信息优势方的行为人可能会故意隐藏信息，以求在交易中获取最大收益，而信息劣势方则可能受损。道德危机是指契约之后由于对方不负责任而受损。

在非对称信息情况下，逆向选择和道德风险是随时可能发生的，西方信息经济学认为，减免的办法就是建立起激励机制和信号传递机制。

在现实的经济环境中，对于个别行为者而言，他所掌握的与某一交易行为和交易结果有关的信息都可分为两个部分：一部分是所有行为者或当事人双方都了解的信息，我们称之为公共信息；另一部分则是只有某个行为者自己知道，其他行为者或对方当事人所不了解的信息，我们称之为私人信息。例如，商品交易行为中的买方知道自己的消费偏好、支付能力和意愿价格等，但不了解商品的质量、性能和成本；而卖方则恰好相反。如果当事人双方各自拥有自己的私人信息，就形成了信息不对称。其中，持有较多私人信息的一方具有信息优势，在交易中处于比较有利的地位，而对方则居于信息劣势。在这种情况下，交易的达成显然要比在信息对称条件下困难得多，因为信息劣势方试图使交易更加"公平"的努力变得更加困难。不幸的是，在现实的经济活动中，信息不对称分布的发生概率要比理想状态高得多，因此，需要制定某种交易规范和契约，以确保"可能的"交易顺利达成，从而实现对当事人双方都有利或至少对其中的一方

---

① 张维迎.博弈论与信息经济学[M].上海：三联书店，1996：235-237.

有利，同时又不损害另一方利益的"合作剩余"。这正是不对称信息经济学所要解决的主要问题。

课堂分享案例3-2

　　"劣币驱逐良币"是经济学中一个古老的原理，它说的是铸币流通时代，在银和金同为本位货币的情况下，一国要为金币和银币之间规定价值比率，并按照这一比率无限制地自由买卖金银，金币和银币可以同时流通。由于金和银本身的价值是变动的，这种金属货币本身价值的变动与两者兑换比率相对保持不变导致了"劣币驱逐良币"的现象，使复本位制无法实现。比如，当金和银的兑换比率是1:15，当银由于开采成本降低而使其价值降低时，人们就按上述比率用银兑换金，将其贮藏，最后使银充斥于货币流通，排斥了金。如果相反，即银的价值上升而金的价值降低，人们就会用金按上述比例兑换银，将银贮藏，流通中就只会是金币。这就是说，实际价值较高的"良币"渐渐为人们所贮存而离开流通市场，使得实际价值较低的"劣币"充斥市场。这一现象最早被英国的财政大臣格雷欣(1533—1603)所发现，故称之为"格雷欣法则"。①

　　观点碰撞： 平日乘公共汽车或地铁上下班，规矩排队者总是被挤得东倒西歪，几趟车也上不去，而不守次序的人倒常常能够捷足先登，争得座位或抢得时间。最后，遵守秩序排队上车的人越来越少，车一来，众人都争先恐后，弄得每次乘车如同打仗，苦不堪言。与此相似，拥有内幕信息的上市公司一旦与机构串谋，那么规矩的投资者将成为任人宰割的羔羊。

　　从广义上讲，产权经济学、激励经济学和博弈论都可以视为微观信息经济学的范畴，而其核心议题则是"逆向选择"和"道德危机"以及与此相关的"委托人—代理人"问题。②

3.1.3 不对称信息下投资主体的同质化表现

　　在证券市场上存在着"信息场效应"③，"信息"正是利用了投资者个体的从众心理而通过各种关系、渠道进入并影响着投资者的决策，成为投资者投资决策的主

① 万晓燕，崔浩.信息不对称情况下的逆向选择问题探讨[J].科技信息，2007(3).
② JWG. Financial Instruments Comprehensive Project: Draft Standard and Basis or Conclusions, Financial Instruments and Similar Items, 2000(11): 1150-1155.
③ 张玉智.期货市场的信息场效应分析[J].长春工业大学学报：社会科学版，2007(3).

要信息来源。而许多中小投资者因盲目听信这些信息，往往遭受较大损失。

证券投资主体面对不对称信息时，往往有如下同质化的表现。

1. 对投资咨询如获至宝

由于证券价格的波动特征和投资者心理的不确定性，证券分析存在着局限性，分析师不可能准确预测未来股票的价格，也不可能提供稳赚不赔的投资建议。然而，部分投资咨询机构和从业人员有的不具备从业资格，以"咨询工作室"、"理财工作室"、"研发中心"等名义从事非法咨询活动；有的为招揽客户做虚假广告，夸大或选择性宣传荐股业绩，以明示或暗示保证投资收益、免费荐股等方式引诱客户；有的捏造事实进行虚假预测，或以市场传闻、主观臆测作为投资建议的依据；有的甚至通过虚假预测影响股价，进行内幕交易和操纵市场，扰乱市场秩序，谋取非法利益。投资者由于对信息的渴求，不能正确认识投资咨询的作用、本质和局限，不能在自我独立分析的基础上理性参考投资咨询建议，因此，对上述机构的投资咨询往往如获至宝。

2. 对炒股博客情有独钟

中小投资者往往缺乏专业能力和专门的精力去关注上市公司的运作情况，以及从事技术和市场分析，最简便和适宜的选择就是听听"高人"的意见。于是，网络虚拟空间的炒股论坛、炒股社区、证券博客等逐渐成为了众多投资者倾听"高人"意见的渠道。然而，这类炒股博客具有一定的弊端，一是往往极富诱惑力和煽动性，充斥着众多夸张、不实的评论信息，易于营造非理性普遍乐观或过度恐慌的舆论氛围，从而影响投资者的理性判断。二是各类信息内容庞杂、真伪难分。很多博客和论坛的观点并没有对股市进行严密分析和客观判断，而仅仅是"非理性"的鼓噪与宣传，甚至根据不实传闻与主观猜测大发议论。三是大多为未取得证券咨询从业资格或无证券投资咨询机构工作经验的主体所开设，其通过"炒股博客"荐股的行为属于非法证券投资咨询行为，一旦出现纠纷，投资者的权益无法得到法律的保护。四是部分"炒股博客"甚至成为"庄家"操纵市场的工具。很多"庄家"和别有用心者通过博客免费荐股来鼓动投资者，利用投资者的盲从心理，达到操纵股价牟利的目的。恰恰需要说明的是，个体投资主体往往对这些博客情有独钟。

3. 对荐股软件趋之若鹜

投资者往往希望能够通过高科技手段准确选股，准确把握买入和卖出点位，取得超额收益。于是，各类荐股软件如雨后春笋般涌现，实际上这只是从事非法证券咨询活动的机构和个人的幌子而已。若骗取了高额的购买和使用费用后，一旦市场情况发生变化或遭到监管部门查处，这些机构和个人就会消失得无影无踪，投资者付出的"软件费"、"会费"等也就打了水漂，无从返还了，但仍有许许多多个体投资主体趋之若鹜，前仆后继。

4. 对内部消息如醉如痴

投资者对所谓"内部重大消息"的关心甚于对市场和公司基本面的关注。而且，内部消息常常会麻痹投资者的判断能力，甚至对很明显的事实也不顾不理。投资者往往既不了解股市走势，不分析上市公司的业绩和动向，又不观察股市涨落的宏观原因和微观因素，不顾市场估值风险，不顾公司的澄清公告和有关公开信息，甚至不顾基本的常识，对内部信息如醉如痴，毅然决然地入市操作。

广大个体投资者基本投资需要在信息获取方面的上述表现，往往使得投资者在对待上述四类信息来源时产生非理性行为，导致盲目冲动和非理性投资。

课堂分享案例3-3

按公共选择理论的说法，在一个非独裁的社会中，任何制度变迁(改革)最终都是三个集团博弈(涉及利益的斗智)的结果。这三个集团分别是政治家、官员和选民，他们之间的关系环环相扣、环环相克：政治家任命官员，官员管理选民，选民选举政治家，从而形成一个稳定的权力与利益三角。正如儿时玩过的游戏，每人扮演一个角色，角色之间的关系是：老虎吃小孩，小孩捉蜜蜂，蜜蜂叮猎人，猎人背洋枪，洋枪打老虎。

一般情况下，政治家为了当选或争取连任，必须"讨好"选民以获得更多的选票(支持)，这样就使处于权力底层的选民可以通过投票来争取自身利益，从而使社会保持权力与利益的均衡。而选民的投票活动就是"帕累托改进"得以实现的机制，因为它能够明白无误地表达每个选民的利益偏好(倾向)和利益选择，当某项改革因利益格局变化在选民中引起分歧时，它可以在制度上保证政治家的政策选择向多数选民倾斜，否则他们就会丢失选票被其他政治家取代。而一个通过减少少数人的利益能使多数人利益增加的措施必然是一个有效率的"帕累托改进"。这样，通过公共选择理论不但揭示了"帕累托改进"实现的机制，而且还从经济学(效率)的角度论证了民主政治的合理性和道德基础。[①]

观点碰撞："投票机制"并不能保证所有情况下都能100%实现"帕累托最优"。在某些特殊背景下，将出现"帕累托改进"的失灵。

---

① 李海涛.信息帕累托改进的内涵与实证[J].情报杂志，2007(10).

3.2 信息维度与投资心理

波普尔的三个世界的理论对20世纪70、80年代的图书馆学界基础理论建树曾有过重要的影响，而90年代初托夫勒的《大趋势》对整个信息界的撞击，人们至今记忆犹新。而今，我们站在新世纪的起点上，企盼着新的、更高层次的信息理论的出现。近年来，国外有不少理论研究显示了一定的成熟度，其中三个空间的理论具有一定的代表性。①

这三个空间是指网络空间(Cyberspace)、信息空间(Infosphere)和思想空间(Noosphere)。美国海军研究生院的约翰·阿奎那(John Arquilla)与其合作者们自1991年开始进行关于未来军事事件、社会矛盾及犯罪、信息策略等的研究，并陆续发表了一系列的报告与著作，如1996年的《网络战争的来临》、1999年的《历数新的边界》、1999年的《思想政治的出现》、2000年出版的《战争中信息作用的转换》等。尤其是在《思想政治的出现》一书中，阿奎那等全面地概述其理论基础——三个空间的理论，为这一研究起到了提纲挈领的作用。

3.2.1 网络空间

网络空间是三个概念中最常用的一个，指全球范围的因特网系统、通信基础设施、在线会议体系、数据库等一般称作网络的信息系统。该术语最多的是指因特网，但也可用来指具体的、有范围的电子信息环境，如一个公司、某武装部队、某政府和其他机构组织等的信息系统。

该术语可用于解释信息的电子存贮和信息流、该信息系统的服务商和用户，及其与之相连为一个领域和系统使之成为如同政治学、经济学那样明确特征的技术。理想的是，随着技术的进步，用户应该能够通过硬件和软件进入并运作这一网络空间。

网络空间发展最快，是世界上势力与所有权范围最新的领地。无论在哪一个国家，都是当前最大的项目之一，网络空间这一术语也成为最流行的词汇之一。

该术语比信息空间和思想空间具有更趋向于技术的一面。但在这个术语里，人们看到网络似乎比看到技术更多些，从William Gibson1984年用Cyber-punk来说明交感幻觉(Gibson，1984)，直到如今人们用Cyberspace用于说明建设创造思想的全球模型，加强人们精神上的联合，这种观点实际上预示着网络空间与思想空间的部分重合。②

① 靖继鹏.应用信息经济学[M].北京：科学出版社，2002：189-192.
② 张玉智.我国期货交易所与经纪公司的信息博弈分析——对期货市场过度投机的一个解释[J].软科学，2009(5).

课堂分享案例3-4

1984年，移居加拿大的美国科幻作家威廉·吉布森(William Gibson)写下了一个离奇的长篇故事，书名叫《神经漫游者》(Neuromancer)。小说出版后，好评如潮，并且获得多项大奖。故事描写了反叛者兼网络独行侠凯斯，他受雇于某跨国公司，被派往全球电脑网络构成的空间执行一项极具冒险性的任务。进入这个巨大的空间，凯斯并不需要乘坐飞船或火箭，只需在大脑神经中植入插座，然后接通电极，电脑网络便被他感知。当网络与人的思想意识合为一体后，即可遨游其中。在这个广袤的空间里，看不到高山荒野，也看不到城镇乡村，只有庞大的三维信息库和各种信息在高速流动。吉布森把这个空间取名为"赛伯空间"(Cyberspace)，也就是现在所说的网络空间。①

观点碰撞：在计算机领域中，网络就是用物理链路将各个孤立的工作站或主机相联，组成数据链路，从而达到资源共享和通信的目的。现代资本市场离开了网络空间将寸步难行。

网络空间比信息空间或思想空间更受限制些，表现在其主要表示网络(这一似虚而实的事物)。但有些定义也跨出了因特网的范畴，如那些与网络空间有关的，影响重要基础设施的公共电话网、电力网、石油天然气管道、远程通信系统、金融票据交换、航空控制系统、铁路编组系统、公交调度系统、广播电视系统、军事和其他政府安全系统等。策略性的信息战争大部分在于保证国内的网络安全，并发展对系统里其他势力弱小国家的剥削能力(Arquilla，1999)。

3.2.2 信息空间

明确了网络空间概念在空间和技术上的局限性后，一些分析家提出信息空间的概念。这两个术语间的区别并不十分清楚，常被交替使用。如最近有人定义：信息空间是将世界通信以网络、数据库、信息源连接到广大的、内联的、参差不齐的电子交流系统的捷径，信息空间有着将所有的人和所有的知识集中到一起(Vlahos，1998)的潜力。

实际上，信息空间比网络空间要大得多，它可以包括后者的全部内容再加上可能没有被包括进网络信息系统的内容。在民用范围内，信息空间经常包括广播、印

---

① 鞠海彦.过去和未来、网络空间和现实世界的交接点——赛博朋克运动之父威廉·吉布森访谈录[J].世界科学，2009(2).

刷等媒体以及一些机构，如公共图书馆等，其中还有相当部分信息内容还没有被电子化。在军事范围内，信息空间还可能包括命令、控制、通信、谍报、监视、侦察系统——这些战场之外、但与战争相关的军事信息环境(Aquilla，1999)。

像网络空间一样，信息空间正作为真正的全球信息基础和环境在显现出来，传统的对空间和时间的认识在这里已不能说明问题。该术语因其聚焦于信息环境广义的定义，而不是仅考虑基于计算机技术和设施，因此具有一定的理论优势；同时，又因其是人物空间的中介，即信息空间是基于信息的一个明确的领域，但又与我们同时所居住的地球的其他部分密切相关，因此而受到人们的青睐。

法国哲学家Paul Virilio也曾提及信息空间这一概念：信息空间，信息所处的领域，将会将其强加于地理空间。我们将会生活在一个缩小了的世界上，事物相互作用、相互影响的能力将把我们的世界挤压到所剩无几。事实上，已经出现了速度污染，使我们的世界减小到零。在不远的将来，人们将会感觉到自己被圈在一个小环境内，也会觉得自己被快速传播的信息的力量关在这个已到忍受极限的世界上。

3.2.3　思想空间

到目前为止，最抽象而又最不受青睐的就是思想空间了。该词源自希腊语noos，意为"思想"，由法国神学家和科学家Pierre Teilhard de Chardin在1925年首创，并通过20世纪50和60年代他去世后出版的著作而传播开来。依据他的观点，世界首先进化出地理空间，然后是生物空间。由于人们得以在世界范围内联系、交流，于是世界开始出现思想空间，他将此描述成许多形式，如跨全球的思想领地、思想线路、巨大的思想机器、充满纤维与网络的思想外壳、流浪(游移不定)的意识等。

根据Teilhard的说法，思想的力量多年来已经创造和发展了部分思想空间，最后终将取得其全球的存在，其各种各样的部件正在融合。不久以后，一个合成体系将呈现出来。不同国家、不同种族、不同文化的人们的意识与精神活动将无需确定范围，但又不丧失个人的特征。再认识充分些，思想空间将把人类提高到一个更高、更新的进化阶段，人们由集体的心理和精神的合成力量所驱动，由一种对道德和法律的虔诚所驱动。当然，这种过渡也许不那么简单、顺利，或许要依靠某种全球的震动或者是某种启示以成为思想空间最终的融合特征。

尽管这一概念基本上是精神的，远不如网络空间或信息空间的技术性强，但Teilhard已经把不断加强的通信交流归结为一个因素。在他的时代还没有类似因特网的媒体存在。然而，20世纪50年代的广播和电视媒体促使了这种全球意识思想的产生。他期待惊人的电子计算机给人类以新的思想工具。他的预测与如今的因特网竟不谋而合。

很少有政府或商界人士有兴趣促进全球思想空间的构筑，除了有限的范围，如国际法、政治或经济理论界的研究人员。促进全球思想空间实现的动力更可能来自那些非政府组织的活动家，或其他民间社会的成员，或那些献身于信息交流自由和伦理价值规范传播的个人。

3.2.4　三个空间之间的关系

尽管三个空间都在均衡发展，但仍继续其间的交叉覆盖。网络空间将维持最小的部分，居于其他两个空间内的信息空间次之，而思想空间则将三个空间全部包括在内。其中某一空间发展时，其他空间也都在发展，尽管没必要平衡进行。

三个空间一个都不能忽视，但人们对它们各自的倾向性的认识是不同的。三个空间都有技术、组织和思想层次，但这些层次及其作用却不尽相同。更进一步说，每个空间都有其内在的特性。在三个空间中，网络空间最具技术性，而思想空间则最具观念性。当人们考虑网络空间时，跳入其脑海的首先是连接了因特网的计算机屏幕，而其内容无关紧要。当人们考虑信息空间时，其图像可能是通过卫星转播的电视节目。当人们考虑思想空间时，其脑海中形成的图像不会是什么技术，却可能是涉及文化伦理的什么观点，其内容应该是文化的。

当我们讨论网络空间的延伸趋向于技术性时，讨论信息空间则经常强调通信交流的动力以及对其的思考，相比而言，讨论思想空间的未来时，似乎一定是哲学方面的，尽管两者之间少有联系，或相距甚远。

虽然每一个领域的运用都是独立的，但讨论时都很可能岔到另一个空间的方向上去。因此，许多对网络空间的讨论可能很大程度上转移到思想空间去。例如，通过网络空间和信息空间讨论分析信息战争的军事分析家们争辩说，信息战争实际上是关于人们智力、精神的战争，是侵犯到人们的观念、认知领域的战争。一方面有相当多的关于网络黑客的讨论，而另一方面在美国又有观念被黑客入侵的个案，如对手、操纵者通过广播媒体或因特网传播其声明或公告。同时，拥护思想空间理论的哲人们也注意到该理论的发展，还得依靠已在世界范围内被普遍认可了的、联网了的信息和通信系统的传播。

但无论如何，思想空间仍然是最具思想性的空间，因此具有相对的优势。无论从哪个角度说，三个空间都基于信息而存在，从最小的数据单元到知识、智慧的高级形式，而这些都属于信息处理系统。然而，由于思想空间比其他两个空间更具思想性，而不是技术性，因而又被认为更具信息结构处理的特征。思想空间，如同脑袋，是信息处理和信息结构的系统，这是一个重要的定义。处理的观点聚焦于系统中信息的输入和输出的传输，而结构的观点则注重于一个组织、一个系统本身的目标、价值、实践，是从所处地位、身份、意义、目的等方面对一个组织成员们的影响，而不是考虑在某时某信息是否处理了。处理的观点趋向于以技术作为评价的因素，而结构的观点则包容了人的因素和思想的投入。人们应该如同关注信息处理一样开始关注信息结构的动态。思想空间概念的引进将能帮助信息决策者们聚集于信息结构的作用。

3.3　信息博弈与投资心理

信息博弈是参与证券市场博弈的各个主体在包括信息产生、信息传播和信息利用在内的证券信息运行体系中，围绕信息的真实性、完整性、及时性和有效性进行的博弈。信息博弈论在证券投资中的应用表明，博弈的最佳得益往往取决于博弈方对信息占有的多寡。因此，研究投资心理学，就必须研究博弈论。

3.3.1　博弈论及博弈要素

博弈论刚被介绍至我国时，曾有过多种译法。有的学者根据其英文名称，直译为游戏理论；有的学者则从该理论本身的研究对象出发，转译为对策论或对策运筹论。近年来，学术界越来越多地接受了"博弈论"这一名称。这除了由于"博弈"这个词本身的学究气浓郁而给人的第一印象较为深刻外，更重要的是，博弈一词能更准确、全面地体现策略选择、依策而动以及最终结果三者的统一。

1. 博弈论的概念

博弈论(Game Theory)是研究各方策略相互影响的条件下理性决策人的决策行为的一种理论。[①]

Game一词在英文中的意思是游戏、比赛，故而将博弈论译为游戏理论也未尝不可。不过，如果透过游戏的具体形式进一步观察，我们就会看到游戏中蕴涵着的抽象的一般。比如，人们发现尽管游戏、比赛中的体力因素很重要，但当参赛各方的身体条件相差无几时，计谋在比赛中就成为至关重要的因素了。甚至在实力不如对手的情况下，通过运用得当的策略，最终也能夺得头筹。众所周知的田忌赛马的故事便很好地证明了这一点。

---

① 郭磊.博弈论简论[J].山东经济，1999(6).

可见，游戏的背后是谋略之争。博弈的基本意思是弈棋，博弈本身是一种游戏，但博弈更强调谋略，用博弈而不用游戏来反映竞争性的社会现象与经济关系是十分贴切的。

称博弈论为对策论也有失准确。用对策论来命名，其出发点在于强调策略的选择与相互间的影响。可是对策通常不包含行动的含义，一般也仅指单个的对应方案。博弈则可能是一系列策略与行动的组合体，并且是一个由始而终并产生结果的完整过程。博弈的内涵要大于对策的内涵，因此，博弈论这一名称较对策论更为科学。

纳什、泽尔腾和海萨尼的贡献主要是在非合作博弈方面，而且现在经济学家谈到博弈论，一般指的是非合作博弈，很少指合作博弈。合作博弈与非合作博弈之间的区别主要在于人们的行为相互作用时，当事人能否达成一个具有约束力的协议，也就是说，有没有一种 binding agreement。如果有，就是合作博弈；反之，则是非合作博弈。

同时应该指出的是，合作博弈强调的是团体理性，强调的是效率、公正、公平；非合作博弈强调的是个人理性、个人最优决策，其结果可能是有效率的，也可能是无效率的。

课堂分享案例3-5

在《南方周末》上刊登过这样一个故事：一位从国外学成归来的医生，标准的海归，就职于某市某家大医院。该医生不仅医术高超，而且医德高尚，工作兢兢业业、尽职尽责。仅有这些，也就罢了，但该医生有一"怪癖"，或者说，从国外带回来了一个"坏毛病"，就是从来不"笑纳"病人私下主动递上来的"红包"，这还得了，马上就激起了大多数医生们一致的愤怒。

于是，最后由院方出面，让这个医生下了岗，解除了聘用合同。院方不是简单地让他一走了事，还扣了几顶不大不小的"帽子"，称这个医生工作一向不称职、不能胜任医生的神圣岗位，弄得这位医生下岗后四处求职不得，只好又被迫远走他乡，重新出国另谋他路。[①]

20世纪，意大利诞生了一位最伟大的作家、思想家卡尔维诺。卡尔维诺写道：在一个人人都偷窃的国家里，唯一不去偷窃的人就会成为众矢之的、成为被攻击的目标。因为在黑羊群中出现了一只白羊，这只白羊就是"另类"，一定会被驱逐出去。[②]

观点碰撞：在一个缺乏良好秩序和约束体制的环境里，劣币驱逐良币、稗子战胜水稻的机制，带给整个社会的不仅仅是退步，更是子孙后代的灾难。

---

① 车圣保.效率视角下的自然垄断规制研究[D].南昌：江西财经大学，2010：68-69.
② 黄宗福.内幕信息、市场操纵与证券市场监管[D].厦门：厦门大学，2007：23-24.

2. 博弈的要素

一个完整的博弈应包含如下四项要素：

(1) 博弈的参加者(player)。博弈的参加者也称局中人或博弈方，是指博弈中能独立决策、独立行动并承担决策结果的个人或组织。小到一个人，大到一个跨国公司乃至一个国家，只要能独立决策和行动，都可视为一个博弈方。比如，柯达与富士公司的竞争，就可看做一个有两个博弈方的博弈。一般来说，博弈的参加者越多，情况就越复杂，结果越难预料。

(2) 策略空间(strategy space)。策略空间是指各博弈方可选择策略的集合。strategy直译应为战略，不过"战略"一词对大多数博弈来讲显然过于抽象和宽泛了。每一个策略都对应一个相应的结果。因此，每个博弈方可选的策略数量越多，博弈就越复杂。

(3) 进行博弈的次序(the order of play)。博弈中各博弈方行动的顺序对于博弈的结果是非常重要的。同样的博弈方、同样的策略空间，先后决策并行动和同时决策并行动，其结果是大相径庭的。

(4) 博弈的信息(information)。知己知彼、百战不殆。可见，信息对博弈的重要性古人早已知之。博弈中最重要的信息是有关对手策略以及各博弈方得益的信息。例如，在各博弈方同时决策的博弈中，必须保证不能让对手知道自己采取何种策略，否则自己将永远是博弈的输家。得益(pay off)，也称支付，是指博弈方策略实施后的结果。有关得益的信息是促使某博弈方选择某种策略的关键参考值。理性的博弈方总是选择能使自己获得最大得益的策略。

一旦确定了以上四要素，一个博弈也就随之确定了。值得注意的是，博弈论特别强调"理性人"的前提假定，即参加博弈的各博弈方始终以自身利益最大化为惟一目标。除非为了实现自身最大利益的需要，否则不会考虑其他博弈方或社会利益。

3.3.2 博弈论的结构

由于一个完整的博弈需具备上述四要素，因此，博弈可以从不同的角度划分成不同的类别。

1. 单人博弈和多人博弈

按博弈方划分，博弈可分为单人博弈和多人博弈。单人博弈因为只有一个博弈方，所以它已退化为一般的最优化问题。经济学中常见的求最优问题，实际上是博弈的特例。

多个博弈方的博弈较单人博弈复杂，而且两人以上的博弈会出现合作博弈问题。这样，多方博弈又可分为合作博弈与非合作博弈。因为在社会与经济关系中，竞争与不合作是基本方面，所以当前的博弈论主要研究的是非合作博弈。1994年诺贝尔经济学奖三位得主的主要贡献就在非合作博弈方面。

2. 有限策略博弈和无限策略博弈

按策略空间划分，博弈可分为有限策略博弈和无限策略博弈。因为每一种策略都相应地对应一个得益结果，所以从理论上讲，有限策略博弈的结果必然是有限的，而无限策略博弈的结果则有无穷多种可能。

3. 静态博弈和动态博弈

按进行博弈的次序划分，博弈可分为静态博弈和动态博弈。各博弈方可同时决策并行动的博弈称为静态博弈。当然，各博弈方在非常精确的同一时点同时决策是不可能的，因此，同时决策是指可近似地看做同时作决定的过程，如乒乓球团体赛的出场顺序，虽然双方决策可能有早有晚，但一旦敲定便谁也不许变更，因而可看做同时决策。各博弈方不是同时决策，而是先后、依次决策并行动的博弈叫动态博弈。弈棋就是一种典型的动态博弈，双方的每一步都将取决于前面的情势。

4. 完全信息博弈与不完全信息博弈

按信息划分，如按得益信息分类，博弈可分为完全信息博弈与不完全信息博弈。完全信息，是指各方对自己每种策略的得益情况完全清楚，否则是不完全信息。在动态博弈中，如按博弈进程信息分类，可分为完美信息动态博弈与不完美信息动态博弈。完美信息，是指博弈方在决策前对其他博弈方的行为完全了解，否则是不完美信息。

将上述3和4的划分结合起来，可以得到四种不同类型的博弈，及其相对应的四个均衡概念，如表3-1所示。

表3-1 博弈的分类及对应的均衡概念

信息＼行动顺序	静 态	动 态
完全信息	完全信息静态博弈 纳什均衡 代表人物：纳什	完全信息动态博弈 子博弈精炼纳什均衡 代表人物：泽尔腾
不完全信息	不完全信息静态博弈 贝叶斯纳什均衡 代表人物：海萨尼	不完全信息动态博弈 精炼贝叶斯纳什均衡 代表人物：泽尔腾、科瑞普斯和威尔逊、弗登伯格和泰勒尔

表3-1概括了博弈的分类及对应的均衡概念，也大致反映了三位诺贝尔经济学奖得主在非合作博弈论中的地位。

5.零和博弈、常和博弈和变和博弈

按得益情况划分，博弈可分为零和博弈、常和博弈和变和博弈。一方收益必来自另一方的损失，这样的博弈叫做零和博弈，零和博弈的博弈方始终是对立关系；各方都会有收益，但收益总和是一固定常数，这样的博弈为常和博弈；各方不同的策略组合会有不同的收益，这样的博弈称变和博弈。显然，零和博弈是常和博弈的特例，常和博弈是变和博弈的特例。

此外，还有综合分类。综合分类是将博弈次序与博弈信息结合起来的一种分类方法。按这两个标准，可将博弈分为：完全信息静态博弈、不完全信息静态博弈、完全且完美信息动态博弈、不完全但完美信息动态博弈、完全不完美信息动态博弈和不完全不完美信息动态博弈。这种分类方式有助于针对不同特性的博弈进行研究和求解。

3.3.3 信息博弈论与信息经济学

信息经济学起源于20世纪40年代，发展于50—60年代，到70年代基本发展成熟。在创建初期，研究重点多种多样，有的学者侧重于基础理论研究，有的学者则侧重于应用研究，正是这两种研究的互相补充和互相促进，才奠定了信息经济学的理论基础。进入70年代以后，信息经济学的发展基本上达到了成熟，其标志是有大量信息经济的论著问世。例如，美国霍罗威茨的《信息经济学》、英国威尔金森的《信息经济学——计算成本和收益的标准》、日本曾田米二的《情报经济学》等。

从本质上讲，信息经济学是非对称信息博弈论在经济学上的应用。这里，非对称信息指的是一些参与人拥有但另一些参与人不拥有的信息。

信息的非对称性可以从两个角度划分：一是非对称发生的时间，二是非对称信息的内容。从非对称发生的时间看，非对称性可能发生在当事人签约之前，也可能发生在签约之后，分别称为事前非对称和事后非对称。研究事前非对称信息博弈的模型称为逆向选择模型，研究事后非对称信息博弈的模型称为道德风险模型。从非对称信息的内容看，非对称信息可能是指某些参与人的行动，也可能是指某些参与人的知识。研究不可观测行动的模型称为隐藏行动模型，研究不可观测知识的模型称为隐藏信息模型。表3-2概括了信息经济学不同模型的基本分类。

表3-2　信息经济学不同模型的基本分类

	隐藏行动(hidden action)	隐藏信息(hidden information)
事前		3.逆向选择模型 4.信号传递模型 5.信息甄别模型
事后	1.隐藏行动的道德风险模型	2.隐藏信息的道德风险模型

　　西方所谓的主流经济学崇尚的是自由竞争，认为以利己为动机的理性人的经济活动，可自行使经济资源得到最优配置，使消费者得到最大满足，并使生产要素的所有者按其贡献得到应得报酬。垄断、管制、政府干预等非自由竞争现象则被视为是低效的。然而博弈论的出现，对主流经济学的一些观点提出了挑战。

　　产生分歧的主要原因在于二者的前提假定。西方经济学所有的实证分析都是建立在严格假定基础上的，一旦其中某一假定得不到满足，其分析结论即难以成立。以往传统理论的实证分析，总是假定经济个体的决策互不影响，模型中的变量多以非人格化的价格参数来充任。显然，在市场活动的参与者不是充分多，或信息出现不对称的情况下，以此为基础建立的理论模型是不能代表实际情况的。博弈分析则避免了前者的弱点，其分析前提突出了博弈方之间策略的相互影响，因而它的分析结果是符合实际的，具有较高的可信度。

课堂分享案例3—6

　　《圣经》上所罗门王的故事是大家耳熟能详的。两个女人抱着一个男婴，要求所罗门王评判到底谁才是男婴的母亲。所罗门王命侍卫拿来一把剑，要把孩子劈成两半，一个母亲一半。这时，其中一个女人说："大王，不要杀死孩子，把孩子给她吧，我不和她争了。"所罗门王听后说："这个女人才是男婴的母亲，把孩子给她。"这个关于所罗门王的睿智的故事在流传了两千年后，有好吹毛求疵的经济学家跳出来说，故事中的假母亲不够聪明，如果她和真母亲说同样的话，那所罗门王该怎么办呢？当然，仅仅会责问别人还不是好样的，机制设计(mechanism design)理论及作为其一个主要部分的执行(implementation)理论几乎完美地回答了这个问题。

　　机制设计理论认为可以通过一个类似竞标的机制来解决以上问题。显然，所罗门王不知道谁是真母亲，但他知道真母亲比假母亲赋予孩子更高的价值，真假母亲也都知道这点，并且这是一个普遍知识，即她们知道每个人都知道这点，她们都知道每个人都知道每个人都知道这点，以至无穷。换言之，她们进行的是完全信息博弈。

　　所罗门王可以向其中任一个母亲(姑且称其为a)提问孩子是不是她的。如果a说不是她的，那么孩子给另一个女人(可称其为b)，博弈结束。如果a说孩子是她的，那么所罗门王可以接着问b是否反对。如果b不反对，则孩子归a，博弈结束。如果b反对，则所罗门王就要她提出一个赌注，然后向a收取罚金。比较罚金和赌注，如果罚金高于赌注，则孩子给a，她只须交给所罗门王赌注那么多的钱，而b要交给所罗门王罚金的钱；如果罚金比赌注低，则孩子给b，她给所罗门王赌注的钱，a的罚金也归他。

我们可以很容易地推出，在a是真母亲的情形下，她的策略是说孩子是她的，然后b不反对。因为她反对的结果只会导致她要多交钱，而a为了得到孩子并避免白白交出罚金，必然会真实地根据孩子对她的价值拿出罚金；在a是假母亲的情形下，她的策略是承认孩子不是她的，因为如果她说孩子是她的，b必然会反对，并且b为了得到孩子并少付钱，一定会真实出价，而a只有出高出孩子对她的真正价值的钱才能得到孩子，可这就不合乎她的偏好了。[①]

观点碰撞： 在假母亲具有妒忌型效用函数时，上述机制就无效了。她可以出很多钱得到一个并不物有所值的东西，只因为这样可以损害别人。

正如微积分的出现，使物理学发生了惊人的飞跃一样，以博弈论作为经济学的分析工具，也极大地改变了经济学的面貌。同时，博弈论与经济学相结合，其自身也得到了飞速发展。著名学者张维迎从近十几年来英美院校经济学课程的设置和教材内容演变的角度，强调了博弈论的重要性，并指出："博弈论甚至成为微观经济学的基础。"不言而喻，以博弈论作为工具的经济学，已成为当代经济学的核心，不懂得博弈论将难以跟上当代经济学的步伐。

3.3.4　信息博弈论及其应用

1. 资本市场信息博弈研究的进展

关于资本市场信息博弈，早在20世纪80年代就有学者进行了初步研究。Bengt Holmstrom & Roger B. Myerson(1981)认为，在资本市场的不同交易者之间，由于信息博弈的存在，使得市场波动起伏变得越来越无序。此后，Aumann Robert J(1987)、Forges F.(1993)、Monderer Dov & Shapley Lloyd S.(1996)等学者均对资本市场信息博弈表现出了极大的兴趣，他们针对资本市场尤其是股票市场的信息寻租行为进行了比较深入的探索。Battigalli P.(1999)、Dirk Bergemann & Juuso Valimaki(2002)、Jeffrey C. Ely & Marcin Peski(2005)针对证券市场机构投资者与散户投资者之间的信息不对称问题进行了系统研究，并认为机构投资者凭借资金实力、信息实力、关系实力等，可以轻松掌握信息博弈的主动，众多的小散户则处于信息共享的劣势。Dekel Eddie & Fudenberg Drew & Morris Stephen(2006)、S. Muto J. Potters & S.Tijs(2007)则通过构建不同的信息博弈模型，比较真实地再现了信息充裕者和信息贫乏者之间的信息博弈过程。

---

① 郭萍.解读《圣经》中的女性原罪问题[J].中国校外教育，2010(7).

国内关于资本市场信息博弈的研究起步亦较早，邹昊平、唐利民、袁国良(2000)从政府与股市投资者的博弈分析角度，探讨了政策性因素对中国股市的影响。安鹏、李晶彦(2004)从信息不完全与不对称角度通过博弈模型分析，指出理性人拥有的优势信息可能是导致寻租机会得以实现的重要原因，并对当前遏制寻租行为提出若干建议。曲阳、徐林、王建辉、顾树生(2005)针对多传感器信息融合系统中的信息冲突，结合博弈论原理，在考虑信息冲突环境下局中人最优策略和最优支付的情况下，提出了求解信息冲突环境的信息博弈融合方法。马广奇从博弈的角度分析资本市场是典型的博弈竞局，是各方参与者之间相互搏杀，为了各自利益最大化，在博弈规则约束下进行博弈的场所。认为信息是资本市场博弈中的重要因素，更是博弈胜负的关键。资本市场是信息最重要、信息最集中、信息最不对称、信息时效性最强、信息价值体现最充分的市场。而比较有代表性的研究成果是张艳(2004)的《中国证券市场信息博弈与监管》，该著作详尽地描绘了证券市场信息源、信息通道和信息反馈等方面的博弈过程，并提出了具有可操作性的监管对策及建议。此外，李蒲贤(2006)、任桂芳(2007)等针对不同信息博弈主体的行为特征及其博弈偏好进行了深入的分析。

2. 信息博弈研究的局限性

上述研究为资本市场的和谐发展提供了理论支撑和实践操作指南。然而，对信息博弈的研究仍具有一定的局限性：一是研究的领域针对于证券市场，对于农产品期货市场的信息博弈则没有涉猎；二是研究的对象仅限于投资主体之间，对于包括监管者、交易所乃至中介机构等市场参与主体之间的信息博弈则鲜有涉猎；三是研究的方法热衷于模型研究法，对于实证研究则少有涉猎；四是研究的成果多数服务于投资者，对于宏观经济管理部门、中观经济运行部门的服务则考虑不周。

3. 信息博弈的应用

博弈论在现实生活中有着广泛而深刻的意义，尤其是其著名的"囚徒困境"。在"囚徒困境"中，"囚徒困境"的每一方在选择策略时都没有"共谋"，他们只是选择对自己最有利的策略，而不考虑社会福利或任何其他对手的利益。也就是说，这种策略组合由所有参与人的最佳策略组合构成。没有人会主动改变自己的策略以便使自己获得更大利益。个人理性与集体理性的冲突，个人追求利己行为而导致的最终结局是一个"纳什均衡"，也就是对所有人都不利的结局。两个囚徒都是在坦白与抵赖策略上首先想到自己，这样他们必然要长期服刑。只有当他们都首先替对方着想时，或者相互合谋时，才可以得到最短时间的监禁结果。

在现实生活中，很多情况正如上面两个囚徒所遇情形一样，没能真正实现自身的最佳利益，甚至是损人不利己。从"纳什均衡"的普遍意义中，我们可以深刻领悟司空见惯的经济、社会、政治、国防、管理和日常生活中的博弈现象。例如，现在我们经常会遇到各种各样的商品价格大战、家用电器大战、服装大战等。按照纳什均衡博弈论的观点，各厂家价格大战的结局也是一个"纳什均衡"，而且价格战的结果是谁都没钱赚，因为博弈双方的利润正好是零。竞争的结果是稳定的，即是一个"纳什均衡"。这个结果可能对消费者是有利的，但对厂商而言是灾难性的。所以，价格战对厂商而言意味着自杀。事实上，完全竞争的均衡就是"纳什均衡"或"非合作博弈均衡"。在这种状态下，每一个厂商或消费者都是按照所有的别人已定的价格来进行决策。在这种均衡中，每一个企业要使利润最大化，消费者要使效用最大化，结果导致了零利润，也就是说，价格等于边际成本。在完全竞争的情况下，非合作行为导致了社会所期望的经济效率状态。如果厂商采取合作行动并决定转向垄断价格，那么社会的经济效率就会遭到破坏。①

再如拾金不昧，遗失人与拾得人的心态其实就像这两个囚徒。前者希望失而复得，后者想占为己有，博弈的结果通常就是遗失物被拾得人侵占。那么，通过怎样的渠道才能在遗失人与拾得人之间建立合作的基础，使他们一定程度上能够站在对方的视角考虑问题，从而走出"囚徒困境"，最大化地实现双方的利益。对拾得人施加法律与道德上的义务是必要的，但这显然还不够，因为单纯让拾得人承担归还义务缺乏考虑对方利益的动因，而如果法律要求遗失人给付一定的酬金，使拾得人获得收益并且可以免除被谴责与惩罚的风险，那么拾得人就会因为自己合法的利益欲求而更为积极地考虑遗失人的利益。于是，遗失人与拾得人就可以真正站在互利合作的立场去选择自己的行为方式，从而实现我们所期待的拾金不昧的博弈结果。道德准则要求人们不要唯利是图，但却从不反对社会成员通过自己的正当行为获取收益。

客观上，正当的逐利心态构成了人们正常与主要的行为动机，当我们试图通过法律或者道德维系良好的社会秩序时，必须正视这种心态在各种博弈过程的深刻影响与具体作用。

再如，著名的智猪故事则揭示了市场竞争中大企业与小企业之间的关系。当企业在一个市场中的定位是"大猪"时，应当选择"主动出击"，这是"优势策略"；当定位是"小猪"时，应当选择"耐心等待"，这也是"优势策略"。一个理性的企业应像智猪一样选择"优势策略"。企业应在各个不同的发展阶段，根据不同的细分市场、不同的领域，做出定位，要做一只"智猪"。企业正是借助于这一过程，才能发展和壮大起来。

由以上分析可看出，博弈论对人类贡献很大，在现实中应用也很广。纳什均衡

① 张建英.博弈论的发展及其在现实中的应用[J].理论探索，2005(2).

博弈论在为人类作出贡献的同时，也对一些原理构成了挑战。

亚当·斯密是西方经济学的创始人，早在200年以前就提出了著名的"看不见的手"的原理。他认为："他追求的仅仅是他个人的快乐，仅仅是他个人的利益。……有一只看不见的手引导他去促进一种目标……，通过追求(个人的)自身利益，他常常会比其实际上想做的那样更有效地促进社会利益。"按照斯密的理论，在市场经济中，每一个人都从利己的目的出发，而最终全社会达到利他的效果。但"纳什均衡"的提出让我们看到了"看不见的手"的原理的一个悖论：从利己目的出发，结果损人不利己，既不利己也不利他。著名的"囚徒困境"中两个囚徒的命运就是如此。"纳什均衡"让人类明白了合作是有利的"利己策略"，但它必须符合这样的规律：按照你愿意别人对待你的方式来对待别人，但只有他们也必须按同样方式行事才可以。

课堂分享案例3-7

春秋战国时期，吴越两国都是当时的小国，吴王夫差把越国打得只剩下5 000名甲兵，躲在会稽山上惶惶不可终日。越王勾践被迫向吴国求和，送了一大批的珠宝美玉，最后勾践还是被迫和夫人、大臣一起去吴国做奴隶才暂时保住了国家的安危。勾践的忍辱负重让骄傲的吴王答应了他的求和，并以为勾践屈服了。

勾践入吴给夫差当了3年马夫，夫差每次坐车出去，勾践就给他拉马，这样过了两年，夫差认为勾践真心归顺了他，就放勾践回国。

勾践回到越国后，立志报仇雪耻。他唯恐眼前的安逸消磨了志气，在吃饭的地方挂上一个苦胆，每逢吃饭的时候，就先尝一尝苦味，还问自己："你忘了会稽的耻辱吗？"他还将席子撤去，用柴草当褥子。这就是"卧薪尝胆"的来历。

勾践决定要使越国富强起来，他亲自参加耕种，他的夫人也亲自织布，以鼓励生产。因为越国遭到亡国的灾难，人口大大减少，他制定出奖励生育的制度。他命文仲管理国家大事，命范蠡训练人马，自己虚心听取别人的意见，救济贫苦的百姓。全国的老百姓都巴不得多加一把劲，好叫这个受欺压的国家变成强国。

经过"十年生聚，十年教训"，越国重新复兴，勾践最后一举灭掉骄傲的夫差，成为春秋战国时期的最后一任霸主。①

观点碰撞：暂时的强弱并不能和胜负画上必然的等号，弱小的一方用策略同样可以赢得对方。博弈其实和古人的对弈是相通的，都是双方或者多方的对

---

① 曾淑珍.《吴越春秋》论[D].扬州：扬州大学，2009：26-27.

峙，自己要全面分析自己和他人的实力，获得足够的信息，根据对方的策略制定自己的策略，以求一胜。

在投资过程中，不可避免地存在信息不对称，因而必然存在着证券市场监管层与交易所、证券市场监管层与中介机构、证券市场监管层与投资主体、证券交易所与中介机构、证券交易所与投资主体、中介机构之间、中介机构与投资主体以及投资主体之间的信息博弈。了解与领会这些信息博弈，无疑对把握投资主体的证券投资心理具有重要意义。

本章小结

与任何一门学问一样，投资心理学也离不开经济学理论的支撑。不对称信息经济学理论、基于信息的三个空间理论、博弈论等对投资主体的心理活动与行为偏好具有一定的影响。任何一项投资活动无不在信息生态环境下发生，无不在信息生态环境下发展。因此，对上述理论的掌握有助于研究投资主体的投资心理与行为，为后续研究奠定坚实的理论基础。

思考练习

一、名词解释

非对称信息 逆向选择 道德危机 网络空间 信息空间 信息博弈 博弈论 囚徒困境

二、判断题

1. 新古典经济学的基本假定是理性的经济人和"完备信息"。（ ）

2. 经济行为中并不是所有由于信息不充分和不对称分布所引起的市场不确定和交易障碍都属于不对称信息经济学研究的范畴。（ ）

3. 减免逆向选择和道德风险的办法就是建立起激励机制和信号传递机制。（ ）

4. 信息不对称是由于当事人双方各拥有自己的私人信息。（ ）

5. 分析师能准确预测未来股票的价格，并能提供稳赚不赔的投资建议。（ ）

6. 网络空间指的就是因特网。（ ）

7. 非合作博弈强调的是个人理性、个人最优决策，其结果可能是有效率的，也可能是无效率的。（ ）

8. 零和博弈是常和博弈的特例，常和博弈就不是变和博弈的特例了。（ ）

9. 在完全竞争的情况下,非合作行为导致了社会所期望的经济效率状态。 (　　)

10. 博弈的最佳得益往往取决于博弈方对知识占有的多寡。 (　　)

三、单选题

1. 2001年10月10日诺贝尔委员会宣布将2001年的经济学奖授予三位美国经济学家,下列哪一位不是(　　)。

    A. 乔治·阿克尔洛夫   B. 迈克尔·史宾斯

    C. 约瑟夫·斯蒂格利茨   D. 约翰·阿奎那

2. 对20世纪70、80年代的图书馆学界基础理论建树曾有过重要影响的三个世界的理论提出者是(　　)。

    A. 波普尔   B. 托夫勒   C. 阿奎   D. 威廉

3. 近年来,国外有不少理论研究显示了一定的成熟度,其中三个空间的理论具有一定的代表性,下列不属于这三个空间的是(　　)。

    A. 网络空间   B. 三维空间   C. 信息空间   D. 思想空间

4. 将把人类提高到一个更高、更新的进化阶段的是(　　)。

    A. 信息空间   B. 网络空间   C. 思想空间   D. 知识空间

5. 经济学家谈到博弈论,一般指的是(　　)。

    A. 合作博弈   B. 非合作博弈   C. 零和博弈   D. 不确定

6. 完全信息静态博弈的主要代表人物是(　　)。

    A. 纳什   B. 泽尔腾   C. 海萨尼   D. 泰勒尔

7. 完全信息动态博弈又可称为(　　)。

    A. 纳什均衡   B. 子博弈精炼纳什均衡

    C. 精炼贝叶斯纳什均衡   D. 贝叶斯纳什均衡

8. 信息经济学起源于(　　)。

    A. 20世纪40年代   B. 20世纪50年代   C. 20世纪60年代   D. 20世纪70年代

9. 研究事前非对称信息博弈的模型称为(　　)。

    A. 信息甄别模型   B. 信号传递模型   C. 道德风险模型   D. 逆向选择模型

10. 按策略空间划分,可将博弈分为(　　)。

    A. 单人博弈和多人博弈   B. 有限策略博弈和无限策略博弈

    C. 静态博弈和动态博弈   D. 完全信息博弈与不完全信息博弈

四、多选题

1. 从广义上讲,产权经济学、激励经济学和博弈论都可以视为微观信息经济学的范畴,而其核心议题则是(　　)。

    A. 逆向选择   B. 道德危机   C. 委托人—代理人   D. 博弈论

2. 主要贡献是在非合作博弈方面的三位经济学家是(　　)。

    A. 纳什　　　　　　B. 威尔逊　　　　　　C. 海萨尼　　　　　　D. 泽尔腾

3. 合作博弈强调的是团体理性，强调的是(　　)。

    A. 效率　　　　　　B. 公正　　　　　　C. 公开　　　　　　D. 公平

4. 按得益情况划分，可将博弈分为(　　)。

    A. 零和博弈　　　　B. 常和博弈　　　　C. 变和博弈　　　　D. 综合博弈

5. 不完全信息动态博弈的主要代表人物有(　　)。

    A. 泽尔腾　　　　　B. 科瑞普斯　　　　C. 威尔逊　　　　　D. 弗登伯格

五、简答题

1. 不对称信息按内容可以分几大类？

2. 证券投资主体面对不对称信息时，往往有哪些同质化的表现？

3. 简述信息空间受到人们喜爱的原因。

4. 一个完整的博弈应包含哪些要素？

5. 简述信息博弈研究的局限性。

六、论述题

1. 论述信息空间、网络空间、思想空间之间的关系。

2. 论述博弈从不同的角度划分成的不同类别。

综合案例

    1763年，弗朗西斯·巴林爵士在伦敦创建了巴林银行，它是世界首家商业银行。尼克·里森于1989年7月10日正式到巴林银行工作。1992年，巴林总部决定派他到新加坡分行成立期货与期权交易部门，并出任总经理。1992年夏天，伦敦总部要求里森设立一个"错误账户"，记录较小的错误，并自行在新加坡处理，于是里森申请了账号为"88888"的"错误账户"。1992年7月17日，里森手下一名加入巴林银行仅一个星期的交易员金(King)犯了一个错误：当客户(富士银行)要求买进20口日经指数期货合约时，此交易员误为卖出20口，这个错误在里森当天晚上进行清算工作时被发现。欲纠正此项错误，须买回40口日经指数期货合约，表示至当日的收盘价计算，其损失为2万英镑，并应报告伦敦总公司。但在种种考虑下，里森决定利用错误账户"88888"，承接了40口日经指数期货空头合约，以掩盖这个失误。数天之后，更由于日经指数上升200点，此空头部位的损失便由2万英镑增为6万英镑了(注：里森当时的年薪还不到5万英镑)。为了赚回足够的钱来补偿所有损失，里森承担愈来愈大的风险。1994年，里森对损失的金额已经麻木了，88888账户的损失由2 000万、3 000万英镑，到7月已达5 000万英镑。巴林银行曾派人调查里森的账目。巴林在1994年年底发现资产负债表上显示5 000万英镑的差额后，仍然没有警惕到其内部控管的松散及疏忽。在发现问题至其后巴林倒闭的两个月时间里，有很多巴林的高级及资深人员曾对此问题加以关切，更有巴林总部的审计部门正式加以调查。但是这些调查都被里森以极轻易的方式蒙骗过去。1995年1月18日，日本神户大地震，其后数日东京日经指数大幅度下跌，里森一方面遭受更大的损失，另一方面购买更庞大数量的日经指数期货合约，希望日经指数会上涨到理想的价格范围。1月30日，里森以每天1 000万英镑的速度从伦敦获得资金，已买进了3万口日经指数期货合约，并卖空日本政府债券。2月10日，里森以新加坡期货交易所交易史上创纪录的数量，已握有55 000口日经期货及2万口日本政府债券合约。交易数量愈大，损失愈大。所有这些交易均进入88888账户。1995年2月23日，在巴林期货的最后一天，里森对影响市场走向的努力彻底失败。日经股价收盘降到17 885点，而里森的日经期货多头风险头寸已达6万余口合约；其日本政府债券在价格一路上扬之际，其空头风险头寸亦已达26 000口合约。里森为巴林所带来的损失，在巴林的高级主管仍做着次日分红的美梦时，终于达到了86 000万英镑的高点，造成了世界上最老牌的巴林银行终结的命运。[①]

案例讨论题

(1) 侥幸心理在没有监督的环境下是如何逐步膨胀的？

(2) 信息影响期指的机理如何演绎？

(3) 如何理解"千里之堤毁于蚁穴"？

(4) 如何避免监管缺失导致的致命错误？

(5) 证券投资主体需要怎样的自律？

---

① 王庆之.警惕金融创新环境中的"投资漩涡"——基于巴林银行恶性增资引致倒闭的个案分析[J].浙江金融，2008(8).

第4章 市场操纵与投资心理

> 当所有人都疯狂的时候，你必须保持冷静，你必须学会逆势投资；当人们惊慌失措、犹豫不决的时候，也许就是你买入的好时机。而当周围人疯狂的时候，包括出租司机都在告诉你买什么股票时，也许就是你应该卖出的时候了！①
>
> ——【美】吉姆·罗杰斯(Jim.Rogers)

随着证券市场的发展和壮大，作为金融学的一个分支学科，目前投资学的部分研究重点已经从研究股份制与现代企业制度、证券发行与承销、资产定价等方面转移到了证券交易等微观行为上。而证券市场的操纵行为直接影响着投资主体的投资心理。

正是在这样的背景下，本章通过对证券交易基础知识的回顾，分析证券投资中的市场操纵行为产生的原理及其对证券市场的影响，研究市场操纵的行为特征，探讨市场操纵与心理暗示的逻辑关系。

●开篇案例●

2011年12月23日，证监会通报5起证券市场违法违规案件的查处情况，分别为前西南证券高管季敏波涉嫌"老鼠仓"交易案、保荐代表人秦宣涉嫌内幕交易案、大富投资及新思路投资涉嫌"抢帽子"操纵市场案、阳光私募国贸盛乾伙同个人陈杰"抢帽子"操纵市场案，以及惠顺装饰法人利用他人账户买卖证券案。

其中，季敏波案为首例上市券商高管涉嫌构成《刑法》规定的利用未公开信息交易罪的案件，秦宣案为首例证监会通报证券公司保荐代表人涉嫌内幕交易并移送处理的案件，国贸盛乾案则为首例涉及阳光私募"抢帽子"操纵市场的案件。

证监会有关部门负责人介绍，因景谷林业2011年4月12日出现股价异动，随后被媒体质疑，证监会展开初步调查，发现异动账户与西南证券时任副总裁季敏波存在关联关系。

2011年7月26日，证监会对季敏波涉嫌利用未公开信息交易股票行为立案调查。经查，季敏波2008年9月进入西南证券，曾任西南证券副总裁、证券投资管理部总经

---

① 龚小磊.罗杰斯：中国股市有潜在泡沫 做多是明智选择[N].中国证券报，2007-9-17.

理兼投资经理,于2009年2月28日至2011年6月30日期间,利用职务便利掌握公司股票自营信息,并通过其亲友控制的多个个人证券账户与西南证券自营账户对倒交易股票40余只,成交金额约5 000万元,获利约2 000万元。

由于季敏波的上述行为涉嫌构成《刑法》规定的利用未公开信息交易罪,证监会依法于10月12日将该案移送公安机关侦查。目前季敏波已被依法逮捕。

秦宣案是又一个证券行业从业人员利用特殊身份内幕交易的案件。

据介绍,2010年9—10月推进的西南合成重组项目,由东北证券担任独立财务顾问,东北证券指派具有保荐代表人资格的秦宣(时任东北证券公司北京分公司深圳市场部副总经理)担任该项目的主办人、现场工作负责人。秦宣获取重组内幕消息,并将该信息泄露给其朋友周某。

内幕消息公开前,周某利用"蒋某"等账户买入"西南合成"股票597万股,交易金额8 951万元;重组公告复牌后,周某集中卖出514万股,盈利817万元。泄密的同时,秦宣还利用"任某某"账户内幕交易买入"西南合成"股票9万股,交易金额140万元,获利23万元。

鉴于秦宣等人的行为涉嫌刑事犯罪,证监会已将该案依法移送公安机关处理,秦宣被依法逮捕,目前已移送检察机关审查起诉;周某等人内幕交易的违法行为仍在侦查中。

与此同时,多年前较为常见的市场操纵违法违规案件近年来又有重新抬头的趋势。

在大富投资、新思路投资案中,两家投资咨询公司以荐股报告发布前集中买入、发布后集中卖出的方式"抢帽子"交易67次,交易金额达20.64亿元,盈利2 840余万元。

国贸盛乾案则为阳光私募与个人合谋的操纵案件。该案中陈杰伙同国贸盛乾,由前者以4名自然人的名义持有后者一期基金1.2亿元份额,陈杰、代飞等人在某证券营业部专线交易国贸盛乾一期账户。陈杰和国贸盛乾通过"抢帽子"操纵手法,先后交易55只(次)股票,获利共计2 488余万元。

由于这两个案件均涉嫌构成操纵证券市场罪,证监会已依法将其移送公安机关。目前,大富投资、新思路投资主要涉案人员已被移送检察机关审查起诉。对国贸盛乾案,公安机关已立案并在刑事侦查中。①

心理专家解读: 在股票市场中,主力也在玩心理。主力凭借自身资金、技术、信息优势等,根据股票市场内外环境变化,操控某一只股票或对场外跟风资金进行心理引导,使得博弈的对手产生错误的市场分析判断,从而实现自身获取巨额价差利润的目的。因此,研判主流资金具体运作过程中的操盘意图,是股市获利避险的重要且根本的生存技能。

---

① 马婧妤.证监会通报5起案件 揪出首例券商老鼠仓[J].上海证券报,2011-12-24.

4.1 证券交易与投资心理

证券是各种财产所有权或债权的凭证的总称。证券是用来证明证券持有人有权取得相应权益的凭证。

4.1.1 证券的本质

证券是一种信用凭证或金融工具，是商品经济和信用经济发展的产物。比如，债券是一种信用凭证，无论是企业债券、金融债券还是国债券，都是发行主体为筹措资金而向投资者出具的，承诺到期还本付息的债权债务凭证；股票是股份公司发行的用以证明股东的身份和权益，并据以获取股息和红利的凭证；股份制是一种特殊的信用形式，即通过信用将分散的资金集中起来使用；基金债券则是同时具有股票和债券的某些特征的债券，投资基金本身就是资金集合的一种形式，是将分散的资金集中起来，委托专门的投资机构从事能够保证投资人收益的组合投资，基金持有人则对基金拥有财产所有权、收益分配权和剩余财产分配权；期货是一纸载有在未来某一特定时刻买入或者卖出某种特殊商品的标准化合约；期权是指一种选择的权利或自由、可供选择之物和按规定价格有权出售或购买某一物品，期权交易就是一种权利的有偿使用。

1. 证券的特征

证券有许多特征，比较突出的有以下几个方面。

(1) 收益性。证券的收益性是证券得以存在和不断发展的根本所在。所谓收益性就是证券的持有人凭借证券能够得到的利益。例如，股东所持有的股票，有权按公司章程从公司领取股息和分享公司经营的红利。股票的盈利多少取决于公司的盈利状况和盈利水平以及公司的盈利分配政策。公司经营得越好，股票持有者获得的股息和红利就越多；反之，股票持有者就要少分红利或无利可分。如果公司破产，则股票持有者连本金都保不住。股票的收益性，还表现在股票投资者可以获得差价收入或实现资产保值增值。通过低价买入或高价卖出股票，投资者可以赚取差价利润。比如，如果某投资者1983年年底投资1 000美元买入可口可乐公司股票，到1994年7月便能以11 554美元的价格卖出，赚取10倍多的利润。再比如，进行期货投资，是因为投资者能够比较准确地预测未来价格，从而通过低价买入期货合约，再高价卖出的投机方式获取收益；或者可以通过现货市场和期货市场的连带性，利用时间差、价格差和地域差进行套期保值或套期图利。

(2) 流通性。证券的流通性是指证券在不同投资者之间的可交易性。股票的流通，使投资者可以在市场上卖出所持有的股票，取得现金；债券的流通，可以调剂投资者的投资需求，扩大投资主体的规模；期货合约的流通，可以使投资者很顺利地买到或卖出手中的合约，既完成了预定的投机任务，又为套期保值提供了理论上的可能；基金的流通，将封闭的投资理念加以创新，既增加了新的投资品种，又推动证券市场尤其是基金市场的发展向现代化、国际化迈进了一大步。

(3) 风险性。证券市场是高风险市场。证券价格具有很大的波动性、不确定性，这是由证券的本质及证券市场运作的复杂性所决定的。

第一，证券的本质决定了证券价格的不确定性。从本质上说，证券是一种价格符号，其价格是市场对资本未来预期收益的货币折现，其预期收益受利率、汇率、通胀率、所属行业前景、经营能力、个人及社会心理等多种因素的影响，难以准确估计。表现在价格上具有较强的不确定性。证券的这一本质属性，决定了以它为交易对象的证券市场从开始形成起就具有高风险性。

第二，证券市场运作的复杂性导致了证券价格的波动性。证券市场的运作过程，实际上是市场供给与需求之间的不平衡到平衡、再由平衡到不平衡的循环往复过程。但与其他商品市场不同的是，证券市场的供需主体及决定供需变化的因素与机制更加复杂，证券市场的价格表现得更加难以捉摸，不但被动甚至暴涨暴跌。

第三，投机行为加剧了证券市场的不稳定性。投资和投机是相互伴生的。当投机行为超过正常界限，变成过度投机，则市场风险突现。例如，20世纪20年代末，美国股市出现投资大众化浪潮，道·琼斯指数从1926年的120点飞速达到1929年的最高点386点。最终，疯狂的投机导致更大幅度的灾难性暴跌，到1932年，道·琼斯指数下降85%。

第四，证券市场风险控制难度较大。客观上，任何重大政治、经济事件都可能引发危机，对市场中的所有风险因素难以全面把握、控制。主观上，受监管能力及自律程度的局限，各类甘冒风险博取盈利的不规范、不自律行为难以杜绝，这些都导致市场风险的无处不在。例如，英国巴林银行因尼克·里森大量进行日经指数期货投机而倒闭；香港百富勤公司因大量持有印尼债券而陷于财产困境最终清盘等。

第五，证券市场风险对社会、经济的冲击力、破坏力较大。1929年美国股市崩溃加剧了银行体系混乱，触发了信用危机，致使1929—1930年间有6 000多家银行倒闭。同时，股市的崩溃也使投资者损失惨重，生产积压更为严重，失业人口达5 000万人。1929年美国的国民收入为880亿美元，1932年降至400亿美元。

2007年来的美国次贷危机演变成2008年的全球金融风暴，被视为市场风向标之一的标准普尔500指数下跌了约36%。[①]

---

① 徐超，彭梦瑶.美国个人资产大量蒸发 企业高管财富打水漂[N].文汇报，2008-11-6.

课堂分享案例4–1

投资者张某在搜狐网首页的证券投资栏目发现了几条信息，显示"6只股100%涨停"、"杨百万18亿买3股"、"私募拉升3只黑马"、"看明日6只涨停股"等。

张某很好奇，单击了一条，发现是名为"上海中信证券"的网站，网站顶部写着"公司被中国证券协会评为十大优秀证券网站"，并附有多种资质的电子证书样式。网站上有大量荐股"实战"业绩展示，还有包含各大研究机构知名分析师在内的分析师专家团队，处处都留有"强力个股推荐"、"精确市场预测"、"实战业绩"、"涨停板股票服务"等信息，并预留了手机号码和银行个人账户，招收会员。

张某拨打了网站预留的手机号码，对方声称姓陈，说其所在公司是从事股票投资的专业公司。张某说："网上这些公司很多都是骗人的，我不信你们。"陈姓接线员说："我们公司的资质可以在网上查询，你也可以通过搜狐等门户网站证券栏目的相关广告链接查询，这个你就不用怀疑了。"接着他很耐心地介绍公司近一段时间以来抓住了很多涨停板，公司实力很强，非常专业，口头保证15个交易日就能获利100%。张某心动了，当即向"陈某"账户汇了季度服务费9 380元，对方也传真了一份已盖章的服务合同。

此后数周，张某按陈某的指示，连买数只所谓的"牛股"，却连连下跌。张某心生悔意，想讨回服务费，打电话找陈某，发现电话无人接听，再去登录"上海中信证券"网站，也登不上去了。[①]

手法分析：不法分子往往利用主要门户网站、主要财经网站以及热门股吧，假冒合法证券公司名义，设立山寨证券公司网站招揽客户，企图鱼目混珠，混淆视听。这些网址多为数字或数字与英文字母的组合，如www.1678888.cn、www.gp787.cn、www.38baidu.com、www.gp3334.cn。不法分子往往声称公司经证券监管部门批准，并公布各类虚假的资质证书。在收费时，通常会要求投资者将款项汇到个人银行账户中。一旦投资者上当汇款，这些所谓的专业人士和专业投资网站就会消失得无影无踪。

专家提醒：非法网站多利用网络虚拟环境，假冒合法机构名义，公布虚假的专业资质证书、专业团队，利用提供涨停板股票等营销策略，引诱投资者上钩。投资者一定要高度警惕，可通过中国证监会、中国证券业协会、投资者保护基金网站或证券公司营业场所验证网上"山寨证券公司"的真实性，不要将钱打入山寨网站预留的个人账户中。

---

① 刘宝民.投资股市谨防四大陷阱[N].中国证券报，2009-8-20.

2. 证券的分类

(1) 无价证券和有价证券。按证券用途和持有者权益划分，证券可分为无价证券和有价证券。无价证券是指证券本身不能使持券人取得一定的收益，但能证明某一特定事实和持有者拥有某种私权的证券。它包括证据证券和占有权证券。有价证券是指具有一定票面金额并能给它的持有人带来一定收益的所有权或债权凭证。有价证券有广义和狭义之分，广义的有价证券可分为商品证券、货币证券和资本证券三种；狭义的有价证券一般仅包括股票、债券和认股权证。无价证券和有价证券的分类，如图4-1所示。

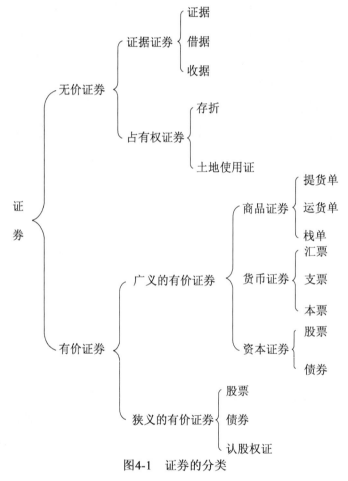

图4-1　证券的分类

(2) 上市证券和非上市证券。根据是否在证券交易所挂牌交易，证券可分为上市证券和非上市证券。上市证券又称挂牌证券，是指经过证券主管机构批准，并在证券交易所注册登记，允许在交易所内公开买卖的有价证券。非上市证券指未在证券交易所注册登记，不能上市买卖的有价证券。

(3) 直接证券和间接证券。按证券发行者的性质划分，证券可分为直接证券和间接证券。直接证券是指非金融机构发行的证券，如政府、工商企业及个人所发行的公债、国库券、公司债券、股票、借款合同、抵押契约等。间接证券是指金融机构发行的证券，如大额可转让存单、金融债券、人寿保险单、互助储蓄银行、基金股份等。

(4) 国内证券和国际证券。按证券发行的地域和国家划分，证券可分为国内证券和国际证券。国内证券是指由国家政府、国内的金融机构、企业或其他经济组织为筹集资金而以本国货币确定面值并在国内发行的证券，包括股票、债券、共同基金等。国际证券是指一国政府、金融机构、企业、国际组织为筹集资金在国外证券市场上以外币确定面值并发行的证券。国际证券分为国际股票和国际债券两大类。

4.1.2 证券交易

证券交易，是指证券持有人依照交易规则将证券转让给其他投资者的行为。证券交易除应遵循《证券法》规定的证券交易规则，还应同时遵守《公司法》及《合同法》。

1. 证券交易的形式

证券交易一般分为两种形式：一种形式是上市交易，是指证券在证券交易所集中交易挂牌买卖。凡经批准在证券交易所内登记买卖的证券称为上市证券。其证券能在证券交易所上市交易的公司，称为上市公司。另一种形式是上柜交易，是指公开发行但未达上市标准的证券在证券柜台交易市场买卖。

众多的股份有限公司都发行了股票，但不是所有的股票都可以自由上市或上柜交易的。股票要上市或上柜交易，必须按一定条件和标准进行审查，符合规定的才能上市或上柜自由买卖。已上市股票如状况变坏，达不到标准，证券交易所可以停止其上市资格。

2. 证券交易的特点

(1) 证券交易是特殊的证券转让。证券转让是指证券持有人依转让意思及法定程序，将证券所有权转移给其他投资者的行为，其基本形式是证券买卖。在广义上，证券转让还包括依照特定法律事实将全部或部分证券权利移转给其他人的行为或者设定证券质押行为等。所谓依照特定法律事实发生的转移，包括因赠与、继承和持有人合并等发生的证券权利转移；所谓设定质押，是依照《担保法》规定，以证券作为债务担保的行为。根据《证券法》第30条，证券交易主要指证券买卖，即依照转让证券权利意思而发生的转让行为。

(2) 证券交易是反映证券流通性的基本形式。流通性是确保证券作为基本融资工具的基础。证券发行完毕后，证券即成为投资者的投资对象和投资工具，赋予证券以流通性和变现能力，可使得证券投资者便利地进入或者退出证券市场。不同证券的流通性存在差异，股份公司依法发行和上市的股票，除社会公众股股票可依照证券交易所规定的交易规则自由转让外，公司发起人及其他高级管理人员所持股份在法定期限内不得转让，会使国家股和法人股的流通性受到影响。

(3) 证券转让须借助证券交易场所完成。证券交易场所是依法设立、进行证券交易的场所，包括进行集中交易的证券交易所以及依照协议完成交易的无形交易场所。前者如国际上著名的纽约证券交易所、伦敦证券交易所和法兰克福证券交易所，我国上海证券交易所以及深圳证券交易所也属于集中交易场所。后者如美国全美证券商自动报价系统(NASTAQ)以及各国的店头交易场所，我国场外交易场所主要包括原有的 STAQ 和 NET 两个交易系统。

(4) 证券交易须遵守相应交易规则。为确保证券交易的安全与快捷，维护资本市场的稳定与发展，我国颁布和制定了一系列法律、法规。《证券法》是调整证券交易的特别法，《公司法》对股份及公司债券转让也有原则性规则，《合同法》作为调整交易关系的一般法律规范，同样适用于对证券交易关系的调整。其他法律、法规，如《民法通则》、《银行法》、《保险法》和《刑法》，也直接或间接地调整着证券交易关系。证券交易所颁布的自律性规范也具有法律约束力。

3. 证券交易的方式

早期证券交易主要采取现货交易方式，但随着商品经济及资本市场的发展，证券交易形式呈现出由低级向高级、由简单向复杂、由单一向复合的发展趋势。各国证券交易方式的分类标准出现多元化趋势，既可按单一标准分类，也可兼采多种标准分类，并形成了现货交易、信用交易、期货交易和期权交易等并存的交易形式。

(1) 现货交易。现货交易是证券交易双方在成交后即时清算交割证券和价款的交易方式。现货交易双方分别为持券待售者和持币待购者。持券待售者意欲将所持证券转变为现金，持币待购者则希望将所持货币转变为证券。现货交易最初是在成交后即时交割证券和钱款，为"一手交钱、一手交货"的典型形式。在现代现货交易中，证券成交与交割间通常都有一定的时间间隔，时间间隔长短依证券交易所规定的交割日期确定。证券成交与交割日期可在同一日，也可不在同一日。在国际上，现货交易的成交与交割的时间间隔一般不超过20日。例如，依现行的T+1交割规则，证券经纪机构与投资者之间应在成交后的下一个营业日办理完毕交割事宜，如果该下一营业日正逢法定休假日，则交割日期顺延至该法定休假日开始后的第一个营业日。证券交易所为了确保证券交易所和证券公司有合理时间处理财务事宜(包括准备证券交付和款项往来)，都会对证券成交和交割的时间间隔作出规定。但为防止该时间间隔过长而影响交割安全性，交割日期主要有当日交割、次日交割和例行交割。当日交割，也称"T+0"交割，为成交当日进行交割；次日交割则称"T+1"交割，为成交完成后下一个营业日办理交割；例行交割，则依照交易所规定确定，往往是成交后5个营业日内进行交割。在现货交易中，证券出卖人必须持有证券，证券购买人必须持有相应的货币，成交日期与交割日期相对比较接近，交割风险较低。从稳定交易秩序角度，现货交易应成为主要交易形式。现货交易作为历史上最古老的证券交易方式，适应信用制度相对落后和交易规则相对简单的社会环境，有助于降低交易风险，是一种较安全的证券交易形式，也是目前场内交易和场外交易中广泛采用的证券交易形式。

(2) 期货交易。在广义上，期货交易包括远期交易，与现货交易相对应。其特点如下：一是期货交易对象不是证券本身，而是期货合约，即未来购买或出卖证券并交割的合约。期货合约属于证券交易所制定的标准合约。根据期货合约，一方当事人应于交割期限内向持有期货合约的另一方交付期货合约指定数量的金融资产。二是期货合约的期限通常比较长，有些金融资产的期货合约期限可能长达数月，甚至一年。在合约期限来临前，期货合约持有人可依公开市场价格向他人出售合约，并借此转让期货合约项下权利。所以，在合约期限来临前，合约持有人可因转让期货合约而发生若干变化。三是证券交易所制定标准期货合约时，参考了该证券资产当时的市场价格，但在期货合约期限内，证券资产的实物价格会发生变动，但在交割证券资产时，其期货价格可能已接近实物资产的市场价格。由于期货交易具有预先成交、定期交割和价格独立的特点，买卖双方在达成证券期货合同时并无意等到指定日期到来时实际交割证券资产，而是企盼在买进期货合约后的适当时机再行卖出，以谋取利益或减少损失，从而出现"多头交易"和"空头交易"。多头交易与空头交易是站在对期货价格走势不同判断的基础上分别做出的称谓，但均属于低买高卖并借此牟利的交易行为。在期货合约期限届满前有一交割期限，在该期限内，期货合约持有人有权要求对方进行实物交割。证券交易所为保持信誉和交割安全性，会对此提供担保，并同时要求交割方存入需交割的证券或金钱。

(3) 期权交易。证券期权交易是当事人为获得证券市场价格波动带来的利益，约定在一定时间内，以特定价格买进或卖出指定证券，或者放弃买进或卖出指定证券的交易。证券期权交易是以期权作为交易标的的交易形式。期权分为看涨期权和看跌期权两种基本类型。根据看涨期权，期权持有人有权在某一确定时间以某一确定价格购买标的资产，即有价证券。根据看跌期权，期权持有人有权在某一确定的时间以某一确定价格出售标的资产。根据期权交易规则，看涨期权持有人可以在确定日期购买证券实物资产，也可在到期日放弃购买证券资产；看跌期权持有人可在确定日期出售证券实物资产，也可拒绝出售证券资产而支付保证金。期权交易属选择权交易。

(4) 信用交易。对证券信用交易，学术上有多种学说。依据一般观点，信用交易是投资者凭借自己提供的保证金和信誉，取得经纪人信用，在买进证券时由经纪人提供贷款，在卖出证券时由经纪人贷给证券而进行的交易。因此，凡符合以下条件的证券交易均属于信用交易：其一，典型的信用交易必须是保证金交易，即投资者向经纪人交付一定数额的保证金，并在此基础上进行交易，故信用交易也称保证金交易。其二，经纪人向投资者提供借款购买证券或者经纪人提供证券以供出售。据此，可将信用交易分为融资信用交易和融券信用交易，故证券信用交易也可称为"融资融券交易"。其三，信用交易是证券交易所依照法律规定创设的证券交易方式。证券信用交易具有活跃市场、创造公正市场价格和满足投资者需求的优点，但因存在投资风险，须均衡证券信用交易优劣，设置合理和周密的风险控制制度，给证券信用交易以适当的地位，以实现扬长避短的目的。信用交易可分为融资交易和融券交易两种类型，但这与我国证券交易实践中出现的"融资交易"与"融券交易"根本不同。首先，信用交易是依照法律和证券交易所规则创设的证券交易方式，具有适法性，实践中出现的融资融券交易则缺乏法律依据。其次，信用交易以投资者交付保证金为基础，实践中的融资融券交易则几乎没有保证金交易的性质。另外，信用交易是经纪人向投资者提供信用的方式，但我国实践广泛存在经纪人向投资者借用资金或借用证券的形式，属于反向融资融券行为。加之，有些资金和证券的借用未经投资者同意，属于非法挪用资金和证券行为。在此意义上，未经法律准许的融资融券行为属非法交易行为。

在各国证券市场中，除前述四种基本证券交易方式外，还大量存在其他非主要形态的证券交易方式。有些是相对独立于前四种证券交易方式的，如股票指数交易，有的则是附属于前四种基本证券交易方式，如利率期货等。

4.1.3 证券投资

证券投资是指投资者(法人或自然人)购买股票、债券、基金等有价证券以及这些有价证券的衍生品，以获取红利、利息及资本利得的投资行为和投资过程，是间接投资的重要形式。

1. 证券投资的基本特点

证券投资的特点主要表现在以下几个方面：

(1) 投资目的的确定性。投资的目的不是为了谋求对资本使用者的某些活动的控制权，而只是为了取得一定的收益。当看到地里长出了苹果树，是因为播了苹果种子；地里长出了樱桃树，是因为播了樱桃种子。如果地里什么都没有长，说明之前没有播下任何种子，所以没有任何收获。投资者进入证券市场必须明确自己的目的，明确自己投资证券的目的不是来找刺激，而是抱着从事一项事业的想法。并且明确自己在证券市场有什么优势，只有发挥自己的优势才能在市场中成为赢家。美国长期资本公司是由两位诺贝尔经济学奖获得者创立的，成立于1994年，当时基金规模达12.5亿美元，在开始几年他们运用自己设计的债券市场电脑交易模型，操作得非常好，每年获利数亿美元。由于他们的操作的确太出色了，在1997年长期资本公司的几个领导者面临一个问题，就是他们的钱太多了，他们已经退还掉很多投资他们基金的资金。但是他们还是被胜利冲昏了头脑，他们在没有经过测试便将设计专门用于债券市场的电脑交易模型应用到其他市场，并且还大胆地投入了数十亿美元，包括外汇货币交易以及俄罗斯、巴西和其他一些市场的债券和股票期权上，甚至还大量做空巴菲特控制的伯克希尔哈撒韦的股票，这些投资亏损了1.5亿美元。这时，长期资本公司的其中一位合伙人索尔斯(曾被广州市政府聘为外脑)对此提出了疑问："我们在这些新的投资领域中并没有任何优势，应该坚持在自己熟悉的领域投资。"但是他的观点被忽略了。第一天带着10亿美元冲进陌生的领域，就像闭着眼睛上台与邓亚萍打乒乓球比赛，灾难是不可避免的。1998年的亚洲金融风暴将俄罗斯卷入了经济危机，长期资本公司的规模从50亿美元到只剩下4亿美元，最后在联邦政府支持下才没有破产。

(2) 投资时间的可控性。证券投资的时间可长可短。在证券市场价格波动剧烈的情况下，买与卖的时间也许只有分秒之差；也有的投资变成了长期投资，从股民变成了股东。然而股民也好，股东也好，其投资时间完全可以自由掌控。实际上，真正的投资家们在进行投资时非常关注的是要购买的证券的升值潜力，这要从若干方面考察。有的还设定了考察指标，有的持有20年以上。

(3) 证券投资的投机性。证券投资运用的是虚拟资本，投资者虽在事前可以对证券进行选择，但在购买后，对其收益或亏损的调整无能为力，只有通过所有权的经常转让即买进或卖出不同的证券来进行调整，因此具有较大的投机性。

2. 金融市场与金融机构

(1) 金融市场的分类。按照不同的划分标准，金融市场可作如下分类：根据合约的性质，金融市场可分为债权市场和股权市场；根据期限的长短，金融市场可分为交易短期(一年以内)金融资产的货币市场和交易长期(一年或一年以上)金融资产的资本市场；根据证券的发行和流通，金融市场可分为初级市场和二级市场[①]；根据组织结构，金融市场可分为拍卖市场、场外交易市场(over-the-count)和中介交易市场；根据资产交割日期不同，金融市场可分为现货市场和衍生性融资市场(期货、期

---

① 初级市场也称发行市场，二级市场也称流通市场。

权市场)。

(2) 金融机构的分类。同样，按照不同的标准，金融机构也有许多类型。金融中介机构包括存款机构、保险公司、养老基金、投资公司、金融公司等；证券业主要包括投资银行、经纪公司和交易商、有组织的交易所。有组织的交易所有固定的场所，只有它的成员在规定的时间内才可以进场交易。资金的供给方和资金的需求方通过金融中介机构或通过金融市场可以进行间接融资和直接融资。[①]

如图4-2所示，金融体系中资金、证券的流动都是通过金融中介来完成的。

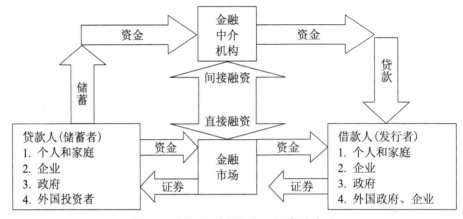

图4-2　金融体系中资金、证券的流动

3. 投资决策

投资过程是分析研究投资者如何进行投资决策的过程。投资决策的基础是选择预期回报和风险的一定组合。投资决策的基础一是预期回报，二是风险选择。

(1) 预期回报。预期回报是投资于某种证券前预期在未来某个时期中的回报，它和实际回报不同。实际回报是在过去某个时期已获得的回报，它是已知的；而投资者投资于某种证券的未来回报是不确定的，因为它不但受各种经济因素的影响，还受投资者的心理因素、个人特征的影响。因而，即使是对同一项投资，个人的预期回报也不尽相同。一项投资的预期回报是一个加权平均数的概念，在统计上等于回报这个变量的数学期望值。投资回报可以调整投资者在选择投资品种、投资方式、投资规模、投资时机、投资方向、投资策略时的投资心理。

(2) 风险。风险是投资回报不确定的总和。有关风险的理论将在后面的章节详细阐述。投资者想赚取较大的回报，就必须承担较大的风险。如图4-3所示，金融资产的预期回报与风险的排序由低到高依次为公司债券或基金、股票、认股权证、期权、期货。

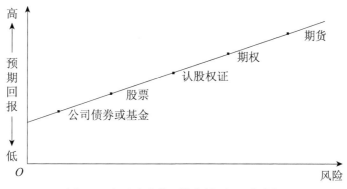

图4-3　金融资产的预期回报和风险选择

从图4-3可以看出，在几种投资工具中，风险最小的是公司债券或基金，而风险最大的则是期货。

(3) 投资者投资前的心理活动和准备。投资者在投资前要制订一个投资计划，其中主要包括：投资目的的确定——保值或投机；投资规模的把握——可投资的资产额；资产种类的研究——股票、债券、期货、期权、基金；投资环境的观察——金融资产、金融市场、金融机构；投资决策的拟订——市场、中介的选择，投资时机、投资分析、投资技巧。

证券投资与投资心理学的关系主要体现在：证券投资与心理学一样，都是投资心理学的基础学科。投资心理学研究的是投资主体的心理现象及其规律，因此，有关投资主体、投资过程、投资分析、投资决策、投资技巧等方面的知识是投资主体必备的理论基础，而要掌握这些基础知识，没有证券学的理论是不行的。

4.2　证券投资与市场操纵

由于中国当代证券市场成立较晚，对于证券市场操纵的认识和领会均处于摸索阶段，因此关于证券市场操纵问题的研究，国外学者一直处于领先地位。[①]

4.2.1　市场操纵的概念

市场操纵一直是困扰证券市场发展的重要课题。之所以是难点，主要基于两点原因：一是如何甄别内幕信息操纵，即内幕信息操纵与合规市场行为的边界在哪里？二是如何对证券市场操纵进行监管，减少操纵行为的发生。

---

① 姜兰.中国证券市场信息操纵行为、环境与防控体系研究[D].长春：吉林大学，2007：37-39.

1992年，McCornack S.A.最早提出了操纵的概念。McCornack认为，操纵理论涉及四个方面的内容，即信息的数量(Quantity)、质量(Quality)、关系(Relation)和方式(Manner)。其中，数量涉及人们所获取信息多寡的期望值，质量涉及人们所获取信息真假的期望值，关系涉及人们所获取信息远近的期望值，方式涉及人们所获取信息的途径。

自McCornack S.A.提出市场操纵的概念以来，关于操纵的研究成果不断问世，如Mc Cornack S.A.、Levine T.R.、Solowczuk K.A.、Torres H.I.&Campbell D.M.(1992) Mirman Leonard J.(1994)以及Dawson E.J.& Brashers D.(1996)等。[①]

根据美国1934年制定的《证券交易法》，将市场操纵分为两类：一类是行为操纵，即操纵者通过行动改变资产的真实价值或感知价值，以此改变公司股价；另一类是信息操纵，即通过制造、传播虚假或错误的信息来误导投资者，进而影响公司股价。两种操纵类型的根本区别在于，行为操纵是操纵者行为改变了公司价值，并作为知情交易者预先买卖策略实现获利目的，而信息操纵则是通过发布虚假信息来误导投资者，利用信息非对称进行获利。

4.2.2 市场操纵的类型

从20世纪80年代以来，学者们对证券市场操纵模型、操纵可行性论证等方面进行了大量研究。在此基础上，可将股市操纵类型大体分为行为操纵、信息操纵和交易操纵三个类别。

行为操纵是市场操纵的一种基本类型，一般是在公司购并行为中利用市场参与者的信息不对称性而进行的市场操纵行为。Vila(1989)对行为操纵的基本形式进行了表述，即操纵者利用接管目标计划公布之前，预先购买该公司股票，随后发布竞标计划。由于是利好消息，目标公司股价在竞价作用下被不断推高。在竞标消息公布后，再将股票卖出获得一种超额收益。Bagnoli & Lipman(1996)对公司接管股价操纵行为进行研究，发现操纵利润来源于接管者占有接管竞标计划实施私有信息与购并竞标计划控制，进行打压股价或者拉升股价，从而达到操纵股价的目的。尽管 Bagnoli & Lipman 讨论了基于购并投标过程中购并者的股价操纵，但由于内幕交易的非法性，对内幕信息操纵的数据检验非常困难。Cornell & David(2002)研究发现，购并方占有公司购并计划这一私有信息，成为信息占优的风险套利者，而被购并公司的流通股股东并不知道公司将发生购并行为，这样购并方可凭借信息优势，在信息占优条件下进行风险套利。购并公司在与上市公司进行购并谈判期间，通过二级市场收购流通股

---

① 姜兰.中国证券市场信息操纵行为、环境与防控体系研究[D].长春：吉林大学，2007：37-39.

股东所持的被购并上市公司股份，在购并行为公告时将购买的流通股份抛出，从而获得一种套利的超额收益。在这一套利均衡中，采取套利行动的购并意向方，购买被购并公司流通股份数量，以及支付购买价格与购并溢价都是购并行为外生决定的。

信息操纵是市场操纵的另一种类型。通过发布虚假信息操纵股价，是证券市场操纵的重要表现形态。Sobel(1985)构建了一个策略信号传递模型，说明信息占有者选择声誉价值发布信息进行操纵市场的过程。[①]在 Sobel 模型中，一个信息发布者(又称为"信息优势者")观察到市场参与者所处的状态，并将一个信号传递给市场其他参与者，这些参与者处于信息劣势并且是信息的接受者。信息接受者根据其接收到的信号及信息发布者的声誉选择行动，由此决定不同市场参与者的损益状况。信息接受者对信息的真实性进行事后识别，从而可以判断信号发布者的真实身份，如果信号传递失真，市场操纵者的声誉价值就会降至为0，市场将不再对其发布的信号进行任何反应，市场操纵行为结束。Benadou and Laroque(1992)认为存在信息操纵的声誉模型，内部人择机公布真实信息树立信誉或发布虚假信息进行利润操纵。Haduut、Hughes & Levine(2001)提出了信息内幕交易的掩饰策略，提出在信息操纵中加入一个噪音成分，使交易由基于信息的交易和随机噪音的交易两部分组成，从而降低了市场从内部人交易活动中推断信息的能力。

交易操纵在市场操纵中占有比率较大。国外学者对市场操纵的研究主要集中于对交易操纵的研究。Hart(1977)认为，在确定性的市场环境中，如果静态均衡是不稳定的或者需求函数是非线性的，并且满足某些技术条件，投机者交易获利具有可能性。Allen & Gale(1992)对内幕交易和股价操纵问题的研究是在理性预期框架下进行的，并将操纵策略分为基于交易的操纵和基于行动的操纵，如果投资者以正的概率将操纵者视为知情交易者，那么不知情交易者同样可以通过交易策略达到操纵股票的目的。Chakraborty & Yilmaz(2000)建立知情者交易动态模型，认为噪音交易存在有限性，知情者交易迟早会被市场察觉，因此其理性的选择是基于交易的操纵。Paolo Vital(2000)研究发现，不知情交易者有效运用交易策略，通过噪音交易创造不对称信息，致使股价操纵成为可能。

课堂分享案例4-2

按正在试行的中国证监会《证券市场操纵行为认定办法》(下称《办法》)，连续交易、约定交易、自买自卖、蛊惑交易、抢先交易、虚假申报、特定价格、特定时段交易等8类行为都属于市场操纵行为。

① Harris M.，Raviv A.The Theory of Capital Structure[J].Journal of Finance，1991(46)：32-35.

1. 连续交易操纵

单独或者通过合谋，集中资金优势、持股优势或者利用信息优势联合或者连续买卖，操纵证券交易价格或者证券交易量，即构成连续交易操纵。

2. 约定交易操纵

约定交易操纵，即在约定的时间、约定的价格以约定的方式进行交易。

3. 自买自卖操纵

在自己实际控制的账户(包括当事人拥有、管理、使用的账户)之间进行证券交易，影响证券交易价格或证券交易量，构成自买自卖操纵。

4. 蛊惑交易操纵

蛊惑交易操纵，简单说，就是操纵市场的行为人故意编造、传播、散布虚假重大信息，误导投资者的投资决策，使市场出现预期中的变动而自己获利。

5. 抢先交易操纵

抢先交易指行为人对相关证券或其发行人、上市公司公开做出评价、预测或者投资建议，自己或建议他人抢先买卖相关证券，以便从预期的市场变动中直接或者间接获取利益的行为。

6. 虚假申报操纵

虚假申报操纵指行为人持有或者买卖证券时，进行不以成交为目的的频繁申报和撤销申报，制造虚假买卖信息，误导其他投资者，以便从期待的交易中直接或间接获取利益的行为。

7. 特定价格操纵

特定价格操纵一般指行为人通过拉抬、打压或者锁定手段，致使相关证券的价格达到一定水平的行为。有可能与利益输送有关。

8. 特定时段交易操纵

特定时段交易操纵具体分为尾市交易操纵和开盘价格操纵。尾市交易操纵是指在收市阶段，通过拉抬、打压或者锁定等手段，操纵证券收市价格的行为。开盘价格操纵是指在集合竞价时段，通过抬高、压低或者锁定等手段，操纵开盘价的行为。[①]

通过分析以上三种市场操纵类型发现，证券信息是市场操纵者实施操纵行为的重要前提，尤其是对行为操纵与信息操纵而言，证券信息更是实施市场操纵的核心要件。

---

① 邵刚，冯勉.八类行为被认定为市场操纵[N].上海证券报，2007-9-7.

4.2.3　市场操纵的国内研究现状

国内关于市场操纵方面的研究比较晚，与国外学者研究视角不同的是，我国学者对市场操纵的研究大多集中在证券市场上。在目前中国证券市场上，同样存在这一行为操纵方式。张宗新、季雷(2005)对购并公司在购并过程中的"股东权益损益之谜"进行研究，建立了购并过程中购并公司知情者利用内幕信息的风险溢价套利模型。[①]近几年，国内学者也开始对内幕信息操纵进行研究，何佳、何基报(2001)对中国股市重大信息引起的股价波动进行研究，对中国股票市场内幕信息事件进行实证分析；戴园晨(2001)从中国股市泡沫生成机理对"庄家"内幕信息操纵行为进行研究；祝红梅(2002)从管制的角度对内幕信息与内幕交易进行了研究。海通证券胡祖刚等(2002)从资金优势操纵股价的角度，指出利用资金优势可改变股票供求关系进而达到操纵股价的目的，并以股权集中度作为分析对象对股价操纵进行了实证研究。王庆仁、高春涛(1999)对股市操纵行为进行了系统分析。王冬梅、陈忠琏(2000)针对近几年来愈演愈烈的上市公司会计信息操纵行为，采用行为分析与博弈论、信息经济学分析相结合的方法，从上市公司外部会计监管环境这一侧面进行了剖析，并在此基础上提出了改进我国现行会计监管模式的合理化建议。王乔、章卫东(2002)通过对上市公司会计信息操纵行为的动机分析，剖析了上市公司会计信息操纵行为的手法，并提出了治理上市公司会计信息操纵行为的措施。郭福春(2003)把信息操纵定位为中国证券市场上的一种寻租行为，为了获取信息租金，上市公司与机构投资者联合操纵市场。程芙蓉(2004)认为上市公司操纵会计信息的主要途径是会计信息操纵和会计造假，其主要原因是利益驱动、监管不力以及会计政策法规的滞后和不完备，应采取相应对策进行治理。杨萍(2005)认为，目前我国有些上市公司为达到企业管理当局的经济和政治目的，利用会计准则和制度、监管政策的缺陷等合法手段或其他会计舞弊等不合法手段，使会计信息失真，损害国家和社会公众的利益，已成为我国社会经济发展，尤其是我国证券市场发展的一大隐患。并针对上市公司会计信息操纵行为的动机、手段进行了分析，提出了完善上市公司治理结构、严格执法、加大处罚力度、完善会计制度和加快会计准则的制定、充分发挥注册会计师的监督作用、规范市场运作、使虚假会计信息无立足之地、全方位进行道德建设和诚信教育等具体的防范措施。

=== 课堂分享案例4-3 ===

投资者张某接到金某来电，称其是国内知名的Z证券公司员工，通过交易所得知张某的股票账户亏损，Z证券公司可以为其推荐股票，帮其实现盈利。

① 张宗新.内幕信息操纵的股价冲击效应：理论与中国股市证[J].金融研究，2005(4).

出于对Z证券公司声誉的信任，张某向金某提供的账户汇入了3个月的会员费6 000元。此后，金某多次通过手机飞信和电话向张某推荐股票。

但是，张某据此操作非但没有从其推荐的股票获得预期的收益，反而出现了亏损。感觉不妙的张某致电Z证券公司后才知自己上当受骗。[①]

手法分析：不法分子为实施诈骗，直接假冒知名证券公司、基金公司、证券研究所名义，或采用与这些证券经营机构近似的名称，蒙骗不明真相的投资者。手法虽然简单，但投资者却屡屡中招。

专家提醒：对于来电、来访声称提供专业证券服务的人员，投资者一定要提高警惕，可以向监管部门咨询或到相关机构营业场所问询等途径，核实相关公司的工商执照及证券业务资质情况，核实相关人员的身份和资质，防止上当受骗。

4.2.4 市场操纵研究趋势

市场操纵行为在经济迅猛发展和信息高度发达的今天显得尤为突出，几乎涵盖了我国经济社会的各个行业。信息不对称、信息失灵等对国家、个人都造成了巨大损失，虽然国内学者对市场操纵研究的热点大多集中在证券市场上，且主要集中在会计信息操纵上，同时有些学者也应用了经济学理论试图破解市场操纵难题，但对如何构建我国证券市场操纵防控体系还是空白。

某个行业的发展趋势或者说研究趋势是与这个行业的发展现状和未来情况息息相关的，因市场操纵存在于多个行业，且解决问题的关键在于预防，所以，想建立一套放之四海而皆准的市场操纵防控指标体系是很难做到的。控制市场操纵的关键在于对于信息反应灵敏的行业，如证券市场、IT行业等建立一套有效的预防体系，对于信息不对称和信息失灵采取有效控制，筛选有用的信息，同时对于虚假信息进行判断和删除，使公布于大众的信息是正确的，是能正确指导人们对信息进行判断和操作的行业信息。经过几年或者更长时间后，再将这套防控体系根据行业的具体情况扩展到各个行业，直至将我国的市场操纵行为控制到最低或者基本消除。通过国内外市场操纵研究现状和现实需求，可以看出未来市场操纵有以下一些新的趋势。

1. 研究热点由局部向整体推进

以往的研究多为针对会计信息操纵行为的分析，如王乔、章卫东(2002)通过对上市公司会计信息操纵行为的动机分析，剖析了上市公司会计信息操纵行为的手法，并提出了治理上市公司会计信息操纵行为的措施。后来逐渐发展到证券市场，可以看出，

[①] 田志明，贾肖明.小心陷阱!非法证券活动借势复燃[N].南方日报，2009-3-23.

对市场操纵行为的分析和研究由信息敏感的行业逐渐扩展到与信息相关的各个行业。

2. 研究成果由理论向应用拓展

市场操纵最早是在1992年由外国专家提出的，到20世纪90年代末中国才开始进行相关研究。国内外学者对市场操纵的研究已经扩展到如何治理、措施的如何改进方面，如杨萍(2005)不仅对上市公司的会计信息操纵进行了分析，还针对上市公司会计信息操纵行为的动机、手段进行了分析，提出了完善上市公司治理结构、严格执法、加大处罚力度、完善会计制度和加快会计准则的制定、充分发挥注册会计师监督的作用、规范市场运作、使虚假会计信息无立足之地、全方位进行道德建设和诚信教育等具体的防范措施。

3. 研究层次由初级向高级提升

王冬梅、陈忠琏(2000)针对近年来愈演愈烈的上市公司会计信息操纵行为，采用行为分析与博弈论、信息经济学分析相结合的方法，从上市公司外部会计监管环境这一侧面进行了剖析。可以看出，学者们不仅仅停留在表面研究，他们已经突破了基础研究的禁锢，开始了向高级研究发展，跨学科、跨领域的研究越来越多。

4.3 市场操纵的行为特征

市场操纵行为的产生呈现出很多特征，并对证券市场的运行产生了巨大的影响。

4.3.1 市场操纵的载体具有私有性特征

在市场操纵的范畴内，广义的操纵主要有财务信息操纵与交易信息操纵。交易信息的操纵主体包括做市商(market maker)等，而财务信息或报表信息的操纵主体是上市公司。

做市商是指在证券市场上，由具备一定实力和信誉的证券经营法人作为特许交易商，不断向公众投资者报出某些特定证券的买卖价格，双向报价并在该价位上接受公众投资者的买卖要求，以其自有资金和证券与投资者进行证券交易。做市商通过这种不断买卖来维持市场的流动性，满足公众投资者的投资需求。做市商通过买卖报价的适当差额来补偿所提供服务的成本费用，并实现一定的利润。

上市公司所有权与经营权的剥离，使得它们不断追求各自利益的最大化，所以它们对于所拥有的信息会采取垄断操纵。对上市公司而言，证券信息具有私有性特征，即信息优势。但同时受到两方面制约：一方面往往缺乏足够的资金实力来操纵股价；另一方面，受《证券法》约束，作为国有或国有控股的上市公司严禁炒作上市交易的股票。对于机构投资者而言，机构具有资金优势，但缺乏不对称信息。

综上可知，市场操纵的主体各自代表着个人或小集体的利益，不是代表整个市场或广大投资者的利益，所以它们具有私有性特征。

4.3.2 市场操纵对公司股价具有冲击性效应

作为一个新兴市场，证券市场制度不完善与投资者行为不规范，为市场操纵行为提供了客观条件。这种操纵行为严重破坏了证券市场秩序，对股价波动造成巨大冲击，严重损害了不知情交易者的利益。

市场操纵是信息占优的知情交易者与信息劣势的非知情交易者之间的一种动态信息博弈行为，具有信息优势的机构投资者利用内幕信息进行操纵，使资产价格的均衡不断被打破，新的市场均衡渐次形成，这个过程本身就是对股价的冲击过程。

根据市场微观结构理论，价格的波动主要是由于新的信息不断到达市场以及新信息被结合到市场价格中去的过程产生的。股价的波动也同样是由于信息的不断披露。股票市场经济功能的发挥有赖于股票价格对相关信息的反应。因此，发展股票市场的关键就在于强化股票市场的信息功能。当操纵的主体根据自身需要进行操纵后，股价就会随信息的披露、公布情况产生剧烈波动。因此，市场操纵会对公司股价造成冲击性的影响。

4.3.3 市场操纵行为具有证券欺诈性特征

市场操纵是通过披露虚假信息、散布谣言等方式进行信息的传播，这些信息都具有很大的欺骗性，属于证券市场的"谎言"，旨在引导投资者错误的行为，所以市场操纵行为具有证券欺诈性特征。

1. 市场操纵虚构了市场的供求关系

操纵证券市场表现为以人为创制的虚假信息、投资参数代替证券市场的真实信息、投资参数，使证券价格不能以价值规律为基础，真实反映市场供需关系。它使得同样在证券市场上募集资金的上市公司处于一个不平等的地位。由于操纵行为所带来的证券市场价格的异常波动，可能会使得一些效益比较好的企业没有能够得到足够的资金支持，而一些经营效果不好的企业却由于股价操纵而吸引了很多的投资者，造成市场不能很好地发挥资源配置的作用。

2. 市场操纵欺诈了广大的投资者

在操纵证券市场的过程中，最大的受害人就是广大的投资者。对于依据创制参数进行证券交易的投资者，操纵性价格和操纵性交易量使得投资者无从知晓证券的信息，从而很有可能做出了与操纵者相反的投资决定，并最终造成损失。

信息被上市公司、券商与庄家优先拥有，成为其谋取利润的工具。而散户投资者在信息不对称的系统中处于弱势地位，在防不胜防的市场中任由庄家宰割。上市公司与券商、庄家串通一气，利用股评人士在电视、报纸、网站等媒体上对"利好"、"利空"信息刻意渲染，严重误导广大中小投资者。他们利用股民通常"买涨不买跌"的参与心理，根据"牛市"与"熊市"的不同，采用真真假假、虚虚实实的手法。

庄家借助"利好"信息，牛市时，拉高股价建仓，震荡洗盘，构筑平台，然后刻意打压或借"利空"打压股价，误导股民以为庄家在出货，于是"与庄共舞"，以致错失良机；在熊市中，庄家借"利好"信息使用"回光返照"的伎俩，拉抬股价，派发筹码，引诱股民追高被套。庄家借助"利空"信息，使用同工异曲之法。在牛市中，采用股票对倒的手法，致使股价跌停，诱使股民不计成本地抛售手中持有的股票，庄家乘机从中渔利，收集廉价筹码；在熊市中，庄家往往把股价炒到一定幅度，借"利空"派发。

由于股市风云变幻莫测，"利好"、"利空"信息不对称成为机构和庄家用来呼风唤雨的工具。它使市场失去公平，股民失去信心。这些严重的信息不对称问题引起市场操纵，成为中国证券市场发展中的一个"毒瘤"，严重影响着中国股市的健康发展。

3. 市场操纵侵害了正常的竞争机制

从根本上讲，市场操纵行为就是一种垄断。垄断是对竞争的否定。在我国的证券市场中，存在着市场垄断和行政垄断。行政垄断是由于旧的经济体制的影响而存在的，并将随着我国新的经济体制的完善而逐步消除；而市场垄断确实是一个很难规避的问题，其负面效应非常严重。在一个理性竞争的市场中，价格应该是完全能够反映出公司经营状况的客观的指数。但是在存在操纵行为的证券市场中，价格却不能正确地反映一个公司的经营业绩，具体表现为一些业绩比较好的上市公司，其证券价格不一定会有一个好的走势，而一些业绩比较差的企业其股价却可能一涨再涨。

4. 市场操纵降低了市场有效性程度

按照证券市场的信息处理能力的强弱，可以把证券市场划分为四个不同的层次，即强式有效市场、次强式有效市场、弱式有效市场和无效市场。(1)强式有效市场。它表示信息处理能力最强的证券市场，有关信息的公开是真实的、信息的处理是正确的、反馈也是准确的，不存在因证券发行者和投资者的非理性所产生的供求失衡而导致证券产品价格波动，证券的价格反映了所有即时信息。(2)次强式有效市场。在该市场上，证券的发行者由于种种原因没有将所有有关发行证券的信息完全、真实、及时地公开，发行者和投资者在信息的占有上处于不平等的地位。在次强式有效证券市场上存在着两类信息：公开信息和"内幕信息"，极少数人控制着"内幕信息"，而大部分人只能获得公开信息。(3)弱式有效市场。在该市场上，不仅信息从产生到被公开的效率受到损害，即存在"内幕信息"，而且投资者对信息进行价值判断的效率也受到损害。只有那些掌握专门分析工具的专业人员才能对所披露的信息做出全面、正确、及时和理性的解读和判断，并在此基础上做出有效的投资决策。一般的投资公众却很难把握企业公开信息所包含的真正价值，对分析工具的应用水平也不如专业投资者，因此，他们解读和判断信息价值的能力以及做出有效投资决策的可能性都不如专业投资者。(4)无效市场。它是信息处理能力最差的证券市场，首先，在这一市场上，不仅信息从产生到被公开的效率和投资者对信息进行价值判断的效率受到损害，即存在着利用"内幕信息"和"专业知识"赚取超额利润的可能性，而且投资者接收信息的效率和投资者实施其投资决策的效率都可能受到损害，投资者的接收条件和所处的环境不同，因而在获得公开信息方面存在着差异；其次，投资者在实施其投资决策的效果上存在着差异。

市场操纵行为将改变有效市场的四个方面：第一，操纵行为改变信息公开的效率。市场操纵最主要的手段就是控制信息源，减少关于股票的真实信息的公开量，或者提供虚假的、偏向性的消息，信息公开显然是无效率的。第二，操纵行为改变信息从公开到被接收的效率。操纵行为涉及众多的主体，既有上市公司或大投资机构的参与，也有中间机构的配合，在信息传递过程中，内幕人员提前获得可靠信息，利用时差进行违规操作的现象屡见不鲜，各个中间机构有时也故意延误信息的传递，缩小信息的扩散范围，以暂时取得信息垄断优势。第三，操纵行为改变信息接收者对所获得信息做出判断的效率。中国证券市场的主体避租群体(被寻租者)中小投资者的信息分析能力十分低下，尤其在市场存在大量噪音的时候，往往失去判断力，容易接受寻租主体和所谓中间机构以及专业人士对既存消息的判断，如对于股评人士、经济学家的权威信任，但事实上这些机构和人士常常与寻租主体达成共识，成为信息垄断和披露中的一个重要环节。第四，操纵行为改变信息接收者依据其判断实施投资决策的效率。大量中小股东在接受了大量噪音后，往往在决策上丧失了主动性和准确性，被庄家和大户左右，引起大量的"跟风"行为，最终导致高位套牢。

信息不对称会产生逆向选择的问题。以旧车市场的交易为例，卖方知道车的真实质量，而买方不知道，这样卖方就会以次充好。买方也不傻，尽管他们不了解旧车的真实质量，而只知道车的平均质量，因而按平均质量出中等价格，这样一来，那些高于中等价的上等旧车就可能会退出市场。接下来的演绎是，由于上等车退出市场，买方会继续降低估价，因而次上等车也会退出市场。演绎的最后结果是：市场上成了破烂车的展览馆，极端的情况是一辆车都不成交。现实的情况是，社会成交量小于实际均衡量。这个过程称为逆向选择。

在证券市场中，市场操纵同样会导致逆向选择，使市场的运行可能是无效率的。就上述例子来说，有买方愿出高价购买好车，市场这只"看不见的手"并没有实现将好车从卖方手里转移到需要的买方手中。在股票市场中，上述情况同样存在。

在市场操纵的情况下，众多投资者由于受到信息收集成本或自己信息收集分析能力有限的影响，会放弃投资或者做出错误的判断，把资金投向本身经营不善，却向公众披露虚假财务信息，诱使投资者投资的劣质上市公司。所以，要提高我国证券市场的效率，必须改进上市公司信息披露的质量，提高信息的有效性。

4.4 市场操纵与心理暗示

市场操纵会对证券市场产生剧烈的影响，不但会误导投资者的投资行为，还会给市场参与者以错误的心理暗示，进而对证券市场的交易秩序产生冲击。

4.4.1 市场操纵会导致金融证券市场波动幅度加剧

市场经济也是信用经济。债是信用的低级形式，股则是信用的高级形式。货币学的基本原理是对债权、债务的一种信用关系的明确。市场经济中，在利益的驱使和诱惑下，经济主体往往会利用信息的不透明，或把信息的失真进行夸张，甚至捏造虚假信息，以牟取一种严重损害他人利益的经济收入。其结果必将是信用的下降，甚至是信用关系的断裂。像股权、期权都是以信用关系为前提的，信用操守一旦下降，人们将不会再去寻求强大的专业支持，因为有关的专业信息本身就不真实，投资者实际上处于被利用、被蒙蔽的不利地位，所以，即使专业支持再强大，对广大投资者来说也是无利可图，相反，人们会去寻求一种更可靠的关系支持。这样，一方面，中小投资者的利益受到巨大损害将直接导致投资萎缩；另一方面，投机、行贿、腐败也会迅速滋生和蔓延。两方面的作用将会使整个经济失去活力。其首要问题是信用问题，也即是信息不对称问题。正因为市场机会太少，盈利空间狭小，投机者才把资本大量注入房地产和股市。亚洲金融危机证明：一个以投机心态支持的系统一旦集体信心崩溃，那么整个系统也就难以维系。信用链条一旦断裂，企业交易不规范，财务对接不对称，所有的交易就难以发生，消费、投资停滞不前，最后受害的是金融系统。社会公信下降，市场操纵恶果，会使市场安全性下降，导致金融证券市场波动幅度加剧。

4.4.2　市场操纵会导致证券市场机制失灵

信息经济学认为，造成市场偏离完全竞争，导致价格扭曲和市场失灵的最重要的一个原因，就是由于市场在信息处理能力方面的局限性和信息处理效率方面的差异性而引起的信息的不对称性。证券市场是通过市场机制实现资本配置的场所，由于证券产品的交易和流通是由证券市场的信息流来决定的，而证券市场在处理信息过程中却存在着不同程度的局限性，所以，如果任凭市场机制自由发挥作用而不加任何限制，必将导致证券市场机制的失灵。具体表现在以下三个方面：①证券价格形成机制失灵，即证券价格在形成过程中存在着非市场化因素的介入，并且投资者对这些因素的反应也存在差异；②价格信号产生过程不完善和证券价格所反映信息的不完整、不一致；③证券市场在反映市场信息方面表现出无效性，造成证券市场效率的下降，证券市场的资本配置功能无法实现。

课堂分享案例4-4

近日，黄光裕"调查门"事件一石激起千层浪，"内幕交易"、"操纵证券市场"等字眼相继进入公众视野。本案例将从法律角度对"内幕交易"与"操纵证券市场"作详细的解读。

一、关于"内幕交易"行为

内幕交易是指内幕人员和以不正当手段获取内幕信息的其他人员违反法律、法规的规定，泄露内幕信息，根据内幕信息买卖证券或者向他人提出买卖证券建议的行为。

我国《证券法》明文规定："禁止证券交易内幕信息的知情人和非法获取内幕信息的人利用内幕信息从事证券交易活动。"并对内幕信息的知情人、内幕信息的范围及内幕交易的法律责任做出了详细的规定。此外，《刑法》第一百八十条和《关于经济犯罪案件追诉标准的补充规定》规定了内幕交易行为的刑事责任。

在证券交易活动中，涉及公司经营、财务或者对该公司证券的市场价格有重大影响的尚未公开的信息，为内幕信息。证券交易内幕信息的知情人包括：

发行人的董事、监事、高级管理人员；持有公司百分之五以上股份的股东及其董事、监事、高级管理人员，公司的实际控制人及其董事、监事、高级管理人员；发行人控股的公司及其董事、监事、高级管理人员；由于所任公司职务可以获取公司有关内幕信息的人员；证券监督管理机构工作人员以及由于法定职责对证券的发行、交易进行管理的其他人员；保荐人、承销的证券公司、证券交易所、证券登记结算机构、证券服务机构的有关人员等。

内幕交易行为人为达到获利或避损的目的，利用其特殊地位或机会获取内幕信息进行证券交易，违反了证券市场"公开、公平、公正"的原则，侵犯了投资公众的平等知情权和财产权益。同时，内幕交易使证券价格和指数的形成过程失去了时效性和客观性，它使证券价格和指数成为少数人利用内幕信息炒作的结果，而不是投资大众对公司业绩综合评价的结果，扰乱了证券市场乃至整个金融市场的运行秩序，最终会使证券市场丧失优化资源配置及作为国民经济晴雨表的作用。内幕交易在世界各国都受到法律明令禁止。

二、关于"操纵证券市场"行为

在证券市场上，由供需关系自然形成的价格是正常的、具有权威性的价格。而操纵市场的行为却人为地扭曲了证券市场的正常价格，给证券市场的秩序造成极大危害，因此，法律必须加以禁止。所谓操纵市场，是指人为地变动或者固定证券行情，以引诱他人参加证券交易，从而为自己谋取利益的行为。操纵市场实际上是一种欺骗行为，旨在通过人为地影响证券市场价格而欺骗广大投资者，从而使自己从中获益或转嫁风险。

我国《证券法》明文规定："禁止任何人操纵证券市场。""操纵证券市场行为给投资者造成损失的，行为人应当依法承担赔偿责任。"并且规定了操纵证券市场的法律责任。《刑法》第一百八十二条规定了操纵证券交易价格罪，明确了操纵证券市场行为的刑事责任："操纵证券、期货市场，情节严重的，处五年以下有期徒刑或者拘役，并处或者单处罚金；情节特别严重的，处五年以上十年以下有期徒刑，并处罚金。"

操纵证券市场具有以下特征：

1. 行为人以法律所禁止的手段操纵证券市场，具体包括如下手段：①单独或者通过合谋，集中资金优势、持股优势或者利用信息优势联合或者连续买卖，操纵证券交易价格或者证券交易量；②与他人串通，以事先约定的时间、价格和方式相互进行证券交易，影响证券交易价格或者证券交易量；③在自己实际控制的账户之间进行证券交易，影响证券交易价格或者证券交易量；④以其他手段操纵证券市场。

2. 操纵证券市场的目的是为了获取不正当利益或者转嫁风险。

证券市场是投资与投机并存的市场，社会公众既可以以投资为目的买入证券长期持有，也可以在证券交易所买入证券或者将其持有的证券卖出，以获取经济利益或者将风险转移给他人，使自己免受损失。但行为人必须合法获取经济利益或者转移风险。如果行为人以上述操纵证券市场的手段获取不正当利益或者转嫁风险，那么这种行为就是操纵证券市场的行为。

综上所述，根据《证券法》第五条规定："证券的发行、交易活动，必须遵守法律、行政法规；禁止欺诈、内幕交易和操纵证券市场的行为。"证监会制定的《内幕交易认定办法》和《市场操纵认定办法》也已在业内试行一段时间，但是如何规范证券市场、规范资本运作，仍然需要全社会的共同努力。①

4.4.3 市场操纵会引起金融机构的脆弱性

市场操纵将导致逆向选择和道德风险，从而在决定金融机构的性质和金融机构的脆弱方面具有特殊的重要性。斯蒂格里兹以及魏斯的研究表明，相对于贷款人，借款人对其所投资项目的风险拥有更多的信息，而最终的债权人——储蓄者对信贷用途缺乏了解，从而产生了信贷市场上的逆向选择和道德风险。如果不存在金融中介，由储蓄者和借款人进行直接交易，逆向选择和道德风险就会变得相当严重，信贷市场就会萎缩乃至完全消失。金融中介机构的产生可以在一定程度上降低信息的不对称。一方面，当最终贷款人(储蓄者)将他们的资金集中至以商业银行为代表的金融中介机构手中时，事实上是委托了金融机构作为代理人对不同的借款人实施差别对待，即根据相对风险的大小来对贷款进行定价，这样可以降低借款人的逆向选择风险；另一方面，由于相对于零散的储蓄者，金融中介机构处于更有利的地位来监督和影响借款人在借款后的行为，这样也限制了道德风险。然而，以商业银行为代表的金融中介机构积极作用的发挥受到两个前提条件的限制：一个条件是储蓄者对银行的信心，只有储蓄者不同时提款，才能保证金融机构将其对零散储户的流动性负债转化为借款人的非流动性债权；另一个条件是金融机构对借款人的筛选和监督是高效的，并且是无成本或至少是低成本的。由于不对称信息的存在，这两个条件的成立并不是绝对的，这样便产生了金融机构的内在脆弱性。

---

① 上海市广发律师事务所研究部.解读"内幕交易"与"操纵证券市场" [N].上海证券报，2008-12-8.

4.4.4 市场操纵将引起资金逆配置

在我国证券发行市场上，一方面，国家在股票发行的管制和制度上存在着严重的不合理，对于信息披露的规范不是很严密；另一方面，我国在股票的发行上存在着巨大的供不应求缺口。假设市场参与者只有上市公司、证券机构和投资者，排除上市公司与证券机构相互勾结，这样，在相关信息占有方面，证券机构相对来说处于劣势地位，在这种情况下，一些绩差但受到发行制度优待的拟上市公司，就利用这种与证券机构处于信息不对称的地位，积极"粉饰"和隐蔽自己的真实类型，利用证券发行市场为其筹资。

由于发行市场上，既有绩差公司，也有绩优公司，证券机构只能通过上市公司的财务报告等渠道了解发行公司的内部信息，但往往不足以发现和辨别质量问题。在此情况下，证券机构不可能完全了解上市公司的各种真实类型和战略空间等，只清楚大致的概率分布。因此，对证券机构来说，认购上市公司的股票就只能按照所有上市公司的期望业绩来决定自己承销上市公司股票的价格。对于绩优上市公司来说，这样的期望价格就低于其实际价值，因此，绩优上市公司在这样的证券发行市场上发行股票就会有一种不合算的感觉，结果是有一部分会避开证券市场集资，而谋求其他途径为公司集资，以扩大其经营规模。这样，由于上市公司与证券机构处于信息不对称地位，就会促使资本流向绩差公司，而不是流向绩优公司，从而导致绩差上市公司在证券发行市场上驱逐绩优上市公司。

股票的供不应求更是加剧了这种逆选择的趋势，因为证券发行商不必担心因接受绩差公司的发行委托而自己受损，市场投资者强大的购买力把一切发行风险接纳去了，结果证券机构也不会认真地去考察到底申请上市的公司是不是绩优，这种"柠檬原理"现象，就是信息不对称在证券发行市场上引起的逆选择结果。由于资本市场信息的不对称导致稀缺资金流向低质企业，信用质量越差的公司越有可能获得资金，使资金低效配置。一级市场信息的垄断和控制的存在使新上市公司质量难以保证，近年来揭露出来的一系列一级市场作假案已充分证实了在信息不对称下难以保障上市公司的质量，像红光实业、大庆联谊、麦科特等均是典型的案例。

4.4.5 市场操纵会引起集体非理性

轻度的集体行为在证券市场上也叫"搭便车"、"跟风"等现象，是将个人的交易决策建立在一种集体思想上。加州大学的特莱斯·奥丁从主观上分析了"羊群效应"的形成，认为这种集体行为的产生基于两种心理：一是群居安全感心理，即向更多的人靠拢以寻求安全；二是"害怕损失"的风险规避心理，而这种害怕程度与风险大小呈正相关。但是，在现在的证券市场中，信息总是存在着各种缺陷。首先，信息是不充分的，信息是唾手可得的"免费财富"，信息的搜集要付出成本，而且信息总是与谣传、噪音混杂在一起，从中分辨出正确信息需要付出加工成本，信息成本的存在决定了信息的不充分性。其次，信息有时效性，信息经价格机制消化之后不再具有价值。

我国证券市场上市场操纵寻租行为的大量存在使寻租主体不仅大量隐匿自己拥有的私人信息，而且不时为获取巨额租金而制造有诱惑力的虚假信息，整个二级市场成为一个很严重的"噪声市场"。中小投资者更加远离股票的真实价格信息，获取信息的成本大幅度上升，基本上中小股东个人的信息分析行为成为不可能，大量的中小投资者成为名副其实的"噪声交易者"。在这种情况下，真正的"羊群效应"就出现了，因为现在市场不仅存在着天生劣势的中小投资者产生的"羊群"，而且存在着为了从他们身上获取租金的"赶羊人"，市场操纵就是最重要的一种驱赶方式。正因为这样，我国的证券投资者不得不在"赶羊人"的鞭子下进行"逆选择"——逆投资。于是我国曾出现很多典型的例子，1998年以来，"炒概念资产重组股"、"炒ST概念股"等风气一度盛行，有的股票"ST"后，股价不跌反涨，而业绩优良的公司因无重组要求或题材比较明显而股价长期停滞不前。

因此，在这种市场操纵寻租造成的噪声交易市场上，二级市场上理性交易者与噪声交易者之间的博弈，最终将导致噪声交易者占据市场优势地位。这是因为，在这样的市场条件下，理性交易者必须承担由噪声交易者制造的风险，即当理性投资者基于自己的理性判断将所持证券变现时，占据市场主导地位的噪声交易者受错误投资理念的操纵，使价格进一步偏离内在价值，而并没有如理性投资者所预料的那样发生预期的变化，从而使理性投资者不但未有收益反而受损。一小部分噪声交易者会因此而获得高额利润，这种高额利润会驱使一大部分的理性交易者蜕变为噪声交易者。同时，投资者将不再基于基本面，而是通过预测噪声交易者的行动来估计其判断是否与噪声交易者相吻合，由此期望获得超过平均水平的收益，理性投资者与噪声投资者之间的信息不对称反而造成了理性投资者的逆向选择。

4.4.6 市场操纵会产生流动性陷阱

市场操纵对证券市场造成的最大风险在于，市场操纵所形成的垄断权不可能永远存在，必然有一个逐渐还原的过程。20世纪70年代，经济学家戈登·塔洛克在他的代表作《寻租——对寻租活动的经济学分析》中提出了"暂时性收益陷阱"的概念。他认为：当政府为某一集团设定特权时，它只带来暂时性收益，但是后来的继承者通常不能因此获得超额利润，乃至正常利润。相反，它们还会因特权的取消而受损，于是这些继承者往往掉入了"暂时性收益陷阱"。在证券市场上，操纵行为极其容易制造"暂时性收益陷阱"。证券市场是以投资者预期为支撑的，一般来讲，寻租者操纵信息的目的是投资者的预期高于标的实际价值，以获得丰厚的租金，制造出虚假繁荣的表面现象，如虚增利润、隐瞒重大事件、制造虚假重组题材等。在一段时间里，由于市场对虚假信息的信任，导致投资者判断失误，市场预期急剧提升，造成的结果是获得上市、配股等发行租金，上市股票价格上扬，并使股票的市场价格大大高于实际价值(租金被分配到市场价格)。在这段时间遵循低买高卖规则的股东或投资者也分享了租金，但是股票不是终端消费品，股票有继承者，被垄断的信息不可能如特权一样永远存在，随着信息的逐步公开，或者得不到现实的验证，反映股票价值的真实信息在一段时期后必然取代虚假信息出现在市场上。此时，市场必然按照这个真实价值进行交易，那些接受了包含租金价格的投资者无法兑现或转移租金，也就是租金得不到市场的承认，他们只能按照等于甚至低于真实价值的价格与他们的继承者交易，于是他们成了最后的被寻租者。每次寻租行为结束，信息泡沫的破裂都会造成市场的大波动、人气的挫伤。由于我国证券市场上这样的情况太多，已经给市场带来了极大的非正常或非系统风险，也使投资信心长期不振。2008年下半年以来，我国证券市场长期萎靡，尽管政府已做了很大的努力，但是市场的预期依然没有被激活，究其原因，固然其他因素有一定的影响，但是，投资者对上市公司和政策的不信任以及恐租心理压力也是非常主要的因素。

本章小结

证券是各种财产所有权或债权凭证的总称。证券是用来证明证券持有人有权取得相应权益的凭证。证券具有收益性、流通性和风险性特征。证券交易是特殊的证券转让，是反映证券流通性的基本形式，须借助证券交易场所完成，须遵守相应交易规则。投资决策的基础是选择预期回报和风险的一定组合。市场操纵一直是困扰证券市场发展的重要课题。股市操纵类型大体分为行为操纵、信息操纵和交易操纵三个类别。市场操纵的载体具有私有性特征，市场操纵对公司股价具有冲击性效应，市场操纵行为具有证券欺诈性特征。市场操纵会对证券市场产生剧烈的影响，会导致金融证券市场波动幅度加剧，导致证券市场机制失灵，引起金融机构的脆弱性，引起资金误配置，引起集体非理性，产生流动性陷阱。

思考练习

一、名词解释

证券　　证券交易　　证券转让　　证券期权交易　　证券信用交易　　证券投资　　做市商　　强式有效市场　　暂时性收益陷阱

二、判断题

1. 证券是一种信用凭证或金融工具，是商品经济和信用经济发展的产物。　（　）

2. 期权交易不属于选择权交易。　（　）

3. 根据资产交割日期不同，金融市场可分为现货市场和衍生性融资市场。　（　）

4. 资金的供给方和资金的需求方通过金融中介机构或通过金融市场只能进行间接融资。　（　）

5. 投资决策的基础一是预期回报，二是风险选择。　（　）

6. 证券投资与投资心理学的关系主要体现在：证券投资与心理学一样，都是投资心理学的基础学科。　（　）

7. 从根本上讲，市场操纵行为就是一种垄断。　（　）

8. 在证券市场中，市场操纵不会产生逆向选择。　（　）

9. 操纵理论中，信息的方式涉及人们所获取信息的途径。　（　）

10. 垄断是对竞争的肯定。　（　）

三、单选题

1. 下列不是狭义的有价证券的是（　　）。

　A. 股票　　　　　B. 债券　　　　　C. 认股权证　　　D. 存折

2. 下列不属于货币证券的是（　　）。

　A. 汇票　　　　　B. 股票　　　　　C. 支票　　　　　D. 本票

3. 根据合约的性质，金融市场可分为（　　）。

　A. 债权市场和股权市场　　　　　　B. 货币市场和资本市场

　C. 初级市场和二级市场　　　　　　D. 拍卖市场和场外交易市场

4. 投资回报与风险的排序由低到高依次为（　　）。

　A. 基金股份、股票、认股权证、期货、期权

　B. 股票、基金股份、认股权证、期权、期货

　C. 基金股份、股票、认股权证、期权、期货

　D. 基金股份、认股权证、股票、期权、期货

5. 操纵理论涉及四个方面的内容，涉及人们所获取信息多寡的期望值的是（　　）。

　A. 数量　　　　　B. 质量　　　　　C. 关系　　　　　D. 方式

6. 下列不是市场操纵的类型的是( )。

    A. 行为操纵   B. 信息操纵   C. 交易操纵   D. 内部操纵

7. 在操纵证券市场的过程中，最大的受害人是( )。

    A. 上市公司   B. 券商   C. 广大的投资者   D. 庄家

8. 下列不是证券投资的特点的是( )。

    A. 投资目的的确定性   B. 投资时间的可控性

    C. 证券投资的投机性   D. 证券投资的投资性

9. 市场操纵的研究趋势不包括( )。

    A. 研究热点由局部向整体推进   B. 研究方向由微观到宏观

    C. 研究成果由理论向应用拓展   D. 研究层次由初级向高级提升

四、多选题

1. 证券有许多种特征，比较突出的有( )。

    A. 收益性   B. 流通性   C. 风险性   D. 波动性

2. 广义的有价证券有( )。

    A. 商品证券   B. 货币证券   C. 占有权证券   D. 资本证券

3. 国际上著名的证券交易所有( )。

    A. 纽约证券交易所   B. 伦敦证券交易所

    C. 法兰克福证券交易所   D. 上海证券交易所

4. 证券交易的方式有( )。

    A. 现货交易   B. 信用交易   C. 期货交易   D. 期权交易

5. 按照证券市场的信息处理能力的强弱，可以把证券市场划分为四个不同的层次，即( )。

    A. 强式有效市场   B. 次强式有效市场   C. 弱式有效市场   D. 无效市场

五、简答题

1. 为什么说证券价格具有很大的波动性和不确定性？

2. 简述证券交易的形式。

3. 简述期货交易的特点。

4. 为什么说市场操纵行为具有证券欺诈性特征？

5. 市场操纵行为是通过哪些方面改变有效市场的？

六、论述题

1. 论述证券的分类。

2. 论述市场操纵对证券市场产生的剧烈影响。

综合案例

2011年上半年中国市场共完成469起并购交易，披露价格的416起并购交易总金额达277.79亿美元，并购案例数同比增长61.2%，并购金额增长高达91.1%。

据Wind显示，在全部2 106家上市公司中，金融行业高管人均年薪高达134万元，与非金融业同职相比，以其7倍之高的"钱"景在各行业中再拔头筹。

就是这样一个"钱"途无限的行业却发生了越来越多的不幸：虽然中国经济在2008年金融危机中没有伤筋动骨，但33岁的申银万国员工赵某、申银万国自营部投资经理赵立臣、杭州方正证券分析师华欣、汇丰银行香港尖沙咀分区总监刘学斌相继跳楼自杀。

2011年上市公司高管也加入了这个行列，比如万昌科技(002581)董事长高庆昌、华光股份(600475)总经理贺旭亮，同时还有不停歇的"过劳死"事件。此消彼长，金融从业者面临的种种问题倒是催生了另一种商业生态。[①]

案例讨论题

(1) 证券市场是否比其他行业更有压力？

(2) 挟信息操纵市场的结局是否圆满？

(3) 投资者如何控制成功的喜悦和失败的痛苦？

(4) 上市公司高管纷纷倒下的背后折射出怎样的市场生态？

(5) 对信息操纵的监管应上升到怎样的理性？

---

① 赵晓琳.2011年上半年中国市场并购量价双双刷新[N].上海证券报，2011-7-8.

第5章 个体投资心理

> "你不需要成为一个火箭科学家。投资并非是一种智商为160的人就能击败智商为130的人的游戏。理性才是必不可少的。" [①]
>
> ——【美】沃伦·巴菲特(Warren Buffett)

个体心理是指个人所具有或在个人身上所发生的心理现象。现代心理学倾向于把个体心理现象看成是一个异常复杂的系统。个体心理分为心理动力、心理过程、心理状态和心理特征四个方面。[②]

正是基于这样一种考虑，本章通过分析证券投资个体的心理状态、心理过程和心理兴趣，研究投资主体在投资过程中表现出来的心理现象，并揭示其规律。

●开篇案例●

王寒有一个商铺，在省城著名服装大厦的二楼，生意非常好。闲暇之余，王寒还喜欢上网炒股。一边做实业，一边做投资，王寒忙得不亦乐乎，生活也非常充实。

杨帆是王寒的股友，两人平时经常交流炒股经验。2008年10月初，杨帆观察到苏宁电器(002024)这支股票的价格走势比较独立，她认为该股主力已控筹较多，而且当时这支股票的股价呈现较为有规律的波段螺旋上升形态，于是她就在回调中买入了一些。但该股股价并没有如杨帆所预期那样呈现上涨走势，而是跌破了技术整理平台，呈现下跌走势，于是杨帆认赔出局。但后来苏宁电器却创出新高，杨帆非常后悔。王寒知道了这件事后，安慰杨帆："在市场中其实玩的就是心理战。"

虽然杨帆听得不住点头，但心里却怦怦直跳，一直在琢磨主力为什么如此狡猾。她反问王寒："你分析得倒是头头是道，那你和主力玩心理战玩得怎么样了呢？"王寒说："我生意忙，没你时间多，我不能天天泡在证券公司里。我主要选择一些业绩好的具有垄断性质的个股进行投资，机构主力都看好这些股票，虽然有时这些股票的股价也会出现波动，但我购买后就一直持有。因为我着眼于中长线投

---

① 安德鲁·基尔帕特里克.关于永恒价值：沃伦·巴菲特的故事[M].伯明翰：AKPE，1994：41.
② 武新春.高等教育心理学[M].北京：高等教育出版社，1998：3.

资，和机构的策略一致，因此这些股票现在的走势挺好。"①

心理专家解读：心理战其实每天都在市场中上演，关键是在研究对方心理的同时要使自身的心理能经受住考验，要适度揣摩但不能走极端钻牛角尖，否则会犯大错误。正确的操作手法可以规避这种风险。

5.1 个体投资的心理状态

心理状态是指心理活动在一段时间内出现的相对稳定的持续状态，其持续时间可以是几个小时、几天或几个星期。它既不像心理过程那样变动不居，也不像心理特征那样稳固持久。

5.1.1 心理状态细分

按投资者在证券市场的投资经历，可将投资心理状态细分为感知阶段、情绪阶段和意志阶段。

1. 感知阶段

感知阶段是投资者对证券市场、证券交易、证券实物操作的感受和认识阶段。在这一阶段，投资者对证券比如股票的认识是通过许多途径获得的：有的是通过查阅资料得来的，有的是通过证券公司宣传得来的；有亲朋好友透漏的，也有小道消息散布的；有主观上积极探听的，也有客观上无意涉猎的。不管是通过什么途径，投资者面对各种消息时，都会呈现聚精会神或漫不经心的状态。对于他认为感兴趣的股票，他可以全神贯注地搜取每一条消息，而对于他认为不感兴趣的股票，他就可能表现出随意的心态。

大多数证券投资个体对股票投资的认识就是买入一只股票后，只要每年从股票中分得的红利比存在银行所能得到的利息多，而且卖出股票时的价格等于或大于买入时的价格，那么这种投资就是值得的，否则就不能投资股票，成熟市场上的经验都是这样。

苏宁电器(002024)从2004年7月21日上市以来，分红扩股不断，如表5-1所示。

---

① 刘宏.如何不会被套牢[J].大众理财顾问，2010(2).

表5-1 苏宁电器上市以来的分红扩股情况[①]

时　　间	分红扩股方案	具 体 日 期
2011	每10股分红1.0元	股权除息日：2011-05-11
2010	每10股分红0.5元	股权除息日：2010-04-16
	每10股转增5股	股权登记日：2010-04-15
2009	每10股分红0.3元	股权除息日：2009-04-10
	每10股送股2股	股权登记日：2009-04-09
	每10股转增3股	股权登记日：2009-04-09
2008中期	每10股转增10股	股权登记日：2008-09-25
	每10股分红1.0元	除权除息日：2008-09-26
2007末期	每10股分红2.0元	股权登记日：2008-03-27
		除权除息日：2008-03-28
2006末期	每10股转增10股	股权登记日：2007-04-05
		除权除息日：2007-04-06
2006中期	每10股转增10股	股权登记日：2006-09-20
		除权除息日：2006-09-21
2006中期	增发股份数量：2500万股	
	增发价格48.0元	
2005中期	每10股转增8股	股权登记日：2005-10-14
		除权除息日：2005-10-17
2004末期	每10股转增10股	股权登记日：2005-06-02
	每10股分红1.0元	除权除息日：2005-06-03

　　如果每年从股票中分得的红利比存放在银行所能得到的利息多，而且卖出股票时的价格等于买入时的价格，这种情况就属于价值投资。如果每年从股票中分得的红利比存放在银行所能得到的利息少，甚至没有，而卖出股票时的价格大于买入时的价格，股票买卖价格差比存在银行所能得到的利息多，这种情况就不是投资，而是投机、赌博，是盈利的投机人在赚取亏损投机人的钱，是投机水平的较量。作为没有天时、地利、人和的散户应该进行价值投资。

2. 情绪阶段

　　在情绪阶段，投资者可能因某一偶然或特殊因素而产生某种心境，或激情迸发，或热血沸腾。比如，有的投资者本来对期货市场并不看好，不想进场交易，但由于股市持续低迷，期市异常火爆，当他看到身边的其他人在投资期货的过程中都有所收益，于是改变观望状态，产生强烈的投资欲望，甚至对于潜在的风险也很少顾及。

　　① 易志高，茅宁，储晶.为什么送转股如此盛行：基于中国股票市场的实证研究[J].南京师大学报：社会科学版，2011(11).

课堂微型实验5-1

【实验目的】

通过实验了解"情绪"的基本特征。

【实验原理】

情绪是指伴随着认知和意识过程产生的对外界事物的态度，是对客观事物和主体需求之间关系的反应，是以个体的愿望和需要为中介的一种心理活动。情绪包含情绪体验、情绪行为、情绪唤醒和对刺激物的认知等复杂成分。

【实验工具】

1. 教材1本。

2. 投资故事书1本。

【实验步骤】

1. 老师在下午第一小节上课15分钟后，用10分钟左右的时间，用同一个声调和语气，照本宣科地讲述理论知识，不作任何解释和分析。

2. 观察学生的反应。

3. 停止照本宣科式的讲课方式。

4. 讲述精彩故事，5分钟。

5. 观察学生的反应。

6. 挑选1名男同学和1名女同学先后到讲台，分别讲述投资故事。

7. 观察学生的反应。

【结果与讨论】

结果：

(1) 在照本宣科讲课阶段，大约30%的学生趴在桌子上睡觉；30%左右的学生在注意听讲，基本都是前排的学生，以女同学居多；40%的学生在忙着做自己的事情，或看小说，或听音乐，或背单词，或目视窗外……

(2) 在老师讲故事阶段，同学们的情绪受到调动，大多都将精力集中到讲台。

(3) 在学生讲故事阶段，所有同学的情绪都很热烈，甚至有跃跃欲试的感觉。

讨论：情绪的调动。

【实验延伸】从实验结果可知，课堂情绪的调动，需要老师合理设计课程内容，并安排学生的课堂互动参与环节。只有这样，课堂气氛才能达到最优。

在投资过程中，投资者的情绪同样受市场气氛的影响。如果市场持续低迷，成交量极度萎缩，那么再有精力的投资者，其投资情绪也无法被激活；如果市场持续活跃，甚至每天都有很大的波动幅度，那么投资者的情绪就会被无限制地调动起来，市场也就进入到过度投机阶段。

3. 意志阶段

意志阶段的证券投资个体可能会产生犹豫或果敢的状态。比如有的投资者在投资后，总是想方设法证明自己的判断是正确的，甚至明明时下的行情发展对自己不利，也犹豫不决，等待奇迹的发生，或者干脆将自己的持仓全部平仓，甚至反向操作。

5.1.2 个体投资的心理活动

按心理活动的生理机能划分，心理活动可分为睡眠状态、觉醒状态和注意状态。事实上，任何心理活动总是在睡眠状态、觉醒状态或注意状态下展开的。这些不同的心理状态体现着投资主体的心理激活程度和脑的活动水平。

1. 睡眠状态

在睡眠状态，脑功能处于抑制状态，心理激活程度极低，人意识不到自己的心理活动(如做梦)，或者说至少不能清醒地意识到。从睡眠状态进入到觉醒状态以后人开始能意识到自己的活动，并能有意识地调节自己的行为。

2. 觉醒状态

觉醒状态是自觉的心理活动必须具备的基本条件。觉醒状态有不同的性质和水平。

(1) 振奋状态。振奋状态使人的心理活动积极有效。比如投资者经过充分的休息后对投资行为有了更深刻的认识，而且认识到了投资过程中的缺陷，并且考虑好了下一步操作中应注意的问题，这种心理活动是积极的、有效的。

(2) 疲惫状态。疲惫状态使人的心理活动效能低下。比如，投资者身心憔悴，长时间得不到很好的休息，即使在某一阶段产生了对投资行为进行纠正的各种方法或措施，也不去积极实施，甚至干脆听之任之。疲惫状态对人的决策活动产生消极的影响。

(3) 分心状态。分心状态使人对某种特定的刺激视而不见、听而不闻。比如，投资者在进行一定规模的股票投资后，时刻关注着行情的变化。而此时，国内金融政策(如2011年升息)、经济政策(如房地产调控措施)、时事政治(如国家主席胡锦涛出访)频频出炉，投资者不去认真研究和深刻分析这些政策背后的深远意义，尤其是对股市产生的深远影响，而只是关注着自己的投资，势必影响投资者对整个大势的研判，从而丧失一个又一个投资机会。

课堂微型实验5-2

【实验目的】

通过实验了解"分心"的基本特征。

【实验原理】

分心是指不能稳定而持久地把注意力集中于当时所应注意事物上的一种心理状态。它是与专心相对立的概念。在分心情况下,有关的心理活动松弛、动摇,因而难以有效地进行学习和工作。与当前活动无关的强烈或新异刺激,如安静环境中出现的喧闹声等常会引起分心。此外,疲劳、身体不适和不稳定的情绪等也可引起分心。分心可以通过意志努力排除干扰加以克服。

【实验工具】

1. 多媒体教室。

2. 习题集1本。

【实验步骤】

1. 老师选择1名学生到讲台的电脑前将习题集上的习题录入电脑,并显示在幻灯片中。

2. 记录他手指反应的时间和力量以及他的呼吸动作。

3. 当他安静静地工作了一段时间以后,忽然出现嘈杂声音的干扰。

4. 观察他的反应。

【结果与讨论】

结果:

出现嘈杂声音后,被试者用手按键的力量增强了,还伴有言语活动,高声说出字母或数目。这证明,在分心的情况下,人可以投入更多的肌肉力量和智力活动来克服分心。

讨论:克服分心的方法。

【实验延伸】 从实验结果可知,当一个人专心做一件事情的时候,因外界的干扰产生分心状态后,他可以用意志或适应来克服分心状态。

在投资过程中,投资者一般不会总是处于专心状态,而是绝大多数时间都处于分心状态。即便是基金操盘手,同样也经常处于分心状态。但是,处于分心状态的投资者一般也会通过注意或者觉醒来控制分心,达到专心的目的。

(4) 应激状态。应激状态使人对突发事件能做出迅速的反应。仍以上例为例,投资者如果能够认真研究和深刻分析在证券市场行情变化过程中出现的一系列政策,果断做出决策，顺势而为，调整部署，将会产生奇效。

3. 注意状态

注意状态作为一种比较紧张、积极的心理状态，是意识活动的基本状态，它使人的心理活动指向和集中在一定的对象上，并使人对被注意的事物进行清晰地反映。没有注意的作用，人就无法清晰地认识事物，也无法准确而迅速地完成某种活动。比如投资者在2001年3月份购买了PT水仙股票和PT粤金曼股票，那么投资者就应该始终关注这两支股票的发展动向，虽然每周股价都在上扬，但风险也越来越大，如果不能在退市之前退场，那么投资将会失去安全的保障。

一般而言，人们自觉地、清晰地反映客观现实的心理活动，是以注意状态为基础，并由注意状态相伴随的。

人的心理是一个整体，心理动力、心理过程、心理状态、心理特征是彼此密切联系的。

5.1.3　个体投资心理状态对投资行为的影响

美国成功学家罗曼·文森特·皮尔"态度决定一切！"的口号一经提出就作为积极思维力量的一句最铿锵的表达而传遍欧美、传遍世界，他本人的经历被拍成电影《一生》。拿破仑·希尔把积极心态作为成功的第一原则。因此，证券投资个体的心理状态对其投资行为有一定的影响。

证券投资个体的心理状态是他投资人生成长的产物，他一生都在培养自己的心态，或者培养积极的心态，或者培养消极的心态。积极思维带来优良品质：自信、乐观、正直、无私、慷慨、宽容、忠诚、勇敢、坚定、坚强、果断、进取、博爱、责任、信任、尊重、百折不挠等；消极思维形成所有负性品质：自卑、悲观、吝啬、狭隘、虚伪、懦弱、欺瞒、自大、责怪、贪婪、犹豫、恐惧、抑郁、怨恨、恼怒、急躁、回避责任等。

实践证明，大多数证券投资个体在投资过程中，不能很好地把握投资心态。成功的投资必须具备十大积极心态，具体包括：[①]①投资心态。投资就是将现有的资源投入到某一项目并从中获得更大收益。投资心态就是相信自己所做的一切都会有回报的心态。②平常心态。所谓平常心态就是平静地接受一切事实的心态，它可能是好的也可能是坏的。平常心不仅仅是对待收益和幸运的心态，也是对待挫折和失败应有的心态。③冒险心态。冒险心态就是不畏惧风险甚至是积极寻求风险价值的心

---

① 张玉智.基于生态信息的新型期货投资主体的培育[J].经济师，2007(2).

理状态。④感恩心态。感恩心态就是对别人心怀感激甚至对大自然也怀有感激的心理状态。⑤归零心态。归零心态就是把自己心灵里的一切清空、一切归于零的心态。良好的归零心态是对付投资失败必不可少的心理武器，更是不断进取获取投资成功的必需的心理状态。⑥服务心态。服务心态就是你做任何事都是在为别人服务、为社会服务、为人类服务的心态。投资成功原理之一就是服务原则，像比尔·盖茨，像沃伦·巴菲特一样回报社会，服务心态就是贯彻这一原则。⑦知足心态。贪婪是投资者的本性之一，多少人都是因为不知足而常不乐，他们在自己并不一定需要的东西上耗费了全部心智。⑧分享心态。分享心态就是希望有人与自己共享劳动成果的心理状态。⑨双赢心态。合作原则是成功的原则之一。双赢心态就是利己利人的心态，就是为自己着想的同时而不忘他人的权益，使双方都能受益。双赢心态是达到合作的必有心态，也是走向成功的必由之路。⑩童稚心态。生活的磨砺使投资者成熟，但是它也可能磨掉投资者身上一种最重要的东西：童心。所谓童稚心态就是像儿童那样看问题的心态，童心的两个特点，一是好奇一是包容，好奇心态和包容心态都是人生宝贵的智慧。

证券投资个体有了这些心理状态，其投资就一定是理性的，其成功也就是必然的。

5.2 个体投资的心理过程

人的心理是一种动态的活动过程，包括认识过程(认知过程)、情感过程(情绪过程)和意志过程。它们从不同的角度能动地反映着客观世界的事物及其关系。证券投资个体永远摆脱不了"人"这个最基本的元素，因此，证券投资个体的心理同样也是个动态的活动过程。

5.2.1 投资主体的认识过程

认识过程是个体获取知识和运用知识的过程，包括感觉、知觉、记忆、思维和想象及言语等。

1. 认识过程的形成机理

人对客观事物的认识开始于感觉和知觉。感觉反映事物的个别属性和特征，而知觉反映事物的整体及其联系与关系。从知觉的角度讲，图5-1很能说明人的知觉特征。[①]

---

① 冯广国，彭文晓，周宗明.心理学[M].北京：经济科学出版社，1998：62.

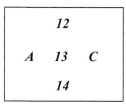

图5-1 前后上下关系对知觉的影响

如图5-1所示,部分和整体存在着相互的解释和印证关系。如果竖着看,中间是数字13,因为它是按照12、13、14的顺序排列的;如果横着看,中间是字母B,因为它是按照A、B、C的顺序排列的。"13"到底是数字13还是字母B,有赖于它与纵向数字和横向字母的关系。

人们通过感知觉所获得的知识经验能贮存在人们的头脑中,并在需要时能再现出来,这就是记忆。

人不仅能直接感知个别、具体的事物,认识事物的表面联系和关系,还能运用头脑中已有的知识经验去间接地、概括地认识事物,揭露事物之间的本质联系和内在规律,这就是思维。

人们还能利用语言把自己的思维活动的结果、认识活动的成果与别人进行交流,接受别人的经验,这就是言语活动。

2. 个体投资的认识过程

按照上面的分析,证券投资个体的认识过程是其获取证券知识和运用证券知识的过程,包括对投资的感觉、知觉、记忆、思维和想象以及言语等。

证券投资个体对证券投资的认识开始于感觉和知觉。感觉反映证券的个别属性和特征,而知觉反映投资的整体及其联系与关系。例如,到2011年7月1日,我国证券市场上的开户数量达到了16 060.19万户,真正活跃的账户有13 547.08万户,为全国人口的10%。[①]对于大多数人来说,股票依然是个陌生的投资工具,更不用说基金、期货、权证以及可转换债券了。但随着一轮又一轮投资热潮的涌起,普通居民也渐渐对证券的个别属性和特征关心起来,并不断通过身边其他投资者的感染,逐渐意识到了证券投资的整体及其相互关系。

证券投资个体通过感知觉所获得的知识经验能贮存在人们的头脑中,并在需要时能再现出来,这就是记忆。如前所述,普通居民通过感觉和知觉所获得的证券投资的知识经验不断地贮存在头脑中,并不时可以回忆再现,此为证券投资个体的记忆。

证券投资个体不仅能直接感知个别、具体的投资活动,认识证券投资的表面联

---

① 葛佳.沪指地量盘跌"剑指"2200点[N].东方早报,2011-12-15.

系和关系，还能运用头脑中已有的理论、方法、知识、经验去间接地、概括地认识投资属性，揭露证券投资各环节之间的本质联系和内在规律，这就是证券投资个体的思维。

证券投资个体还能利用语言把自己对证券投资的思维活动的结果、认识活动的成果与别人进行交流，接受别人的经验，这就是言语活动。比如证券市场上的"小道消息"、"流言"、"内部信息"、"咨询报告"、"投资建议"等，均是证券投资个体的言语活动。

3. 投资主体认识过程对投资行为的影响

证券投资个体的认识过程处于其对证券市场、证券投资或者证券交易的认识的初级阶段。绝大多数个体在此阶段有投资的冲动。据长春工业大学金融学社的"投资心理调查"[1]可知，40%新入市的股民对证券市场的了解不充分；15%的投资者对期货市场的交易风险不了解；10%的投资者对于权证的交易规则没有深刻领会，甚至用买卖股票的思维进行权证交易，造成了不可挽回的损失。2007年，我国权证市场发生了一大批因认识过程偏差导致的风险事件，如表5-2所示。

表5-2 2007年权证投资风险的案例[2]

序 号	时 间	权 证	事 件
1	4月	首创权证	炒股仅一个月的李女士误将首创权证当做普通股票，在行权期过后还懵懂不知，价值30万元的5.7万份首创权证化为乌有。李女士说："我是初生牛犊不怕股，一生积蓄全赔光。"
2	6月22日	钾肥认沽权证	在最后交易日收盘集合竞价期间，该权证以0.107元成交了1 166万份，期间有488个账户参与买入。据调查，其中买入量最大的10个账户，在集合竞价期间买入的原因主要是不知道当日是"钾肥认沽权证"的最后交易日
3	10月30日	马钢CWB1	有效杠杆为1.6，意味着当马钢股份股价上涨(下跌)10%时，理论上马钢CWB1的价格应该上涨(下跌)16%。如果有效杠杆为5倍，马钢CWB1的价格上涨(下跌)的幅度就是50%，这种风险无疑就变得非常大
4	3月30日	包钢JTB1	认购权证到期时，仍有1 661万份认购权证未行权，投资者为此损失了5 735万元
5	2月12日	原水CTP1	认沽权证到期时，共计65 328份原水认沽权证成功行权，行权价为4.9元，按照原水股份当日的收盘价7.11元计算，投资者因行权而产生的损失约14.44万元

---

① 长春工业大学金融学社从2006年起，每年组织社员对不同年龄、不同层次、不同资历、不同规模(资金)、不同阶段、不同市场的投资者进行专项"投资心理调查"，调查数据于每年12月份公布于http://jrx.design.ccut.edu.cn。

② 上证所投资者教育中心.以十个案例谈权证的投资风险[N].上海证券报，2007-12-03(A4).

续表

序　号	时　间	权　证	事　件
6	10月31日	国安GAC1	收盘价为12.570元，行权价为35.5元，当日中信国安收盘价为33元。如果不考虑行权比例，由于国安权证的存续期较长，权证价格给投资者的感觉还算比较合理；但如果考虑到国安GAC1的行权比例为1∶0.5，即两份国安权证行权才可以买入1份中信国安，则国安GAC1明显被高估。事实上，当日国安GAC1的溢价率在深沪两市所有的权证中，仅次于五粮YGP1位于第二位
7	2月28日	海尔认沽权证	某投资者以市价委托卖出收盘价0.699元的海尔认沽权证82万份(实际成交价为每份0.001元)，56万变成820元，损失惨重
8	5月30日—6月15日	"钾肥"、"华菱"、"五粮""中集"	认沽权证出现一波炒作，"钾肥"、"华菱"、"五粮"、"中集"平均上涨463.73%。但参与交易的96.94万户中亏损比例仍达36%，亏损金额20.75亿元；6月18日至7月20日"华菱"、"五粮"、"中集"三只权证平均下跌62.09%，投资者损失更为惨重，期间参与交易的93.21万个账户中有70%亏损，亏损金额72.71亿元，户均亏损1.11万元，其中最多亏损1 246万元
9	10月31日	五粮YGC1	溢价率为-18.929%，假如投资者看好五粮液(000858)，并准备长期持有的话(最好能超过权证行权期限)，五粮YGC1相对于五粮液(000858)更具投资价值，相当于低于当日五粮液18.929%的价格买入

认识过程对投资行为的影响虽小，但也应引起人们的注意。

5.2.2　投资主体的情感过程

1. 情感过程的一般解释

情感是人脑的机能，是人们对客观事物的一种态度和体验，是对事物好恶的一种倾向。

凡是符合人的需要的客观事物，就会使人产生积极肯定的情感，反之则产生消极否定的情感。

例如，投资的收益、决策的科学、经营的成就、人格的魅力，会使人感到愉快、兴奋和喜悦；而投资的失误、朋友的轻视、地位的丧失会使人感到沮丧、痛苦和愤怒。可以说，客观事物是情感体验的客观来源，而人的需要是情感产生的主要原因。

2. 投资主体的情感过程及其对投资行为的影响

对于证券投资个体来说，其情感过程同样可以表现为积极肯定的情感和消极否定的情感两个方面。证券投资个体积极肯定的情感来自于其需要的满足。需要满足得越充分，积极肯定的情感越强烈；需要满足得越牵强，积极肯定的情感越冷淡。

证券投资个体消极否定的情感来自于其需要的落空。需要越落空，消极否定的情感越强烈；需要偶有满足，消极否定的情感则有所减少。

除了极少数人，每个投资者都带有一部分情感型投资者的色彩，人的投资活动很难不带感情色彩，但是一旦这种感情色彩左右了投资者的决定，很可能就会有麻烦发生。[①]比如，如果因为一只股票被套牢而宣布自己是一个长线投资者，或者拒绝用新式的更加方便的产品来代替老式工具时，投资者身上的感情色彩就更加浓重了。

情感型投资者注定是不太成功的一个群体，事实上也的确如此，特别是在这几年熊市，有的投资者从20万资金输到只剩下8 000元，并且这笔钱已经到了三板市场，能够这么大幅度输钱的，可能只有冒险型投资者，但冒险型投资者的钱去得快来得也快，他们更像是赌徒，而情感型投资者则是盲目的一群人。

情感型投资者的困惑在于，为什么总是选不到好股票。这个很好理解，情感型投资者对旧事物抱有特殊的感情，而社会却处于一个多变的时代。这就不可避免造成误区。

典型的情感型投资者喜欢投资其熟悉的公司。比如2003年啤酒花(600090)的股价还在16元的高位，几乎每个老职工都持有大量的啤酒花股票，这是IPO时强派的，这些股票使每个职工都有近百万身价。后来啤酒花出了问题，股价开始逐步滑落。这时候这些职工仍然不愿卖出持有的股票，直到股票跌至3元左右。这件事情的特殊意义就在于，明明看到公司出现了问题，却没有做出反应，而是企盼啤酒花能够转危为安。

对于每个投资者来说，都多少有情感型的毛病，他做出的每一个买卖决定都让自己感到非常难受，因为这违背情感的决定。理智战胜情感是很痛苦的事情。

3. 投资主体情感的变迁

很多金融市场投资者在进入市场的初级阶段常常会在极度的兴奋和痛苦之间摇摆，呈现出类似双相情感障碍发作时的状态，虽然达不到双相情感障碍的严重程度，但也足以影响到社会功能，直接影响到投资行为。当跑赢大市的时候，或者经历连续几次的小有斩获之后，强烈的成就感充满胸膛，陶醉于自己的成功，情感高涨，洋洋自得，高谈阔论，精力充沛，精神运动性兴奋，活动增多，感觉自己就是巴菲特，就是市场之神，甚至出现某种"高峰体验"。但是在经历踏空、套牢、割肉时，情感陷入低落，常常抑郁忧虑，思考困难，消极意念沉重，且有自卑、自责或自罪，甚至出现睡眠障碍、食欲减退及体重下降等躯体症状，从成功的天堂迅速坠入失败的地狱。然后，再次的成功交易又带回了信心，又开始了一个新的循环，

---

① 张玉智.市场操纵的心理学解读[J].工业技术经济，2003(6).

投资者成为躁狂和抑郁的奴隶。投资行为影响到情感,情感又影响到投资决策和投资行为,以至于市场行情指标成了心理测量指标。

但随着市场感知能力的增强,对虚拟经济的理解及感受的加深,慢慢地,躁狂和抑郁症状越来越轻,心态逐渐向平和靠拢,极端情绪对人的控制最终让位于理智和成熟,投资者已经不易被结果所影响,不知不觉中已达到了新的投资境界。

课堂微型实验5-3

【实验目的】

通过实验了解"情感"的基本特征。

【实验原理】

情感过程是指人们对客观事物采取什么态度的过程。人们在认识客观事物时,不是冷漠无情、无动于衷,而总是带有某种倾向性,表现出鲜明的态度体验,充满着感情的色彩。因此,情感过程是心理过程的一个重要内容,也是人与动物相区别的一个重要标志。根据情感色彩的程度可将情感过程分为情绪、情感和情操三个层次。

【实验工具】

1. 教室。

2. 桌椅。

3. 关系学生切身利益的两个选题。

【实验步骤】

1. 将桌椅摆放成圆桌会议状态。

2. 将学生分成红蓝两个阵营,每个阵营派出两名谈判代表。

3. 谈判代表在桌前谈判,本方阵营作为亲友团坐在本方代表身后,但不得发言。

4. 设定谈判题目:

(1) 红方参与老师科研项目研究,并撰写、发表学术论文,毕业论文免答辩,且成绩为优秀。

(2) 蓝方不参与老师科研项目研究,未撰写、发表学术论文,毕业论文必须参加答辩,按优秀、良好、中等、及格和不及格五档计分。

5. 组织谈判。

【结果与讨论】

结果:

实验中,教师暗示红方一个唱黑脸,一个唱白脸。

1. 红方黑脸坚持毕业论文免答辩,且成绩为优秀;

2.蓝方坚持毕业论文必须答辩，以答辩成绩为最终成绩；

3.红方白脸做出小小的让步，坚持免答辩，但毕业论文成绩可以是良好以上；

4.红方黑脸故做愤怒状，且不再言语；

5.蓝方坚持毕业论文参加答辩，发表论文的同学其成绩可以记为良好以上；

6.红方同意。

讨论：情感的作用。

【实验延伸】从实验结果可知，红方的最终目的是发表学术论文的学生毕业论文成绩为良以上，通过事先设定更高的目标，来影响谈判对手的情感，进而通过降低诉求来左右对手的情感，从而实现最终目的。多轮谈判当中，一个唱黑脸，一个唱白脸，更容易达到预期目的。如唱黑脸者先提出一些强硬的条件和要求，经过多个回合，再换唱白脸者做出某些"缓和"与"让步"，对手会认为比黑脸方案要好而最终接受白脸方案。

在投资过程中，情感的作用可大可小。对于成熟投资者来讲，情感的作用并不大。真正成熟的市场投资者，任何一次交易、任何行情波动都难以真正影响到他们的情感，他们总是保持平静。这些成熟的市场投资者知道结果不过是投资过程的一个环节而已。但对于那些不成熟的投资者来说，情感往往左右其投资意愿。

当人们能专注于投资过程的每一个环节，而不是把把注意力仅仅集中于每次交易的结果时，就能立刻把自己从躁狂和抑郁的循环中解放出来。

5.2.3 投资主体的意志过程

人是社会的动物，既表现着感性的存在，也表现着理性的存在。所以，一个人进入创造阶段时，起主要作用的往往是心理的健康状况。只有心理正常的人，才会把创造潜力付诸实现。因此，心理障碍就成了成才的最大敌人，人的意志，就显得尤为重要。

1. 人的意志及其特征

意志是指人自觉地确定目的并支配其行动以实现预定目的的心理过程。人在反映客观事物的时候，不仅产生对客观对象及其现象的认识，也不仅对它们形成这样或那样的情感体验，而且还有意识地对客观世界进行有目的的改造。这种最终表现为行动的、积极要求改变现实的心理过程，就是意志过程。意志过程同认识过程、情感过程一样，也是人脑的机能。

人的意志过程具有如下特征：一是能够自觉地确立目的，二是自觉的能动性，三是意志具有对行为的调节作用，四是意志具有对心理的调节作用，五是意志具有坚持的作用。[①]

认识、情感和意志是密切联系、彼此渗透的。发生在实际生活中的同一心理活动，通常既是认识的，又是情感的，也是意志的。

2. 投资主体的意志与潜能

与人的意志相似，证券投资个体的意志是指投资者自觉地确定投资目的并支配其行动以实现预定投资目的的心理过程。投资者在反映证券投资过程的时候，不仅产生对证券投资及其现象的认识，也不仅对它们形成这样或那样的投资情感体验，而且还有意识地对证券投资的过程进行有目的的改造。这种最终表现为投资行动的、积极要求改变现实投资状况的心理过程，就是投资意志过程。同样，投资个体意志过程同投资主体的认识过程、情感过程一样，也是人脑的机能。证券投资个体的意志同样具有一般人的特征。

投资个体意志与潜能的关系，是一个复合的能动过程，而了解投资者的各种潜能的有机组成，则是确立意志以唤醒潜能的第一步。投资者的潜能的不同开发层级大致可归纳为三个不同的层面：即参与投资活动正在释放的现实能量；投资者的自身已拥有的、但还没有发挥的能量；投资者的自身可能具有的能量。[②]这三个层面，也是投资者的自身能量存在状态的三种类型。第一，对于正在发挥作用的现实能量，主要是合理调度，力争组合成为推动投资成功的最大合力；第二，对于虽已拥有的，但还以潜在形式存在的能量，主要是通过改善外部投资环境和增强投资个体的自觉性，尽快地转化为现实的能量；第三，对于应该拥有而又可能具有的能量，主要是通过加强投资知识教育，提高投资者的素质，持续地增大投资者的自身拥有量。投资者的自身能量同他的潜在能量，是有联系、有交叉、但又不能完全等同的两个范畴。投资者的潜在能量则是其在特定情景中并非表现出来，却是存在的可能范畴。它包含着投资者可能具有的能量和虽已拥有但还没有正常发挥的能量，是迄今人类最大而又开发得最少的宝藏。

若对投资者的潜能做些具体分析，大体也有三种不同的情况：一是投资者可能存在的认识和改造世界的能力，如某些高级功能，迄今还是块未被开垦的处女地，它随着科学技术的发展，将渐次被人们所开发；二是投资者已经积累的、但作为个体的人还未掌握而又为实践所需要的知识，这只能通过对他的潜能的再开发，逐渐缩小这个差距；三是投资者的自身已拥有的、但还没有正常发挥出来的能量，这一

① 苏东水.管理心理学[M].3版.上海：复旦大学出版社，1998：78.
② 宋新军.论意志与潜能[J].桂林师范高等专科学校学报，2005(9).

部分以潜在形式存在的能量，相当于投资者的自身已拥有的能量与现实开发度之差。如何充分开发投资者的自身已拥有的，但还没有正常发挥的能量，或者说如何尽可能地提高其自身现存能量的有效转化率，这无论是对投资者的自身发展，还是对加速证券市场发展的进程，都有最直接、最现实的特殊意义，完全可以收到"立竿见影"或"吹糠见米"的功效。

3. 投资主体的意志过程对投资行为的影响

证券投资个体往往会有这样的困惑：面对挑战采取逃避态度或无能为力；想与人来往，又怕被人拒绝、嫌弃；想得到别人的关心与体贴，又害羞不敢亲近。投资个体在克服这种心理障碍时，往往用平静的心态、顽强的毅力认识自己，战胜自我。

(1) 积累必要的勇气实现投资行为。勇气是意志力唤醒潜能的前导。著名军事理论家克劳塞维茨说过一句很深刻的话："在战争中，当指挥官的认识相同时，因小心怕事而坏事比因大胆而坏事要多千百次。"有勇气，才有力量；有勇气，才能将人的潜能充分地调动起来。其实，勇气来源于对证券市场现状的正确认识，能够理性地认识到投资的前途是光明的，道路是曲折的，也能够深刻认识到天上是掉不下馅饼的，一切成功，都要靠自己的辛勤劳动去获得。那么，勇气就显得格外重要。首先投资者要有战胜困难的决心。任何事情都有着人为的因素，只要充分发挥了主观能动性，成功的机会只会愈来愈大。其次，投资者有充分相信自己能力的信念。只有充分相信自己，才能信心倍增。在很多情况下，胆怯、懦弱确实是造成自卑的重要原因，就如"一叶障目，不见泰山"一样，这"一叶"，就是自己的自卑心理。有了这种心理，任何潜能都是调动不起来的。

(2) 形成理性的自制完善投资策略。自制是意志力激发潜能的减压阀。自制，也是一个人道德素养和人格素养的最好表现。在任何一个时代，对于任何一位树立投资目标的投资者来说，自制，都是促使他符合规律地达到投资成功的缓冲器或减压阀。歌德认为，一个有造就的人"最大艺术本领在于懂得限制自己"。所谓限制自己，就是限制自己分散目标、分散时间、分散精力、分散兴趣等的行为。但是，成功之路的曲折性、不确定性，决定了仅有勇气是不够的，还应有顽强的自制力。激情之火，也有一定的节度，燃烧过旺过炽，也会"欲速则不达"的。同时，任何投资者都会存在这样或那样的缺点，自制，就是对这样或那样的缺点的否定或抑制。在投资的过程中，有成功也有失败，有荣誉也有困顿，在某种程度上，抗拒成功与荣誉的诱惑，比抗拒失败和困顿的压迫更难。所以骄傲自得，同样需要冷静的自制力加以限制和防范，始终使自己保持在对自我不满的状态中。只有不满，才能最大限度地激发创造的潜能，并促使自己不断向上攀升。

(3) 树立顽强的恒心促进投资成功。恒心是意志力推动潜能的动力源。"问渠哪得清如许，为有源头活水来"。潜能的唤醒与激发，更需要恒心像"活水"一般，源源不断地激活它，使其永远保持鲜活的锐气。古人云："行之苟有恒，久久自芬芳。"这话说出了有无恒心对学问、事业、成才影响的深刻性。对于一个投资者来说，一时的有勇气、有自制力，可能不是一件难事，但持之以恒，十年如一日，二十年如一日，一辈子如一日，就不是一件易事。如果不是持之以恒，巴菲特何以成为国际投资大师和财富的代言人？从生理学意义上说，投资者潜能的大致水平是相差不多的，之所以会出现成败优劣之分，很大一部分取决于是否有恒心、有毅力。任何事物的发展与成长，都有一个积累的过程，当量达到一定程度时，就会发生质变。事物在原态的基础上，就会产生一个飞跃。因此，"一日曝，十日寒"，是成功的大敌。既然动力不是一时一事的，是持久的，是源源不断的，那么，恒心就是推动潜能汩汩而出的动力源。

5.3　个体投资的心理兴趣

中国股市近年的飞速发展，已经改变了中国人的理财方式。目前有超过10%的公民参加了股票投资。可见股票投资在居民投资渠道狭窄的现代社会中具有无可比拟的吸引力。

5.3.1　投资主体的投资兴趣

兴趣是一种对事物进行深入认知的需要，是需要的具体体现。人的兴趣是人能够完成各种工作的直接动力。如有的人对股票有兴趣，则在投资时总是选择股票；有的人偏爱期货，则在选择投资方向时总是选择期货；有的人对债券情有独钟，很自然，他在投资决策时便会偏向债券；有的人喜欢投机，而有的人喜欢长线投资，轻易不改变自己的投资策略。

1. "风险+收益"投资兴趣

证券市场上存在着四种风险与收益组合而成的投资机会：高风险与低收益，低风险与高收益，高风险与高收益，低风险与低收益。从投资的最终结果看，四种情况都有可能发生，但从投资预期或者投资者的兴趣方面看，则只有两种投资机会供投资者选择：高风险与高收益，或者低风险与低收益，如图5-2所示。

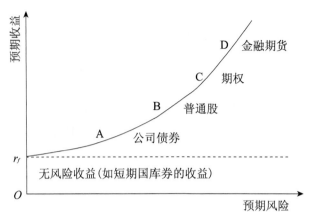

图5-2　证券市场风险和收益关系

对于投资者来说，要获取高的收益，就必须承受高的风险，高收益必然伴随着高风险。但反过来，若投资者承担了高风险，却不一定能确保高收益。要使投资者心甘情愿地承担一份风险，也必须以一定的收益作为回报或补偿，风险越大，补偿也应该越高。所以风险是以收益作为报酬的，它们成正比例地相互交换。概括起来，就是：收益是风险的报酬，风险则是收益的代价。收益与风险的这种本质联系可以用下面的公式表示：

$$预期收益率=无风险利率+风险补偿$$

无论是哪一类投资兴趣，风险和收益总是伴随而生的。平均收益率愈高的证券，其风险往往愈大。在一个比较完善的市场上，过去风险较大的投资，现在乃至将来的风险一般也较大。过去已知的风险可作为测定现在和将来的投资风险的参数。

2."风险+信息"投资兴趣

在证券市场上，风险(不确定性)与信息之间存在着极为密切的联系。简单地讲，信息是不确定性的负测度，即对于某一决策问题而言，投资者所收集的数据、资料、消息越多，决策成功的可能性也就越大。为降低风险，需要收集大量的信息，但同时也会使信息成本大幅度增大，如图5-3所示。

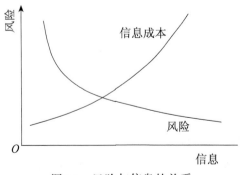

图5-3　风险与信息的关系

研究表明，即便信息成本大幅增加，但投资者的投资兴趣依然不减，因为投资者往往追求高风险下的高收益。

3. 投资兴趣对投资行为的影响

从以上分析可以看出，证券投资个体投资兴趣对其投资行为具有深刻的影响：一方面，追求高收益的投资兴趣，必须承担高风险的投资后果；另一方面，追求高收益的投资兴趣，必须获得高质量的投资信息。这对于资金量稍大、投资经验稍多、心理承受能力稍强的投资者来说，是比较可行的选择。

课堂微型实验5-4

【实验目的】

通过实验了解"兴趣"的基本特征。

【实验原理】

兴趣以需要为基础。需要有精神需要和物质需要，兴趣基于精神需要(如对科学、文化知识等)。人们若对某件事物或某项活动产生需要，他就会热心于接触、观察这件事物，积极从事这项活动，并注意探索其奥秘。兴趣又与认识和情感相联系。若对某件事物或某项活动没有认识，也就不会对它有情感，因而不会对它有兴趣。反之，认识越深刻，情感越炽烈，兴趣也就会越浓厚。

【实验工具】

图片。兴趣的示例图片如图5-4所示。

图5-4 兴趣的示例图片[①]

---

① 张安洁.心理学上23张准得诡异的图片[EB/OL].http://news.xinhuanet.com/forum/2011-08/31/c_121939227.htm，2011-08-31/2011-12-26.

【实验步骤】

从起点出发，看看你选择的出口是A、B、C、D、E中的哪一个？

【结果与讨论】

结果：

1. 选择终点A的人适合职业：警察、教练、作家；

2. 选择终点B的人适合职业：漫画家、会计、导演、设计师；

3. 选择终点C的人适合职业：领导、律师、指挥；

4. 选择终点D的人适合职业：医生、教师、歌手、记者、工人；

5. 选择终点E的人适合职业：演员、司机、商人、基层管理人员。

讨论：兴趣的培养。

【实验延伸】 从实验结果可知，有的人兴趣在左边，往往选择左边的路线，结果其出口就在A、B、C；有的人兴趣在右边，往往选择右边的路线，结果其出口就在D、E。当然，对应的职业就大不相同。

在投资过程中，兴趣的作用不可忽视。无论是"风险+收益"兴趣还是"风险+信息"兴趣，都蕴含着投资者的主观偏好。如果收益大而风险小，那么"风险+收益"兴趣将占主动；如果信息足而风险小，那么"风险+信息"兴趣将占主动。反之则反是。

将投资者对收益、风险、多样化投资、信息等兴趣结合起来看，可以得出如下结论：要降低投资风险，提高投资收益，基本的途径有两个，一是收集尽可能多的信息，降低投资决策过程中的不确定性，以此减少系统风险对投资收益的影响，这方面最主要的是要搞好证券投资分析。二是采用多样化投资策略，降低投资中非系统性风险(特有风险)，主要任务是搞好证券组合，并实施有效的管理。

5.3.2 投资主体股票投资兴趣

1. 股票投资的优越性

股票作为有价证券，具有以下几个特点：一是不返还性，即投资者一旦购买了股票以后，不能退股，只能将其转让。二是获利性，即持有者凭其持有的股票，有权按公司章程从公司领取股息和分享公司的经营红利。股票盈利的大小，取决于股份公司经营状况和盈利水平。三是风险性，即持有者认购了股份有限公司的股票就必须承担一定的风险。股票的盈利不是事前已确定的固定数值，它要随公司经营状况和盈利水平浮动，同时还要受股票市场行情的影响，有利则分，利多多分，利少少分，无利不分。如果遇到公司破产，可能连本金都保不住。四是流通性，即股票持有者不能退股，但股票可以在股市上作为买卖对象或抵押品随时转让。股票的转让者将其出资额以股价的形式收回，同时将股票所代表的股东身份及其各种权益让渡给受让者。五是决策性，即持有了股票，就成为股份有限公司的股东，有权出席股东大会，参与公司的经营决策，其决策权的大小取决于其所持有的股份的多少。六是价格的波动性，即股票同其他商品一样，还有市场价格即交易价格，股票的交易价格与其票面价格是不一致的，有时高于面值，有时低于面值，并且还处在经常变动之中。七是投机性，即投机者通过股票的转手交易，在其转移过程中获得股票价格的差价收益。

股票市场的功能是从股票的功能发展而来的。股票市场在现代金融市场中占有举足轻重的地位，股票市场的交易状况能够迅速反映宏观经济政策的变动，股价指数对本国经济和金融的运行状况反应最为灵敏，所以股票市场也被称为国民经济的"晴雨表"或"助推器"。

股票市场对推动国民经济迅速增长和世界经济一体化影响巨大，具体有筹集资金、转换机制、优化资源配置和分散风险等主要功能。

2. 股票投资的选择性

由于投资主体对股票投资的需求日益强烈，发行股票已经成为企业融资的一个主要手段。一方面，由于发行股票融资已经越来越为企业所青睐，因此，证券市场可供投资的股票也越来越多，投资者选择的空间也越来越大，同时投资目标的实现也越来越难。另一方面，大量密集地发行股票也使得市场股票供给越来越宽松，市场资金越来越紧张，因此，对证券投资的把握也越来越难。

3. 股票投资的主动性

偏好股票的投资者大多喜欢独立投资，亦即善于主动投资，不喜欢被动投资。因此，其理性投资行为和"非理性"投资行为都表现出了极大的主动性。这种主动性还影响着市场效率。[①]传统的经济学范式假定个人是"理性的"，即他们能够利用所获得的信息进行最优决策。最近，行为金融学文献提供了另外一种范式，该范式认为个人在加工信息时经常会犯系统性的错误。郑亚伟讨论了其中的一个偏差，即过度自信。过度自信如果仅导致非理性的决策，它们将通过市场选择被淘汰掉。然而，由于过度自信通过其他途径获得了竞争优势，使得过度自信成为人类的一个主要特征，并且能够通过各种方式表现出来。

(1) 过度自信。过度自信是最强的行为偏差之一，心理学家、医生与护士、工程师、律师、谈判者、企业家、经理、投资银行家和市场专业人士例如证券分析师与经济预测者都表现为不同程度的过分自信。而且，一些证据表明专家比相对

---

① 郑亚伟.投资者理性与证券市场[J].特区经济，2006(7).

缺乏经验的个人更倾向于过分自信。在过去投资业绩相同的情况下，表现得更为自信的投资组合经理将能更成功地吸引投资者。这一表现得好像更为聪明和强大的能力是一个生存趋势，它给具有膨胀了的个人意识的人提供了相对优势。

(2) 理性行为。在讨论过分自信如何扭曲决策过程之前，首先介绍经济学家所指的理性决策。当一个理性的投资者评估一支股票，他或她必须综合来自很多不同渠道的信息。例如，他们必须把新信息与现存的信息、他们自己搜集的信息与别人提供的信息结合起来。理性的投资者使用贝叶斯规则对这些不同来源的信息进行综合，这种方法根据不同来源信息的精确性而给它们赋予不同的权重。

(3) 过分自信对决策的扭曲。过分自信对个人如何加工信息有着直接和间接的影响，直接影响简单来说就是个人对他们自己收集的信息赋予过高的权重，因为他们倾向于高估这些信息的精确性。过分自信的间接效应来源于投资者通过过滤信息从而扭曲他们的行为的方式来维持他们的信心。投资者可能不愿意卖出使他们蒙受损失的证券，因为这要求他们在某种意义上承认犯了错误，这将可能导致信心的丧失并可能产生其他有害的后果。由于相同的原因，投资者也许系统地高估倾向于支持以前决策的信息和回避意味着以前的决策是错误的信息。

相对于发达国家发展较为成熟的股票市场，我国的股票市场起步较晚，而且市场结构较为单一，表现为股票市场发展迅速，债券市场、票据市场等发展滞后，投资者的投资选择渠道狭窄，目前主要投资于国内股票市场，因此，市场的理性程度较低。我国股票市场上99%的投资者为个人投资者，并且投资金额在10万元以下的占70%以上。他们中的无业者占很大的比例，知识层次低，信息来源以基本面分析、技术分析、跟庄和证券营业部股评为主，投资操作以短线为主，换手率高，过分自信和盲目从众行为明显。信息来源的多样化并没有使他们成为理性的投资者，相反，由于信息包含的噪音过多，习惯于短线操作的投资者很可能成为受市场人气控制的非理性的投资者。

机构投资者则相反，由于他们的资金量大，具有规模经济的优势，能够进行专业的投资调研和分析。所以他们投资的盲目性较低，主要以长线操作为主，因此机构投资者能够起到稳定股票市场的作用，对市场效率的影响也就更大些。2000年以来，投资主体投资股票的意愿呈逐渐上升趋势，机构投资主体的主动投资在起着稳定股票市场作用的同时，对市场效率的影响也就更大些。

5.3.3　投资主体的基金投资兴趣

投资基金是一种利益共享、风险共担的集合投资制度。它是通过发行基金证券，集中具有共同目的的不特定多数投资者的资金，委托专业的金融投资机构进行管理和运用，在分散投资风险的同时满足投资者对资产保值增值要求的一种投资制度或方式。

1. 我国投资基金业的发展现状

证券投资基金是一种投资者通过购买基金进行投资的间接投资方式,投资对象包括各类有价证券、金融衍生品及房地产、贵金属等。在我国目前货币市场和其他各类金融交易市场尚未发育成熟的条件下,投资基金的投资范围主要集中于资本市场,以契约型的证券投资基金为主。

我国投资基金的发展历程比较短暂。1992年11月,我国第一家比较规范的投资基金——淄博乡镇企业投资基金正式设立,揭开了我国投资基金业发展的序幕。淄博基金的募集额度为1亿元。

基金业在中国的发展大致经历了3个阶段。第一个阶段是从1992年至1997年11月14日《证券投资基金管理暂行办法》颁布之日的早期探索阶段。第二个阶段是从《暂行办法》颁布实施以后至2001年8月的封闭式基金发展阶段。第三个阶段则是开放式基金蓬勃发展的阶段,这也是基金真正实现从"小众"投资品到大众理财工具跨越的一个"光荣"阶段。

2000年10月8日,中国证监会发布了《开放式证券投资基金试点办法》。2001年9月,我国第一只开放式基金——"华安创新"诞生,我国基金业发展实现了从封闭式基金到开放式基金的历史性跨越。[①]

截至2010年12月31日,我国基金情况如表5-3[②]所示。

表5-3 我国基金情况

基 金 类 型	基金数量(只)	规模(亿元)
股票型	236	9 546.16
混合型	161	7 072.24
债券型	95	1 265.10
指数型	70	2 962.13
保本型	5	228.47
货币型	46	1 532.77
封闭式	26	790.71
QDII	28	729.20
其他	21	716.99
总计	688	24 843.77

说明:

①货币基金中A/B基金作为一只基金,债券基金中A/B/C基金均作为一只基金;

②规模截至2010年12月31日;

① 徐岳,邓卫华.16年,基金之火如何燎原,是"铁"还是"金" [N].国际金融报,2008-11-7.

② 中国证券业协会.2010年第四季度全球共同基金发展情况[EB/OL].
http://www.sac.net.cn/newcn/home/info_detail.jsp?info_id=1305873368100&info_type=CMS.STD&cate_id=1197861104100,2011-12-26/2011-12-26.

③其他类基金包括大成优选、建信优势、瑞福分级、富国天丰、长盛同庆、招商信用、银华信用、瑞和300分级、国泰估值分级、兴业利润分级、德盛双喜100、银华深证100、富国汇利分级、信诚增强、华富强债、大成景丰、申万深成、易基岁丰、中欧强债、天弘添利、鹏华丰润共21只创新型基金；

④指数型基金中的ETF联接基金资产规模不计入基金资产规模，另外所有联接基金均不计入基金个数；

⑤样本为全部688只基金，包含QDII基金。

截至2010年12月31日，我国基金管理公司资产规模如表5-4①所示。

表5-4 基金公司资产2010年12月规模(2010.12.31)

经理人机构	公司类型	当前资产规模(亿元)	旗下基金数量(只)				偏股型基金资产规模(亿元)
			开放式	封闭式	QDII	合计	
华夏	内资	2 247.13	22	2	1	25	1 853.45
嘉实	合资	1 603.00	19	2	2	23	1 262.14
易方达	内资	1 443.35	19	2	1	22	1 341.21
博时	内资	1 161.13	18	3	1	22	1 044.90
南方	内资	1 156.86	20	2	2	24	695.77
广发	内资	1 036.28	14	0	1	15	992.23
大成	内资	962.94	16	4	0	20	905.93
银华	内资	855.46	15	1	2	18	655.05
华安	内资	798.67	15	2	2	19	653.72
富国	合资	621.74	14	4	1	19	467.14
上投摩根	合资	591.67	11	0	1	12	344.57
汇添富	内资	569.34	11	0	1	12	520.37
鹏华	合资	560.15	16	3	1	20	463.89
工银瑞信	合资	552.40	13	0	2	15	350.30
融通	合资	527.19	11	1	0	12	521.81
华宝兴业	合资	490.27	14	0	1	15	426.11
交银施罗德	合资	489.74	11	0	1	12	418.78
建信	合资	480.89	10	1	1	12	334.94
国泰	合资	473.23	14	3	1	18	409.62
诺安	内资	469.57	11	0	0	11	446.26
海富通	合资	468.72	13	0	1	14	369.35
景顺长城	合资	464.47	11	0	0	11	460.83
兴业全球	合资	440.99	9	0	0	9	432.57
华商	内资	417.28	7	0	0	7	389.80
长盛	合资	412.24	11	3	1	15	384.26
中邮创业	内资	408.11	4	0	0	4	408.11
国投瑞银	合资	402.80	12	1	1	14	303.13
中银	合资	391.29	11	0	0	11	269.89

① 中国证券业协会. 2010年第四季度全球共同基金发展情况[EB/OL]. http://www.sac.net.cn/newcn/home/info_detail.jsp?info_id=1305873368100&info_type=CMS.STD&cate_id=1197861104100，2011-12-26/2011-12-26.

续表

经理人机构	公司类型	当前资产规模(亿元)	旗下基金数量(只)				偏股型基金资产规模(亿元)
			开放式	封闭式	QDII	合计	
招商	合资	382.58	14	1	1	16	246.93
长城	内资	340.43	10	1	0	11	336.94
光大保德信	合资	295.79	9	0	0	9	291.20
泰达宏利	合资	259.05	13	0	0	13	250.55
中海	合资	238.62	9	0	0	9	183.12
长信	内资	206.02	10	0	0	10	151.30
华泰柏瑞	合资	195.31	8	0	1	9	190.30
国海富兰克林	合资	192.42	8	0	0	8	190.13
信诚	合资	183.03	8	1	1	10	153.71
万家	内资	162.83	8	0	0	8	119.20
国联安	合资	160.55	11	0	0	11	117.33
农银汇理	合资	148.54	7	0	0	7	120.68
银河	内资	146.29	10	1	0	11	130.44
申万巴黎	合资	126.69	10	0	0	10	121.63
东吴	内资	126.03	8	0	0	8	117.33
摩根士丹利华鑫	合资	124.36	7	0	0	7	111.71
汇丰晋信	合资	112.43	9	0	0	9	111.35
泰信	内资	111.96	8	0	0	8	96.05
华富	内资	103.16	7	1	0	8	37.91
东方	内资	91.16	6	0	0	6	77.77
宝盈	内资	91.14	8	1	0	9	71.73
信达澳银	合资	76.04	5	0	0	5	75.29
天弘	内资	75.18	5	1	0	6	43.20
金鹰	内资	70.86	6	0	0	6	70.86
益民	内资	64.74	4	0	0	4	63.21
新华	内资	62.53	5	0	0	5	62.53
中欧	合资	60.08	6	1	0	7	27.70
天治	内资	41.72	7	0	0	7	39.59
诺德	合资	39.06	5	0	0	5	38.45
民生加银	合资	26.30	4	0	0	4	17.82
浦银安盛	合资	19.45	5	0	0	5	18.66
金元比联	合资	12.51	6	0	0	6	11.42
纽银梅隆	合资	0.00	0	0	0	0	0.00
浙商基金	内资	0.00	0	0	0	0	0.00
总计	—	24 843.77	618	42	28	688	20 822.18

说明：偏股型基金包括开放式股票型、混合型、指数型、普通封闭式基金以及创新型基金(不含富国天丰、招商信用、银华信用、信诚强债、华富增强、大成景丰、易基岁丰、富国汇利、中欧强债、鹏华丰润、天弘添利)。对于ETF联接基金，不考虑联接基金的规模。另外所有联接基金均不计入基金个数。

为满足更多投资者的需求，基金市场中的投资品种也在不断完善，同质化竞争的局面正在得到缓解。近两年来，国内首只创新型基金、首只创新型债券型基金相继问世，带来了更专业的投资思路。一只基金按照风险收益等级的不同可划分为两只产品，开放式基金也有了封闭运作期，这些都摆脱了传统模式的束缚。经过多年的发展，我国基金行业已经建立起一套较为完善的规范制度。这些将督促基金公司加强内部研究力量，提高基金公司竞争力，并保护基金持有人的利益。

2. 投资基金的投资目标优势

各类投资基金通常选择其认为最能取得投资效益的资产组合和经营运作方式。根据对风险和收益的判别与追求，投资基金的运作目标可分为四种类型。

(1) 高风险—高收益型目标。高风险—高收益型目标强调为投资者提供最大可能的资本获利机会，而一般不在乎股利的收入。因此，持这种运作目标的投资基金在运作过程中一般不注重投资的多样化和投资资产的经常收入，而往往选择有高成长潜力的股票。一旦时机成熟，其股价就会成倍地上扬，该投资基金就可以通过股票买卖的股价差额，获取丰厚的投资回报。在股市行情上涨时，该种投资基金表现突出；而在股市行情下跌时，该种投资基金的经营比较惨淡。这种高风险—高收益型目标的投资基金主要投资于股票市场，通过股票的分散组合投资来控制波动性。

(2) 低风险—高收益型目标。低风险—高收益型运作目标重视投资资产的安全性和成长潜力的平衡，在选择投资的股票时，通常选取记录优良，尤其是股息逐年增加的股票作为投资对象。这样既可以获得股息和红利这种经常性收入，又可在股票价格变动时，采取有利于投资基金的价位买卖股票以获得资本利得。持这类运作目标的基金大致有成长兼收入型基金和平衡型基金。成长兼收入型基金是利用投资于可带来收入的证券及有成长潜力的股票，以达到既有收入又有本金成长的目的，其所投资的股票必须能分配红利，这与成长型基金投资于成长潜力大但红利甚小的股票有很大不同。平衡型基金与成长兼收入型基金的运作目标相同，既追求资金的长期成长，也要获取当期的收入。

(3) 低风险—低收益型目标。低风险—低收益型目标更加注重投资的安全性，以获取股息、红利和利息等经常性收入为主要目标，一般不追求股票交易的资本利得。所以这类投资基金在运作时通常选取固定利率债券和优先股，以及股息持续增长、红利水平较高的普通股为投资对象。持这种运作目标的基金主要是收入型基金，与成长型基金相比较，收入型投资基金具有明显的波动性小、投资风险低、投资收益低，但收益水平稳定的特点。

(4) 以流动性为目标。流动性目标注重投资资产的流动性，其成立的宗旨就是为投资者提供资本保值的机会，并为投资者获取高于银行同期定期储蓄存款的利息。以流动性为运作目标的典型代表是货币市场型投资基金。这类投资基金主要将资产运用于货币市场上短期固定收入证券，如国库券、大额银行存款单、高等级固定收入票据、银行承兑汇票等。货币市场型投资基金的资产主要运用于期限短的证券，这类证券的利率变动相对稳定，资产流动性高，有利于避免资本的损失。

此外，由于投资基金运用方面存在的特殊性，需要保证其稳定性、独立性、灵活性、以投资者为中心和外部性，这也正是投资主体基金投资的偏好之所在。

3. 不同类型投资主体的基金投资兴趣

基金投资主体一般可以分为三类，即激进型、稳健型、保守型。激进型投资者喜好风险，因为他们深知风险的背后就是机会。保守型投资者厌恶风险，他们追求资金的绝对安全。只有稳健型投资者介于前两者之间。

(1) 激进型投资者基金投资偏好。激进型投资者在进行基金投资时，不会放过任何一次机会。当场外资金依然充裕，投资者的信心和热情也在逐步恢复时，激进型投资者就会对后市一致看多，其一般的投资比例为股票型基金占80%，货币型基金占20%。在展开技术性反弹的过程中，正是新基金建仓的好时机，激进型投资者一般会全仓介入新发行的基金。

(2) 稳健型投资者基金投资偏好。稳健型投资者一般有两类。一类是由其本身的性格决定的，他们做事谨慎，不愿意冒较大的风险。在投资时也不例外，稳定的回报率对他们而言就可以接受了，不希望激进的投资活动使自己的生活面临比较大的波动。另一类是由于承担了较多的家庭责任，考虑到将来的生活目标和所承担的责任，在投资时，稳妥慎重，不会为了追求较高收益而承担较大风险，时刻避免投资出现意外而给家庭生活带来比较大影响的情况。稳健型投资者的投资风格是追求稳定收益，同时不愿意承担较大风险，当然他们也不是那种完全规避风险的保守型投资者。一般来讲，稳健型投资者把大部分资金投资于业绩比较优秀、稳定性比较高的配置型基金，然后选择比较稳定的债券型基金，当然也可能在股票型基金上投入一些。一是控制风险比例、避免分散投资；二是减少波段操作，及时关注组合。

(3) 保守型投资者基金投资偏好。在市场方向不明朗的情况下，保守型投资者一般会尽量少参与，他们会将绝大多数资金投资于货币市场基金或将资金用于新股申购。投资比例一般会维持为股票型基金占10%，货币型基金占90%。比如，一些保守型的投资者比较关注友邦华泰上证红利ETF和南方现金增利。友邦华泰上证红利ETF

是一只完全复制上证红利指数的交易型指数基金，上证红利指数是由在上海证券交易所上市的股息率最高、现金分红最多的50只股票组成，买入该基金就相当于买入了一只高分红的超级大盘蓝筹股，保守型投资者大多会以适当比例参与。

5.3.4 投资主体的金融衍生品投资兴趣

金融衍生工具从其诞生至今，才短短三十多年的时间，金融创新的不断发展在很大程度上改变了世界经济的内容和行为准则。在以跨国公司为主体的国际经营活动日益发展的同时，国际资本市场得到了迅猛的发展。衍生金融工具已经成为现有金融市场上不可或缺的重要组成部分。

1. 金融衍生品的特征与风险

所谓"金融衍生品"，就是以各种金融工具或金融产品(如外汇、债券、存款凭证、股价指数等)为标的物而派生出来的金融产品，如股票价格指数。期货就是从股票价格指数派生出来的，其标的物便是股票价格指数。

(1) 金融衍生品的交易特点。金融衍生品在进行交易时具有杠杆性、虚拟性、融资性、表外性及未来性和风险性等特点。一是杠杆性。金融衍生品交易以原生金融产品的价格为基础，在交易时不必交纳标的资产的全部价值，而只需缴存一定比例的保证金，可以起到以小搏大的作用，因此金融衍生品交易的杠杆效应要比金融产品大得多，相应地，这些衍生品的票面额也比其实际价值大。二是虚拟性。虚拟性是指有价证券具有独立于现实资产运动之外，却能给证券持有者带来收益的特征。金融衍生品既可以是某种实物资产如商品、货币等，也可以是某种虚拟资产如股票、债券、股票指数等。这种虚拟性所产生的后果是容易产生泡沫效应，衍生品市场规模可能会大大超过原生品市场，甚至脱离原生品市场。三是融资性。通过金融衍生品交易一方面可以利用少量资金作为保证金而获得相关资产的经营权和管理权，另一方面能够间接促进企业机会资本的形成，有利于各种证券的发行，体现了融通资金的作用。四是表外性。金融衍生品交易的对象是远期合同或期货合约，根据现行会计准则，在交易结果发生之前，交易双方的资产负债表中没有衍生品交易的记录，财务报表不会反映潜在的盈亏状况。五是未来性和风险性。如前所述，金融衍生品交易的对象并不是现时的金融产品，而是对这些产品在未来各种条件下处置的权利与义务，由于在金融衍生品交易时只需支付较少的保证金，但在交割时却要承担100%的盈亏，因此，这种交易容易因价格剧烈波动而产生风险。而且，执行交易系统和人为因素也会给交易带来风险。

(2) 金融衍生品的投资风险。金融衍生品所涉及的风险主要有以下几个方面：一是信用风险，即交易对方未能履行合约承诺而产生的风险。这种风险在互换业务中比较突出，特别是场外交易时，此类信用风险更易发生。信用风险导致的损失取决于交易对方的资信和投资工具价值的大小。二是市场风险，即由于市场价格、利率、汇率及其他市场因素的不确定性而带来的风险，包括价值风险、利率风险、汇率风险、结算风险、流动风险等。三是运作风险，即因管理信息系统或内部控制欠佳，运作人员违规交易，人为错误或欺诈而造成非预期性损失的风险。虽然它不是金融衍生品本身带来的风险，但这类风险已成为目前金融风险中最值得注意的风险，也是金融市场动荡的最主要原因之一。四是法律风险，即有关金融衍生品的交易不符合法律法规的要求，或有关金融衍生品的法律文件不健全而导致的风险。由于金融衍生品的不断创新，一些法律或法规相对滞后，使得这种风险普遍存在。五是"泡沫"风险，金融衍生品是由一些金融商品衍生而成的，其价格应由基础商品价格来决定，但当今国际金融市场上，金融衍生品的价格与其基础资产价格相脱离的现象越来越严重，并形成了金融衍生品的虚拟性，这种虚拟性往往会造成表面繁荣的假象，即"经济泡沫"(金融泡沫)。"泡沫"一旦破裂，会导致金融危机的发生。六是投机性风险，由于金融衍生品"杠杆性原理"，其收益会借助"杠杆"的力量而成倍放大，因而驱使一些投机者为追求高收益而忽略了高风险的存在，投机意识膨胀，从事巨额交易。如上海万国证券公司在1995年3月27日临收市前8分钟进行的巨额国债期货投机交易中损失了近20亿，宣告一个"证券王国"的覆灭。

2. 金融衍生品的类型与作用

金融衍生品虽然产生较晚，但其市场潜力巨大，发展迅速，品种繁多。金融衍生产品中占绝大部分的是利率产品、外汇产品以及股指期货产品。根据基础证券的品种、交易形式及自身交易方法的不同金融衍生品可分为不同的类型。

(1) 金融衍生品的类型。按照有助于把握金融衍生品研究的结构体系、有助于由浅入深地掌握金融衍生品的基本知识、有助于培养人们分析问题和解决问题的能力的原则，可以将金融衍生品划分为：远期型(包括远期合约、期货合约)、选择权型(包括期权、金融期货、远期外汇券)、互换型(包括货币互换、利率互换)、再衍生型(包括期货期权、期权互换、期货互换)和其他型(包括存托凭证、商品派生债券)等五种类型，如图5-5所示。

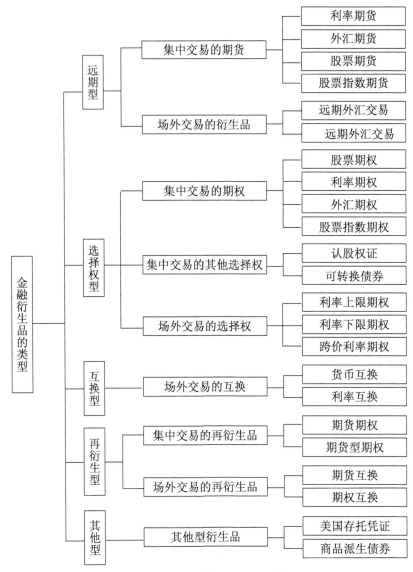

图5-5 金融衍生品的类型

(2) 金融衍生品对企业资金管理的作用。首先，它可以规避和管理风险，增强企业整体的抗风险能力。采用传统的风险管理工具，如证券投资组合、资产负债管理等均不能很好地防范市场上的系统风险。系统风险是由那些影响整个金融市场的风险所引起的，这些风险包括经济周期、国家宏观经济政策的变动。金融衍生产品却能以其特有的对冲和套期保值的功能，有效地规避利率、汇率等不利变动所带来的风险。其次，它可以帮助企业提高经营效率，降低成本。由于这是一种良好的风险规避工具，因此它能帮助企业节省不少的管理成本和筹资成本，并且提高经营管理效率。同时金融衍生产品的引入和发展帮助企业克服了在不同国家金融市场之间投资的风险。企业资金管理者可以在不同国家的不同类型的金融市场之间进行套利交易。此外，还可以通过互换业务，发挥企业自身的在筹资方面的相对优势，降低筹资成本。再次，它有助于克服信息不对称的局面。随着企业的快速成长，利用国内外资本市场上市融资已成为企业实行资本经营和业务扩张的必由之路。但是这在一定程度上很难避免信息不对称的情况，因此企业就可以通过衍生工具如掉期、期货等手段来锁定收益，解决信息不对称可能带来的风险损失。

3. 金融衍生品市场的投资主体及其投资兴趣

(1) 金融衍生品市场的投资主体。金融衍生品市场是进行金融衍生品交易的市场。它是相对于金融衍生品标的资产交易市场而言的，后者常被称为现金市场或现货市场。金融衍生品的交易过程实际上是对金融资产的风险进行重新组合或捆绑，形成金融资产的风险和收益新搭配方式的过程。通过金融衍生品市场，市场能够把风险转移给那些有能力、且愿意承担风险的机构和个人。金融衍生产品市场可以看做是以风险作为交易对象的市场。金融衍生品市场的参与者大致可分为三类，即套期者、套利者和投机者。

(2) 金融衍生品投资主体的投资兴趣。我国的金融衍生品主要包括远期、期货、互换、权证、可转换债券以及即将推出的融资融券等信用衍生产品。由于期货交易在上述衍生品交易中占据绝对的市场地位，因此，在分析金融衍生品投资主体的投资偏好问题时，主要研究期货交易，并且以农产品期货为主。期货市场作为成熟的市场经济体系中一个不可分割的一部分，不仅仅为期货套期保值者，也为投机者提供了投资场所。

在期货交易中，投资主体可能在单边势中表现得很好，就认为自己能在每个市场阶段都表现得很好，但往往遇到的是自己陌生的行情，在这些情况下过分自信，会做出鲁莽的决定。

在20世纪90年代，郑州商品交易所有一个很有名的私募基金(有人称为浙江某农民基金)，这个基金一共雇用了3名博士，12名硕士。可以说，基本功底相当扎实。他们1994年开始在郑州商品交易所进行期货投资，到1995年底资产已经达到了近10位数。但是在1996年末，由于绿豆期货交易的风险逐步加大，加上该基金对自己的操作过于自信，没有及时评估风险，而是痴信自己的操作手段和资金实力，造成了巨大的损失。从此，该基金的身影从期货市场消失了。这些如此专业的人士都会犯这样的错误，何况是普通投资者？

1897年，意大利经济学者帕累托(Vilfredo Pareto，1848—1923)在研究中得出了一个著名的"二八法则"，在原因和结果、投入和产出以及努力和报酬之间原本就存在一种不平衡关系，"二八法则"为这个不平衡现象提供了一个非常好的衡量标准：80%的产出来自于20%的投入；80%的结果归因于20%的起因；80%的成绩归功于20%的努力。[①]大多数抑郁的交易者都把交易上的损失当成自己抑郁的原因。事实已经证明，投资主体的80%盈利基本上来自20%的盈利单。所以不同之处在于，那些抑郁的交易者不仅损失了金钱，也失去了希望。成功交易者能有条不紊地进行交易是因为他们已经把损失预期置于系统之中了，而没有损失预期和处理措施的抑郁交易者们就看不到未来，失去了所有的动力。

投资主体不能稳定地操作自己的方法主要表现在以下几个方面：一是仓位不稳定。当投资者做小交易时，他们能保持很好的仓位控制，但连续的成功会让他们放弃有效的仓位控制，结果一次失败就会抹去全部的收益。这是因为他们过分自信，一旦有了一些盈利，就开始自我膨胀，认为自己的系统是百胜的，开了重仓。二是心理不稳定。成功的交易和失败的交易很大程度上取决于交易时的心态，成功的交易来自于稳定的心态，而失败的交易则多是出于冲动。三是操作不稳定。当投资者回顾自己的交易时，往往发现自己存在把亏损的交易变成长期交易的可怕倾向。这样只能扩大损失，不能减少损失。具有讽刺意味的是，损失越大，他们也就越容易把短期交易转成长期交易，一次这样的交易就足以毁掉他们之前的大部分利润。

4. 投资主体的投资决策兴趣

投资过程是分析研究如何进行投资决策的过程。投资决策的基础是选择预期回报和风险的一定组合。

预期回报是投资于某种证券事前预期在未来某个时期中的回报，它和实际回报不同。实际回报是在过去某个时期已获得的回报，它是已知的；而投资者投资于某种证券的未来回报是不确定的，因为它不但受各种经济因素的影响，还受投资者的心理因素、个人特征的影响。因而，即使是对同一项投资，个人的预期回报也不尽相同。一项投资的预期回报是一个加权平均数的概念。在统计上等于回报这个变量的数学期望值。投资回报可以调整投资者在选择投资品种、投资方式、投资规模、投资时机、投资方向、投资策略时的投资心理。

风险是投资回报不确定的总和。有关风险的理论将在后面的章节详细阐述。投资者想赚取较大的回报，就必须承担较大的风险。如图5-6所示，回报与风险的排序由低到高依次为公司债券或基金股份、股票、认股权证、期权、期货。

---

① 吴丽霞.提升金融消费者金融素养的国际经验与借鉴[J].今日财富，2011(11).

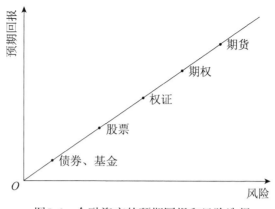

图5-6 金融资产的预期回报和风险选择

投资者在投资前，要制定一个投资计划，其中主要包括：投资目的的确定——保值或投机；投资规模的把握——可投资的资产额；资产种类的研究——股票、债券、期货、期权、基金股份；投资环境的观察——金融资产、金融市场、金融机构；投资决策的拟订——市场、中介的选择，投资时机、投资分析、投资技巧。

本章小结

心理状态、心理过程和心理兴趣，是个体投资过程中无法逾越的心理特质。为此，在研究感知、情绪和意志阶段的睡眠、觉醒和注意状态后，本章从研究个体投资的认识过程、情感过程和意志过程入手，分析证券投资个体在权益性投资与非权益性投资、金融原生品投资与金融衍生品投资、直接投资与间接投资、长期投资与短期投资以及主动投资与被动投资方面的心理倾向和主要投资兴趣。

思考练习

一、名词解释

心理状态 睡眠状态 注意状态 情感 意志 兴趣 投资基金 金融衍生品

二、判断题

1. 如果投资者从事价值投资无法获得预期收益，在情绪转变的过程中，投资者只好投入到投机交易中。 （ ）

2. 觉醒状态是自觉的心理活动必须具备的重要条件。 （ ）

3. 一般而言，人们自觉地、清晰地反映客观现实的心理活动，是以注意状态为基础，并由注意状态相伴随的。 （ ）

4. 证券投资个体对证券投资的认识开始于思维和想象。 （ ）

5. 人的心理是一个整体，心理动力、心理过程、心理状态、心理特征是彼此密切联系的。　　　　　　　　　　　　　　　　　　　　　　　（　　）

6. 在证券市场上，风险与信息没有直接联系。　　　　　　　　　（　　）

7. 证券投资个体的认识过程处于其对证券市场、证券投资或者证券交易的认识的初级阶段。　　　　　　　　　　　　　　　　　　　　　　　（　　）

8. 金融衍生产品市场可以看做是以收益作为交易对象的市场。　　　（　　）

9. 过去已知的风险可作为测定现在和将来的投资风险的参数。　　　（　　）

10. 投资者购买股票后，可以要求退股。　　　　　　　　　　　　（　　）

三、单选题

1. （　　）是自觉的心理活动必须具备的基本条件。
   　A. 注意状态　　　　B. 情绪状态　　　　C. 睡眠状态　　　　D. 觉醒状态

2. 风险与收益成（　　）相互交换。
   　A. 反比例　　　　　B. 等价　　　　　　C. 正比例　　　　　D. 二者无关联

3. 不属于金融衍生品的市场风险的是（　　）。
   　A. 价值风险　　　　B. 运作风险　　　　C. 利率风险　　　　D. 汇率风险

4. （　　）是对证券市场、证券交易、证券实物操作的感受和认识阶段。
   　A. 感知阶段　　　　B. 情绪阶段　　　　C. 意志阶段　　　　D. 投资阶段

5. 不属于投资成功必须具备的十大积极心态的是（　　）。
   　A. 投机心态　　　　B. 平常心态　　　　C. 分享心态　　　　D. 童稚心态

6. 人们通过感知觉所获得的知识经验能贮存在人们的头脑中，在需要时能再现出来，这就是（　　）。
   　A. 感知　　　　　　B. 思维　　　　　　C. 记忆　　　　　　D. 语言

7. （　　）投资者厌恶风险，他们追求资金的绝对安全。
   　A. 激进型　　　　　B. 稳健型　　　　　C. 冒险型　　　　　D. 保险型

8. 下列不属于金融衍生品市场的参与者的是（　　）。
   　A. 套期者　　　　　B. 投资者　　　　　C. 套利者　　　　　D. 投机者

四、多选题

1. 按投资者在证券市场的投资经历，可将投资心理状态细分为（　　）。
   　A. 感知阶段　　　　B. 投机阶段　　　　C. 情绪阶段　　　　D. 意志阶段

2. 属于投资成功必须具备的十大积极心态的是（　　）。
   　A. 投资心态　　　　B. 冒险心态　　　　C. 服务心态　　　　D. 双赢心态

3. 金融衍生交易品的特点有（　　）。
   　A. 杠杆性　　　　　B. 融资性　　　　　C. 表外性　　　　　D. 虚拟性

4. 证券市场上，从投资预期或者投资者的兴趣方面看，投资者会选择的投资机会是(　　)。

    A. 低风险与高收益　　　　　　　B. 高风险与低收益

    C. 高风险与高收益　　　　　　　D. 低风险与低收益

5. 下列各项中属于股票的特点的是(　　)。

    A. 返还性　　　　B. 获利性　　　　C. 风险性　　　　D. 流通性

五、简答题

1. 金融衍生品对企业资金管理有何作用？

2. 简述觉醒状态的性质及水平。

3. 什么是意志？人的意志过程具有什么特征？

4. 简述投资兴趣对投资行为的影响。

5. 根据对风险和收益的判别与追求，投资基金的运作目标可分为哪几种类型？

六、论述题

1. 论述投资个体意志与潜能的关系。

2. 论述投资主体的意志过程对投资行为的影响。

综合案例

有人将这样一个问题夹杂在数学题中对学生进行测试：航行在大海上的船上有75头牛，32头羊，请问这条船的船长几岁？这道题目，教育研究者首先拿来考法国学生，结果64%的法国学生回答说："75－32=43，船长为43岁。"看到这样的一则报道后，中国的教育工作者产生了疑惑，是不是媒体为制造轰动效应在胡编乱造？于是，有人拿这道题来测试中国的中小学生。抽样调查结果显示，回答"43岁"的比例超过法国学生，甚至还有高中学生也答"43岁"的。

根据题目的条件和要求，能这样计算吗？但他们还是这样算了。因为他们都"身经百战"，经历过无数场考试，且从来没有见过没有答案的问题。

受这道题目的影响，又有老师把下面一道题目夹在地理测试题里考学生：一位探险家向南走了1英里，然后，折向东走了一段路，再后，又向北走了1英里，结果他回到了原来的出发地，并遇上了一头大熊。问题是，他见到的是头什么颜色的熊？面对这样一道问题，大多数同学没有回答。因为，他们从来都回答专门的地理题或者专门的数学题，而它既不像地理题，也不像数学题，况且，因受平面几何的深刻训导，这样的两次90度转折，怎么会回到原地呢？

然而，将我们学到的地理知识综合一下就完全能给出答案。既然他两次转向回到了原地，那就不会是地球上的一般地方，一定是一个特殊点。思考发现，探险家出发时如果选择北极点，还是完全能办到的。进而，既然是在白雪皑皑的北极，那熊该有保护毛色，当然是白色的熊了。

这道题不仅有答案，而且答案是惟一的。对于生活，我们常常有意去培养一种好的习惯；但对思维而言，即使一种再好的思维方式，如果成了习惯，就是灾难。

习惯，给你75头牛会得出43岁船长的笑话；创新，几个数字也能让你看见一头白色的大熊。[①]

案例讨论题

(1) 毫不相干的两件事，为什么会有人把它们扯在一起？

(2) 证券市场是否存在没有答案的问题？

(3) 好的思维方式如何培养？

(4) 如何辨别证券市场信息的真伪？

(5) 影响投资主体心理状态的因素有哪些？

---

① 潘国本.习惯与创新[J].阅读与鉴赏：初中，2006(7).

第6章　个体投资行为

> "各人的行动既受着他的特殊机会和资金的影响，也受着他的个性和联想的影响；但是各人考虑着他自己的资金，将把资本投向市场中的各个方面，直到在他看来没有充分理由认为在该特定方面进一步投资所带来的利益会补偿他的支出为止。"[①]
>
> ——【英】马歇尔(Alfred Marshall)

● 开篇案例 ●

贾先生夫妇闯荡股市多年，都算得上是行家里手。平时夫妻感情不错，却经常为家中理财的事情争执不休。为避免争吵，两人便"各自为政"，各理各的财。但即便这样，二人仍然"矛盾重重"。原来，两人都看不得对方的"跌"，总认为对方没有把握好机会，常常会指责对方，闹得不欢而散。而对于自己手中股票、基金的行情变化，反倒能做到相对平心静气，接受有涨就有跌、有跌就有涨的状况。

贾先生夫妇入市较早，经历过这些年来股市震荡，习惯了"潮涨潮落"，对行情涨跌带来的刺激已经形成了较强的心理适应能力，或者称为抗风险能力。他们能接受自己的失误，坦然面对自己的投资缩水，却容不得对方出现一点闪失，这种很大反差的背后，到底是一种什么样的心态呢？

假如贾太太前不久对自己的股市行情没掌握好，在某只股票上被套牢，不得不割肉，失算后的她肯定会有心情不畅的感觉。但是，习惯了股市震荡的她，已经不会和自己较劲了。可如果贾先生紧随其后也出现了失策，那贾太太内心的不平衡就会借机发泄出来，潜意识中把自己失策后的不良情绪"转移"到丈夫身上。

心理专家解读：一个人要获得心理上的安宁，前提是自我的认知(想法、态度)与情绪、行为之间达到一致。假如一个人心态处于矛盾冲突之中，不平衡、不一致的状态会令其感觉不舒服，他会经过内部调整，改变其中某个方面，使三者之间重新达到一致状态，这就是我们通常说的心理平衡。

---

① Alfred Marshall.Principles of Economics[M].London：The Macmillan Company，1938：46.

6.1 个体投资的追风行为

6.1.1 生活中的追风行为

其实，日常生活中存在许多追风行为。2001年"911"事件后，很多人都认为搭乘飞机是很危险的，这导致了全球各大航空公司载客量的大幅下跌。但事实证明，搭乘飞机发生危险的机率，在事件发生前与事件发生后，并无太大的差别，反倒是驾驶汽车不系安全带发生意外而死亡的机率远高于飞机失事丧生的机率。仅美国一年因为车祸死亡的人数就高达四万人，但是至今仍有一些美国人开车不系安全带。反倒一些在高楼大厦上班的美国人，在"911"事件后认真地考虑要买一个降落伞。尽管他们使用降落伞的机率仅千万分之一甚至是亿分之一，而车祸丧生的机率可能是千分之一。但人们会为了千万分之一发生的机率考虑买降落伞，而不会为了千分之一的机率系好安全带。

这种行为大众化的追风现象在股市中是很常见的。一个人买卖股票时，由于涉及个人的利益，因而个人的情感会随着自己持有资产价格的波动发生变化。如果价格波动是沿自己理想的方向，那他会很高兴，否则就会悲伤。这种喜怒在他与其他人交流后会得到强化。如果对方的操作也顺应了市场，两个人在一起交流会感到特别兴奋，更加坚定自己手中的头寸。

人都标榜自己有个性，但很多时候，却不得不放弃自己的个性，对于那些自己不太了解、没有把握的事情，一般都会采取"随大流"的做法。为什么会这样？学者们从不同角度给出了许多的解释，比如人群中的沟通会产生传染、追风能获得某种报酬、信息不确定以及社会压力等。

课堂微型实验6-1

【实验目的】

通过实验了解情境与信息的关系。

【实验原理】

强调情境创设的形象性，其实质是要解决形象思维与抽象思维、感性认识与理性认识的关系。情境首先应该是感性的、可见的、摸得着的，它能有效地丰富人们的感性认识，并促进感性认识向理性认识的转化和升华；其次，应该是形象的、具体的，它能有效地刺激和激发人们的想象和联想，使人们能够超越个人狭隘的经验范围和时间、空间的限制，既让人们获得更多的知识、掌握更多的事物，又能促使人们形象思维与抽象思维互动发展。

【实验工具】

1. 教室。

2. 幸运盘。

3. 面试官。

【实验步骤】

让一个正常的人到一个房间里接受面试，房间里除了有一位面试官外，还有一台如同赌场中常见的幸运盘那样的转盘，上面有从1到100这样100个数。让这位面试者转动转盘，指针便停留在某个数上，比如41。于是，面试官便问面试者是否认为联合国中非洲国家的数目会高于或低于出现的这个随机数。待这位正常人给出答案后，面试官再问他，你建议现在联合国中非洲国家的数目是多少。

【结果与讨论】

结果：对不同的人重复地做这种简单的试验可以发现一个有趣的现象：平均来看，那些碰巧转到大数的人建议联合国中非洲国家的数目要多于那些碰巧转到小数的人所建议的结果。试验表明，人们倾向于把困难的决策问题与前后情境下的信息联系起来，即使很清楚这些信息可能完全是随机的，或对正确答案没有任何启示作用，也会如此。

讨论：情境与信息的关系的传染。

【实验延伸】心理学家用了两个概念来描述这种现象，一个是锚，另一个是框。前者指回答问题时出现的那些线索，后者是指问题的呈现方式。就前例来说，整个过程是一个框，而转盘转出来的随机数则是锚。面试者之所以会做出那样的建议，是由于整个推测过程已被前期出现的锚给锚定了。

在投资过程中，大多数投资者都具有追风倾向，在没有任何买卖提示的情况下，一些短期投资者习惯于靠投掷硬币之类的游戏来决定买卖方向。这与情境极为相关，尽管投掷硬币与投资决策毫无关系。

大量的追风行为往一个方向聚集，会放大股价波动，使价格出现快速短暂的变化，像流行时尚似的很快兴起又很快消退。人们发现历史上几次大的股市暴涨与暴跌都与这种行为有关。

6.1.2 追风行为的益处和弊端

追风行为的益处可以表现为以下几个方面。一是追风具有促进社会形成共同规范、共同价值观的功能。一个社会需要有共同的语言、共同价值观与行为方式。只有如此，社会成员之间的沟通、交往才有可能。社会成员的沟通与互动则会促进这种一致性和共同性的发展。二是团体的行为可以提供宝贵的信息。在许多情境中，我们之所以遵从别人，是因为别人的行为是我们正确行动的惟一指导。比如一个没有标志的左右两个厕所，你不知进入哪个，而这时来了一群女孩走进右边厕所，那么她们为你提供了信息。三是随大流者最受欢迎。最不受欢迎的是偏离者。在有"法律"或常规的团体中，追风者比不追风者受欢迎。因为在某种情况下，追风是合乎人们心意的，而不追风会引起灾祸。例如：假如我讨厌做一个追风者，于是为了表示不追风，我只好选择与大多数投资者相反的投资方向，那么在追风已经成为一种推动市场走势的重要力量的时候，我的做法后果是不可想象的。

追风亦有不利的一面：一方面，过于追风会使一个人缺乏独立思考的精神，其创造性思维无从得到培养，容易缺乏个性，失去自我。另一方面，追风会造成灾祸和悲剧。施佩尔是希特勒的首席顾问，在回忆录中他描述了紧紧团结在希特勒周围的一个集团，其追风性之强，使该团体内部容不下半点不遵从行为，在这种气氛中，即使最野蛮的行为也是有理的，因为没有人持异议。这就造成了所有人意见都一致的假象，使人不敢去想是否还有其他选择余地。这是希特勒集团能犯下滔天罪行的一个重要因素。希特勒集团是一个具有较强凝聚力的团体，与反对意见绝缘。当这种集团召集起来做出决定时，他们总是深为群体思想所困。陷入不良的决策方式的团体，一般来说都认为自己无懈可击，他们被乐观主义遮住了眼睛，进而酿成大祸。

课堂微型实验6-2

【实验目的】

通过实验了解"追风"的特征。

【实验原理】

追风是指当某种利好政策或利空政策出现的时候(政策对股市的影响)，或是某只股票快速拉升的时候，散户盲目随大流的追涨杀跌行为，追风盘就是由于这种行为造成的影响而形成的盘面。庄家可以用很少的资金就能够达到拉高或拉低股价的目的。

【实验工具】

1. 实验室。

2. 证券模拟操作系统。

【实验步骤】

1. 为每个账户分配虚拟资金。每个账户资金：股票100万元，期货100万元，外汇50万美元。

2. 组织学生模拟交易。

3. 教师自己也开设模拟账户，并开展股票、期货、外汇交易。

4. 与身边的学生闲聊自己操作了什么品种、方向、规模和对后市的预测。

5. 观察学生的举动。

【结果与讨论】

结果：身边的学生会不经意间查阅教师所交易的品种；一部分人选择了这一品种；消息扩散到了全班；交易该品种的人逐步增多。

讨论：情境与信息的关系的传染。

【实验延伸】 之所以选择不经意间向学生透露自己的交易品种、方向、规模，主要是打消同学们盲目追风。但即使这样，仍然引起了学生们查阅该品种的兴趣。

在投资过程中，追风是所有投资者最无助时期的最常用的投资手段，当然，也可能是最有风险的投资手段。不过，风险越大，收益也越大，这就不难解释为什么那么多人盲目追风了。

证券市场诞生的近三百年之中，市场中的追风行为和相应产生的市场泡沫现象层出不穷、屡见不鲜。可以说，证券市场中的追风行为以及由此引起的市场泡沫已经成为证券市场最显著的特征。[①]我国的鲁直等学者应用实验法、实证法等对我国证券市场上投资主体的追风行为进行了深入研究。

6.1.3　个体投资的追风行为调查

追风行为在我国证券市场中比较明显。譬如，我国股市存在一个独特的现象：交易量与价格之间存在一个稳定的、共涨共落的关系。如上证综合指数周收盘指数与沪市周成交量之间的相关系数1998年为0.793，2008年达到了0.918的高相关水平。这种交易量大价升、量小价落的情况反映了投资者典型的追风行为，广大投资者均具有相当的追风倾向，市场存在普遍性的过度投机，其追逐利差的追风行为造成股价波动异常极为明显。

从2006年初到2007年中，上证综指从2006年1月6日的1 163.88点上升到2007年5

① 汤光华.从众行为的背后[J].统计理财，2003(12).

月29日的4 335.96点，同期交易额也由4 534 781万元上升到25 108 564万元；而上证综指从2007年10月16日的6 124.04点下跌到2008年10月28日的1 664.93点，同期交易额也由16 699 954万元下降到4 135 725元。这说明，广大投资者均具有相当的追风倾向，市场存在普遍性的过度投机，其追逐利差的追风行为造成股价波动异常极为明显。

鲁直、施欢欢(2002)曾对我国证券市场投资主体的追风行为进行了实证研究[1]，本部分采用鲁直、施欢欢的思想，对2007年7~8月以及2008年1~2月我国证券市场个体的追风行为进行调查。

1. 问卷的编制

在阅读大量相关文献的基础上，2010年7~8月以及2011年1~2月，我们委托长春工业大学金融学社通过走访金融及证券投资领域的专家教授和实际证券投资者，进行半结构访谈和无结构访谈，深入了解和分析证券投资者的追风行为的影响因素。[2]被访人员范围较广、层次多样，因此能较为全面地反映当前我国证券市场中投资者的现状和其决策所面临的主要因素。[3]

在对访谈结果进行归纳、整理的基础上编写"中国证券市场投资者追风行为影响因素调查表"，并在东北证券股份有限公司长春市、吉林市多家营业部对部分证券投资者进行了预测试，根据预测试结果删除与研究目的关系不大的项目并对某些项目的表述进行修正，最后得到一个包含42个项目的调查问卷。为了消除被实验者的防御性反应，题目编制采用"投射式提问"，即让被实验者对关于"其他人"的做法、想法和陈述做出评定。问卷由两部分构成，第一部分有8道题，是关于被实验者的个人基本情况和追风倾向的强度调查；第二部分由34道题构成，是追风行为影响因素的问卷。问卷由被实验者根据个人实际情况和判断做出选择回答。问卷采用Likert五级量表记分法。

2. 被实验者的基本情况

本研究采用现场调查方式进行，调查对象为吉林省的实际证券投资者。个体投资者根据简单随机抽样方法从长春各大证券公司营业部及部分外省市证券公司驻长春营业部内选取，机构投资者则从《上海证券交易所统计年鉴》(2009、2010年卷)所列机构中随机抽取。调查时向调查对象说明本次调查的目的和意义，取得他们的配合，待其填写后收回问卷。本次调查共发放问卷1 000份，剔除无效问卷，得到有效问卷859份，有效率为85.9%，基本上达到了本次调查的要求。样本分布见表6-1。

---

① 鲁直，施欢欢.沪市投资者追风行为影响因素的个体差异研究[J].证券市场导报，2002(9).
② 选择这两个时间段主要是因为这两个时间是大学生的暑假和寒假时间，也是我国股市阶段性的冲高和回落的关键时间段。
③ 为客观反映投资者的追风行为，本调查考虑了部分群体投资者(机构投资者)样本。

表6-1 调查样本分布(n=859)

序号	项目	定义	人数	所占比例(%)
1	性别	男	527	61.35
		女	332	38.65
2	年龄	20岁以下	98	11.41
		20~30岁	139	16.18
		31~40岁	257	29.92
		41~50岁	271	31.55
		51~60岁	56	6.52
		60岁以上	38	4.42
3	入市时间	1年以下	368	42.84
		1~2年	266	30.97
		3~5年	127	14.78
		5年以上	98	11.41
4	投资身份	机构投资者	226	26.31
		个体投资者	633	73.69
5	教育背景	初中(含以下)	68	7.92
		高中或中专	186	21.65
		大专	262	30.50
		大学	187	21.77
		硕士(含以上)	156	18.16
6	所学专业	经济、金融及相关专业	259	30.15
		非经济、金融及相关专业	320	37.25
		无专业	280	32.60
7	收入状况(月)	1 000元以下	238	27.71
		1 000~2 000元	197	22.93
		2 000~3 000元	184	21.42
		3 000~5 000元	143	16.65
		5 000元以上	97	11.29
8	对我国股市了解程度	非常了解	192	22.35
		比较了解	281	32.71
		很少了解	257	29.92
		完全不知	129	15.02
9	职业	国有企业	81	9.43
		机关事业单位	77	8.96
		民营企业	165	19.21
		三资企业	126	14.67
		个体经营	111	12.92
		自由职业者	299	34.81

序　号	项　目	定　义	人　数	所占比例(%)
10	追风倾向	弱	292	33.99
		中	366	42.61
		强	201	23.40

3. 施测过程及研究结果

本研究的调查施测根据实际情况以团体和个体两种方式进行，对于个体投资者采用团体与个别调查两种方式进行施测，对于机构投资者则全部采用团体方式施测。

将所有的有效问卷得分用FoxPro建立数据库，再利用SPSS for Windows 8.0软件包进行基本的统计分析和因素分析。根据初始因素负荷矩阵、斜交因素负荷矩阵、主因素方差贡献、各变量的公因素方差等对主因素的含义进行解释和命名。

由于时间有限和被实验者的流动较大，很难进行重测信度研究，故采用Cronbach'S α (克隆巴赫系数)一致性系数方式对问卷的信度进行检验。α信度系数为0.831 7，因此可以认为本量表具有较高的信度。问卷的因素分析结果表明，各公共因素的方差累积贡献率为65.28%，显示出问卷具有较高的构思效度。本研究采用项目的公共因素方差作为评价项目区分度的依据，得出本问卷各项目的公共因素方差(h_2)最低为0.429 4，最高为0.812 1，平均值为0.620 8，说明各项目具有良好的区分度。由问卷所有项目的相关矩阵对因素分析恰当与否进行考察，Bartlett球度检验统计量的值等于926.872，显著性水平为0.000 00，拒绝H_0假设(相关矩阵是一个单位矩阵)，项目之间彼此相关，因此可以对该量表进行因素分析。取样适当性的KMO度量值MSA为0.831 7>0.80，同样也证明了对问卷的因素分析取样非常合适，可以对其进行因素分析。对问卷中各项目得分作因素分析，得到主成分分析提取结果(表6-2)和初始因素负荷矩阵。

表6-2　主成分分析提取结果

因　素	特征值	贡献率(%)	累计贡献率(%)
1	5.783 0	21.23	17.01
2	4.556 2	15.27	33.09
3	3.543 5	10.11	42.98
4	3.140 4	7.29	53.79
5	2.209 1	6.01	59.75
6	1.954 3	5.22	65.13

由表6-2可知，共抽取特征值大于1的因素6个，它们占总方差的65.13%，能解释项目的大部分差异，因此可以认为这6个因素是构成问卷34个项目的主要因素，总结

为个性特征因素、信息不对称因素、舆论与政策因素、信息处理能力因素、赌博心态与求利因素以及投资市场主力因素(以下依次为FA1、FA2、FA3、FA4、FA5、FA6)。

4. 差异检验结果

本部分主要目的是求出主因素的因素得分阵,对各影响投资决策追风倾向因素的因素得分进行不同个体特征的差异检验。

(1) 即使从个性特征来讲,投资者之间的差别也更多地体现在个体差异,而不是体现在性别这一人口统计变量的区别上,因此可以认为性别差别并不对投资者在各主因素上的得分构成影响。

(2) 21~30岁以下的投资者在"个性特征因素"、"赌博心态和求利因素"上与其他不同年龄组的投资者差异显著的结论可以从这些投资者的自身特点来得到说明。就目前我国证券市场的投资者现状来看,21~30岁的投资者相对拥有较为丰富的金融证券知识和投资技能,已掌握证券技术分析的各种工具手段,对于各种基本面信息的分析处理也更为全面和系统,因此他们能更为准确、及时地捕捉市场的动态变化和各种信息,正确地理解各种利多和利空因素,并据此迅速做出理性的投资决策。相比较年龄较大的投资者而言,他们对自己的能力有更为坚定的信心,对于投资成功或失败也能做出较合理的归因和认识,他们更多地归因于自身的能力和决策失误,并能根据投资结果的反馈对决策框架做出相应的调整和修正。在投资动机方面,由于他们一般都有较为固定的收入、没有后顾之忧,因此也比其他年龄组的投资者群体更向往成功,表现出较强的追求成功的动机、更强烈的抱负水平和更强的冒险精神。在"信息不对称"因素上,31~40岁的投资者与其他各年龄组的投资者差异较大可以归因于:在信息的来源和对信息的处理能力上,他们要弱于21~30岁的投资者,而相对其他年龄的投资者而言,由于31~40岁的投资者多是业余进行证券交易,而其他的投资者中或是没有找到稳定的工作,或是因为退休在家,或是由于下岗转制的原因而专职从事证券交易,显然业余从事证券交易的投资者与这些有着充沛的决策和操作时间的投资者相比,在获得信息的数量上要远远逊色。

(3) 从证券市场投资者结构来看,如1998年末,我国证券市场投资者开户数沪深两市合计为3 000万户,而到2011年10月14日,沪深两市共有A股账户16 122.26万户,B股账户251.92万户,十余年时间增加了400%多,发展速度之快、势头之猛令人吃惊。然而这一数据也揭示了这样一个事实:为数不少的投资者均缺乏投资经验和技巧的积累,对于证券投资的相关知识了解甚少,对于上市公司的基本情况、经济效益、发展前景都不太了解,他们基本上都是根据市场走势进行势头交易、盲目追风,这样在投资决策的取向上也就很难产生显著的差异。

(4) 由于获取信息涉及较大数量的不可逆的资本投入，而机构投资者与个体投资者在资金、技术、信息收集与分析等各方面的实力不可相提并论，因此，机构投资者比个体投资者在投资决策时处于更为有利的竞争地位，反映到双方的投资行为特征上，自然差别较大。在对市场走势的把握和风险的承受能力上，机构投资者或是由于自己本身可能就在坐庄操纵，或是由于他的专业人才对市场各方面信息的系统、深入的分析，或是由于其与上市公司的密切关系使得他能获得鲜为人知的内幕消息，因此无疑他对于市场主力动向的了解将优于个体投资者。

(5) 硕士及以上学历投资者在相关信息的获取、加工以及相应的投资知识与技能的准备上都普遍优于其他教育背景的投资者，他们的信息处理能力在很大程度上强于其他个体，在投资决策过程中也将会更多地利用反馈信息来促进自己决策框架的完善，这本身又形成了一个积极的循环，有助于其信息处理能力的进一步提高和对自我决策能力的积极评价。另外，虽然说一个人学历水平高并不必然保证他的经济收入状况高于学历水平低于他的其他个体，但就统计意义上来看，这两者之间的确存在着较强的正相关关系，而这也相应决定了个体承受风险的能力和盲目冒险的可能性，使得教育背景较占优势的个体更多地表现出稳健和理性的投资决策特征，抗拒主力的种种诱导与圈套，在更大的可能上把握成功获利的机会。

(6) 在个性特征因素上，专业为经济、金融及相关专业的投资者与专业为无专业的投资者之间差异显著。这是因为，经济、金融及相关专业的投资者毕竟接受过相关知识训练，对于影响经济运行的政治、经济、文化、技术、宗教以及军事情况比较关注，并且善于进行基础分析、技术分析以及行业分析，其投资策略就显得科学和有主见，或者说其追风意愿较小。

(7) 在赌博心态与求利因素上，收入状况为1 000元以下和5 000元以上的投资者与收入状况为2 000~3 000元和3 000~5 000元的投资者之间差异显著。这是因为，收入状况为1 000元以下的投资者资金来源有限，每次决策都会小心翼翼，即使出现情绪失控的市场机会，仍然十分谨慎，因此，其追风意愿不强烈；收入状况在5 000元以上的投资者大多看重长期投资，因此对于市场的短期波动很少理会，他们更关心的是价值投资，以及其投资的整体回报，因此也不会有强烈的追风愿望。相反，收入状况在2 000~5 000元这些投资者大多拥有稳定的收入来源，或者具有稳固的社会地位，他们更倾向于投机，因为投机或者追风能够使他们短时间内就能改变资产总量，即使投机不成或跟风错误，其稳定的收入来源和稳固的社会地位也不会受到丝毫动摇。因此，这些投资者比较崇尚追风行为。

(8) 在个性特征因素和信息不对称因素上，对股市非常了解和完全不知的投资者之间差异显著。这是因为，对股市非常了解的投资者已经习惯了股市的特征，拥有一套比较实用的信息收集系统，因此，当市场出现情绪高涨的情况或者情绪低落的情况时，他们往往能够运用自己的信息处理系统仔细分析市场的态势，因此追风的意愿是建立在比较理性的基础上的。而对股市完全不知的投资者基本上凭着运气以及机会的把握来运作，其追风意愿当然就会很强烈。

(9) 在个性特征因素上职业为民营企业职员、三资企业职员、个体经营者的投资者与职业为自由职业者的投资者之间差异显著。对这一结果的理解仍然需要从证券市场的实际情况来寻找答案。在我国证券市场的投资者中，自由职业者多是企业主或金融、房产经纪、法律等领域内白领人士，大多在个人事业上已经取得了相当的成功，拥有相当数额的资产，投资量占其收入的比例较小，不必靠证券投资增加目前的收入，因此，他们对于个人的决策能力往往有着较强的信心，对于投资成功也有着较强的渴望，在选择投资获利目标时也更为注重远期目标，而在决策判断与大多数人不相符时更愿意坚持自己的判断，在面对决策风险时更愿意承担较大的风险，相比较来看，民营企业职员、三资企业职员、个体经营者似乎由于受个人社会地位和资金实力的制约，如所投资本一旦亏损就无法从其他来源弥补，期望靠投资增加现时收入而不是将来收入等，往往表现出与自由投资者差别较大的个性特征，不可避免地，这些差别将相应影响他们的投资决策。

(10) 强追风倾向和弱追风倾向的投资者在因素"信息处理能力"上差异显著。信息的加工与处理能力是影响投资决策追风倾向的核心因素。如果投资者有着较强的搜集、过滤和加工信息的能力，很显然他将更多地在自己的独立判断的基础上做出投资决策，而不是人云亦云、盲目追风。但这并不意味着该个体的追风倾向就弱于那些信息处理能力不如他的投资者。出于对自己能力和判断的自信，出于对后市走向的较大把握，该个体可能更多地频繁进场和出场。而出于对自己的分析和预测能力缺乏信心，信息处理能力较差的个体也可能由于缺乏对重大利空和利多消息的敏感，出现信息钝化现象，做长期投资。因此，这两者之间不是简单的正相关或负相关的关系，需要进行更多的深入研究。

5. 个体投资追风行为的影响因素

(1) 个性特征。这一因素包括投资者情绪感染的敏感性、对投资成功的归因、决策的独立性及受他人影响的程度、自我概念等方面的内容。由于其特征值和方差贡献率都远大于其他主因素，因此可以认为它作为第一主因素在解释总体变异的效力方面也远大于其他因素，充分反映了在面临高度不确定性的证券投资决策情景中投资者的个性特征对于他的追风行为倾向的重大影响力。

由于其他人所共同采取的行动和众所公认的判断较易取代投资者的独立判断而影响他的交易决策，于是投资者将倾向于采取追风策略。

(2) 信息不对称。作为第二主因素被抽取出来，其含义是指证券交易中存在着很大的"不对称信息"(Asymmetric Information)。由于机构投资者拥有资金、技术和人才的规模优势，个体投资者在信息成本的支付上远远不能同机构投资者相比，由此导致的直接后果是机构投资者比个体投资者获得更多的有效信息，个体投资者处于相对不利的地位。在信息不对称的条件下，个体投资者无法也不能够在合理预期的基础上做出独立的决策，而是依赖于市场所提供的信号作为投资的基础。个体投资者为了趋利避险、得到更多的真实经济信号，将可能四处打探庄家的"内幕消息"，而这在更大程度上又助长了市场的追风倾向。

(3) 舆论与政策。就证券交易而言，舆论包括了各种传媒中的信息和股评人士的预测与评价。个体投资者普遍缺乏相关的金融投资知识，对操作技巧也掌握得不够充分，因此，股评人士的评价和预测对于个体投资者的决策和行为有着很大的影响力，进而会在一定程度上影响股价的走势。又由于传媒经常作为信息披露和政策导向的载体出现，具有时效性强、覆盖面广和权威性的特点，因此它对投资大众的影响力之大也就不难理解了。政策的突发性和随机性使投资者产生强烈的短期追风行为，加剧了股价的波动。虽然说股市是国家经济发展的"晴雨表"，国家宏观经济政策调控必然会对证券市场的发展产生影响(如2008年11月中旬受国家投放4万亿拉动内需的政策导引，沪深二市出现了"水泥板块"的交易热点)，但值得指出的是，政策的频繁变化将引起额外风险，可能使得投资者由于无法把握股市政策的基本框架和变动态势而增强盲目投机与追风倾向。

(4) 信息处理能力。这一因素反映了在投资决策中个体的信息加工与处理能力对于其追风倾向的重要性。经济学研究认为，信息是投资决策的前提和基础，信息充分有助于人们做出较好的选择。然而市场中庞杂而难辨真伪的信息远远超出了投资者对信息加工处理的限度，个体正是由于面对着过多的信息而导致犹豫不决、盲目追风甚至放弃了投资计划，类似于心理学家弗洛姆(Fromm E)所提出的自由的重负使得个体痛苦地徘徊在每个选择之间，最终选择了逃避自由。因此，毫无疑义，信息的加工与处理能力是影响投资决策追风倾向的核心因素。个体如何对信息进行有效地选择、过滤、建立决策框架、定义和表征等都对于他的投资决策关系重大，并将直接决定他的投资收益。在这方面，拥有丰富的证券投资知识和具备对市场行情进行分析、预测的能力必然会降低投资者的盲目追风倾向。

(5) 赌博心态与求利。新制度经济学家威廉姆森(Williamson O，1975)指出，"人性具有两个特点：一是有限理性；一是投机倾向"。事实上，证券投资是投资、投机两相宜的行为，两者并无绝对的区别和不同。在投资决策中，赌博心态主要与盲目追风相联系，表现为以运气机遇作为投资决策的前提，完全是抱着搏一把的意向进行决策，在对股市走向的判断和风险预测上自然也就更倾向于盲目追风。从我国证券市场交易的现状看，比照同期银行储蓄利率，股票市场高估明显。而同时二级市场每日股价的变动幅度几乎都大于上市公司每年所派的股息，在这种相对利益机制的驱动下，助长了投资者只重视股价变动所带来的收益，而不重视上市公司的经济效益的倾向，因此，缘于股市波动所产生的机会和风险使得投资者更倾向于追风获利。

(6) 投资市场主力。这一因素之所以被抽取出来是由于我国证券市场是一个典型的散户市场。个体投资者虽然人数多、总量大，但是其资金极不稳定，不能形成同一个方向的合力，在缺乏更有价值的信息和投资经验的情况下的投资决策带有相当的盲目性。相对而言，机构投资者在资金、信息、人才、设备等方面均占有绝对优势。为了壮大自己、增加市场份额和自身的抗风险能力，机构投资者在市场趋利运作中也以追逐资本利得作为其首选投资策略，反映在投资操作上就是以短期性和投机为特征的不规范运作，始终以市场中小投资者群体为博弈对手，借助各类消息、传闻，发掘各类题材、概念炒作逐利。

6.2 个体投资的行为偏差

针对个体投资者的行为偏差，国外已开展了大量研究，虽然没有明确的方法证实哪种偏差最重要、对市场价格的影响最大，但是，目前的研究集中在对这样一些偏差行为及其影响的研究：损失回避、过度自信、自我控制、后见之明、决策中的"小数法则"、基于注意力变化的投资者行为以及行为中社会因素的影响等等。

6.2.1 个体投资行为偏差的诠释

人们的行为是动态的过程，在证券市场的每一个阶段都会表现出不同的决策特点和行为规则。目前，国内已查阅的文献研究侧重分析投资人行为的结果，缺乏对投资人的决策过程的揭示，以及如何运用行为金融学的理论基础心理学来解释这些行为。因此目前的研究主要是运用国外已有的研究结论，检验国内金融市场的参与者行为是否存在已经揭示的偏差。

1. 关于证券投资行为偏差的不同解释

经济学的非理性行为研究可以追溯到Herbert Simon，他首先提出了与传统理性假设不同的有限理性的概念。为了说明传统经济学方法论上的局限性，他曾经详细探讨了经济学的实质理性与心理学的过程理性的差别，而且强调过程理性的研究将会成为主流。在今天看来，他的预言正在实现。

20世纪80年代后期至今是行为金融学的黄金时期，关于个人投资者行为偏差的研究有代表性的成果可以归结为减少后悔或回避损失、从众行为、过度自信和决策中的启示简化与代表性偏差行为。

根据研究内容的侧重点和方法的不同，国外有关个人投资者行为的研究分为三类，一类是以Odean等经济学家为代表，侧重以实证的方法如相关性、回归和事件法检验个人或机构投资者的过度自信、损失回避等行为偏差及异常现象。第二类是以Thaler、Statman、Shefrin和Shleifer等经济学家为代表，侧重研究非理性的构成及模型的建立。强调心理学的基础以及经济学的不确定性，探讨投资者的行为原因。第三类是以Shiller和Arklof为代表的经济学家，试图以个人的行为分析来建立宏观经济学的基础，侧重于宏观经济学的研究范式。如Shiller正在致力于新金融秩序的研究，试图将心理框架概念运用于风险管理，认为框架是新的金融产品创新的根本影响因素。将行为金融揭示的启发式以及框架依赖用于总体市场的研究。

国内目前在行为金融学领域的研究，主要是从20世纪90年代后期开始，大部分研究集中在2001年以后，主要是对国外相关文献的综述与介绍。近年来，有学者对个人投资者的行为进行了实证研究。但有些研究如对投资人在股票市场的羊群行为的研究(宋军，2002)，仍是将投资者置于理性预期的假设下研究，但是在解释行为结果时，简单地运用行为金融学的观点。这类研究将行为金融学与现代金融学混为一谈，方法和观点不清晰。

与国内已有的研究不同，本著作拟通过对投资者个人的深入访谈及观察，也称田野式调查，研究和了解投资者决策过程中的参考点和依赖框架，以及进入股票市场后在不同阶段的决策心态和行为。

2. 证券投资非理性的经济学涵义

在人类由盲从到自觉的生存和社会实践中，人类发现并创造了一系列的公理、准则和逻辑等被称为理性的东西，来限制和规范人类自身的行为。经济学的理性与非理性的核心差别，在于对投资者偏好或价值观的处理与假定。

(1) 理性的经济学涵义。心理学认为投资者的决策依赖于感知、动机以及影响之间的复杂的相互关系。他们关心的是决策过程的本质，如何决策、又怎样被改变，是如何影响价值的形成，如图6-1[①]所示。

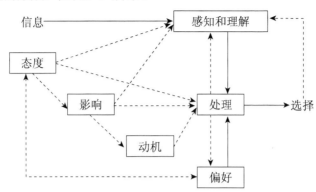

图6-1 决策过程

如图6-1所示，除了感知和信仰，情感能经由情绪状态影响投资者对决策目标的认知，态度则是稳定地影响投资人对特定行动的赞成与否，动机则是直接将投资人推向投资目的。而态度、动机、情感与感知又是相互影响的，在这样的环境下，每个人对信息的感知和理解过程就不是经济理性所能包含的，使用信息的差异使个人在预期和实现间出现的差距也不同。

理性假设的核心是偏好或者说价值。这也是新古典的方法论的基础。经济理论将行为主体的偏好或者价值既定，只用效用来说明，这样偏好可以用无差异曲线来描述，无差异曲线是可以被用来决定价格的。所以，新古典的理性假设能够成立，因为它是将人的行为限定在一个确定的目标即效用的最大化范围内。通过这种简化，借助方法论，就建立了均衡的概念，成为经济学分析的出发点。如图6-1中的实线所示。新古典的理性假设特点就在于简便、成功、不可检验和偏好最大化。

从广义上，几乎所有的人类行为都包含基本的理性因素。然而，那些不知所措的行为现象，包括行为金融学者所揭示的金融市场偏离市场有效性假设的异常现象，对理性假设的行为选择模型都是一种挑战。

(2) 非理性与偏差的经济学本质。非理性，在汉语里是理性前面加一个非字，英文是在rational前面加上ir-，是指理性之外的行为基础。由前面的论述，理性在经济学中指的是经济理性。因此，这里谈到的非理性应该是"经济理性之外的理性"，本书称之为经济学的"行为理性"，仍然是理性。新古典经济学假设行为者具有一些理论上想象的、关于外部世界的全面和完美的知识。行为金融学所揭示的所谓认知与行为的偏差就是这种芸芸众生态——非理性或者偏差，实际上经济学意义上的非理性是相对于经济理性人的完美假设而言的。如果我们抛开这个完美的参照系，那么，在不确定的金融市场上，没有人能够确切知道明天的走势。

---

① McFadden D..Rationality for Economist?[J]. Journal of Risk and Uncertainty，1998(19)：75-105.

Herbert Simon认为，当行为在给定条件和约束所施加的限制内适于达成给定目标时，行为是实质上的理性，根据这一定义，行为的理性只在一个方面取决于行为者，或者说是行为者的目标。给定这些目标，理性行为就完全由行为发生时所处的环境的特征决定。传统经济分析正是基于这样的假设：行动者有特定的目标，如效用的最大化，以及行为者是理性的。然后再给出特定的经济环境的描述，经济学就可以不依赖于心理学。

课堂微型实验6-3

【实验目的】

通过实验了解"噪声交易者"的特征。

【实验原理】

市场上有一个现象，每当一只股票上涨了很多，或者快速上涨的时候，会有很多关于它的消息，而且主要是正面消息。普通散户，往往根据这些消息跟风买入，然而随后往往因为买在高点而亏损。同时，每当一只股票下跌了很多，或者快速暴跌的时候，会有很多关于它的消息，而且主要是负面消息。普通散户，往往根据这些消息跟风割肉卖出，然而随后往往因卖在低点而亏损。这都是噪音交易的表现。

【实验工具】

1. 实验室。

2. 调查表。

【实验步骤】

1. 承接上一节课程关于股票交易行为的内容，本节课教师搜集近来关于某一只热股的一系列案例，并在多媒体上逐一演示；

2. 组织学生模拟交易；

3. 向学生发放调查表，了解学生当日股票买卖信息；

4. 统计学生购买股票情况。

【结果与讨论】

结果：选择"关注"该股的同学占20%；选择"强烈关注"该股的同学占10%；选择"购买"该股的同学占40%；选择购买其他股票的同学占30%。

讨论：信息对交易者的影响。

【实验延伸】 在模拟操作时期，即使给学生注入了虚拟交易资金，毕竟该资金并非真金白银，因此，大多数同学都因教师提供的信息而存在碰运气心理，这就是噪声交易者的典型特征。

> 在投资过程中，当各种信息铺天盖地而来的时候，投资者还是愿意在信息漩涡中蹚浑水，因为他们获得信息的途径有限。

在经济学意义上，非理性并没有最适解可寻。偏差也是一个很难把握的概念，因为人们无法知道一个没有偏差的市场是什么样的，因而就无法准确度量偏差。即使在某些情况下，投资者对未来的预测是准确的，偏差的现实仍然存在。虽然，偏差有时候是可以被观察到的，有时候则隐藏在事件的发展进程之中。但是，偏差是理解金融市场的关键。正是因为偏差本身不是科学理论的组成部分，所以经济理论将它排除在其研究视野之外。

6.2.2 个体投资行为偏差的类型

文献研究结果表明，行为偏差主要表现在以下几个方面。

1. 归因偏差

归因偏差是指决策者的归因由于认知因素的影响而产生脱离逻辑的偏向，主要表现为以下几个方面。

(1) 基本归因偏差。这种偏差表现为决策者低估情境的作用而高估个人或内因的作用。社会心理学家J.捷里和J.格林认为，这种现象的产生是因为决策者头脑中有一种信念，即每个人要对自己的行动结果负责，因此往往更多地从内因去评价行动结果，从而忽视了外因对行动结果的影响。这种对个体和个体行为的过度关注可能导致决策者将行为的结果归因于个性因素，如能力、特质和动机等。

(2) 行为者—观察者归因偏差。决策者往往把别人的行为归因于他们的内因，而把自己的行为归因于情境。如果决策者是行动者，将更加强调情境的作用，如果决策者是观察者，将更加强调行动者的特点。行动者一般比较清楚影响他们行为的各方面的环境条件，过分看重环境条件的约束力，而对自己的主观缺点往往认识不足。反之，观察者站在行动之外，他往往认为行动是行动者个人的事，因而成败也应该主要由行动者个人负责，从而习惯于把成败归因于行动者个人。

(3) 自我中心偏差。包括自我服务偏向与自我损害偏向。自我服务偏向是指决策者把决策的积极结果归因于自己的能力、智力、学识水平等，如某一决策成功是因为我个人的判断能力高于他人，而把决策的消极结果归因于情境。自我损害的偏向则表明，决策者在面对一项风险决策任务难以拍板决断时，则怀疑自己的能力不行，适应力下降或认为自己智商较低，于是就更加紧张，更加难以决断。也就是说，正性的行为进行个性紧因，负性的行为进行情境紧因。

2. 直觉偏差

当决策者面临一个风险性或复杂性较高的决策任务时，通常会依据自己的直觉或一些常识来进行决策。主要表现在以下几个方面。

(1) 代表性直觉偏差。特沃斯基和卡尼曼通过一系列的心理实验证明，随着情境中细节数量的增加，该情境发生的概率只会逐渐降低，但是它的代表性和由此带来的外显的可能性却会上升。代表性直觉会使决策者认为，从总体中抽取的小样本具有自我修正的功能，因而它与总体的平均数的接近程度仍然很高。"赌徒谬论"则认为，在一系列坏运气后，必然会有好的结果出现，也就是决策者容易认为，一系列结果相同的独立事件之后，必然会跟随一个相反的结果。

(2) 易得性直觉偏差。在决策过程中，决策者在获取信息的过程中会重视某些赋予权重较高的信息，忽略某些赋予权重较低的信息，其好处在于决策者会依据容易想起来的事例判断一类事件出现的频率或概率，进而将困难的决策内容简化，但是易得性直觉也会导致认知偏差。易得性偏差还与事件的易想象有关，如果一个事件的结果容易被决策者想象，则会增加对其发生概率的判断。如果一个事件的表述生动，对其发生概率的判断也会增加。

(3) 锚定偏差。因为人脑处理信息的能力有限，因此，决策者常常会对问题进行事先的估计(锚定)，然后进行调整，以形成理想的判断，这就是有名的"锚定效应"。决策者往往会将事件的初始值看做自己做决策的参照系。当决策者把这些作为参照系时，可能会提高决策效果，如事先的"锚"可以影响个体对自己完成任务的估计，进而影响他们的坚持性。

3. 信息处理偏差

认知过程就是信息处理的过程，这是现代认知心理学研究的主要内容。在整个信息处理的过程中，主要包括信息的输入、信息的加工、信息的输出以及信息的反馈几个阶段。在这几个阶段都有可能出现程度不同的认知偏差，这是因为，人脑是一个有选择的、序惯的信息处理器，它处理信息的能力是有限的，因此，它必须采取一些心理办法简化智力消耗过大的信息量。

(1) 顺序偏差。决策者在接受信息时，往往会对最先进入大脑的信息给以优势地位，形成一种深刻的印象，这种印象会形成一种强烈的影响从而决定着决策者对方案的判断，即首因效应。在首因效应的影响下，决策者习惯于对某一方案在首次获得少量信息资料后就做出判断，形成一个统一的、一致性的第一印象。尤其是在某一方案的新异性在开始非常突出的时候，首因效应的作用更大。近因效应则与首因效应相反，是决策者对最后进入大脑的信息给以优势地位，形成一种深刻的印象。

(2) 定型效应偏差。定型含有一种典型的认知偏差，它一方面来自于知觉过程的某种固定图式，另一方面也来自于社会宣传与社会规范。在决策中，影响定型作用大小的因素主要有两个方面，一是信息量的多少，如果对某一问题所获得的信息量越少，越容易按照定型对它做出反应；二是决策对象属性的突出性，如果决策对象的属性越突出，越容易对它进行定型反应。其实，定型反应是在决策中经常运用的，也有利于加速信息加工过程，但是它却往往导致对信息判断或信息接收的简单化，从而产生偏差。

(3) 事后认识偏差。决策中，决策者往往根据事后的结果对自己事前的认识进行一种反馈评估。这种反馈评估会影响到决策者的自信心。如果一个决策者在A、B、C方案中选择了C方案，事后的反馈证明，他的选择是正确的，这种成功的经验增强了他的自信心，当他在下一次进行选择时，他会运用自己成功的经验去进行选择。但是，如果他成功的经验过多，往往会造成他过于自信，即过分相信自己的判断力，在这种情况下，就会出现过于自信的认知偏差。反过来，如果一个决策者，他的成功经验比较少，反馈评估则会降低他的自信心，在以后对决策方案的判断中，他会因怀疑自己的能力而怀疑自己的判断，即使是正确的判断，也会被自己推翻。因此，事后认识常常会使决策者产生一种后悔感，后悔感的大小往往影响着偏差的大小。如果后悔感小，决策者在下次决策时不会花很大的努力去进行论证，出现偏差的可能性就大；如果后悔感大，则既可能偏差大，也可能偏差小。因为决策者在后悔感大的情况下，可能会更加小心认真地进行方案的论证，则偏差的可能性就小，但是如果决策者在后悔感很大的心理压力下，转而失去自信心，则偏差的可能性会增大。

4. 主观概率估计中的认知偏差

主观概率由于具有主观性，因而偏差是必然存在的。心理学家们对主观概率评估中存在的认知偏差进行了大量研究，特沃斯基、卡尼曼以及爱德华兹(W.Edwards)等人对此都做过专门论述，学者们一致认为，对这一问题的认识，可以帮助决策者注意防止概率估计中的认知偏差。爱德华兹等人的有关研究结果如下。

(1) 保守主义倾向。决策者对事件概率的估计总是根据一定的信息进行的，一旦收到新的信息后，就会对原先的概率估计(先验概率)做出修正，得出后验概率，但是，修正的幅度往往达不到贝耶斯定理应该修正的幅度，这种现象被称为保守主义倾向。这一现象被解释为三种原因：一是决策者不善于以精确数字反映事件；二是错觉，即决策者总是低估信息对判断的作用；三是错误的集合，即决策者往往可以正确地接收单一的信息，却不能正确地将多种信息集合起来运用。

(2) 效价判断偏差。对事件概率的判断，有时会受到事件结果"效价"的影响，即事件结果在多大程度上被认为是正性的还是负性的。研究表明，在其他条件都相同的情况下，决策者认为正性结果发生的概率比负性结果要高，这种判断的产生来自于决策者对结果效价的估计。

(3) 复合事件偏差。在概率理论中，单个事件被认为是"简单"事件，同时多个事件被认为是"复合"事件。如果一件复合事件是由A事件和B事件同时发生组成的，这样的事件被称为"连续性事件"，如果事件是由A或B中的一件发生组成的，则被称为"非连续事件"。在决策中，决策者往往会高估连续性事件发生的概率，低估非连续性事件发生的概率。这是因为决策者在判断一个复合事件发生概率的时候，更加倾向于"锚定"在简单事件的发生概率上。一旦决策者将简单概率固着在头脑中，就会产生认知偏差，就会忽略大量简单事件可能会同时发生这一事实。

(4) 易得性追忆偏差。特沃斯基和卡尼曼于1973年所进行的一系列实验已说明在判断中易得性追忆对概率评估偏差所造成的影响，即决策者往往倾向于高估容易回忆事件的概率。爱德华兹认为，在现实生活中，这样的偏差很普遍。如社会上对残暴的犯罪事件或对非正常灾难的广泛宣传，会提高人们对这些事件的概率估计。这是因为，事件的鲜明性与广泛的宣传，加深了人们对事件的记忆，从而导致这些事件的概率被高估。

6.2.3　个体投资行为偏差的表现

经济理论为我们识别偏差提供了重要的基础，市场价格是随时可以被观察到的，但是价格本身并不能透露参与者的任何偏差，要识别偏差，需要一个有别于偏差的变量，均衡的市场、基本面就是这样的一种变量，尽管基本面也会受到偏差的干扰。文献研究成果将证券投资主体的行为偏差归结为以下几类。

1. 损失回避与害怕后悔

投资者在不确定的情况下，对收益和损失的偏好不同。投资者在决策过程中会尽量减少后悔，换言之，投资人对损失的敏感性更强，损失所导致的沮丧程度大于获利时的快乐。为了尽可能不损失将获得的收益，投资人会过早地卖出盈利的股票。但在面对明确的损失时，投资人却继续持有或延迟卖出这些股票，宁愿接受这些损失。同样，为了减轻决策错误的负担与后悔，投资人常进行频繁的交易行动，并求助投资咨询公司、经纪人、基金经理、操盘手、股评人等。这种倾向导致他们容易采纳投资咨询师或基金经理人的建议，即使明知专家与权威之间存在明显的矛盾判断。另外，投资人需要替罪羊，退休基金的管理者和雇佣投资经理人便应运而生。于是，业绩好时，大家获利也自喜；业绩差时，就归罪给管理者和经理人。虽然行为金融学者从心理学角度来看这些损失回避和减少后悔的行为，但这些行为的结果扩大了金融市场的分工和专业化，也造就了市场繁荣。

2. 过度自信

按照预期效用理论，交易越频繁，预期效用就会下降。但金融市场上却存在频繁的交易，尽管频繁交易的平均收益率并不高。这种非理性行为被行为金融学者视为投资人过度自信的表现。投资顾问和经纪人的频繁交易，除了向客户显示他们努力在做事，并从大量买卖中得到佣金外，特别的原因在于表现自己的能力与知识。他们会将过去的失败归因于外部环境，而将成功归因于自己的能力；他们对成功的记忆尤胜对失败的记忆。为了小心呵护自己建立的信心，他们也会避免风险和模糊的选择，只选择那些自己熟悉的甚至是本地公司的股票，至多是本国的股票，因为投资人对熟悉的东西更自信，他们会充分利用这些信息。而过度自信也导致专业知识管理被分化出来，那些投资业绩表现良好的人被当做学习的楷模，而这些楷模也开始提供他们的智慧和投资知识，金融市场的专业化由此产生。投资经理、咨询人等被分化出来，而专业化的服务使得个人的学习成本减少，可以不需要其他专业的知识，可以容易地进入金融市场。经济的增长就在于分工与专业化水平的提高。市场规模也因为分工和专业化的程度提高而扩大，因为交易效率极高或分工演进到极高的水平，本地市场不足以满足高分工水平的要求，市场规模就会扩大。信心过度有关的另一因素就是异想天开，也就是无需向别人解释的想法，这种思维模式有时会让人感到得到好运，导致在并无逻辑想法的基础上做出严肃的决定，也带来无数新兴行业的诞生。

课堂微型实验6-4

【实验目的】

通过实验了解"过度自信"的特征。

【实验原理】

过度自信是指人们的独断性的意志品质，是与自觉性品质相反的一种心理和行为偏差。过度自信的决策者总是对自己的决定具有独断性，坚持己见，以自己的意愿代替实际客观事物发展的规律，当客观环境发生变化，也不肯更改自己的目的和计划，盲目行动，一概拒绝他人的意见或建议，是缺乏自觉性和意志薄弱的表现。

【实验工具】

调查表。

下面的题目，是根据超级数据分析和心理学的分析而设计的。在不知不觉中就能够看出你的自信力。对于这些题目，请写出你认为有90%概率得出正确答案的区间。别担心不知道准确答案，也请不要用搜索工具，这里的目的是看你是否能给出正确率为90%的答案区间。

1. 马丁·路德金死时的年龄是多少？　　　下限＿＿，上限＿＿

2. 尼罗河的长度是多少？　　　　　　　　下限＿＿，上限＿＿

3. 石油输出国组织中有多少成员国？　　　下限＿＿，上限＿＿

4. 《旧约》包括几本书？　　　　　　　　下限＿＿，上限＿＿

5. 月亮的直径是多少公里？　　　　　　　下限＿＿，上限＿＿

6. 空载的波音747的总量是多少吨？　　　下限＿＿，上限＿＿

7. 莫扎特哪年出生？　　　　　　　　　　下限＿＿，上限＿＿

8. 亚洲大象的妊娠期为多少天？　　　　　下限＿＿，上限＿＿

9. 从伦敦到东京的空中距离是多少公里？　下限＿＿，上限＿＿

10. 已探明的海洋最深处为多少米？　　　　下限＿＿，上限＿＿

【实验步骤】

1. 答对9~10题：说明你如果不是天才就是极其不自信。因为如果你不是天才的话，你能答对9~10题说明你的上下限范围取得非常大，自然就能答对了。比如第一题，你上下限取0~100岁，自然会答对。但是，说明什么呢？

2. 答对0~1题：说明你要不是故意的就是过度自信。之所以答不对，和你答案的范围小有非常大的关系。因为你完全相信自己的感觉，你潜意识中答案区间范围就非常小；比如第8题，你的区间如果是小于20天，自然命中的把握就非常低。

3. 答对2~3题：你很自信，但是也有一定的灵活度，你在单位一定游刃有余。

4. 答对7~8题：你有点不自信。

5. 答对4~6题：你和大多数人一样，很平凡，也很正常。

【结果与讨论】

结果：

答案：1. 39岁；2. 6 671公里；3. 12个；4. 3本；5. 3 476公里；6. 174吨；7. 1 756年；8. 660天；9. 10 058公里；10. 11 521米。

讨论：过度自信的特征。

【实验延伸】 人们可能对这些题目完全不了解，实际上答对这些题目与否并不是非常关键。自信的人下意识地会缩小选择范围，而不自信的人则刚好相反。可见如果我们过度自信有时候会影响我们对事物的正确判断。聪明的朋友会在自己把握比较大的地方缩小范围，把握不大的题目放大区间，这是智者。

在投资过程中，每个投资者都有过度自信的经历，当然，过度自信来自于想要证明自己决策正确的冲动，即使这个决策是错误的。

3. 启发与框架依赖

在不确定的金融市场中，投资人通过寻找熟悉的模式和便捷的方式做出判断，行为金融学者称之为启示性简化。它包括代表性偏差、可得性启发、锚定与调整性启发。人们会关注一个事物与另一事物的相似性，来推断第一个事物与第二个事物的类似，将过去相似的熟悉的模式用以推断未来的模式，并不考虑这种模式重复的概率。这被称为代表性启发。例如，大多数投资人认定有声望的大公司的股票也是"好的"，将"好公司"混同于"好股票"，忽视了好公司在好股票中所占的比例，即基础比率。可得性启发指的是人们很容易记住那些经常被关注或经常出现的事物，而人们在做投资时，又不能十分完美地从记忆中拾回与决策相关的信息。

框架效应反映的是在金融市场中，面对本质相同的问题，因为出现的形式不同会导致人们做出不同的投资决策。换言之，投资人的行动受制于他们所依赖的环境或框架，如从过去的经历、熟悉的人和事及其经验、近期所发生的事件、个人的社会联系等所形成的知识框架，也就是一种对情境、参考点、精神类别和联想等影响人们做出决定的因素所形成的反应模式。

锚定效应也会导致"货币幻觉"、"粘性价格"以及汇率制度中的名义锚。包括宏观经济中的"滞后效应"等。锚定调整偏差在金融市场中，表现为对股票价格的锚定，最可能的锚定数字就是那些记忆中距离现在最近的价格，也产生了金融市场中的保守主义行为，并且导致金融市场反应不足。

6.3 证券投资的行为障碍

所谓证券投资行为障碍，就是指投资者想达到却没有达到某一目标(获利水平)的行为上的原因。[①]不仅个体投资者会存在投资行为障碍，机构投资经理同样存在类似的行为障碍。证券投资的行为障碍可分为过度反应与反应不足、行为陷阱、错位效应、羊群行为、过分简化信息、启发式加工应用不当、控制幻觉和过度自信等。本

---

① 彭贺.证券投资中的心理行为障碍探析[J].当代财经，2003(3).

节重点讨论除羊群行为和过度自信之外的其他6种类型。

6.3.1　过度反应与反应不足

所谓过度反应，即投资者倾向于对消息或新信息做出过多的反应。投资者倾向于对好消息做出过度反应，这会使得那些拥有好消息的股票价格畸高。但是，其后这些表现好的股票总体表现不如市场，相反，那些最初表现不好的股票在后来却击败了市场。然而，在短期内那些最初涨得很猛的股票，在随后的一段时间内会继续保持其上涨趋势；而那些下跌的股票也会继续下跌。这恰好与过度反应的观察结果相反。究竟是何种原因导致这两种现象出现，目前还没有确切结论。时间维度可能只是一个重要因素。

与过度反应有联系的一个问题是"过度交易"。虽然过度交易往往是由利润所驱动的，但过度交易并不能提高盈利水平。对投资者而言，高的交易频率并不一定保证高的收益。因此，投资者不宜对每一个新闻都予以反应，应将视野定在一个更大的背景之中。购买并持有策略可能是最佳的投资策略。

"反应过度"描述的是投资者对信息的理解和反应会出现非理性的偏差，从而产生对信息权衡过重，行为过激的现象。这种现象在交易过程中是极为普遍的。交易者对未来的期望会基于与该产品有关的信息以及对这些信息的处理结果。如果交易者高估了最近获得的信息，就产生了过高的期望，凭着过高的期望进行的交易，就会产生非理性的决策即反应过度。比如，如果股市中政府出现了利好的消息或者利空的消息，大家由于对消息的掌握会获得一连串的利益或遭受到了一系列的损失，交易者很容易对此时或者今后的大盘走势产生过度的乐观或者是悲观的认识。

"反应不足"是相对于反应过度而言的。是交易者低估了最近获得的消息，是交易者对信息反应不准确的另一种表现形式。它主要是指人们思想一般存在着惰性，不愿意改变原有的个人的信念。因此，当有新的信息到来的时候，人们可能需要有一段时间来接受和认识它，所以人们对原有信念的修正往往不足，产生相对的反应时滞。

6.3.2　行为陷阱

所谓行为陷阱，即投资者采取一些潜在的有害行为而妨碍了目标的实现。投资者常容易落入的行为陷阱有投资陷阱、恶化陷阱、集体陷阱、时间延迟陷阱、无知陷阱、一美元拍卖陷阱等等。

投资陷阱指的是先前投入的时间、金钱或其他资源会影响个体其后的决策，因而它也被称为"沉没成本效应"。有研究表明，投资者对某股票分析越多，收集的信息越全，也就对该股票上涨的判断存在越高的信奉水平；股评家也往往倾向于向客户推荐那些他们曾经仔细调查研究过的公司股票；投资者也倾向于不抛出已亏损的、并且在短期内也确实不可能反弹的股票。这些都是沉没成本效应在起作用。产生这种沉没成本效应的一个原因，在于投资者的启发式加工应用不当。对投资者而言，多考虑机会成本无疑是克服投资陷阱的好办法。

恶化陷阱又被称为"滑动强化陷阱"。"滑动强化陷阱"可以解释为什么投资者的价值曲线会是S型。正是由于滑动强化存在，随着投资者收益的增多，要增加一定量的主观正价值，需要增加更多量的收益；随着投资者损失的增多，要增加一定量的主观负价值，则需要更多量的损失。

集体陷阱指的是个体理性并不必然导致集体理性。股票市场的泡沫、金融崩溃等集体非理性行为都是一些个体的理性行为所致。投资者在追求私利欲望的驱使下，总是想利用股票价格的差额获取资本利得，而这最终导致忽视股票的基本价值。广大散户的整个资金量并不比主力的资金量少，但却不能像主力那样影响股价，其原因也就在于散户群体中存在集体行为陷阱。

无知陷阱是指个体由于对行为的长期后果无知所导致的行为陷阱。投资者去参与股市、认识股市、体验股市是一个从无知到有知的过程，不存在生来的投资专家；即便投资专家也经常会落入无知的陷阱。事实上，股市是没法完全准确预测的，但还是有许多人乐此不疲地进行预测，寻找着能击败市场的"模型"。正如人类和害虫的斗争一样，投资者从来没有停止对股市进行预测。

"一美元拍卖陷阱"起源于"一美元拍卖游戏"。特格(Allan Teger)研究发现：在对一美元进行拍卖时，参与者在最初时总是由个体收益所驱使去参与竞标；但随着竞标的继续进行，参与者更关心赢得这场比赛，以挽回面子，尽量减少损失，并给他的对手以惩罚。这种逐步落入陷阱的情况往往在竞争激烈的社会情境下最容易发生。股票市场是个高度竞争的市场，因此这种"陷入"经常发生在股民和投资经理身上。

课堂微型实验6-5

【实验目的】

通过实验了解"拍卖陷阱"的特征。

【实验原理】

博弈论学家马丁·舒比克(Martin Shubik)设计了一种经济学家玩的陷阱派对游戏，名为"一美元拍卖"。本实验根据"一美元陷阱"设计。

【实验工具】

1张10元面值纸币。

【实验步骤】

1. 参与者对一张10元的钞票进行拍卖,在每次叫价中加价1元。

2. 出价最高者得到这10元。

3. 出价最高者和出价次高者都要支付叫价。

【结果与讨论】

结果:起初叫价可能很低,但很快就会接近10元。最高叫价会迅速达到9元,第二名达到8元。此时第二名如果叫价10元是有利的:虽然这样他不会从交易中获益,但总比损失9元要好。到此,拍卖会出现一个意料之外的结果:竞价没有理由在10元停止,因为新的第二名会损失9元,对他来讲,如果11元的叫价能够成功,就可以把损失降低到1元。

讨论:拍卖陷阱的特征。

【实验延伸】从人的心理来看,第二名总是会再次加价。于是拍卖可能会一直持续到参与者把钱花光。游戏总归会结束,但从来不会有什么好结果。你可以决定不参加这样一场拍卖。但如果所有人都如此明智,唾手可得的10元诱惑就一直在那儿。在10元拍卖中,一方最终以极大的代价获得胜利,得到这10元的钞票。双方都遭受损失,但损失较小的是坚持最久的那个人。而他通常并不是理性的那一个。

在投资过程中,人们也习惯于参与到博弈当中,但自己并没有真实了解博弈规则,如果在看清了博弈本质后即刻收手,那么该人就是最大的获益者,毕竟,资本市场没有免费的午餐。

有些股民和投资经理最初购入某些股票时是以利益作为行动准则;但经过多空双方力量的多轮较量后,他们就会忘记自己的最初目标,而只关注如何赢得这场搏斗,不要丢面子,并给对方以颜色。投资者克服上述行为陷阱的一个办法就是在每次行动之前,事先考虑自己行动的事后退出成本。

6.3.3 错位效应

所谓错位效应是指投资者稍微盈利就马上了结,而已经深度套牢却迟迟不肯割肉止损的现象。这是投资者中普遍存在的行为障碍。[1]

对这一行为障碍的理论解释之一是前景理论。该理论由2002年诺贝尔经济学奖

---

[1] Shefrin h., Statman M.. The Disposition to Sell Winners too Early and Ride Losers too Long: Theory and Evidence[J]. Journal of Finance, 1985, 40(3): 777-790.

获得者卡内曼(Kahneman)和他的同事托维斯基(Tversky)于1979年提出。前景理论认为，产生"错位效应"的原因在于投资者是损失厌恶型，或者说投资者的价值函数是S型，如图6-2所示。

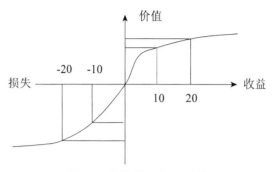

图6-2　投资者的价值函数

所谓价值，指的是偏离某个参考点的收益或损失。损失与收益具有不同的价值函数。损失的价值函数是凸的，并且相对陡峭；而收益的价值函数是凹的，并且相对平缓。这说明个体对一定损失的感觉要比一定收益的感觉要强烈。这也就难怪投资者获得微薄利润时会按捺不住获利了结，而跌得很惨时又迟迟不肯割肉止损。投资者迟迟不肯割肉止损的现象也得到了所谓"禀赋效应"的验证。

芝加哥大学的"行为金融学之父"沙勒(Thaler)对"禀赋效应"曾进行过详细研究，结果发现投资者往往会高估自己手中持有的股票的真实价值。正如前景理论所阐明的那样，人们往往会根据参考点来评价他们选择的结果好坏。对投资者而言，购买价或者心理价位也许是比较通常的参考点。但是，有时候参考点并不一定就是购买价或心理价位。股民通常会将现在的结果与假如当初不这样做会有什么样的结果进行比较。

因此，对错位效应的另一种理论解释就是后悔理论。该理论是由贝尔(David Bell)、卢姆斯(Graham Loomes)和萨顿(Robert Sugden)于1982年提出的。根据后悔理论的观点，涨了怕再跌，跌了怕再涨，这就是投资者为什么获微利时立即了结，而套牢时却迟迟不肯解套的原因。

6.3.4　过分简化信息

投资者的认知加工能力是有限的，他们总是会对周围的信息进行选择性加工。而个体在选择感知时，总是感知那些支持自己观点的信息，而忽视那些不支持自己观点的信息。这也就是所谓的"确认偏见"。产生确认偏见的一个原因就是投资者想避免内心认知失调，尽力使自己原来的决策合理化。

选择何者进行进一步的加工既取决于投资者本身的信念、期望、欲望以及情绪，而且也取决于对象和背景本身的刺激结构；前者有晕轮效应，而后者有对比效应、主效应和近效应。很多上市公司的报告首先总是要讲公司好的方面，最后才讲到一些细微的不利因素。这就是利用主效应来影响投资者，希望投资者不要对该公司失去信心。对于投资者而言，就更应特别注意这些细微的不利因素。

投资者要想克服过分简化信息的障碍，就应该：①只关注相关信息，搜集过度的信息，往往意味着失败；②努力寻找不利自己观点的信息，即寻找相反意见者；③收集、分析难以获得的信息，越是容易获得的信息，其价值也就越小；④培养一种开放的心态。

6.3.5　启发式加工应用不当

一般认为，投资主体的情绪不仅影响对信息的选择和加工，还影响认知策略与风格。大量实验表明愉悦的情绪状态倾向于使个体采用启发式加工策略，即采用自上而下的加工方式、依赖已形成的知识结构、较少注意加工对象的细节以及付出较少的认知努力；而消极的情绪状态倾向于使个体采用系统加工策略，即采用自下而上的加工方式、较少依赖原有的知识结构而将注意力集中在当前刺激物的细节上。社会认知领域的许多研究也证明了上述现象的存在。

人们对概率的判断往往并非像贝叶斯法则那样去计量，而更多的是启发式直觉判断。启发式加工一方面可以简化很多推理过程，能迅速而比较准确地做出判断，如吉戈伦尔(Gigerenzer)等就主要研究让人更为精明的启发式。然而，另一方面，启发式推理若应用不当，也常常带来各种偏见，如卡内曼和托维斯基则集中研究会产生偏差的启发式。卡内曼与托维斯基所研究的会产生系统错误的启发式，主要有代表性启发法、可获得性启发法、锚定与调整启发法等三种形式。

代表性启发法是指人们倾向于根据样本是否代表总体来判断其出现的概率；样本愈有代表性，被判断为出现的概率也就愈高。统计学中有个大数规则，但研究发现，人们往往信奉"小数规则"，即不管样本容量多小，人们总认为它能反映总体。

一些投资者经常抱着一些深度套牢的股票不放，就是自认为已经两年没涨了，现在该轮到它了吧。投资者的这种股价会"自我矫正"的错误观念，无疑是"把牢底坐穿"的一个很重要的原因。与上述自我矫正观念相反的是，投资者还很容易忽略事件会有向平均数回归的倾向。比如，两只都缺乏题材的股票A和B，A股票持续上涨，B则按兵不动，此时有些投资者往往会认为A会继续上涨，于是跟进，结果却往往吃了大亏。投资者在挑选分析师时也同样存在非回归现象。比如有两位股评家A

和B，股评家A可能连续两次预测准确，而B两次都预测错误，这时投资者往往就会认为A比B要好，于是往往听从A的意见。事实上，也许B要比A好，只不过是B这两次太不走运罢了。

可获得性启发法是决策者经常采用的另一种启发法。它是指人们往往根据一个客体或事件在知觉或记忆中的可得性程度来评估其出现概率，容易被知觉到或回想起的被认为更容易出现。事件刺激的频率、新异性、生动性、情绪性也会影响到其可获得性程度，从而影响到其在个体心目中的主观概率。例如，觉曼(Dreman，2000)发现，由于1929年股市大崩盘的痛苦记忆，许多投资者一直担心再次蒙受巨大损失，从而高估股价下跌的概率，一直不敢入市，结果指数却一涨再涨；等到股价涨到很高时，人们才发现自己已经失去了绝好的投资机会。又如，德邦特(De Bondt)和沙勒(Thaler)也发现，在股市中，投资者经常对一些令人感到惊讶的新闻做出情绪性反应。我国股市一直有"消息市"、"政策市"之称，许多投资者对一些"惊人的"消息做出反应更是毫不为奇。

6.3.6　控制幻觉

控制感是投资者的一种基本需要。每个个体都渴求能控制、影响甚至创造事件，而不受外部因素的控制。所谓控制幻觉，就是指个体以为控制了周围环境而其实并不能控制。这种控制幻觉和过度自信、"自尊服务归因"等大有关系。当投资成功时，归结为自己的能力；而失败时，则归结为运气。连续成功几次，就会感到自己已无所不能了。控制幻觉的表现之一就是"事后偏见"。事后偏见是指个体倾向于将已发生的事情看做是必然的、很明显的。当某股票价格上涨后，许多股民会声称自己早就知道该股票会上涨；当股市大跌过后，他们也都会说自己早就预料到这种情况了。出现"事后诸葛亮"现象的原因，在于人们的记忆不断对信息进行组合、重构。控制幻觉的表现之二就是"本地股效应"。很多股民倾向于购买本地股票，如1994年"八频道股票"(以6008打头的一批上海本地股)在沪市的风风火火，便证明了"本地股效应"的存在。从分散风险的角度而言，由于国外的股票与本国股票相关性弱，因而非常有投资价值；但实际情况是，很少有投资者将外国证券市场上的股票作为自己资产组合的一部分。国外研究者将这种偏好国内股票的现象称为"国内偏见"。而对这种"国内偏见"的一个解释是，投资者可能担心因自己对其他国家或地区的股市情况不熟悉而遭受损失。

正如一句名言描述的那样，股市中人人可以赚钱，只有贪得无厌和犹豫不决的人例外。证券市场总是潮起潮落，牛熊轮回，只要保持一份清醒与理性，牛市积极投资，熊市离场休息，长期以往，未尝不能成功。古今中外，有不少投资家的确是这么做的，最成功的当属美国的巴菲特，他对自己最为看重的也就是投资时总能保持着理性，但2008年的金融风暴同样让他损失了280亿美元的财产。金融市场常常是岁岁年年人不同，行情时时有，主角常常换。

本章小结

　　大量的追风行为往一个方向聚集，会放大股价波动，使价格出现快速短暂的变化，像流行时尚似的很快地兴起又很快地消退。追风行为具有促进社会形成共同规范、共同价值观的功能，但太过于追风则会使一个人缺乏独立思考，并会造成灾祸和悲剧。个性特征、信息不对称、舆论与政策、信息处理能力、赌博心态与求利、投资市场主力等因素都会导致追风行为的发生。心理学认为投资者的决策依赖于感知、动机以及影响之间的复杂的相互关系。行为偏差主要包括归因偏差、直觉偏差、信息处理偏差、主观概率估计中的认知偏差等。证券投资个体的行为偏差可以归结为损失回避与害怕后悔、过度自信、启发与框架依赖、制定标准作业程序等方面，其行为障碍可分为过度反应与反应不足、行为陷阱、错位效应、羊群行为、过分简化信息、启发式加工应用不当、控制幻觉和过度自信等。

思考练习

一、名词解释

归因偏差　　证券投资行为障碍　　过度反应　　行为陷阱　　投资陷阱
错位效应　　代表性启发法　　可获得性启发法

二、判断题

1. 对于证券市场来说，个人为了追求利益，可以随时保持理性的状态。　（　　）

2. 股市的大涨和大跌与追风行为有关。　（　　）

3. 信息的加工与处理能力同投资决策追风倾向成正相关。　（　　）

4. 在信息不对称的条件下，个体投资者依赖市场所提供的信号作为投资的基础。　（　　）

5. 信息的加工与处理能力是影响投资决策追风倾向的核心因素。　（　　）

6. 理性是理解金融市场的关键。　（　　）

7. 过度交易往往是由利润所驱动的，所以过度交易不能提高盈利水平。　（　　）

8. 偏差是理解金融市场的关键。　（　　）

9. 按照预期效用理论，交易越频繁，预期效用就会越下降。　（　　）

10. 投资主体的情绪不仅影响对信息的选择和加工，还影响认知策略与风格。（　　）

三、单选题

1. 为了减轻决策错误的负担与后悔，投资人常进行频繁的交易活动，并求助(　　)。

    A. 经济学家　　　　B. 大学教授　　　　C. 上市公司　　　　D. 股评人

2. 调查表明，(　　)阶段的投资者相对拥有较为丰富的金融证券知识和投资技能。

    A. 21~30岁　　　　B. 31~4岁　　　　C. 41~50岁　　　　D. 51~60岁

3. 在选择投资获利目标时更为注重远期目标的是(　　)。

    A. 民营企业职员　　　　　　　　　　B. 三资企业职员

    C. 自由职业者的投资者　　　　　　　D. 个体经营者的投资者

4. 试图以个人的行为分析来建立宏观经济学的基础，侧重于宏观经济学的研究范式的代表人物是(　　)。

    A. Odean　　　　B. Shiller　　　　C. Statman　　　　D. Shefrin

5. 下列各项中不属于信息处理偏差的是(　　)。

    A. 锚定偏差　　　　　　　　　　　　B. 顺序偏差

    C. 定型效应偏差　　　　　　　　　　D. 事后认识偏差

6. (　　)直接将投资人推向投资目的。

    A. 感知　　　　B. 投资　　　　C. 态度　　　　D. 动机

7. 个体由于对行为的长期后果无知所导致的行为陷阱是(　　)。

    A. 投资陷阱　　　　B. 无知陷阱　　　　C. 恶化陷阱　　　　D. 集体陷阱

四、多选题

1. 自我服务偏向是指决策者把决策的积极结果归因于自己的(　　)等。

    A. 能力　　　　B. 智力　　　　C. 学识水平　　　　D. 运气

2. 可以成为信息传递代理人的是(　　)。

    A. 机构投资者　　B. 证券公司　　　　C. 会计师事务所　　D. 个人

3. 下列各项属于个体投资追风行为的影响因素的是(　　)。

    A. 信息不对称　　B. 信息处理能力　　C. 赌博心态与求利　D. 舆论与政策

4. 在整个信息处理的过程中，主要包括(　　)阶段。

    A. 信息的输入　　B. 信息的加工　　　C. 信息的输出　　　D. 信息的反馈

5. 直觉偏差包括(　　)。

    A. 顺序偏差　　　B. 锚定偏差　　　　C. 代表性偏差　　　D. 易得性偏差

五、简答题

1. 简述追风行为的益处和弊端。

2. 个体投资行为偏差有哪些类型？具体包括什么？

3. 金融市场的标注作业规则有哪些？

4. 简述投资者如何克服过分简化信息的障碍？

5. 个体投资追风行为的影响因素有哪些？

六、论述题

1. 如何理解自我中心偏差？

2. 直觉偏差有哪些表现？

综合案例

有一个老人带着自己的笼子去捉火鸡，他只要在笼子里撒上诱饵并躲在很远的地方安静地等待，在火鸡被诱进笼子达到最佳数量的时候把牵引机关的细绳轻轻一拉就可收获。

某天，有12只火鸡进了笼子，过了一会其中一只吃饱了跑了出去。"早知道刚才就应该拉绳子了！"老人说到，"哎，再等一会吧，或许刚才那只还会再跑回来。"过了一会儿，又有2只火鸡吃饱了跑出去了。老人后悔了，"再多捉一只，我一定收手。"

结果越来越多的火鸡吃饱了并离开了笼子，他还是不愿放弃他多捉一只的期盼。因为曾经有12只进笼，少于5只他不愿回家。

最后只有1只火鸡待在笼子里面了，"哎！要么全部跑光，要么再回来一只我才肯罢休"。结果落单的那只火鸡也吃饱了找同伴去了，老人只能空手而归。[①]

在证券市场中每个人都会犯错误，即使一个优秀的投资人也不可能在任何时候都能够做出正确的决策，更关键的是要在犯错时使自己的损失额降到最低水平。巴菲特也告诉人们两个类似的准则：准则一，永远不要赔钱；准则二，永远不要忘了准则一。

老人如果在跑了1只火鸡、2只火鸡，乃至3只、4只火鸡时，能及时关笼，获利回家，那么他还是个成功者，可惜他不懂得会止盈和止损才是赚钱的道理，结果空手而归。

案例讨论题

(1) 贪念是与生俱来还是后天形成的？

(2) 控制贪欲的方法就是及时止盈吗？

(3) 一只火鸡也没有捉到的老人是否一无是处？

(4) 正确的决策需要具备哪些要素？

(5) 面对商机、时机、危机，如何选择？

① 证券培训系统编辑组.止损才是赚钱的根本[EB/OL].http://www.95105598.com/newsviewcj.aspx?id=599781，2011-12-26/2011-12-26.

第7章 群体投资心理

现实生活中的偏见注注会影响我们的判断，其中就包括基本归因偏差和自我服务偏差。基本归因偏差倾向常在判断他人行为时表现出来。人们倾向于将他人的成就归因于运气好或任务简单；但如果别人失败了，则认为他们没有尽全力，或是缺少合适的个性，或者整体能力不足。而自我服务偏差倾向于高估自己对成功的贡献和低估自己对问题的责任。这种倾向性表现在评价自己的成功时，高估内部因素(个人特证)的影响；而对于个人不成功的表现，则认为是外部(特定环境)原因造成的。[1]

【意】帕累托(Vilfredo pareto，1848~1923)

近年来，包括证券投资基金、社保基金、证券公司、上市公司、QFII在内的证券投资机构参与投资的比重越来越大。证券投资群体的一举一动无不影响着市场价格的神经。因此，大多数投资者都想要摸准机构的脉搏，踏准庄家的节拍，跟上主力的脚步，以获得超乎寻常的收益。应该说，在一个阶段性的牛市当中，即便买入了非庄股，行情也会一路看涨，而且越接近牛市尾部，非庄股上升的幅度越大，正所谓鸡犬升天。反之，如果行情处于熊市，那么即使买入了庄股，也不可能逃脱一路走弱的命运。

为深入分析群体投资心理，本章首先对投资群体的内涵特征进行剖析，并针对群体投资的心理倾向、心理预期和心理异象的本质进行深入研究，以期解释群体投资的心理现象及其规律。

●开篇案例●

间操的铃声响过，同学们蜂拥出楼，却见操场上一群人在仰望天空，不由得跟着望去，却总是什么也没有发现。去询问旁边的人，回答说也没看见什么。问为什么看，回答说大家都在看。

事后证明，是一个学生早上起床时有些落枕，下课后仰望天空想休息一下脖颈，没想到那么多人以为天空出现了什么新鲜事物，都来凑热闹。

事实上，落枕的同学早已经回到宿舍去观看操场上自己导演的美景了。

---

[1] 王诗堂，廖为仁，刘勤.管理者的归因偏差与预防[J].领导科学，2010(36).

同样，通过观察马路上那些闯红灯过马路的人后发现，一个人的不良行为被其他人观察到后，可能会引起他人的模仿，也可能不会引起模仿。有趣的是，人们更有可能模仿那些衣冠楚楚的人，而不是模仿那些穿戴破烂不堪的人。原因可能在于，即使被抓住，前者受到的处罚也会比后者的轻，因而前者的行为更能引起人们的仿效。[①]

心理专家解读：在股票市场上，落枕的人、衣冠楚楚闯红灯的人就是具有一定声望的机构投资者、有一定名望的学者名流、有一定市场号召力的传媒。那些在股市上成功的或声称自己对市场的判断多么准确的人通常扮演这样的角色。真正的市场领导者是价格本身。价格和成交量显示了追风力量的强弱。在大牛市，上升的价格像一面高高飘扬的旗帜，将大部分投资者集合在一起，展示他们对价格的尊敬和忠诚。在大熊市，下跌的价格像位残暴的统治者，俯视着眼前下跪的臣民。

7.1 证券投资群体的内涵特征

现代社会是一个组织的社会，绝大多数人都在各种组织中工作和生活。但是组织并不是由散漫的个人组成的，而是先由个人组成各种群体，再由各种群体构成组织。

7.1.1 证券投资群体的内涵

证券投资群体的产生是基于高度专业化和日趋细化的社会分工，是投资专业化、组织化和社会化的产物，也是金融信托业发展的必然结果，各国证券投资群体的作用都有不断加强的趋势。尽管证券投资群体的起源并不晚，而且被广泛地使用着，但是即使在现在，证券投资群体这一术语仍缺乏一个准确而有效的定义让大家普遍接受。

1. 国外关于证券投资群体的解释

国外比较权威的或全面的说法主要有两种。

(1) 按照《新帕尔格雷夫货币与金融大词典》的定义：证券投资群体就是许多西方国家管理长期储蓄的专业化的金融机构。这些机构管理着养老基金、人寿保险基金和投资基金或单位信托基金，其资金的管理和运用都由专业化人员完成。因为这些机构要负责确保基金受益人获得满意的回报，故他们必须根据每天的情况来考虑

---

① 张玉智.证券投资心理与行为[M].北京：经济日报出版社，2009：125-126.

如何安排其持有资产的结构和规模。

(2) 按布朗卡托的定义："所谓证券投资群体，是对应或有别于个人投资者，总体上基于这样的事实而存在，即资金由职业化人员或机构管理，广泛投资于不同领域。管理的资金种类主要包括私人养老金、国家和地方退休金、共同基金、封闭性的投资信托基金、人寿保险公司、财产和意外伤害保险公司、银行管理的非养老基金和慈善研究或捐赠基金。"

2. 国内关于证券投资群体的释义

国内也有若干有关证券投资群体的定义，在刘长青编著的《证券投资词典》里对这些定义进行了归纳和总结，一是指明从事的是证券投资，二是列示几类典型的证券投资群体。但最为典型的是严杰主编的《证券词典》中的定义："所谓机构投资者，又称团体投资者，是个人投资者的对称，是指以自有资金或信托资金进行证券投资活动的团体，包括投资公司、投资信托公司、保险公司、储蓄银行、各种基金组织和慈善机构等。其特点是：相对于个人投资者来说，一般都拥有巨额资金，收集和分析证券等方面的信息的能力强，能够进行和完成分散投资。他们从投资者、保险户、储蓄户等方面吸收大量资金，将其中一部分投放证券市场，进行投资活动。"

上述的分析表明不同的投资理念使得对证券投资群体定义存在着一定的困难。同时，由于证券投资群体包括多种金融中介机构，而且这些机构所投资的金融工具的种类和比重也有较大的差异，其投资目标、方式不相同，这又在一定程度上增加了有效、准确地定义证券投资群体的难度。若从字面给证券投资群体定义，需从两方面着手，一是机构，二是投资。

就机构定义，从语意上讲，Institutional意指公共机构的，是相对于"个人的"而言的，有集合、公共的性质，当然这种公共性不包括国家的范畴。从法律角度讲，机构并不等同于法人，因为有些机构并不具有法人资格，即使是法人，英美法系与大陆法系又有不同的指称或约定。从西方学者使用该词的范围看，其包含的对象是一致的：包括各种养老基金、保险基金、(风险)投资基金、银行信托基金等类的捐赠、慈善等基金。很明显这类组织都体现了公共性和团体性特征，而非个人性，不过上述范围主要是针对英美各国而言，如果考虑到日本、德国银行这种金融中介也存在持股情况，也体现出了非个人性，具有团体性和机构性，那么也应将其纳入证券投资群体的范畴。

投资，从广义的角度讲，意指为了将来的价值(很可能是不确定的)而牺牲现在价值的活动，在西方有两种意义上的投资，即经济学意义上的投资和金融学意义上的投资。

所谓经济学意义上的投资，在《新帕尔格雷夫经济学大辞典》上是这样定义的：投资就是资本形成、获得或创造用于生产的资源。资本主义经济中非常注重在有形资本如建筑、设备和存货方面的企业投资。生产度量除包括生产出来用于出售的商品和劳务外，还应当包括非市场性产出。而金融学意义上的投资仅指证券投资，也就是以有价证券或金融资产的存在和流通为条件的间接投资。而风险投资也包括在内是因为其目的在于所持公司股份IPO增值后的转让，而不是产品销售后所产生的利润分配。

很明显，经济学意义上的投资涉及的是真实资产，而金融学意义上的投资仅涉及金融资产。

课堂分享案例7-1

约翰是家族财团的继承人，更是一个戏剧痴迷者。在继承财团前的代理期间，他不顾亲朋的反对，竟然选择一处安静的地区，兴建了一所超水准的剧场。

剧场在亲朋的无奈诅咒和对手的幸灾乐祸中开工了。没多久，附近的餐馆一家一家地开放，百货商店和咖啡厅也纷纷跟进。几年后，这个地区就发展成车水马龙的繁华地，剧场卖座更是盛极一时。这可让亲朋和对手大感意外。

约翰的妻子闲来无事，经常在这个地区溜达，久了也看出点儿门道，就开始抱怨："你看看周围的人，一块巴掌大的地盖栋小楼就挣不少钱，你这么大块地却只有剧场一点收入，简直是对家族财产的巨大浪费。还不如将大剧场改成商业大厦，单单租出去就可以比剧场收入多呢！"

约翰想想也是，为了在继承财产前更好地表现一下，他立即整改剧场，动工建商业大楼。可惜新楼未落成，附近的餐饮业老板已纷纷迁走，房价迅速下跌，往日的繁华一下子消失了。更可怕的是，以前热情的邻居见到他都露出敌视的眼光。

约翰成了落泊的哈姆雷特。无助的他一时慌了神。真是成也剧场，败也剧场。其实是剧场的存在改变了这个地区的商业生态；剧场一旦消失，商业生态平衡就打破了，毁灭自然尾随而来。[①]

观点碰撞："商业生态平衡"是一个颇有意思的概念。类似的例子还有当年洛克菲勒家族的聪明选择：当第二次世界大战的战胜国决定选择一个都市成立一个处理世界事务的联合国时，该家族立刻出资870万美元在纽约买下地皮，在人们的惊诧中无条件地捐赠给联合国。联合国大楼建起后，四周地价立刻飙升起来，由于洛克菲勒家族早就吃下了与这块地皮毗连的全部地皮，因此，在这场看似亏本的生意中赚了大钱。

---

① 张玉智，戚欣.农产品期货投资策略[M].海口：南海出版公司，2005：263-264.

3. 证券投资群体的内涵

综上所述，可将证券投资群体定义为进行金融意义上投资行为的非个人化、即职业化和社会化的团体或机构。它包括用自有资金或通过各种金融工具所筹资金并在证券市场对债权性工具或股权性工具进行投资的非个人化机构。它们或是积极于证券组合管理，或是积极于所投资公司管理。很明显，证券投资群体就是中介机构，当然由于有些金融中介并不从事中介性的投资业务，故此，并非所有的金融中介都是证券投资群体。证券投资群体与个人投资者有很大不同。对于个人投资者来说，其所有权和经营权是统一的，而证券投资群体的所有权和经营权则是分开的，其中多了一层委托代理关系。从上市公司的角度看，证券投资群体无疑是它的股东，只不过是机构大股东而已。就机构的性质而言，又具有集合投资的特征，无论是自营还是委托代理经营，都发挥着规模经济优势，运用着分散投资所具有的降低风险之功能。

7.1.2 证券投资群体的类型

心理学家米切尔曾评论说：群体方面的研究缺乏理论性，要综合一个知识体系相当困难。[1]社会心理学家特拉梅特认为20世纪60年代许多的实验违反了"群体"的含义，被试的人们所扮演的角色、规范和感情的联结，都由研究者摆布，是暂时的和人为的，甚至有人认为这时期群体的研究是劣质的，即便其中也有一些质量较好的研究结果。群体行为并不是个体行为的简单总和。所以有必要对群体行为进行研究，以便发现它对个体的影响和在组织中发挥的作用。

投资群体可按不同的标准来分类。

1. 大型群体和小型群体

按社会心理学的观点，凡是全体成员之间有直接的、面对面的接触和联系的，是小型群体；否则，是大型群体。

投资群体也是这样。在大型集团，如银行、石化企业、航空企业等大型上市公司中，成员之间很难有直接的接触和面对面的联系，一切投资决策均来自于决策层，即使有相关部门具体落实，也多是由主管领导单线负责。虽然相关的具体部门也会聘请专业人士参与到投资决策当中，但这些专业人士与其主管之间以及与其主管的主管之间对话的机会少，建议得到采纳的机会也就偏少。这样的大型群体往往存在许多投资漏洞，中航油、中储棉等的例证均可说明这一点。

---

① 孙耀君.管理思想发展史[M].太原：山西经济出版社，1999：248-249.

而在小型群体，诸如私募基金、合伙企业、非正式组织等，由于领导层人数少，互相之间交流和沟通无障碍，因此投资效率高。实际上，证券市场上存在的"XX工作室"、"XX私募基金"等投资群体的投资收益远高于其他证券投资基金、上市公司乃至大型集团，除了经营费用小的优势外，主要是因为成员之间能够有直接的、面对面的接触和联系。

2. 假设群体和实际群体

假设群体指实际上并不存在、只是为了研究和分析的需要而按一定特征(如年龄、民族、性别、职业等)划分出来的群体，又叫做统计群体；实际群体则是实际存在的群体。

在证券市场上，为了研究方便，经常会创造出老年投资群体、中年投资群体、青年投资群体；男性投资群体、女性投资群体；专业投资群体、业余投资群体；新股民群体、老股民群体；技术派投资群体、基本分析派投资群体；普通投资群体、党羽投资群体，等等。事实上，这些群体并不是真正存在的，他们是一类投资个体的群称。这些投资个体之间没有任何的联系和关系，只是一些研究人员假设他们是一个群体，因此称为假设群体。

实际群体是实实在在存在的群体，其中，绝大部分是经过国家工商行政管理部门登记，取得相关执照的法人。如上市公司、证券投资基金、保险公司、信托投资公司、社会保险基金、QFII等。也有一部分是由民间不同投资者组成的，如私募基金、民间合伙组织、非正式组织等。截至2010年12月31日，我国证券市场股票账户情况如表7-1所示。

表7-1 2010年末股票账户情况

项　目	沪　市	深　市	合　计
期末有效账户数(户)	67 267 400	66 643 000	133 910 400
股票账户开户总数(户)	81 542 287	80 140 221	161 682 508
A股账户开户总数(户)	80 014 440	79 143 244	159 157 684
B股账户开户总数(户)	1 527 847	996 977	2 524 824
股票账户销户总数(户)	3 539 366	3 602 852	7 142 218
A股账户销户总数(户)	3 527 816	3 589 234	7 117 050
B股账户销户总数(户)	11 550	13 618	25 168
期末股票账户总数(户)	78 002 921	76 537 369	154 540 290
期末A股账户数(户)	76 486 624	75 554 010	152 040 634
期末B股账户数(户)	1 516 297	983 359	2 499 656
期末休眠A股账户数(户)	10 735 500	9 894 400	20 629 900
新增股票开户数(户)	657 826	652 566	1 310 392
新增A股账户开户数(户)	655 855	651 036	1 306 891
新增B股账户开户数(户)	1 971	1 530	3 501

续表

项　目	沪　市	深　市	合　计
新销股票账户数(户)	32 745	32 876	65 621
A股账户新销户总数(户)	32 472	32 621	65 093
B股账户新销户总数(户)	273	255	528
新增开户代理机构(家)	0	0	-
新增开户代理网点(个)	67	62	-
开户代理机构总数(家)	102	103	-
开户代理网点总数(个)	5 029	4 617	-

说明：

①深圳开户代理机构家数和开户代办点个数不包括被暂停开户代理业务的机构及网点；

②休眠账户指根据中国证监会《关于做好证券公司客户交易结算资金第三方存管有关账户规范工作的通知》以及中国证券登记结算有限责任公司《关于进一步规范账户管理工作的通知》的规定，经证券公司核实、申报的休眠账户数；

③深市开户代理机构总数包括暂停开户代理资格的开户代理机构。

截至2010年12月31日，基金账户情况如表7-2所示。

表7-2　2010年末基金账户情况[①]

项　目	沪　市	深　市	合　计
基金账户开户总数(户)	16 965 175	19 139 266	36 104 441
基金账户销户总数(户)	27 633	2 034 322	2 061 955
期末基金账户数(户)	16 937 542	17 104 944	34 042 486
新增基金账户开户数(户)	150 817	117 551	268 368
基金账户新销户总数(户)	118	138	256

说明：

①基金账户指中国证券登记结算有限责任公司《证券账户管理规则》所称的"证券投资基金账户"；

②基金账户数包括因中国证券登记结算有限责任公司开放式基金系统账户注册自动配发的基金账户数。

截至2010年12月31日，开户代理机构个数如表7-3所示。

表7-3　开户代理机构个数统计表[②]　　　　　　　　单位：家

开户代理机构		上海分公司	深圳分公司
A股开户代理机构	证券公司	102	101
	银行	0	2
	小计	102	103
B股	开户代理机构	152	97

说明：深圳分公司数据包括暂停开户代理资格的开户代理机构。

---

①　中国证券登记结算有限责任公司。2010年统计年报［EB/OL］.http:www.chinaclear.cn/main/03/0305/1310684148793，2011-12-26/2011-12-26.

②　同上。

从表7-2可知，沪深两市基金账户共有36 104 441户，这还没加上那些上市公司股权投资部分。

3. 正式群体和非正式群体

正式群体和非正式群体也就是正式组织和非正式组织。所谓正式组织就是传统管理理论所指出的，为了有效地实现企业的目标，规定企业各成员之间相互关系和职责范围的一定组织体系。正式组织如上市公司、国有大型企业集团、证券公司、证券投资基金、其他非上市企业等，是经过国家工商行政管理部门登记，取得营业执照以及相关行业的经营许可的法人。在我国，正式组织占证券投资群体的绝大部分比例。在我国沪深股市，有1 800多种可交易证券，基本对应着相同的投资主体。此外，期货市场的机构投资者也占有很大比例，多数企业在期货市场进行着套期保值交易。

人是社会的动物，人们在企业内共同工作的过程中，相互之间必然发生一定的关系而形成非正式的集团或团体。在梅奥以前，已有人察觉到在工人中除正式组织以外，还有非正式组织的存在。如泰罗就强烈地感觉到在工人中存在着有组织的"磨洋工"和团体压力。有的管理学者描述了自己同非正式组织的关系和工人对待工作的态度上的体验。还有的学者对于导致产量限制的团体压力进行了广泛的研究。但对非正式组织这一问题进行系统的、较深入研究的，还是从梅奥等人的霍桑试验开始的。梅奥认为，在正式的法定关系掩盖下都存在着非正式群体构成的更为复杂的关系体系。工厂中的非正式组织对工人起着两种作用：一是保护工人免受内部成员的疏忽所造成的损失，如生产得过多，以致企业管理当局提高生产定额；或生产得过少，以致引起管理当局的不满，并加重同伴的负担。二是保护工人免受非正式组织以外的管理人员的干涉所形成的损失，如降低工资率或提高生产定额等。梅奥等人认为，不能把非正式组织的形成看成是一件坏事，必须看到它是必然会出现的，并已起着有利的作用。它同正式组织相互依存，对生产率的提高有很大的影响。

同工厂中的非正式组织一样，证券市场也存在着非正式组织。证券市场的非正式组织大多表现为私募基金、合伙利益集团、证券工作室、家族式组织等等。这些非正式组织一般具有证券投资基金的显著特点，其组织结构、运作机理以及操盘手法与证券投资基金相似，但由于它们是个体自愿形成的群体，又没有而且暂时也不会获得相关法律法规的承认，因此其投资更具有灵活性和隐蔽性。

梅奥主张对待非正式组织的正确态度是：正视和重视非正式组织的存在；应对非正式组织及其成员的行为进行引导，注意在正式组织的效率的逻辑同非正式组织的感情的逻辑之间保持平衡，以便使管理人员同工人之间、工人相互之间能互相协作，充分发挥每个人的作用，提高效率，使之有利于正式组织目标的实现。

同样，在我国证券市场发展创新的过程中，应该给予非正式组织以合法的地位。比如设立私募基金法、用合伙企业法规范相关非正式企业等，并对非法的非正式组织进行严格监管，保障广大投资者的相关利益。

===== 课堂分享案例7-2 =====

在一次欧洲篮球锦标赛上，保加利亚与捷克斯洛伐克队相遇。当比赛还剩8秒钟时，保加利亚队以2分优势领先，一般说来该队已稳操胜券。但是，那次锦标赛采用的是循环制，保加利亚队必须赢球超过5分才能取胜。可要用仅剩下的8秒钟再赢3分，可能性接近于零。

这时，保加利亚队的教练突然请求暂停，许多人对此付之一笑，认为保加利亚队大势已去，被淘汰是不可避免的，教练即使有回天之力，也很难力挽狂澜。暂停结束后，比赛继续进行。这时，球场上出现了众人意想不到的事情：只见保加利亚队拿球的队员突然运球向自家篮下跑去，并迅速起跳投篮，球应声入网。这时，全场目瞪口呆，全场比赛时间到。但是，当裁判员宣布双方打成平局要加时时，大家才恍然大悟。保加利亚队这出人意料之举，为自己创造了一次起死回生的机会。加时赛的结果，保加利亚队赢了6分，如愿以偿出线。[1]

观点碰撞： 在投资群体搏取财富的角逐中经常遇到类似的情形：退一步，或者暂时放弃眼前的利益，从而为自己赢得更大的发展空间和机会。

4. 参照群体和非参照群体

参照群体又叫做标准群体或榜样群体，指其标准、目标和规范会成为人们的标准或榜样的群体，其他群体为非参照群体。

在我国证券市场中，有些群体就起着参照群体的作用。我国2010年度受投资者欢迎的前5家基金公司如下[2]。

(1) 嘉实基金。2010年，嘉实旗下基金管理业绩突出，4只基金区间净值增长率超过20%，9只基金涨幅超过10%，其中5只开放式主动投资偏股型基金在342只同类基金中排名前1/10。2只传统封闭式基金在26只同类基金中分别排名第一、第四位。业绩驱动嘉实规模持续增长，2010年公司管理公募基金资产规模增长38.8亿元，至年底达1 603.00亿元，规模排名同业第二。

(2) 海富通基金。2010年海富通旗下7只主动投资偏股型基金股票平均持仓时间不足4个半月，其中部分基金平均持仓时间甚至不足2个月，上半年股票换手率达

① 东方笑.打破常规[J].小品文选刊，2006(21).
② 张欣懋.基于均值—风险模型的我国基金投资组合与绩效研究[D].南京：南京大学，2011：19-20.

419.58%，远高于市场平均水平。季报数据进一步显示，海富通善于集中投资于优势股票，公司整体持股集中度较高，其中2010年三季度末、四季度末公司旗下的7只主动投资偏股型基金的前10大重仓股分别集中在26只、25只股票上。

(3) 银华基金。2010年旗下基金整体超额管理回报(超越业绩比较基准的收益)达8.84%，其中银华富裕主题区间净值增长率达15.66%，超越业绩比较基准25.52个百分点。公司长期业绩更为可观，截至2010年底，旗下所有基金共为持有人创造了近24.77%的超额管理回报，在所有基金管理公司中名列第一。鉴于此，银华基金荣获2010年"年度十大明星基金公司奖"。

(4) 国泰基金。2010年，旗下基金产品国泰区位优势以13.7%的净值增长率，在203只股票型基金中排名第31位；基金金泰以9.69%的净值增长率，在28只封闭式基金中排名第6位。国泰双利债券，12个月中8个月战胜同类平均水平，业绩稳定性高。2008—2010年3年周期，国泰金鹰增长基金业绩排名长期位列3年期股票型基金第一，国泰金牛创新股票排名股票型基金前20%；国泰金鼎价值混合排名混合型基金前20%；国泰金龙债券，在一级债基金中业绩排名前10%。

(5) 泰达宏利基金。2010年，泰达宏利管理的多只权益类方向基金业绩整体表现突出，泰达宏利成长股票以22.32%的净值增长率，在203只股票型基金中排名第8位；泰达宏利红利先锋股票以19.30%的净值增长率，排名第17位；泰达宏利精选股票以12.73%的净值增长率，排名第34位；泰达宏利周期以9.51%的净值增长率，排名第48位；泰达宏利效率优选混合(LOF)以16.27%的净值增长率，在157只混合型基金中排名第21位；泰达宏利品质生活混合以12.37%的净值增长率排名第33位。

而其他一些群体的标准、目标和规范不会成为人们的标准或榜样，因此也就是非参照群体。

7.1.3　证券投资群体的团体动力学特征

麦格雷戈(Douglas M. Mc Gregor，1906—1964)曾在论述群体作用的时候指出，在人类发展历史中可以看到群体一直是解决问题的最有利的工具，足以应付一切严峻和苛刻的生存环境。[1]有的心理学家还把群体说成是生长和维持生命的土壤。[2]

1. 团体动力学关于团体的理论要点

1944年，卡特·卢因(Lewin Kurt)首先用"团体动力学"的名称来指团体中人与人相互接触、影响所形成的社会程序。受其同事的完形心理学的观点的启发而发展

① 道格拉斯·麦格雷戈(Douglas M.Mc Gregor).企业的人性方面[J].管理评论，1957(11).
② 杨锡山.西方组织行为学[M].北京：中国展望出版社，1986：152-153.

出一种独创的并富于成果的关于人的行为的"场论"，这是他的团体行为研究的理论基础。他在1938年提出人的行为是他的个性同他所理解的环境的函数。在西方卢因被称为当代实验社会心理学之父。

卡特·卢因的团体动力学理论要点如下。

(1) 团体动力学所研究的团体指非正式组织。卡特·卢因的团体动力学理论认为，团体同正式组织互相影响，并共同接受"投入"，提供"产出"。同正式组织一样，团体(非正式组织)也有三项要素，即活动、相互影响、情绪。

(2) 团体是处于均衡状态的各种力的一种"力场"。这种"力场"叫做"生活场所"、"自由运动场所"。团体动力学中的"力场"概念借自物理学。人的心理和行为取决于内在需要和周围环境的相互作用。当人的需要没有得到满足时，会产生内部力场的张力，而周围环境因素起着导火线的作用。

(3) 团体有自己的目标。除了正式组织的目标以外，团体还必须有它自己的目标，以维持团体的存在，使团体持续地发挥作用。不断地过度追求正式组织的工作目标，没有休息和松懈，可能有损于团体行动的内聚性和效率。所以，领导者必须为促进一定程度的团体和谐而提供相当的时间和手段。当然，闲谈过多和工间休息时间太长，并无好处。但适当的交谈和休息，对团体的维系是必要的。

(4) 团体的结构有差异。在正式组织指派的单位中，通常有一个指定的正式领导对集体的工作负责。在非正式组织(团体)中也有一个非正式的、较难辨认的结构。这个结构中包含正常成员、非正常成员、领导成员和孤立者。正常成员接受并遵守团体的绝大多数规范。非正常成员接受其中的一些规范，而拒绝其中的另一些规范，但仍是团体成员之一。他会由于拒绝团体的某些规范而受到挖苦、讽刺和排斥。这类团体中的相互影响行为(挖苦、讽刺等)是为了使这些非正常成员的行为回到团体的正轨上来。非正式组织的领导成员在保持团体的团结方面做出了最大的贡献。他们帮助较弱的成员，解除团体内部的紧张状态，向正式组织的领导者提出团体的要求。组织中那些不属于基本团体的人是孤立者。他们通常向往于不同于目前单位的另一个团体。例如，工人团体中的计算机操作员看不起生产工人的团体规范。因为，他希望将来能从事独立的事业。那些只看到正式组织结构，而没有认识到还存在着非正式组织结构的管理人员，肯定会错误地理解和估计职工的行为。

(5) 团体有不同的领导方式。团体有三种不同的领导方式，这三种领导方式的效果是不同的。①专制的领导方式。领导者一个人做出决策，要团体服从。这种团体中的成员爱争吵和攻击，有的成员完全依附于领导者。当领导者不在时，团体的活动趋于停顿。这种团体的工作只能取得中等的效率。②民主的领导方式。领导者通过讨论和征求意见，吸收团体中成员的看法和建议，并鼓励成员参与决策。领导者的工作主要是在成员之间进行调解和仲裁。在这种团体中，各个成员之间很友好，领导者和成员之间的关系较为融洽。即使领导者不在，工作仍能平稳地持续前进。③自由放任的领导方式。这种团体中的领导者的作用有点像情报交换站。他贬低了自己在团体活动中的作用，不进行什么控制，而主要是向各个成员提供资料和情报。在这种团体中，工作的进展不稳定，效率不高。活动虽然不少，但许多活动是非生产性的。相当多的时间浪费在团体成员之间无原则的争辩和讨论上。

(6) 团体的参与者众多。一个团体除了领导者以外，还有参与者。团体规模的大小是决定其成员参与程度和人数的一个主要因素。此外，如果团体成员的权力和地位比较平等，则参与者的人数会显著增加。

(7) 团体有适当的规模。由于非正式组织的实质在于人与人之间的相互关系和作用，所以，基本团体以规模小为好，以便成员相互间能经常交往。为了完成工作任务和维持团体，团体以多大规模为好，曾有人做过多次研究。这些研究的结果大致如下：①当一个团体的主要任务是做出高质量的、复杂的决策时，最恰当的规模是7~12人，并有一个正式的领导者。②当一个团体的主要任务是解决矛盾和冲突，取得协议时，最好由3~5人组成，不要正式的领导者。这样能够保证每个成员充分发表意见和进行讨论。③当一个团体既要做出高质量的决策，又要取得协议时，最好由5~7人组成。团体中成员的人数为偶数时，易于发生冲突，而由2人或4人组成的团体又比由6人组成的团体更易发生冲突。在座位安排方面，面对面坐的成员较易发生争论。如果目标是取得协议，那么，可能发生冲突的人应朝同一方向坐。[1]

课堂分享案例7-3

当年，哈佛牧师立遗嘱时，把他的一块地皮和250本书遗赠给了当地一所学院，这所学院发展成了现在的哈佛大学。哈佛学院一直把哈佛牧师的这批书珍藏在哈佛楼里的一个图书馆内，并规定学生只能在馆内阅读，不能携出馆外。1764年的一天深夜，一场大火烧毁了哈佛楼。在大火发生前，一名学生碰巧把哈佛牧师捐赠的一册名为《基督教针对魔鬼、世俗与肉欲的战争》的书带出了馆外，打算在宿舍里阅读。第二天他得知大火的消息，意识到自己从图书馆携出的那本书，已是哈佛接受捐赠的250本书中惟一存世的一本了。经过一番思想斗争后，他找到了当时的校长霍里厄克，把书还给了学校。校长收下了书，感谢了他，然后下令把他开除出校，理由是，这名学生违反了校规。[2]

观点碰撞：不开除这名学生行吗？也可以，不管怎么说，毕竟是他使哈佛牧师的书总算留下了一本——这可能是我们的行事态度。但校长没有这么

[1] 孙耀君.管理思想发展史[M].太原：山西经济出版社，1999：252-253.
[2] 张辅松.基于自组织演化的高校成长管理研究[D].武汉：武汉理工大学，2011：49-51.

做。他感谢那位同学，是因为那位同学诚实，把书送了回来；开除他，是因为有校规。哈佛的理念是：让校规看守哈佛的一切，比让道德看守哈佛更有效。这便是他们的行为态度：法理第一。制度应该具有这样特点：首先它是教条的而非灵活的，制度的教条可能以较小的概率影响了好人，但如果制度灵活，就可能以较大的概率使制度最后趋于崩溃，孰轻孰重不言自明。其次制度具有普适性，也就是说制度一经制订，必须人人遵守，而不存在特殊的不受制度约束的群体和个人，否则就有可能使制度成为一部分人玩弄于股掌的工具，而现代社会中的制度虽然可以被视为工具，但更是我们赖以追求的目标。执行制度的"网开一面"只存在于一种情况，那就是为避免更大的损失而不得已的行为，比如为救火不得不打碎窗户，为救病人不得不闯红灯……但即使如此，"网开一面"也是受限的，多数情况下，制度仍然具有约束力，即表现为"桥归桥，路归路"：违规受"罚"，而立功得"奖"。之所以要如此维护和推崇制度，是因为制度追求的是社会总体和长远的利益，它不应被任何短期的利益所左右，否则社会将为此而付出难以承受的成本。这或许是哈佛校长开除这名学生的原因。正如群体投资一样，制定了投资规划，就应严格按规划行事，违反了规划，不管你是否盈利，都应受到惩罚。

2. 证券投资群体的团体动力学特征

(1) 证券投资群体由正式组织和非正式组织组成。在活动、相互影响、情绪这三项要素中，"活动"指投资群体在投资中的一切行为。"相互影响"指其在组织中相互发生作用的心理与行为。"情绪"指其内在的、看不见的心理活动，如投资态度、情感、意见、信念等。这些虽然是看不见的，但可从人的活动和相互影响中推知。这三项要素不是相互孤立的，而是密切相关的。其中一项的变动，会使其他要素发生改变。投资群体中各个成员的活动、相互影响和情绪的综合，就构成群体行为。

(2) 投资群体的行为方向取决于内部力场与情境力场(环境因素)的相互作用。投资群体处于均衡状态的各种力的一种"力场"以内部力场的张力为主。卢因的"场论"在德国时主要用于研究个体行为。当他移居美国后，才用于研究群体行为，以便确定影响团体活动方向的各种因素。"力场"中的力涉及群体在其中活动的环境，还涉及群体成员的个性、感情及其相互之间的看法。群体成员在向其投资目标运动时，可以看成是力图从紧张状态解脱出来。一个群体是处于不断地相互适应的过程。群体投资行为就是各种相互影响的力的一种错综复杂的结合。这些力不仅影响群体结构，而且修正个人的行为。

(3) 投资群体内部的沟通对投资行为起关键作用。有效的投资群体能够觉察并处理成员间现存的和潜在的分歧和冲突，而不是掩盖或压制它们。在群体内把感情上的压力发泄出来,有利于投资目标的实现。如果群体中的一个人对同伴不信任,会把一些重要的投资信息隐瞒不讲,使得群体得不到正确的认识。相互信赖水平高的投资群体,在意见和感情的交流方面要好得多。

(4) 投资群体有其合理的结构。投资群体结构中包含正常成员、非正常成员、领导成员和孤立者。正常成员接受并遵守群体的绝大多数规范。非正常成员接受其中的一些规范,而拒绝其中的另一些规范,但仍是群体成员之一。他会由于拒绝群体的某些规范而受到挖苦、讽刺和排斥。这类群体中的相互影响行为(挖苦、讽刺等)是为了使这些非正常成员的行为回到团体的正轨上来。

(5) 投资群体的领导方式倾向于民主式。投资群体的参与式或民主式的领导方式比专权式的领导方式能吸引更多的高层行情分析和研究人员来参与。建设性的参与包括以下一些活动:提供情报、阐明观点、确定方向、概括、鼓励、调解,以及给每一个人提供讲话的机会。当然,还有许多种不合需要的参与者。如:积压事务者、为小事争吵者、骑墙派、高谈阔论者、唯唯诺诺者、阴郁者、爱戏弄别人者等。显然,领导者并不是自己去实现群体的目标,而是创造条件使建设性的参与者能为实现群体目标作出贡献。

(6) 投资群体的规模趋向于越来越小。在大规模的群体中,如大型上市集团,成员对专权式的领导方式较能容忍,但感到受威胁而不够安全。这时,只有较强的成员才试图表示自己的观点。这种情况再加上形成小派系的趋势,使得群体中的决策常常是策略性的,而不是以分析事实为依据的。所以,效率高的非正式组织往往是规模较小的群体。如果一个组织有成千上万的成员,则必然带有正式组织的性质,有规定的组织单位、任务、正式的权力关系、职务、责任等。而在这种正式组织中,往往自发地形成无数的小群体。

7.1.4 证券投资群体的发展特征

在证券市场,证券投资基金应该说是最大的投资群体。近年来,证券投资基金发展迅速(如表7-2所示)。

1. 证券投资基金逐步成熟

我国基金市场,正处于初期快速发展阶段,基金资产规模不断增长,基金品种不断丰富。证券投资基金品种覆盖股票基金、债券基金、货币市场基金、指数基金、保本基金等,证券投资基金资产规模的不断扩大对我国资本市场的影响力不断显现。表7-4是截至2011年6月30日成立满一年的业绩较好的基金一览[①]。

---

① 网易财经.上半年95%偏股基金亏损 排名再现大反转[EB/OL]. http://money.163.com/11/0630/23/77R8F0PU00251LIE.html,2011-06-30/2011-12-26.

表7-4　成立满一年业绩较好的基金

序号	基金代码	基金简称	本年增长率(%)	基金成立日期	基金经理
1	202007	南方隆元	6.89	1992-12-29	蒋朋宸、汪澂
2	160607	鹏华价值优势(LOF)	6.58	2006-07-18	程世杰
3	100032	富国天鼎	4.32	1994-01-01	徐幼华
4	160505	博时主题行业(LOF)	4.15	2005-01-06	邓晓峰
5	200008	长城品牌优选	3.98	2007-08-06	杨毅平
6	100038	富国沪深300	3.79	2009-12-16	李笑薇
7	100022	富国天瑞强势地区	3.47	2005-04-05	宋小龙
8	002031	华夏策略精选	2.88	2008-10-23	王亚伟
9	163806	中银增利	2.84	2008-11-13	李建、奚鹏洲
10	400001	东方龙	2.71	2004-11-25	于鑫
11	150012	国联安双禧A	2.69	2010-04-16	黄欣
12	360008	光大保德信增利A	2.47	2008-10-29	陆欣
13	000011	华夏大盘精选	2.37	2004-08-11	王亚伟
14	150018	银华稳进	2.22	2010-05-07	周毅
15	450005	富兰克林国海强化收	2.18	2008-10-24	刘怡敏
16	040004	华安宝利配置	2.12	2004-08-24	陆从珍

除证券投资基金外，我国证券市场上还活跃着规模庞大的私募基金。

2. 证券公司资金实力慢慢壮大

证券公司投入证券市场的资金有公司自有资金和代客理财资金。2011年7月29日，银行间市场公布的56家券商半年报表显示，56家券商合计实现盈利134亿元，其中，53家券商实现盈利，3家券商净利润超过10亿元，盈利结构逐步出现差异化。

从净利润排名来看，国泰君安证券、国信证券、银河证券位列前三名，盈利分别达到了16.2亿元、12.8亿元和11.2亿元。56家券商平均净利润达到2.39亿元。在手续费及佣金收入方面也是这三家券商收入最多，由此可见券商收益与手续费佣金收入息息相关。

在证券承销方面，平安证券、国信证券、安信证券具有优势，收入分别达到11亿元、9亿元和6亿元。16家券商承销收入过亿元，但同时也有9家券商承销收入为零，其中特别值得关注的则是投行大佬中金公司承销收入显示为零。

在资产管理业务排序上，国泰君安遥遥领先，以2.95亿元的收入高居榜首。其后东海证券资管收入7 647万元，该公司也是近年来在资产管理业务上异军突起。中金公司、东方资产管理业务分别收入6 313万元和5 513万元。

在投资收益上，东方证券、国泰君安证券收入较高，分别为8.32亿元和7.77亿元。上半年共有18家券商投资收益过亿元，13家券商为负。与此相应，上半年仅有

19家券商在公允价值一栏内体现为正收益，多数券商账面浮亏。[①]

3. QFII开始涉足投资领域

随着2004年3月国家外汇管理局批准瑞士信贷第一波士顿增加QFII投资额度1亿美元，加上此前的0.5亿美元，其投资额度增至1.5亿美元。到2011年3月，已有瑞士银行等109家QFII获得投资资格。QFII在我国仍处于试验阶段，由于这些境外机构对中国市场和上市公司的研究尚不充分，还需要一个适应的过程，但我国证券市场的对外开放是不可逆转的，随着时间的推移，会有更多的境外投资机构进入我国市场。

4. 社保基金投资规模逐步扩大

社会保障基金主要包括养老保险基金、医疗保险基金、失业保险基金、工伤保险基金和生育保险基金等。2000年9月25日，党中央、国务院宣布决定建立"全国社会保障基金"，并设立"全国社会保障基金理事会"管理运营这个基金。全国社保基金是中央战略储备，主要用于应对我国老龄化高峰时期养老金收不抵支的压力。该基金来源于中央财政拨款、国有股减持收入和转持股份、一部分彩票公益金、投资收益等，投资于固定收益产品、股票和实业。

全国社保基金已形成特有的投资理念和投资风格：一是坚持长期投资，二是坚持价值投资，三是坚持责任投资。2010年，社保基金会管理的基金资产总额8 566.90亿元，其中社保基金会直接投资资产4 977.56亿元，占比58.10%；委托投资资产3 589.34亿元，占比41.90%。基金负债余额191.32亿元，主要是投资运营中形成的短期负债。基金权益总额为8 375.58亿元，其中全国社保基金权益7 809.18亿元，个人账户基金权益566.40亿元。基金权益投资收益额321.22亿元，其中已实现收益额426.41亿元(已实现收益率6.56%)，交易类资产公允价值变动额－105.19亿元，投资收益率4.23%。基金自成立以来的累计投资收益额2 772.60亿元，年均投资收益率9.17%。

2010年，全国社保基金收到境内转持国有股319.80亿元，其中：股票196.63亿元，现金123.17亿元；自2009年6月执行《境内证券市场转持部分国有股充实全国社会保障基金实施办法》以来，累计转持境内国有股917.64亿元，其中：股票695.22亿元，现金222.42亿元。

2010年，全国社保基金收到境外转持国有股67.54亿元，自2005年执行境外国有股减持改转持政策以来，累计转持境外国有股500.36亿元。[②]

---

① 中证.银行间市场披露中报 56家券商上半年盈利134亿[N].中国证券报，2011-7-29.

② 吴雨，何雨欣.全国社保基金资产总额达8 566.9亿元，股权投资基金去年收益超3 494万元[EB/OL].http://news.xinhuanet.com/fortune/2011-05/19/c_121436629.htm，2011-05-19/2011-12-26.

5. 企业年金已经成为证券市场投资的新生力量

企业年金是指企业及其职工在依法参加基本养老保险的基础上，自愿建立的补充养老保险。它是我国养老保障制度的重要支柱之一，与作为国家养老储备基金的全国社保基金、基本养老个人账户基金以及未来将要建立的区域养老金一起，共同构成我国多支柱养老保障体系。与保险资金、社保基金一样，企业年金虽说一般要委托专业机构进行管理运作，但其投资将严格执行风险控制。换句话说，这些资金都是"亏不得"的资金。

2006年6月13日，由易方达基金公司负责投资管理的某知名国企集团的企业年金基金正式开始下单交易，这是企业年金投资股票市场的第一单。从此以后，企业年金作为一股重要力量，开始源源不断地进入证券市场，成为合规资金新来源。

企业年金入市会对证券市场的投资理念施加影响。《企业年金试行办法》和由中国证监会等四部委联合发布的《企业年金基金管理试行办法》已于2004年5月1日开始施行。该办法规定，企业年金可将不高于净资产50%的资金投资于定期存款、协议存款、国债、金融债、企业债等固定收益类产品及可转换债、债券基金，其中投资于股票等权益类产品及投资性保险产品、股票基金的比例最高为30%，投资股票的比例最高可达净资产的20%。2004年11月10日，由劳动和社会保障部与中国证监会联合下发的《关于企业年金基金证券投资有关问题的通知》出台后，沪深两市均以大幅上涨的长阳线做出反应，可见市场对企业年金入市的良性预期。我国企业年金制度已经多年试点，部分年金已进入国内A股市场，如上海企业年金发展中心和深圳企业年金中心管理的年金，二者资金总规模已超过50亿元。上述管理办法的施行将使企业年金在我国证券市场的投资不断增加。表7-5是2011年1—9月养老保险公司企业年金业务情况。

表7-5　2011年1—9月养老保险公司企业年金业务情况[①]　　　　单位：万元

公司名称	企业年金缴费	受托管理资产	投资管理资产
太平养老	392 901.00	1 656 618.90	2 020 765.60
平安养老	745 989.20	3 484 732.20	5 068 341.10
国寿养老	1 487 925.61	4 541 626.90	3 512 391.70
长江养老	254 372.16	2 599 695.40	1 681 645.40
泰康养老	127 317.21	364 701.63	0.00
合　计	3 008 505.18	12 647 375.03	12 283 143.80

说明：以上数据来源于各养老保险公司报送保监会统计报表数据，未经审计，目前统计频度暂为季度报。

---

① 保监会.2011年1—9月养老保险公司企业年金业务情况表[EB/OL].http://www.circ.gov.cn/web/site0/tab61/i181906.htm，2011-12-26/2011-12-26.

企业年金是企业职工退休后的"养命钱",资金安全和适度回报是主要的投资目标,长期稳定成长的优势企业将是易方达在企业年金基金资产配置上的重点。

6. 保险资金投资资本市场的比例逐年扩大

目前我国保险资金尚不能直接进行股票投资,只能通过购买基金间接入市。2010年8月31日,我国首部私募股权投资办法——《保险资金投资股权暂行办法》正式实施,保险资金可以直接投资企业股权或者间接投资企业股权。直接投资股权是指保险公司以出资人名义投资并持有企业股权的行为;间接投资股权是指保险公司投资股权投资管理机构发起设立的股权投资基金等相关金融产品的行为。

针对保险机构证券投资需求的日益增长,保监会于2011年7月召开会议,就保险机构改变拥有专用交易席位现状,推行以证券公司为主的交易结算模式向业界征求意见。而在此期间,证监会暂停了新获批的保险资产管理公司专用席位的审批。此前,国内保险资产管理公司一直维持着"9+1"格局,即人保、人寿、平安、中再、太保、新华、泰康、华泰和太平9家保险资产管理公司,以及友邦设立的外资保险资产管理中心。这10家机构都拥有完整的独立席位。

这是按照市场各方的基本功能进行定位,有利于建立保险资金投资资本市场的长效机制。近期,有证券公司尝试将保险机构作为特殊机构客户,向其提供证券经纪业务相关服务。程序为:保险机构与证券公司、存管银行建立第三方存管关系,并将证券账户指定或托管在相应证券公司;将拟进行证券投资的保险资金,按第三方存管有关规定转账至证券公司的客户资金汇总账户;通过证券公司的交易系统发出交易委托,证券公司可以为保险机构提供专用交易单元;证券公司履行清算与交收职责,并负责将清算数据转发给保险机构和保险资金托管人,用于数据汇总、估值。

表7-6是2011年1—10月保险业经营数据。

表7-6　2011年1—10月保险业经营数据[①]　　　　　单位:万元

项　　目	金　　额
原保险保费收入	122 237 167.75
1. 财产险	37 957 038.26
2. 人身险	84 280 129.48
(1) 寿险	75 545 789.37
(2) 健康险	5 844 001.46
(3) 人身意外伤害险	2 890 338.65
养老保险公司企业年金缴费	—

[①]　保监会.2011年1—10月保险业经营数据[EB/OL]. http://www.circ.gov.cn/web/site0/tab61/i184589.htm,2011-12-26/2011-12-26.

续表

项　　目	金　　额
原保险赔付支出	31 432 011.78
1. 财产险	16 570 069.55
2. 人身险	14 861 942.23
(1) 寿险	11 109 071.11
(2) 健康险	3 112 272.79
(3) 人身意外伤害险	640 598.33
业务及管理费	14 378 912.35
银行存款	168 282 008.82
投资	368 481 640.98
资产总额	582 101 275.73
养老保险公司企业年金受托管理资产	—
养老保险公司企业年金投资管理资产	—

说明:

①本表数据是保险业执行《关于印发〈保险合同相关会计处理规定〉的通知》(财会 [2009]15 号)后，各保险公司按照相关口径要求报送的数据。

②"原保险保费收入"为按《企业会计准则(2006)》设置的统计指标，指保险企业确认的原保险合同保费收入。

③"原保险赔付支出"为按《企业会计准则(2006)》设置的统计指标，指保险企业支付的原保险合同赔付款项。

④原保险保费收入、原保险赔付支出和业务及管理费为本年累计数，银行存款、投资和资产总额为月末数据。

⑤银行存款包括活期存款、定期存款、存出保证金和存出资本保证金。

⑥养老保险公司企业年金缴费指养老保险公司根据《企业年金试行办法》和《企业年金基金管理试行办法》有关规定，作为企业年金受托管理人在与委托人签署受托合同后，收到的已缴存到托管账户的企业年金额。

⑦养老保险公司企业年金受托管理资产指养老保险公司累计受托管理的企业年金财产净值，以托管人的估值金额为准，不含缴费已到账但未配置到个人账户的资产。

⑧养老保险公司企业年金投资管理资产指养老保险公司累计投资管理的企业年金财产净值，以托管人的估值金额为准，不含缴费已到账但未配置到个人账户的资产。

⑨养老保险公司企业年金缴费为本年累计数，养老保险公司企业年金受托管理资产和养老保险公司企业年金投资管理资产为季度末数据。

⑩养老保险公司企业年金缴费、养老保险公司企业年金受托管理资产、养老保险公司企业年金投资管理资产的统计频度暂为季度报。

⑪上述数据来源于各公司报送的保险数据，未经审计。

7.2 群体投资的心理倾向

证券投资领域十分广阔。证券可分为无价证券和有价证券。这里边包括储蓄、保险等货币证券，也包括土地使用证、房产证、股权证、债权证等权益证券。按照不同的划分标准，证券投资领域与形式各不相同。在不同的证券投资领域证券投资心理倾向也各不相同。

7.2.1 权益性投资与非权益性投资

权益性投资与非权益性投资的分类是按照是否为获取其他企业的权益或净资产所进行的投资而划分的。有研究者将权益性投资和非权益性投资称为权益投资和非权益投资，或者权益类投资和非权益类投资。无论如何称谓，其基本的属性都是相同的。

1. 权益性投资

根据中华人民共和国企业所得税法实施条例第119条的规定，权益性投资，是指企业接受的不需要偿还本金和支付利息，投资人对企业净资产拥有所有权的投资。权益性投资所得是指从被投资企业净资产中获取的投资收益。

权益性投资是企业筹集资金的一种基本的金融工具。投资者持有某企业的权益性证券，代表在该企业中享有所有者权益，普通股和优先股就是常见的权益性证券。权益性投资形成投资方与被投资方的所有权与经营权的分离，投资方拥有与股权相对应的表决权。

权益性投资的主要特点包括两个方面：一是一般没有固定的收回期限和固定的投资收益，投资方只能依法转让出资而不能直接从接受投资企业撤资，风险一般较高。二是企业进行权益性投资，主要考虑接受投资企业的获利能力，是否能够获得较高的回报以及影响、控制被投资企业是否有利于本企业的长远利益。

2. 非权益性投资

按照上述的理解，非权益性投资指不是为获取其他企业的权益或净资产所进行的投资，如债券投资等。

从上述分析可知，权益性投资是企业购买的其他企业的股票或以货币资金、无形资产和其他实物资产直接投资于其他单位。长期股权投资的最终目的是为了获得较大的经济利益，这种经济利益可以通过分得利润或股利获取，投资企业也可通过所持股份，控制或对被投资单位施加重大影响。

非权益性投资狭义上也可称做债权投资或债券投资，长期债权投资是企业购买的各种一年期以上的债券，包括其他企业的债券、金融债券和国债等。债权投资不是为了获取被投资单位的所有者权益，债权投资只能获取投资单位的债权，债权投资自投资之日起即成为债务单位的债权人，并按约定的利率收取利息，到期收回本金。

7.2.2　金融原生品投资与金融衍生品投资

按照金融产品的产生渠道来划分，证券市场的投资行为可以划分为金融原生品投资和金融衍生品投资。

1. 金融原生品投资

广义上讲，金融原生产品是指金融市场的基础工具。金融原生产品主要包括以商业银行为中介的存贷款、债券和股票等证券类资产以及保险产品。

金融原生产品交易反映的是对货币控制权的交易。从历史上看，通过金融原生产品集聚资本是资本主义生产方式产生和发展的重要前提。[①]

2. 金融衍生品投资

金融衍生产品的作用有规避风险、价格发现等，它是对冲资产风险的好方法。但是，任何事情有好的一面也有坏的一面，有人规避了风险就一定有人要承担风险，衍生产品的高杠杆性就是将巨大的风险转移给了愿意承担的人，这类交易者称为投机者，而规避风险的一方称为套期保值者，另外一类交易者被称为套利者。这三类交易者共同维护了金融衍生产品市场上述功能的发挥。

据统计，2000—2010年，在金融衍生产品的持仓量中，按交易形态分类，远期交易的持仓量最大，以下依次是掉期、期货和期权。按交易对象分类，以利率掉期、利率远期交易等为代表的有关利率的金融衍生产品交易占市场份额最大，以下依次是货币衍生产品和股票、商品衍生产品，1988年到2011年的24年间，金融衍生产品市场规模扩大了19倍。截至2011年8月底，共有163家期货公司，1 117家期货营业部。163家期货公司净资本为290亿元，比去年底增长15.31%，是2006年底的6.4倍，期货市场保证金规模为1 889亿元，比去年底增长11.22%，是2006年底的9.4倍；法人客户持仓比例近50%，证券公司、基金公司、信托公司、QFII等机构投资者正在有序参与股指期货市场，全行业的抗风险能力进一步增强。[②]

各种交易形态和各种交易对象之间的差距并不大，整体上呈高速扩大的趋势，但金融衍生品交易风险也频频爆发，各国都是如此。在新加坡上市的中国航油在投机性石油衍生品交易损失约5.5亿美元(合人民币45亿元)后，向当地法院申请召开债权人大会，以重组债务，而其股票已遭新交所停牌，总裁陈久霖的职位也被暂停。

2004年10月25日，国际原油价格飙升至每桶55.67美元的历史高点。中航油集团向中航油提供了1亿美元贷款，但也未能帮助中航油免于被交易所强制平仓。自2004

① 朝克图，张秀琴.我国金融创新的特点与制约因素[J].前沿，2004(12).
② 侯捷宁.163家期货公司净资本增长15.31%[N].证券日报，2011-9-29.

年10月26日至11月29日，中航油已经平仓的石油期货合约累计亏损约3.9亿美元，而将要平仓的剩余石油期货合约亏损约1.6亿美元。累计亏损5.5亿美元，成为中国海外公司中最大的一宗丑闻。

7.2.3 直接投资与间接投资

按照投资者是直接或间接地购买证券或者其相关产品进行生产或经营，并由此获得收入，可以将投资行为划分为直接投资和间接投资。

1. 直接投资

直接投资就是投资主体自我投资、自主经营、自担风险、自身获益[①]。直接投资方式由于投资方向分散，且投资金额受到一定限制，因而实现其投资的规模效益有一定难度。目前，类似于企业这样的组织对直接投资方式的选择和利用较为普遍，而个体投资者的直接投资则多集中于国外证券。实际上，从广义上讲，这仍属间接投资的范畴。

2. 间接投资

间接投资就是将收入的一部分通过间接的方式(如购买股票、债券等)投入生产和经营，以获取一定收益。

间接投资方式具有一定的投资优势：一是间接投资能满足投资主体的投资安全性；二是间接投资能满足投资主体的投资增值性；三是间接投资能满足投资主体的投资流动性。

7.2.4 长期投资与短期投资

按照投资期限来划分，投资主体的投资行为可分为长期投资与短期投资两种类型。

1. 长期投资

长期投资是指企业以获取投资收益和收入为目的，向那些并非直接为本企业使用的项目投入资产的行为。长期投资有债券投资、股票投资和其他投资三种形式。可上市交易的债券和股票一般采用现行市价法进行评估，按评估基准日的收盘价确定评估值；非上市交易的债券和股票一般采用收益现值法，根据综合因素确定适宜的折现率，确定评估值。递延资产能否作为评估对象就在于它能否在评估基准日后带来经济效益。

巴菲特有一个观点，而且也是他本人一直遵循的理念：以价值投资为基础，而

---

① 陆剑清.投资心理学[M].大连：东北财经大学出版社，2000：31.

不是短期的炒作。他还信奉"集中投资、长期持有"的投资策略，尤其是注重中长期投资增值。在我国资本市场上，长期投资的理念很难得到认可。除了监管不力和舆论导向错误的问题之外，还有认识上的问题，因此正确理解长期投资理念是不容忽视的问题。

课堂分享案例7-4

在2000年初，美国股市网络股泡沫最厉害的时候，巴菲特却一股网络股也不买，从一季度开始大量买入传统型运动服装公司耐克的股票，而当时股价最低只有27美元左右，他到2000年底共买入5 554 100股，该股票年度收盘价为55.81美元，一年就涨了近一倍。

2001年略有减持，年底持股4 930 700股。2002年增持到600万股。

2000年到2002年底，网络股泡沫破裂，标准普尔500指数从1320点跌到909点，跌幅38%。耐克股价从55.81美元跌到44.47美元，跌幅20%，明显强于大盘。看来巴菲特持续增持耐克，选对了。

2003年巴菲特对耐克持股保持不变。2002年底到2004年底，标准普尔500指数从909点反弹到1 212点，涨幅高达1/3，耐克股价涨了一倍，超过90美元。巴菲特在2004年四季度大幅减持耐克的股票，从600万股减持到250万股，减持了58%，平均减持价格在80至90美元。按照巴菲特2000年一季度买入的价格27美元计算，此时减持5年累计盈利超过2倍。

2005年巴菲特对耐克持股为2 474 600股，基本没变，耐克股价年底为90.69美元，与上年基本持平。

2006年8月份，耐克股价最低回调到76美元左右。而其销售收入和利润2001到2006年5年的年复合增长率为10%和20%。在股价回调16%之后巴菲特又开始增持，年底增持到400万股，耐克股价年底涨到99美元。

2007年一季度耐克股价最高冲破109美元，4月份耐克1股拆成2股，巴菲特持股变为7 641 000股，年底收盘价为64美元，相当于拆股前的128美元，不到一年半就反弹68%。[①]

观点碰撞：分析巴菲特在越级成长股耐克股票上的灵活操作，帮助我们澄清了一些对巴菲特价值投资的严重认识误区：第一，大牛市也有价值低估的好股票。第二，再好的公司其股票被过于高估后也应该卖出。第三，卖出后发现基本面变得更好时要及时修正看法及时增持。第四，好公司股票也可能几年不

① 刘建位.巴菲特投资超级成长股耐克的启示[N].第一财经日报，2009-7-18.

涨，要有心理准备。最后，也是最重要的是，巴菲特这位最著名的价值投资大师，投资耐克这只公认的最典型的成长股，他用行动说明他的论断：区分价值股和成长股毫无意义。

2. 短期投资

短期投资，是指能够随时变现并且持有时间不准备超过1年(含1年)的投资，包括对股票、债券、基金等的投资。短期投资应符合以下两个条件：一是能够在公开市场交易并且有明确的市价；二是关注剩余资金的存放形式，并保持其流动性和获利性。

如此强调长期投资并不是要排除短线操作。相反，我们提倡有条件的投资者应当正确看待和运用短线操作。有信息优势、较高操作水平和丰富经验的投资者，完全可以进行短线操作。但是要记住短线的风险往往较大，不可将全部赌注都压在短线操作上。因此，应当提倡长短结合。

实际上，长期与短期相结合的理念也是投资理财理念中所提倡和比较重视的基本理念。

7.2.5　主动投资与被动投资

按照投资主体的投资意愿，投资行为还可以划分成主动投资和被动投资。在市场足够有效的情况下，任何证券的价格在它的内在价值附近波动。

主动型投资追求频繁交易，集中投资，追求短期高额收益。由于频繁交易带来的高昂交易费用，造成成本的上升，要求主动型投资管理人必须掌握具有高价值含量的研究成果才能与被动型投资相抗衡。然而，在大家已经公认的市场已然足够有效的今天，如果要做出超高水平、有预见性的研究成果，必然会带来研究等相关费用的大量支出，成本的重负使得主动型投资想取得高于被动型投资的业绩可谓难上加难。更糟的是，高额的成本付出，并不与取得真正有价值的研究成正比。因此，在激烈的市场竞争中，主动型基金原本以主动型投资为由向投资者收取的高额费用，由于不能给投资者带来相应的回报，促使越来越多投资者选择把资金转移到收费低廉的被动型基金中，这也就是目前被动型投资在基金行业中大行其道的原因。

采用被动型投资策略的投资者，相信市场是有效的，所以，他们认为任何企图预测个股走势的行为都是徒劳的，所有股票都在它的内在价值附近交易。因此，持有整个市场的组合作为投资组合，才是最佳投资策略。在市场有效性下，只有大盘的总体回报才是投资者可获取的最大的回报。被动型投资原则上奉行"买并持有"投资策略，并不像主动型投资那样频繁交易，而且由于跟踪预定指数不需投入大量研究费用，因此，对基金投资者来说费用低廉，这也是被动型基金的主要优点之一。

主动投资和被动投资的主要区别是主动投资希望通过择时和择股以取得优于市场的表现，而被动投资则通过跟踪反映市场变化的股票指数以取得与市场相似的投资表现。主动投资的预测和估值过程决定了合理股票的交易价格以及市场的总体价格水平，对资本市场完成合理配置有限资源的重要功能起着非常关键的作用。同时，主动投资增加股票的交易量从而使股票的流动性增强和市场的深度增加，对市场的有效运作起着润滑油的作用。另外，专业机构的主动投资对股票市场有正确估值导向作用，因为散户投资股票往往注重技术分析和投机，而专业机构投资注重股票的内在价值和科学的宏观经济和行业景气预测。

证券投资心理倾向纷繁复杂，并非几千、几万文字可以叙述。本章后面的研究中，将重点分析投资主体的股票、基金、金融衍生品等心理倾向与行为偏好。

7.3 群体投资的心理预期

预期作为一种心理现象以及经济行为人的行为特征之一，从未脱离过经济学家的视野。从史密斯(Smith V.L.)到马歇尔(Marshall A.)再到维克塞尔(Wicksell J.G.K.)，从尤格拉(Juglar C.)到庞巴维克(B hm-Bawerk E.V.)再到熊彼特(Schumpeter J.A.)等等，都在不同角度和不同层次上关注和探讨过预期问题。

7.3.1 心理预期的实质

1. 预期

预期(Expectation)是指经济主体对其当前决策有关的不确定的经济变量的未来值的预测。即预期是经济活动当事者依据一定信息，对将来结果的一种预先期望。

20世纪30年代，人们真正开始重视预期对于经济理论以及经济学科的重要意义，在这方面，做出历史性贡献的是《就业、利息和货币通论》(下称《通论》)这一划时代经济学名著的作者约翰·梅纳法·凯恩斯(Keynes J.M.)。他在其著作《通论》中强调了心理预期对投资、就业等的影响及国家宏观调控的作用。当然，西方预期理论反对政府干预经济的政策主张有待评说，但有关预期心理的理论假说，为我们认识个体的预期心理与行为特点，把握预期心理与社会经济运行的相关关系，提供了极为重要的理论依据。

2. 心理预期

心理预期是经济活动主体为谋求个人利益最大化对与经济决策有关不确定因素进行的主观预测。即个体在特定的经济条件下，以过去的知识、经验、习惯为基础，对将来的经济形势、发展速度、物价状况、经济政策等直接影响和制约个体经济行为的宏观和微观经济因素的一种估计、推测和判断，并对其经济行为产生一定的影响。

3. 心理预期的影响因素

心理预期的形成是一个渐进的过程，是多种因素共同作用的结果。

(1) 人格的影响。人格是指具有一定倾向性的比较稳定的心理特征的总和。每个个体由于遗传、环境及所受教育的不同，人格亦不一样，其认知和行为方式也会有很大不同。乐观向上者，更容易看到事物的美好面，形成乐观的心理预期，反之亦然。

(2) 经济增长周期性变化的影响。不同的经济周期对心理预期形成有重要影响。经济周期有其自身的变化规律，一般经历复苏、繁荣、衰退、萧条几个阶段，在复苏、繁荣阶段，经济持续增长，人们就业机会增多、收入稳定增加、个体对经济发展和前途有乐观的心理预期。当经济增长从鼎盛转入衰退之后，人们对未来经济发展和个人收入的心理预期逐步趋于悲观，人们的经济行为表现为节制消费与投资、增加储蓄。

(3) 社会保障制度的影响。社会保障制度是否健全完善，会影响人们的心理预期。在经济发展处于急剧变化时期，人们对健康、医疗、养老、失业、子女教育、住房等保障需求预期增加。如果没有良好的社会保障体系，人们的保障需求最终只能依靠家庭和个人予以满足，尤其在经济衰退阶段，收入预期下降，而保障需求的支出预期却在不断攀升，因此人们的心理预期便会长久地处于悲观状态，出现有钱不肯花、不敢花的畸形消费心理。

(4) 社会文化与消费习俗的影响。关于社会文化对消费习惯的影响，我们常常引用的例证是：有两位老太太都为购买了一套商品房而高兴，其中一位是德国老太太，一位是中国老太太。前者提前消费，因还清二十年按揭贷款而高兴，后者因此时已赚够买房的钱而高兴。可见，不同的民族有不同的消费习俗。在我国的消费市场上，传统的消费观念和文化仍是主流因素，崇尚节约成为我们的习惯和美德。

"借钱过日子"、"用明天的钱做今天的事"等超前消费行为还不能被大多数消费者尤其是中老年消费者所接受。

课堂分享案例7-5

1797年3月的一天,拿破仑在卢森堡第一国立小学演讲时说:"为了答谢贵校对我,特别是对我夫人约瑟芬的盛情款待,我不仅今天呈上一束玫瑰,并且我承诺在未来的日子里,只要我们法兰西存在一天,每年的今天,我都会派人给贵校呈上一束价值相等的玫瑰,以它作为法兰西人民与卢森堡人民友谊的见证。"谁料时过境迁,拿破仑将军穷于应付连绵的战争和此起彼伏的政治事件,最后还惨遭流放,早就把在卢森堡许下的玫瑰诺言抛到了九霄云外。然而卢森堡这个小国对这位"欧洲巨人"与卢森堡孩子亲密接触的一刻念念不忘,并把此事载入他们的史册。1984年底,卢森堡又提起此事,向法国政府提出违背"赠送玫瑰花"诺言案索赔,并提出两种方案:一种是从1797年算起以三个路易作为一束玫瑰花的本钱,以五厘复利计息全部清还这笔玫瑰账;另一种方案是法国政府在法国各大媒体上公开承认拿破仑是个信口开河的小人。开始,法国政府准备不惜一切代价挽回拿破仑的声誉,但是电脑算出的数字着实让人吃惊不小,原本三个路易的小小许诺,本息至今竟高达1 375 596法郎。经几番讨论,法国政府还是给卢森堡一个满意的答复:"将来,法国将一如既往地在精神和物质上对卢森堡大公国的中小学教育事业给予支持和赞助,来兑现1797年我们的拿破仑将军那一诺千金的玫瑰信誓。"[①]

观点碰撞:无论是拿破仑的信誓,还是卢森堡的较真,或是法国政府的再次承诺,似乎都有些"假戏真做"的意味。但这种"假戏"能够做得出来;仍可以让我们感受到不同文化理念的反差。人世间的许多"戏"本来就是假的,但如果你认真去对待,还是可以体会出这戏里不少的"真"味。其实,这也就是卢森堡这个小国心理预期起了作用。

4. 心理预期的实质

证券投资目的的实现最终要落脚到投资者的买卖行为,而买卖行为受投资者的心理预期影响较大。经济学中的预期是指经济行为人对于经济变量在未来的变动方向和变动幅度的一种事前估计。股票买卖中心理预期的影响比在商品买卖中的影响大。商品买卖遵循价值规律,价格无论怎么变化但最终都要向商品的价值回归,而心理预期影响商品价格的程度有限。由于股票买卖的客体没有价值,其价格来源于

---

① 晴空一鹤.玫瑰花城[N].信息时报,2011-12-21.

资本性收入，对其资本性收入的估价明显带有主观成分。如西方投资理论界的股票定价模型，其内在价值的确定是客观的，但在股票实际买卖中的应用却是主观的。投资者应用这一理论判断证券价格是高估还是低估，进而决定是买进还是卖出时，明显出现主观差异，主要表现在心理预期的差异上。

7.3.2　心理预期对经济行为的影响

在货币需求理论中，人们对货币的需求出于三种动机，即交易动机、投资动机和谨慎动机，这三种动机在一定程度上影响着人们的经济行为，因此，我们可以将个体的经济行为划分为：消费行为、投资行为和储蓄行为。在经济活动中，个体通常根据以往的经验和所获得的信息对经济发展态势做出判断，并依据预期相应调整自身的消费、投资、储蓄行为。

1. 心理预期与消费行为

在消费函数中，个体消费行为是由其消费意愿决定的，而消费意愿的大小取决于个体现有的收入水平、对未来收入状况的预期、资产拥有状况、对物价的预期等因素，这些因素影响个体的消费支出、消费结构。

(1) 心理预期与消费支出。价格预期是影响个体消费支出的重要因素，价格预期即个体对未来价格的变动趋势及变动幅度的估计。个体对通货膨胀或通货紧缩的预期，容易产生"买涨不买落"的心理。消费是收入的函数。收入预期也是影响个体消费支出的一个重要变量。个体的消费支出不仅是建立在现期的收入水平上，而且也考虑将来的收入水平。一般情况下，个体预期未来有稳定的收入，消费倾向就会上升，即期消费增强；反之，如果他们对未来收入的预期是不确定或预期未来收入水平将会下降时，则为了未来生存需要，就会增加储蓄、减少现期的消费支出。

(2) 心理预期与消费结构。消费结构是指某项消费支出占总消费支出的比重。其中恩格尔系数是一个国际通用的极为重要的指标，即食品支出占消费支出的比重。一般说来，个体收入结构影响其消费结构。个体收入可分为持久性收入和暂时性收入。持久性收入是可预见的，而暂时性收入是不确定、不可预知的。一般说来，持久性收入的边际消费倾向大于暂时性收入边际消费倾向。如果个体总收入中的持久性收入所占比重较大，则个体对将来的收入有比较稳定的预期，对中高档和大件消费品的偏好增加，他们的消费结构将会升级；相反，如果个体收入中暂时性收入所占比重较大，个体对未来的不确定性增强，个体未来消费的边际效用较大，他们将在满足基本生活必需品的基础上尽可能减少现期消费，偏好于储蓄性经济行为。

2. 心理预期与投资行为

古典自由经济学认为，投资是利率的函数。个体投资的偏好性受收益预期与价格预期的影响。

(1) 收益预期与投资行为。在现实经济生活中，当个体基本消费需求得到满足后，投资行为便会产生，其目的是实现资产的增值，而投资的收益预期是决定个体投资方向、大小的重要影响因素。所谓投资的收益预期是指投资决策主体预计在投资完成后可以取得的收入，即投资回报率。一般情况下，个体作为理性经济人，会对投资的风险进行预期，趋利避害，对其所面临的一切投资机会进行优化选择，从而使其选取的方案达到其偏好尺度的最高点。因此，在其他因素确定的情况下，投资的收益预期越高，个体投资需求也就越强烈。

(2) 价格预期与投资行为。从某种意义上说，物价的变动过程实际上是社会财富的重新分配过程。通货膨胀的发生，使得持有不动产资产的个体和负有债务的个体的利益得到增加，而那些持有动产资产的个体利益受损；相反，通货紧缩时，不动产资产将会贬值，动产资产增值，因此，通货膨胀预期将使个体投资不动产，减少动产份额；通货紧缩预期将使个体减少不动产资产而相应增加动产资产。

3. 心理预期与储蓄行为

储蓄是人们对货币占有并达到一定数额的一种渴求和欲望，是人们各种需要如消费需要、安全需要、归属和爱的需要、发展的需要等的间接反映，各种需要往往以纵横交错的复合形式出现。个体储蓄行为的产生受社会经济发展和价格变动等诱因影响。

(1) 就业预期对储蓄行为的影响。就业预期直接影响个体的收入预期，而个体就业预期与社会经济发展有密切关系。当社会经济不景气时，人们感到前途未卜，个体对就业预期下降，就迫切需要一个能够抵挡威胁的经济缓冲器——足以保障今后一个时期基本生活需要的储蓄，于是储蓄量增加，即期消费减少。而在经济繁荣时，收入预期效应扩大，人们倾向于购买耐用消费品和满足旅游、度假和其他享乐性需求，必然导致储蓄量的减少。

(2) 价格预期对储蓄行为的影响。2007年以来，我国宏观经济保持了较快发展势头，受食品、能源等结构性因素影响，居民消费价格指数不断攀升，通货膨胀压力加大，为稳定公众通货预期，防止物价由结构性上涨演变为明显的通货膨胀，央行一年内6次加息，6次调整存贷款基准利率，但楼市调控收效较微，居民银行存款数量亦未发生结构性改变。而当个体预期未来的通货膨胀率会有所下降时，会保持其至减少当前消费支出，增加当前储蓄。直至2008年11月27日，央行在年内第4次降息，居民的储蓄意愿才有所减弱，消费和投资意愿逐步回升。

心理预期作为普遍地存在于人们的经济活动中的一种心理现象，是人们在进行经济行为活动之前对经济变量的一种估计和主观判断。预期作用于证券投资需求的传导机制是通过影响各经济行为主体的预期作用于投资需求的。正是投资者预期的变化莫测，导致了证券投资供求变动，从而影响经济波动。所以，有证券投资主体，就有预期；有预期的作用和影响，就自然地包括证券投资主体的预期问题。

7.3.3　心理预期的普遍性

研究表明，经济人必须做出的多数决策都涉及对未来不确定性、风险和收益的一定预期。[①]例如某一证券市场投资者现在购买股票，以期望将来获得丰厚的股息和资本投资预期收益。证券市场上所有的投资行为决策，实质上都包含着对未来不确定性结果的预期。例如，投资于一项资本资产的决策，涉及今天做出的财务支出能够预期在未来获得可观的收入，在完全实现之后，这个收入能够证明最初的投资行为是值得的。

上述活动，都需要如下一些预测或估计、判断：第一，在当前没有采取任何行动时，有可能发生什么，发生的可能性有多大；第二，如果现在采取一定的行动，又可能发生什么，发生的可能性又有多大；第三，今后采取行动，可能性会怎样，即发生什么，发生的可能性有多大。

在证券投资过程中，心理预期自始至终存在着，并发挥它的作用和影响。投资者在投资之前，要进行风险预期，进行预期收益和投资不确定性的考虑；在投资过程中，随着投资不确定性的变化，投资者要调整投资行为；投资以后，投资者要总结预期与实际发生结果的偏差，作为今后投资的参考依据。投资者既要分析事实的变化，又要思考其他投资者和自己对这些变化可能的反应，从而在投资者和市场之间形成了一个自我反馈的循环机制。

作为一种心理现象和心理行为的预期普遍地存在于证券市场之中。有证券市场，就有预期行为，证券投资主体的心理预期具有普遍性。

7.3.4　心理预期的传导机制

预期可以在不同的个人之间传递，以形成一个绝对优势的预期主流，这就是预

---

① 江世银.预期与资本市场投资分析[J].金融研究，2004(7).

期的传导机制。预期的传导机制可用图7-1描述：

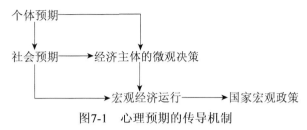

图7-1 心理预期的传导机制

由图7-1可以看出，预期最初由个体形成，从而影响其微观决策。个体预期经传播逐渐形成大多数人的社会预期。社会预期影响宏观经济的运行，从而增加或降低国家宏观经济政策的实施效应。预期在传导过程中有放大、缩小从而有信息失真的可能，因而很容易对经济波动产生推波助澜的作用。在经济的扩张阶段，预期的放大可能导致经济更急剧地扩张；萧条时期，悲观预期的放大将加剧经济的萧条。

反过来，预期的收缩有利于抑制经济的过热，或促使经济尽快复苏。在预期的传导过程中，可能会滤掉一些信息，修正原来的预期，这就是预期的调整。如果在预期的传导过程中，加进了某些新的重要消息，这些消息在传播过程中会广为流传，从而也可能导致预期突变。例如，2008年9月美国"两房"以及"雷曼"、美林、贝尔斯通的破产事件，以及摩根、高盛的转型事件，宣告了美国五大投资银行退出历史。这一重大事件形成的预期突变对经济产生了巨大的影响，严重地影响了资本供给和预期收益等，进而影响投资总量和消费总量。全球金融风暴是经济活动中预期突变的一个典型例子。预期突变实际上也是一种预期的调整。

影响证券投资需求的因素很多，主要包括银行利息率、投资成本、投资不确定性和风险，尤其是投资的预期收益。投资决策实际上取决于净收益率，即预期收益和投资成本之差。一般的理论分析都是假定在预期收益一定的基础上展开的。在这种情况下，利率的下降降低了投资的成本，投资者可以获取更多的预期收益，投资需求增加。

7.3.5 心理预期与投资供求关系

证券市场是充满不确定性的要素市场，信息、资本的快速流动使证券市场价格频繁变化。预期变化莫测，导致了证券投资供求变动，从而影响经济波动。反过来，经济的波动，会影响到证券投资的波动，进而又会影响到投资者预期的形成和调整。这就形成了预期与证券投资供求变动的互动关系。

在投资者对证券前景的预期为一定的条件下，某种证券的价格越低，这种证券的价格转向上升的可能性就越大，预期收益就越多，投资者愿意进行这种证券的投资就越多；反之，某种证券的价格越高，这种证券的价格转向下降的可能性就越大，预期收益就越少，投资者愿意进行这种证券的投资就越少，如图7-2所示。

在图7-2中，以横轴表示证券市场上某种证券的投资量，纵轴表示投资这种证券的预期收益，如果把证券投资曲线I表示为平滑的曲线，那么它是一条向右下方倾斜的曲线。在投资者对证券投资前景的预期为一定的条件下，存在一定的证券投资曲线。如果投资者对证券投资前景的预期发生变化，证券投资曲线将会发生移动。也就是说，如果投资者对证券投资前景变得更乐观，那么投资该种证券的数量将增加，证券投资曲线将向右上方移动，如图7-3中的I曲线移向I′曲线；反之，证券投资曲线将向左下方移动，由I曲线移向I″曲线。

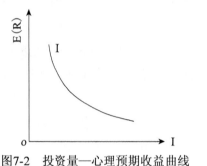

图7-2　投资量—心理预期收益曲线

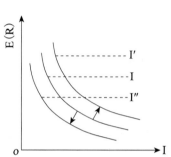

图7-3　投资量—心理预期收益曲线的移动

投资于证券市场使股票及其他证券的价格远离实体经济的发展，甚至与实体经济的发展毫不相关，它的变动基本上依赖于在对证券市场价格变动的预期基础上形成的供给和需求，由此形成的各种市场信息必然是证券市场投资者对证券本身预期的供给和需求的反映，对于实体经济的反映来说是一种人为的扭曲。如2008年来美国次贷危机引发的全球金融风暴就是其中一例。

尽管理性预期是运用一切可用信息而做出的最佳预测，但以理性预期为据而做出的预测并不总是完全正确的。一方面是因为投资者的惰性；另一方面是因为投资者不可能得到全部可供利用的各种经济信息以形成准确的预期。

投资者的群体心理对股价的影响，主要是通过投资者的心理预期变化引起股市供求关系发生变化，从而影响股市行情。如投资群体的心理乘数效应，投资群体有一种极端心理倾向，就是行情看涨时更加乐观，行情看跌时更加悲观，世界级的投资专家巴菲特认为，股市常常失去理性，在股价上涨时人们往往争先购买，在股价下跌时又不假思索地抛出。[①]庄家正是利用了群体心理和投资者的非理性操作来达到目的。庄家指股市中利用信息优势和资金优势控制大盘或个股的走势，引诱中小散户跟风，获取超额利润的机构或个人。在操作的每一阶段庄家要想成功，必须影响

---

① 黄小宁.股票投资的心理预期[J].经贸世界，2004(7).

散户的心理预期，在该买时制造陷阱让散户卖出，在该卖时制造繁荣让散户买进或持有，从而实现操作目的。

7.3.6 心理预期的形成

证券投资主体在投资过程中的理性行为是收益最大化、风险最小化，但在现实的证券投资过程中，投资者的投资行为并非完全理性化，受心理预期影响较大。[①]

1. 基本分析中的心理预期

如果将股市作为一个系统来认识，那么股市的运转处于股市与外在环境的相互作用和相互影响之中，人的心理预期就是对二者的内在联系的反映。外在环境是指影响股市价格的各种因素，其中有三种主要因素：一是宏观因素。它包括对股市可能产生影响的社会、政治、经济、军事、文化等方面的因素。二是行业和区域因素。主要是指行业发展前景和区域经济发展状况对股票价格的影响。三是公司因素。上市公司的经营状况的好坏对股票价格的影响较大，特别是上市公司的经营管理水平、科技开发能力、行业内的竞争实力和竞争地位、财务状况等从各个不同的方面影响着股票价格。

上述外在因素实际上也就是人们常用的证券投资分析的基本因素。需要说明的是，这些外在因素对股市的影响，是通过影响投资者的心理预期形成的。在股市与外在环境的交互作用中，投资者处于刺激反映地位。投资者既是反映者又是行为实施者。一方面，投资者反映外在因素与股市走势的内在联系，并在长期的股市买卖中形成对各种影响股市因素的不同心理预期，如降息股市上升，增加税收股市下跌，这些不同的心理预期经过多次反复在投资者中逐渐形成共识；另一方面，投资者在这一共识影响下，采取相应买卖行为即影响股票市场价格的各种证券市场操作，如看涨与看跌、追涨与杀跌、获利平仓与解套等行为。

2. 技术分析中的心理预期

股市技术分析是研究市场行为本身即股票的成交价和成交量，其特点是通过对市场过去和现在的运行，运用数学和逻辑的方法，探索出一些典型的规律并据此预测证券市场的未来变化趋势。它基于三大假设：一是市场行为包含一切信息；二是价格沿趋势移动；三是历史会重演。

市场行为包含一切信息，会将技术分析与基本分析区别开来。技术分析立足于股市价格和成交量的分析，而不管何种因素作用于股市。

---

① 黄小宁.股票投资中的心理预期浅析[J].理论学刊，2004(7).

价格沿趋势移动说明股市存在内在规律，技术分析有其立身之本。参与股市投资的是人，而人是有不同的心理预期的。按其心理预期不同，可划分为多空双方，而多空双方的力量对比决定市场趋势是上涨还是下跌。

历史会重演是从人们的心理因素方面考虑的。市场中进行具体买卖的是人，而人按照"强迫重复"原则行事，在某种情况下，按一种方法进行操作取得了成功，以后遇到相同或相似的情况，就会用同一方法进行操作。如果前一次失败了，那么后一次就不会用同一方法进行操作。

这样通过投资者前后多次比较，会形成具体的买卖法则，演变为投资者的心理预期，进而反作用于股价。

3. 组合分析中的心理预期

证券投资组合建立在对理性投资者行为特征的假设上，理性投资者具有厌恶风险和追求收益最大化的基本行为特征。2002年诺贝尔经济学奖获得者丹尼尔·卡尼曼用感知心理学分析法研究人类的判断和决策行为，发现了人类决策的不确定性和非理性成分。证券投资组合选择并不是纯粹理性的产物，投资者的预期收益和风险偏好都有主观差异，最优资产组合的确定也有主观性掺杂其间，对收益和风险的估计都涉及心理预期，投资组合理论只有与心理预期理论结合起来才更接近具体的真实。

课堂分享案例7-6

2011年12月23日，重庆啤酒(600132)10个跌停之后，终于迎来了期盼已久的停牌。但这显然已经无法拯救重庆啤酒的命运。

治疗性乙肝疫苗二期临床初步结果公布之前的11月25日，重庆啤酒站上了83.12元的历史最高位。但随着12月7日晚，乙肝疫苗临床数据显示效果不佳之后，重庆啤酒遭遇了连续的抛压，最低价格仅为28.25元。

市场一般认为遭受重大损失的是重仓持有重庆啤酒的大成系多只基金，但事实上，作为重啤第一大股东的嘉士伯啤酒才是真正深陷其中。2010年6月18日，世界第五大酿酒集团丹麦嘉士伯以40.22元每股的价格，合计23.8亿元收购重庆啤酒12.25%股权，使其持股比例增至29.71%。这轮暴跌实际已经跌破嘉士伯的增持价，浮亏达到6.98亿。对此，嘉士伯中国公司官方12月22日告诉记者："嘉士伯对于重啤目前的管理层一如既往充满信心。"按西方习惯，嘉士伯公司员工正处于圣诞休假期，因此其高层拒绝回应更多问题。

事实上，嘉士伯曾有雄心进入生物疫苗和医药等方面的研究。2001年开始，嘉士伯集团投入高额资金，以本公司的智库去从事抗癌药、疫苗等领域研发，但都半途而废。入主重庆啤酒给了嘉士伯再战生物疫苗的机会。

故事的另一个主角吴玉章则一直未能露面。头顶长江学者等名誉光环的吴玉章十三年间从治疗性乙肝疫苗上获得无数荣誉和科研经费的支持，这个故事能否继续讲下去，现在一无所知。而作为这条利益链上的参与者之一，负责临床外包的企业以及组织试验的医院也同样饱受质疑。12月7日，重庆啤酒披露了乙肝疫苗Ⅱ期临床研究揭盲结果。初步结果显示：安慰剂组应答率28.2%；治疗用(合成肽)乙型肝炎疫苗 600μg 组应答率 30.0%；治疗用(合成肽)乙型肝炎疫苗 900μg组应答率 29.1%。

显然，这些应答率低于市场分析预期，重庆啤酒乙肝疫苗等同于安慰剂，而无更多实际效果。重庆啤酒遭遇连续10个跌停，不仅让追高的机构投资者深深套牢，也让于去年高位接手重庆啤酒的嘉士伯啤酒公司深陷其中。

2010年4月份，重庆啤酒12.25%国有股权挂牌出售，这引来华润雪花、百威英博以及嘉士伯等中外啤酒巨头的竞购。6月11日，重庆啤酒宣布，与嘉士伯香港于6月9日签订了附生效条件的股权转让协议，重啤集团拟将其持有的重庆啤酒12.25%股权转让给嘉士伯香港，总计5 929万股，单价40.22元/股，合计23.8亿元。而在竞购重啤此项股权前，嘉士伯通过一系列的腾挪已经成为重庆啤酒的二股东。2008年初，嘉士伯啤酒联手荷兰喜力收购了苏格兰纽卡斯尔啤酒公司，并借此获得了纽卡斯尔在重庆啤酒中17.46%的股份，成为重庆啤酒第二大股东。完成收购12.25%重啤股权之后，嘉士伯一共持有29.71%重啤股份，成为重啤的第一大股东。

12月22日，重庆啤酒股价跌至28.45元，与嘉士伯40.22元/股收购时价格相比，每股已经下跌11.77元，总体浮亏6.98亿元。在股价不断高涨时入主成为重庆啤酒控股股东一年半之后，股价进入狂跌阶段，这显然出乎嘉士伯的意料。

对于重庆啤酒出现10个跌停，嘉士伯中国官方称："对于重庆啤酒公布的盲测公告，嘉士伯没有更多的评论。另外，嘉士伯对于重啤目前的管理层一如既往充满信心。"①

观点碰撞：此事件一出，在投资逻辑上有值得反思的地方，主要是其未来业绩成长依赖的疫苗不确定性较大，应确定其投资的性质，控制组合配置比例。

---

① 张旭.重庆啤酒乙肝疫苗的价值链[N].21世纪经济报道，2011-12-24.

证券投资目的的实现最终要落脚到投资者的买卖行为，而买卖行为受投资者的心理预期影响较大，基本分析、技术分析和投资组合理论最终都是通过人的心理预期发挥作用，所以心理预期理论反映了证券投资的本质，是证券投资中更基本的概念。

本章小结

证券投资群体定义为进行金融意义上投资行为的非个人化、即职业化和社会化的团体或机构。它包括用自有资金或通过各种金融工具所筹资金并在证券市场对债权性工具或股权性工具进行投资的非个人化机构。证券投资群体由正式组织和非正式组织组成，其行为方向取决于内部力场与情境力场的相互作用，群体内部的沟通对投资行为起关键作用，有其合理的结构，领导方式倾向于民主式，规模趋向于越来越小。在不同的证券投资领域证券投资群体的心理倾向也各不相同。心理预期是经济活动主体为谋求个人利益最大化对与经济决策有关不确定因素进行的主观预测。群体心理对股价的影响主要是通过心理预期变化进行的。证券投资主体的心理异象，就是在投资活动中，面对市场大量的信息，一些投资者不能对信息进行正确的分析和判断，从而产生错误的投资选择，做出错误的投资决策。

思考练习

一、名词解释

证券投资群体　　正式组织　　参照群体　　企业年金　　金融原生产品
直接投资　　间接投资　　长期投资　　短期投资　　心理预期

二、判断题

1. 从法律意义上讲，机构等同于法人。　　　　　　　　　　（　　）

2. 所有的金融中介都是证券投资群体。　　　　　　　　　　（　　）

3. 证券投资群体的所有权和经营权是分开的，其中多了一层委托代理关系。（　　）

4. 团体中成员的人数为奇数时，易于发生冲突。　　　　　　（　　）

5. 目前我国保险资金可以直接进行股票投资。　　　　　　　（　　）

6. 通过金融原生产品集聚资本是资本主义生产方式产生和发展的重要前提。（　　）

7. 递延资产能否作为评估对象就在于它能否在评估基准日后带来经济效益。（　　）

8. 心理预期作为普遍地存在于人们的经济活动中的一种心理现象，是人们在进行经济活动之前对经济变量的一种估计和主观判断。　　　　　　（　　）

9. 有证券市场，就有预期行为，证券投资主体的心理预期具有普遍性。（　　）

10. 以理性预期为依据而做出的预测是完全正确的。　　　　（　　）

三、单选题

1. 按社会心理学的观点，凡是全体成员之间有直接的、面对面的接触和联系的，是( )。
   A. 小型群体　　　B. 中型群体　　　C. 大型群体　　　D. 无关联

2. 投资效率相对较高的是( )。
   A. 银行　　　　　B. 石油企业　　　C. 私募基金　　　D. 航空企业

3. 当一个团体既要做出高质量的决策，又要取得协议时，最好由( )人组成。
   A. 3~5　　　　　B. 5~7　　　　　C. 7~12　　　　　D. 12~15

4. ( )指其在组织中相互发生作用的心理与行为。
   A. 活动　　　　　B. 情绪　　　　　C. 投资态度　　　D. 相互影响

5. 下列各项中不属于社保基金特有的投资理念和投资风格的是( )。
   A. 坚持长期投资　B. 坚持利益投资　C. 坚持价值投资　D. 坚持责任投资

6. 投资股票的比例最高可达净资产的( )。
   A. 10%　　　　　B. 20%　　　　　C. 30%　　　　　D. 50%

7. 不属于有价证券的是 ( )。
   A. 股票　　　　　B. 债券　　　　　C. 基金　　　　　D. 提货单

8. 下列各项中不属于人们对货币需求动机的是( )。
   A. 投机动机　　　B. 交易动机　　　C. 投资动机　　　D. 谨慎动机

四、多选题

1. 机构投资者包括( )。
   A. 投资公司　　　B. 投资信托公司　C. 保险公司　　　D. 储蓄银行

2. 团体的领导方式包括( )。
   A. 专制的领导方式　　　　　　　B. 等级制度的领导方式
   C. 民主的领导方式　　　　　　　D. 自由放任的领导方式

3. 社会保障基金主要包括( )。
   A. 养老保险基金　B. 医疗保险基金　C. 生育保险基金　D. 工伤保险基金

4. 间接投资方的投资优势是满足投资主体投资( )。
   A. 保值性　　　　B. 安全性　　　　C. 增值性　　　　D. 流动性

5. 个体消费行为消费意愿的大小取决于( )。
   A. 收入水平　　B. 对未来收入的预期　C. 资产拥有情况　D. 物价的预期

五、简答题

1. 《证券词典》中对证券投资群体是如何定义的？有何特点？
2. 简述投资群体的团体动力学特征。

3.什么是权益性投资？权益性投资有什么特点？

4.简述心理预期的影响因素。

5.心理预期是怎样形成的？

六、论述题

1.论述主动投资和被动投资的具体情形并分析二者的区别。

2.论述心理预期对经济行为的影响。

综合案例

2010年初，股市上出现了一些传言，先是"印花税将恢复双边征收"，接着又是"1月份剩余时间将禁发贷款"、"周末央行将宣布加息"等，传得有鼻子有眼，令普通投资者难辨真伪。在这些利空传言的侵扰下，年初以来的A股市场振荡加剧，短期内多次上演了一日急跌近百点的走势。尽管这些传言后来都被证实是假的，但它所造成的市场恐慌情绪和对投资者的心理影响却不可能一下子烟消云散。

一则传言，居然可以引发股指近百点的振荡，其威力不可小觑。仔细分析可发现，这些传言之所以有如此大的"杀伤力"，主要在于所传内容都是"政策面"的，与那些关于上市公司融资、重组的传言相比，"政策面"传言对股市影响当然要大得多。还有，不少传言都登上了网站的显著位置，借道网络迅速扩散，较之私底下口口相传的小道消息，其在市场引发的连锁反应可谓深重。

既然传言能影响甚至左右股市的走势，人们难免产生这样的担心：会不会有人利用传言来操纵股市获取不当利益？特别是在股指期货、融资融券等新品种推出后，市场的杠杆率放大，做多做空都可以赚钱，如果股市因传言而急跌急涨，就会有人一夜暴富，也会有人血本无归。等到第二天相关部门和机构再站出来辟谣，为时已晚。当资本市场进入新的发展期，更要加强和规范信息披露行为，防止别有用心的人利用传言对市场造成冲击而不当得利。

近年来，资本市场不断加强基础制度建设，上市公司信息披露制度进一步完善。对可能影响股票价格走势的重大事件，大多数上市公司都能做到及时披露；当股市发生异常波动、社会上出现相关传闻时，也能及时给予解释和回应。同时，证监会对证券投资咨询机构加强管理，对一些颇有"市场"的"股市黑嘴"进行了严厉查处，保护广大投资者利益，切实净化市场环境。然而，对于像传言这类无形"黑嘴"的整治，无论是在监管手段的有效性上还是在查处力度上还都不够，亟需相关部门加强合作、多管齐下。

比如，相关部门的政策信息要及时告知公众，让普通投资者形成可靠的市场预期，这也有利于政策效应的发挥。像印花税调整、存贷款利息变动等政策信息，都是由国家主管部门发布的，媒体刊载这些消息必须有可靠的来源和出处，以保证消息的真实性。在内容真实性无法核实的情况下，一些网络媒体把传言当作"先知先觉"的信息，冠以"据传"二字登在显要位置，客观上加速了传言的流播，这显然是不负责任的。因此，加强信息披露管理，有效防止传言扩散而冲击市场，需要在加强证券市场监管的同时，进一步制定和完善相关规定，规范媒体的信息发布行为，切断传言在媒体上公开传播的链条。

对于市场传言，投资者也应保持清醒头脑，不能听风就是雨，被传言牵着鼻子走。只有依法公开披露的信息，才能作为自己投资决策的重要依据。理性看待传言，秉承价值投资理念，更有利于规避风险，从容应对市场风浪，投资的脚步也会走得更稳、更扎实。①

案例讨论题

(1) 传言为何具有杀伤力？

(2) 信息对证券价格影响的机理是什么？

(3) 投资者轻信传言的背后具有怎样的无奈？

(4) 媒体对证券市场价格波动是否具有推波助澜的作用？

(5) 投资者如何理性看待传言？

---

① 宋双.公司讲故事　为何总有基金愿意听[N].金融投资报，2011-12-10.

第8章 群体投资行为

> 为了应付这个世界，组织必须表现出一种引人动心的外表和出众表现的承诺。深陷怀疑中领导必须确保在他行动时内心的忠诚。而从众正是他所赏识的一种保障。正如T. H. Huxley在写给Herbert Spencer的一封著名的信中所提到的，他询问反传统的George Eliot 的遗体是否应该停放在威斯敏斯特修道院，"那些选择思想和行动自由的人一定不能追求奖赏……这个世界只向那些忍受其束缚的人提供奖赏"。[1]
>
> ——【美】多尔顿·麦尔维尔(Melville Dalton)

管理思想的发展始终是按照吸收—摒弃—发展—创新的路径发展的。霍桑实验以后，人们开始关注组织的行为，人际关系学派也逐渐兴起。人们开始对群体行为研究重视起来，使之成为行为科学的一个重要组成部分。在当代行为科学的研究中，群体行为是联系个体行为同组织行为的中间层次。如果把组织看成是一个系统，则组织中的各种群体是其子系统，个体是子系统的细胞。[2]

正因为这样，在研究了个体投资心理与行为、群体投资心理后，本章将研究群体投资的羊群行为、从众行为和操纵行为。

● 开篇案例 ●

一位心理学家让10个人穿过一个黑暗的房间，在他的引导下，这10个人都成功地穿过去了。然后，心理学家打开房内的一盏灯，在昏黄的灯光下，大家都惊出一身冷汗，原来地面是一个大水池。水池里有十几条大鳄鱼，水池上方搭着一座窄窄的小木桥，刚才他们就是从小木桥上走过去的。

这时，心理学家问："现在，你们当中还有谁愿意再来一次呢？"结果没有人敢站出来再走一次。

过了一会儿，有两个胆子比较大的人站了出来。这两个人小心翼翼地走上小木桥，速度比第一次慢了许多，而且个个都很小心，生怕摔下去送了性命。

终于，这两个人走到了桥尽头，但都是满头大汗，心还在怦怦乱跳。

---

① 赵慧军.现代管理心理学[M].北京：首都经贸大学出版社，2006：27.
② 孙耀君.管理思想发展史[M].太原：山西经济出版社，1999：248.

后来，心理学家又打开房间的几盏灯，人们看见小木桥下方装有一张安全网，由于网线颜色极浅，他们刚才没看见。"有谁现在愿意通过这座小桥呢？"心理学家问道。这次站出来的人比上次多了一些，站出来6个人。因为他们知道，桥下有安全网保护，危险性就降低了很多，即使掉下去也不会有什么大事。虽然6个人还是比较小心，但是速度快了很多，一会儿就顺利地通过了小木桥。

最后还剩下两个人没有站出来，心理学家问："你们为何不愿意呢？"

此时，两个人异口同声地问道："这张安全网牢固吗？"这时，心理学家笑了笑，把房间里所有的灯都打开了，光线更足更亮，大家这才发现，原来水池里的大鳄鱼都只是模型而已，并不是真的鳄鱼。[①]

心理专家解读：在证券市场博弈的过程中，博弈方掌握的信息至关重要。然而，过度依赖已有信息进行过度投机，往往会跌入万劫不复的深渊。

8.1 群体投资的羊群行为

20世纪80年代兴起的行为金融理论从预期理论出发，由一些观察、实验所发现的人类决策心理偏差来取代标准金融模型中的理性行为假设，进一步解释一些标准金融理论所无法解释的实证发现。关于证券投资群体的行为特征就是其中的代表。本部分主要探讨以证券投资基金为主的证券投资群体[②]。2003年10月28日，全国人大常委会通过《中华人民共和国证券投资基金法》，从法律上规范了基金业的发展。

8.1.1 羊群行为的含义

"羊群行为"是一种特殊的非理性行为，它是指市场参与者在某些因素的影响下与大多数参与者的行为趋于一致的现象，是一种基于从众心理和思维惯性导致的学习和模仿行为。由于通信技术的发达，世界资本市场更加紧密地联系在一起，同时，不同资本市场所在区域、文化、政策的差异导致市场不确定性进一步加深，信息搜寻的成本进一步提高，投资者越来越依赖于他人所获知的信息，从而引发羊群行为的进一步深化，导致区域性甚至全球性金融市场的动荡。我国的施东晖、宋军、薛求知、鲁直和何基报等利用实验方法研究证券投资者的羊群行为，因素方差分析结果证明投资者拥有的资金量对其羊群行为倾向有着十分显著的主效应，而投

---

① 袁睿.学会为自己喝彩[J].大众心理学，2010(3).
② 向锐，李琪琦.中国机构投资者羊群行为实证分析[J].产业经济研究，2006(1).

资经验对其羊群行为没有显著的主效应。

===课堂分享案例8-1===

马铃薯原产于美洲，当初法国农学家巴蒙蒂埃对这种植物做过认真的研究，认为这是一种值得推广的农作物。他向居民们宣传，通过刊物向人们介绍这种作物的好处和种植方法。但是由于习惯和传统的偏见，人们都不愿意种这种从未种过的作物。农民们说，这是一种魔鬼的苹果；医生们说，这种东西吃了后会有损身体健康；土壤学家则说，种了这种奇怪的植物，土壤的肥会枯竭。

后来，巴蒙蒂埃终于想出一个办法，他请国王派一队卫兵帮助他守卫自己的马铃薯园地。不许人们摘取它的一枝一叶。这引起了农民的好奇，他们每天都来偷偷观看巴蒙蒂埃怎样耕种，怎样除草，怎样施肥。到了晚上，卫兵下岗休息时，则三五成群地前来偷偷地挖，偷偷地栽种到自己的田里。农民们对偷来的马铃薯的神秘态度又感染了别的人们，有的讨，有的偷。就这样，一传十，十传百，没几年功夫，这种大众作物就传遍了整个法国。

观点碰撞： 人类的恶行来源于好奇之心，潘多拉的魔盒就是因为好奇才被打开的；然而，好奇之心为人类带来更多的是福音：发现、发明、创造，而对于这种好奇之心的发掘，有时往往会成为人们冲破旧习惯，接受新事物的利器。这就是羊群行为的本质所在。

8.1.2　群体投资羊群行为的产生

投资者在金融市场上的羊群行为在早期的经济理论就有了论述。著名经济学家凯恩斯阐述了"选美博弈"模型，描述了投资者在不确定条件下的羊群行为。

1. 基于信息的羊群行为

投资者的有限理性，往往会造成信息趋同性羊群行为，以及基于信息不完全的羊群行为和基于信息成本的羊群行为。

2. 基于声誉的羊群行为

特鲁曼和兹韦贝尔开创了基于基金管理者和分析家关注声望的羊群行为理论，由于个别管理者的能力或技能存在不确定性，声望担忧就会产生。为了避免因投资失误而出现声誉风险，基金经理有模仿其他基金经理投资行为的动机。因此，经理们将更多地关注其他经理的所作所为，而较少关心自己的信息。当这种现象在基金经理和证券分析师中相当普遍时，羊群行为就发生了。

3. 基于报酬评价机制下的羊群行为

如果采取同其他同类专业人士的业绩相比较的方法来确定投资管理者的报酬而产生的模仿行为，就容易发生从众性的羊群行为。但这种报酬结构会扭曲经理人的激励机制，间接鼓励基金经理追随指数或同行进行投资决策，最终发生羊群行为。

8.1.3 群体投资羊群行为产生的原因

许多理论和经验研究表明，证券投资群体比个人投资者更愿意产生羊群行为。其原因主要包括以下几点：首先，基金管理是一种代表客户利益、包括投资组合管理在内的服务，按照自己的意愿行事，有损害基金持有人利益的嫌疑。其次，在基金风格限定和监管机构披露要求下，证券投资群体会产生对某些股票的厌恶和偏好。再次，管理者为了使自己的行为与其他管理者相一致，常常会忽略自己的信息。最后，在信息不完全的市场上，证券投资群体也具有依据其他投资者行为判断市场变化的特性，而证券投资群体一般都具有群居的习惯，灵通的信息会造成信息连锁，促使他们根据相似的信息，采取同样的交易方式，做出类似的反应，从而导致在交易活动中表现为羊群行为。

========= 课堂分享案例8-2 =========

美国有一位工程师和一位逻辑学家，他们是无话不谈的好友。一次，两人相约赴埃及参观著名的金字塔。到埃及后，有一天，逻辑学家住进宾馆后，仍然习以为常地写起自己的旅行日记。工程师则独自徜徉在街头，忽然耳边传来一位老妇人的叫卖声："卖猫啊，卖猫啊！"

工程师一看，在老妇人身旁放着一只黑色的玩具猫，标价500美元，这位妇人解释说，这只玩具猫是祖传宝物，因孙子病重，不得已才出卖以换取住院治疗费。工程师用手一举猫，发现猫身很重，看起来似乎是用黑铁铸就的。不过，那一对猫眼是珍珠的。于是，工程师就对那位妇人说："我给你300美元，只买两只猫眼。"老妇就同意了。

工程师高兴地回到宾馆，对逻辑学家说："我只花了300美元竟然买下两颗硕大的珍珠！"逻辑学家一看这两颗大珍珠，少说也值上千美元，问朋友是怎么一回事。当工程师讲完缘由，逻辑学家问："那位妇人是否还在原处？"工程师回答说："她还坐在那里，想卖掉那只没有眼睛的黑铁猫！"

逻辑学家忙跑到街上，给了老妇人200美元，把猫买了回来。工程师嘲笑说："你呀，花200美元买了个没眼珠的铁猫！"逻辑学家却不声不响地用小刀刮起了铁猫的脚，当黑漆脱落后，露出的是黄灿灿的一道金色的印迹，他高兴地大叫起来："正如我所想，这猫是纯金的！"原来，当年铸造这只金猫的主人，怕金身暴露，便将猫身用黑漆漆了一遍，俨然如一只铁猫。

此时，逻辑学家转过来嘲笑工程师说："你虽然知识很渊博，可就是缺乏一种思维的艺术，分析和判断不全面、深入。你应该好好想一想，猫的眼珠既然是珍珠做成，那猫的全身会是不值钱的黑铁所铸吗？"[①]

观点碰撞：这是在美国各大学心理学论坛上最为流行、常为专家学者津津乐道的例子。这个例子形象、逼真地阐明了开发创造性思维能力的意义所在。证券市场上羊群行为的产生，正是大家都开展了逻辑思维，且认为自己的逻辑无比正确的结果。

上证指数从2001年6月13日至2011年10月12日可以分为11个阶段：5个牛市阶段，6个熊市阶段。虽然没有对牛市和熊市的明确定义，这里为了研究方便将股票指数涨(跌)20%以上(2003年4月15日至2003年11月18日股指跌幅为19.30%，接近20%，也将其视为熊市)，并且时间持续三个月以上定义为牛市(熊市)。阶段的具体划分如表8-1所示。

表8-1　牛市熊市阶段的划分情况[②]

阶段名称	开始日期	开始点数	结束日期	结束点数
第一熊市	2001.6.13	2 242.42	2002.1.22	1 358.69
第一牛市	2002.1.22	1 358.69	2002.6.28	1 732.76
第二熊市	2002.6.28	1 732.76	2003.1.3	1 319.87
第二牛市	2003.1.3	1 319.87	2003.4.15	1 631.47
第三熊市	2003.4.15	1 631.47	2003.11.18	1 316.56
第三牛市	2003.11.18	1 316.56	2004.4.6	1 777.52
第四熊市	2004.4.6	1 777.52	2005.6.10	998.23
第四牛市	2005.6.10	998.23	2007.10.19	6 124.04
第五熊市	2007.10.19	6 124.04	2008.10.28	1 664.93
第五牛市	2008.10.28	1 664.93	2009.8.4	3 478.01
第六熊市	2009.8.4	3 478.01	2011.10.12	2 318.63

这11个阶段，无论是熊市还是牛市，投资群体的羊群行为都表现得淋漓尽致。正因为如此，市场才会在超跌后继续跌，或者在超买时继续涨。

---

① 曾曦.傻瓜作文[M].上海：文汇出版社，2006：47-48.

② 金融学社.牛市熊市阶段调查报告[EB/OL].http://jrx.design.ccut.edu.cn/article.asp?1L2t5G4G3v1e2.html，2011-12-26/2011-12-26.

8.2 群体投资的从众行为

8.2.1 从众行为是一种常见的心理矛盾现象

从众行为是近年来经济学研究的一个热点。所谓从众行为，是指市场参与者在某些因素的影响下与大多数参与者的行为趋于一致的现象。从众是人类的本能。[①]在证券市场中，从众是普遍存在的，它表现为投资者在观测到其他投资者的决策和行为之后改变原来想法，追随那些被观察者的决策和行为。因此，从众是因，追风是果。

对从众现象的科学研究最早源于美国心理学家谢里夫(Sherif M. 1935)所做的被称之为"游动效应"(autokinetic effect)的实验。20世纪50年代，阿希(Asch S.E.)又做了一个被称为经典性的从众实验研究。实验材料是十八套卡片，每套两张，分标准线段与比较线段。结果发现，大约有15%的被试产生的从众心理的次数占实验总数的四分之三，所有被试产生从众心理的平均次数占实验总数的三分之一。谢里夫和阿希的研究都是在实验室中完成的。20世纪60年代末期，米尔格拉姆(Milgram S.)设计了一个现场实验：他让他的助手在纽约市区的街道旁，仰望某高楼的六楼窗口。观察过往行人跟随观望的人数。结果：当助手分别为1人、5人、10人和15人时，过往行人驻足停步观望的比例分别为4%、16%、22%和40%；未曾驻足停步只是观望或注视的分别高达42%、78%、77%和87%。[②]

华东师范大学心理系学生于1982年重复了Asch实验。其结果反映出从众行为的人次数与实验次数有一定的函数关系。人是社会性动物，这一事实使我们生活在各种相互矛盾的状态中。而从众心理则是一种常见的心理矛盾现象。[③]

8.2.2 从众行为表现出人对客观现实的理性反映

半个多世纪以来，心理学界一直将从众行为看成是由于真实的或想象的群体压力而导致的行为或态度的变化。从众行为存在两方面的局限：其一，群体不是个体从众的必要条件。谢里夫的实验是在实验助手为一个人的条件下就可以完成的，实际上是多数人遵从了少数人；在阿希的研究中，实验助手为一人时的从众量为2.8%；米尔格拉姆的研究，实验助手为一人时，过往行人驻足停步的是4%，而未驻

---

① 王淑臻，田禾.对证券市场中从众行为的心理探讨[J].市场论坛，2005(6).
② 张德.社会心理学[M].北京：劳动人事出版社，1990：114.
③ 侯桂红.从众心理现象分析[J].内蒙古民族大学学报，2007(1).

足停步只是观望注视的则高达42%。其二，从众心理并非都是非理性的盲从，在多数情况下，人的从众心理将表现出人对客观现实的理性反映，尽管有些时候存在着过失甚至是错误。

宋官东认为，作为一个复合词，可以将"从众"理解为一个具有因果关系的词组，"众"是"从"之原因，"从"是"众"之结果。按照"从"之行为的性质，可以将其分为理性和非理性两个方面，理性之"从"即"遵从(conformity)、顺从(compliance)或服从(obedience)"，而非理性之"从"即"盲从(herd behavior)"。"众"，可以狭义地解释为"多数人"。但从广义上看，则可以将其延伸到能引起"从"之行为的各种因素，如个体、群体、组织或代表个体、群体、组织意愿的政策、法律、规章、条例、规则及主体的经验或本能等多个方面[①]。这样，可以将从众分为狭义从众和广义从众两个层面。狭义从众，即字面上的含义，它是"个体因多数人的影响而产生的与多数人一致的行为或态度"。广义从众是"主体因客体影响而产生的与客体一致的行为或态度"。主体即从众个体；而客体则是可能引起"从"之行为的各种外在的或内在的因素，可以是个体、群体、组织及代表个体、群体、组织意愿的政策、法律、规章、条例、规则等，也可以是主体本身的经验或本能。

课堂分享案例8-3

两个青年一同开山，一个把石块砸成石子运到路边，卖给建房的人；一个直接把石块运到码头，卖给杭州的花鸟商人。因为这儿的石头总是奇形怪状，他认为卖重量不如卖造型。

后来，不许开山，只许种树，于是这儿成了果园。每到秋天，漫山遍野的鸭梨引来八方客商，他们把堆积如山的梨子成筐成筐地运往北京和上海。

当村上的人们为鸭梨带来的小康日子欢呼时，曾卖过石头的那位果农却卖掉了果树，开始种柳。因为他发现，来这儿的客商不愁挑不到好梨子，只愁买不到盛梨子的筐。

再后来，一条铁路从这儿贯穿南北，小村对外开放，果农也由单一的卖果开始谈论果品加工及市场开发。就在一些人开始集资办厂的时候，还是那个村民，在他的地头砌起了一堵3米高、百米长的墙。这堵墙面向铁路，背依翠柳，两旁是一望无际的万亩梨园。坐车经过这儿的人，会突然看到四个大字："可口可乐"。据说，这是五百里山川中惟一的一个广告。而凭着这堵墙，这个村民第一个走出了小村，因为他每年有4万元的广告收入。

[①] 宋官东.从众新论[J].心理科学，2005(5).

20世纪90年代末，日本丰田公司亚洲区代表山田信一来华考察，当他坐火车路过这个小山村时，听到了这个故事，他被主人公罕见的商业化头脑所震惊，当即决定寻找这个人。

当山田信一找到这个人的时候，他正在与对门的店主吵架，因为他店里的一套西服标价800元的时候，同样的西装对门标价750元，他标价750元的时候，对门就标价700元。一月下来，他仅批发出8套西装，而对门却批发出800套。

山田信一看到这种情形，非常失望，以为被讲故事的人欺骗了。当他弄清真相之后，立即决定以百万年薪聘请他，因为对门的那个店也是他的。[①]

观点碰撞：人们之所以愿意买该种衣服，是因为同一款式的服装，这个店比那个店价格便宜，如果不买，就失去了这个占便宜的机会。同样，证券市场上也是如此，群体投资者多数会选择价格较低的股票。

"心理学之所以被视为是一门科学，主要是因为心理学家们研究行为问题时，采取了科学上的基本理念与方法。"即"先发现'事象'的性质，这是科学研究的第一步(目的在求what的答案)；继而分析'事情'的变化，这是科学研究的第二步(目的在求how的答案)；然后再探究'事因'(目的在求why的答案)，这是科学研究的第三步。"[②]

8.2.3 从众行为的自然产生

《论语》中有这样一段话，"子曰：麻冕，礼也，今也纯，俭，吾从众。拜下，礼也；今拜乎上，泰也。虽违众，吾从下。"(《论语》"子罕第九")这段话可理解为，君子处世，有利于义者，遵从之；害于义者，则不可遵从。对于谢里夫的实验结果，弗莱德曼(Freedman M.)解释道，"这是一种被试不能确信自己观点的情境，他虽然得到了某些信息，但都非常含糊不清，这时他遇到了一个似乎是相当确信自己的人，他觉得他人有更多的信息，所以这就不仅仅是一个被试遵从的事例了"[③]。

从众行为的产生，有其内在的逻辑。一是依从，二是认同，三是内化。内化是态度形成的最后阶段。个体真正从内心相信并接受他人观点并使之纳入自己的态度体系，成为自己态度体系的有机组成部分，这时为真从众。

---

① 刘燕敏.百万身价的人[J].新财经，2000(4).
② 张春兴.现代心理学[M].上海：上海人民出版社，1994：488.
③ J.L.弗里德曼，D.O.西尔斯，J.M.卡尔史密斯.社会心理学[M].高地，高佳，等译.哈尔滨：黑龙江人民出版社，1984：437-457.

从众增强和减弱的变因有许多。一个团体具备以下几点就更容易使个人从众：由专家组成；团体成员有很重要的任务；它的成员在某些方面与个人相似。

8.2.4 从众行为的类型

在学术研究中通常把从众行为分为非理性从众和理性从众两类。理性一般指概念、判断、推理等思维形式或思维活动。理性从众就是主体以概念、判断、推理等思维形式或思维活动为主导接受客体行为或态度的影响而产生的从众心理。它包括遵从、顺从和服从三种表现形态。非理性指用逻辑概念所不能表达的直观、直觉、本能的活动。非理性从众就是主体以直观、直觉、本能的活动为主导接受客体行为或态度的影响而产生的从众心理，即盲从。

1. 理性从众

理性从众包括遵从、顺从和服从三个方面。[①]一是遵从。遵从是主体在客观或心理上模糊的情境中，为认识事物或采取行动，以客体的行为或态度为概念、判断和推理的标准而产生的与客体一致的行为或态度。情境的模糊性增强了主体对客体提供的信息的可信赖程度，从而导致了遵从行为的发生。[②]遵从的显著特点是主体认识事物或采取行动以客体的行为或态度为概念、判断和推理的标准，主体对客体的行为或态度具有主观认同性。二是顺从。顺从即主体通过对客体行为或态度的概括、判断和推理，为迎合客体的期望而产生的与客体一致的行为或态度，但内心并不以为然。顺从行为的意志过程，因主体心理状态的不同，在行为的主动性或被动性表现上具有不确定性。[③]顺从行为的效果决定于主体对客体行为或态度动因、目的的概括、判断和推理。正确的概括、判断和推理可以达到主体的预想效果，若相左，则可能偏离甚至产生相反的主体预想效果。三是服从。服从是主体通过对客体行为或态度的概括、判断和推理，为寻求奖赏或免受惩罚而产生的与客体一致的行为或态度。服从的主体，即从众心理个体；客体指个体、群体、组织及代表个体、群体、组织意愿的政策、法律、规章、条例、规则，以及主体本身的经验等。服从行为的这一理论称服从的期望理论。[④]而服从行为的产生决定于主体对目标实现的期望值。

遵从、顺从和服从是理性从众的三种不同表现形态，他们的共同特征是：其从众心理都是在理性状态下产生的与客体行为或态度一致的理性行为。理性从众因主

---

① 宋官东.从众新论[J].心理科学，2005(5).
② 宋官东.对从众行为的再认识[J].心理科学，2002(2).
③ 宋官东.遵从行为的新观点——三种经典心理学理论的解释[J].社会科学辑刊，2004(3).
④ 时蓉华.社会心理学[M].杭州：浙江教育出版社，1998：377-399.

体从众心理目的的不同，在理论假设、行为归因、心理活动特点以及从众心理的性质等方面表现不同。理性从众的三种表现形态不是孤立的，随着主体对客体认识的加深，理性从众的三种表现形态能够相互转化。

2. 非理性从众

19世纪法国科学家约翰·亨利做了一个实验：他将一些毛毛虫头尾相接排成一个圆圈，并在圆圈中间放上一堆毛毛虫爱吃的食物。令人吃惊的是，这些毛毛虫只是一个跟一个地绕着食物按科学家安排的轨迹爬行，直到饿死，竟然没有一个毛毛虫爬向食物。这就是一个动物依靠直觉产生的非理性从众(盲从)的例子。在人类行为中也会产生盲从行为，阿希的"线段长短比较"实验中"知觉歪曲"从众心理类型基本就是属于盲目的"随波逐流"和"人云亦云"的非理性从众心理。非理性从众就是主体以直观、直觉、本能的活动为主导接受客体行为或态度的影响而产生的从众心理，即盲从。盲从的主体即从众心理个体；盲从的客体可以是个体、群体、组织及代表个体、群体、组织意愿的政策、法律、规章、条例、规则等，也可以是主体本身的经验或本能等。

非理性从众心理不等于无目的行为，往往有些盲从行为，其目的却是很明确的。非理性从众常常是由理性从众转化形成的。当理性从众发展并形成主体的经验定势时，理性从众往往容易被非理性从众所替代。当然，非理性从众也会由"顿悟"升华并转化为理性从众。

从众心理是证券市场最常见的投资心理之一。投资者的决策要受其他投资者的影响，投资者之间存在相互学习和相互模仿，当大多数人买进某股票或期货，其他人便改变原有态度跟着买进。

━━━━━ 课堂分享案例8-4 ━━━━━

每到大学毕业生毕业、找工作时，当父母的都非常担心，一旦孩子有一个面试的机会，这些家长都苦口婆心地劝自己的孩子：要把握好机会，在面试找工作时一定要慎重、慎重、再慎重。

有一次，一位家长刚说完孩子，一转身开始给自己的朋友打电话："哎！哥儿们给我推荐只股票，最近我的股票可不灵了，好几天都没涨多少，你赶紧给我推荐几只股票，我做个短线，好赚一把。"

然后这孩子一听，就说："老爸，你刚才劝我要慎重、慎重的，我看你选股票，投资个好几万元钱，比我面试时做道选择题还要随便。"

这老爸就说："这不一样，你面试找工作，那是一生的重大选择，我这是做短线，只是一个小小的临时选择。"

孩子说："可是你也是投了好几万元钱啊，如果亏了，一亏就是我以后好几个月的工资呢。"

老爸无语。没办法，孩子说到自己的痛处了。[①]

观点碰撞：所有的选择都很重要，因为每一个选择都会影响最后的成败。答案选择影响高考成败，大学选择影响人生成败，股票选择影响投资成败。而所有选择要想做到正确，态度非常关键。有句名言是，态度决定一切。大多数人遭遇失败的主要原因在于选择时过于轻率；大多数人投资失败的主要原因在于选股过于轻率。个体投资者是这样，机构投资者更不例外。

8.2.5 从众行为的产生

群体行为的影响力巨大，有时会使理性的个体放弃了自己的私人信息。比如在2007年10月16日上证指数创出6 124点新高前，不少基金经理已意识到股价过高，但是只有极少数经理真正采取行动卖出自己的头寸。在证券市场上，有三个行情阶段最易引起投资者的从众心理。

1. 股价上涨期从众的产生

当股票价格上涨时，投资者纷纷购入，此时股市人气旺盛，一片利好景象。身处其中的股民被市场强烈的买气所感染，于是群起跟风，盲目跟进。从2007年5月30日之后，上证综指在经历了"印花税"行情的惨烈下跌后，多数机构投资者已经意识到了行情危机，已经纷纷开始减仓。而大批的散户以及私募基金则坚信行情将在奥运会前后达到8 000点，甚至10 000点，因此场内从众心理急剧膨胀，股指也连创新高。

新的高度被不断刷新，市场上的从众心理愈来愈强，也就预示着危机即将爆发。

2. 股价下跌期从众的产生

股价下跌期，股民人心惶惶，此时的盲目从众会导致群体溃逃，投资者集体抛出股票，割肉清仓。上证指数在2007年10月16日创出6 124点新高后，掉头向下盘跌。此时投资者仍然不断地进场抄底，但当一次次被市场无情地套牢后，一些投资者开始看空市场，并开始抛售股票，这使得市场进一步下跌。而多数投资者意识到这种情况后，非理性的从众逐渐显露出来，大量的不计成本的抛盘不断涌现，市场一次次创出新低，即使股指已经跌破了1 800点，抛盘还是蜂拥而出，多数投资者已经毫不在意公司的基本面、技术面因素，惟一使得他们抛售股票的动力，就是从众。

---

① 刘建位.巴菲特选股10招[M].上海：中信出版社，2009：178-179.

新的低点被不断刷新，市场上的从众氛围也愈来愈强，也就预示着反弹即将来临。

3. 股价盘整期从众的产生

此时行情难测，股民们迷茫不安，也易产生从众。个人的这种理性行为的集体后果却是完全有悖于每个人利益的。抢购促使(股票)价格加速上涨；抛售股票会加深证券市场未来的萧条，从而使经济的正常波动急剧失衡，甚至滑入危机的深渊。这种现象可以称之为"理性的无知或集体的非理性行为"。

4. 从众的形象展示

我国证券市场中的"跟庄"现象可以形象地展示这一过程：主力坐庄，一般要经过所谓的"试盘、吸货、洗盘、突破、拉升、出货"等阶段。其中，"试盘"与"心理感应"相对应，"吸货"与"认知偏差"相对应，"洗盘"与"过度自信"相对应，"突破"与"情绪激发"相对应；"拉升"与"情绪传递"相对应，"出货"与"建议接受"相对应。此过程可以用图8-1描绘。

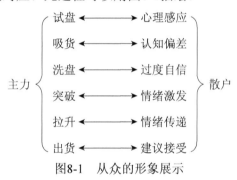

图8-1 从众的形象展示

因此，在"散户"投资者形成一个心理群体，并接受与"庄家"有着千丝万缕联系的证券分析师的建议时，庄家"已顺利出货了"。这就是"散户"斗不过"庄家"的群体心理学解释。

8.2.6 从众对证券价格的影响

2008年下半年来，当国际原油价格从140多美元/桶跌至不足50元/桶，全球股价呈现报复性反弹时，我国的股价依然大幅下跌，这正是从众心理的主要表现，因为大多数投资者认为，市场的下跌程度没到位，因此不管基本面、政策面、消息面和技术面信息，只要稍有反弹立即出货。这种非理性下跌尤以机构投资者为甚。

群体的从众会很大程度上影响着股价的变动。考察上证指数的相关走势，在重要的顶部或底部区域，消息面上总是伴随着一些重要的股市政策出台。

上证指数在2008年9月19日大幅上升，上海证券交易所所有股票涨停。导致这次行情的直接原因，包括以下三个方面：一是经国务院批准，财政部、国家税务总局决定，从2008年9月19日起，调整证券(股票)交易印花税征收方式，将现行的对买卖、继承、赠与所书立的A股、B股股权转让书据按千分之一的税率对双方当事人征收证券(股票)交易印花税，调整为单边征税，即对买卖、继承、赠与所书立的A股、B股股权转让书据的出让方按千分之一的税率征收证券(股票)交易印花税，对受让方不再征税。二是国资委主任李荣融于2008年9月18日表示，国资委一贯强调国有企业尤其是中央企业要成为推动资本市场稳定发展的积极力量。在目前股市低迷的时候，国资委支持中央企业增持或回购上市公司股份。三是中央汇金公司2008年9月18日透露，为确保国家对工、中、建三行等国有重点金融机构的控股地位，支持国有重点金融机构稳健经营发展，稳定国有商业银行股价，中央汇金公司将在二级市场自主购入工、中、建三行股票，并从即日起开始有关市场操作。证监会将按照远近结合、统筹兼顾的原则，进一步强化市场基础性制度建设，加强和改进市场监管，健全和完善市场内在稳定机制，推动我国资本市场稳定健康发展。

虽然反弹在不到一个月的时间腰斩，但管理层很快推出了国家将投资4万亿拉动内需，确保经济增长的一系列相关政策，使得证券市场终于于2008年12月19日有所启稳。

实际上，国外股市的底部和顶部也无不跟政策有关。2008年11月24日，美国花旗获政府救援，美股再次飙升。表8-2是国外相关股指当日走势。

表8-2　世界上重要股指2008年11月24日走势[①]

名　　称	收盘价(24日)	涨　　跌	涨　跌　幅
Dow(道琼)	8 443.39	396.97	4.93%
Nasdaq	1 472.02	87.67	6.33%
英国FTSE100指数	4 152.96	372.00	9.84%
法国CAC40指数	3 172.11	290.85	10.10%
德国DAX指数	4 554.33	426.92	10.34%

美国股市因美国政府同意援助花旗以及奥巴马敦促新的经济团队尽快展开工作，美股连续第二个单日大幅上扬，道指涨4.9%，纳指涨6.3%，标准普尔500指数涨6.5%。美国政府将向花旗投资200亿美元并为花旗3 060亿美元的不良资产提供担保，花旗上涨了57.8%。受股市上涨带动，当日纽约油价大涨9.2%，收于54.50美元。两大利好消息令欧洲股市当日大涨，银行股则成为市场最大的亮点。英股涨幅创20年新高，欧股创史上第二大单日涨幅。欧洲三大股指中，英国富时100指数上涨9.8%，德国DAX指数上涨10.3%，法国CAC 40指数涨10.1%。银行股成为上涨动力最大的

① 张玉智.证券投资心理与行为[M].北京：经济日报出版社，2009：97.

板块。截至收盘(北京时间凌晨5：00)，道琼斯工业平均指数上涨了396.97点，报收8 443.39点，涨幅为4.93%。道指盘中最高上涨了550点。道指30种成份股中共有29只股票上涨。标准普尔500指数上涨了51.78点，报收851.81点，涨幅为6.47%；纳斯达克综合指数上涨了87.67点，报收1 472.02点，涨幅为6.33%。纽约证交所成交量突破了20亿股，股票涨跌比为9比1；纳斯达克市场成交量为11亿股，股票涨跌比为3比1。

美国政府同意援助曾是世界市值最高银行的花旗集团，价值3 260亿美元的援救计划帮助花旗免于破产。

表8-3是2008年11月24日美国上市的部分中国概念股走势。

表8-3　2008年11月24日美国上市的部分中国概念股走势[①]

名　　称	收盘价(24日)	涨　　跌	涨　跌　幅
网易	18.01	2.11	13.27%
新浪	26.33	2.64	11.14%
盛大	23.4	0.64	2.81%
51Job	6.3	−0.05	−0.79%
携程	19	0.18	0.96%
搜狐	42.39	4.88	13.01%
中华网	0.752	0.052	7.43%
空中网	3.34	0.17	5.36%
e龙	7	0.14	2.04%
金融界	5.18	0.15	2.98%
灵通	0.77	0.04	5.47%
中芯国际	1.029 9	0.009 9	0.97%
UT斯达康	1.49	0.02	1.36%
亚信	10.37	0.89	9.39%
九城关贸	1.19	0.04	3.48%
第九城市	10.98	0.06	0.55%
分众传媒	6.9	0.33	5.02%
百度	115.13	2.44	2.17%
德信无线	0.780 1	0.050 1	6.86%
中星微电子	1.76	0.02	1.15%
无锡尚德	6.69	0.64	10.58%
如家快捷	8.08	0.77	10.53%
华友世纪	1.41	−0.05	−3.42%
华视传媒	5.23	0.3	6.09%
航美传媒	5.7	0.14	2.52%

由此可以看出无论是发达国家，还是发展中国家，证券投资主体都会因从众最终触发大面积的从众心理。

---

① 张玉智.证券投资心理与行为[M].北京：经济日报出版社，2009：97.

8.3 群体投资的操纵行为

《中华人民共和国证券法(修订)》第七十七条对操纵市场作了归纳："禁止任何人以下列手段获取不正当利益或者转嫁风险：通过单独或者合谋，集中资金优势、持股优势或者利用信息优势联合或者连续买卖，操纵证券交易价格；与他人串通，以事先约定的时间、价格和方式相互进行证券交易或者相互买卖并不持有的证券，影响证券交易价格或者证券交易量；以自己为交易对象，进行不转移所有权的自买自卖，影响证券交易价格或证券交易量：以其他方法操纵证券交易价格。"

8.3.1 信息不对称下知情交易中的市场操纵

证券市场发展的不规范、不完善，使得信息分布的不均衡性不断地发展和强化，信息的非对称性也就日益明显。而这就为群体投资者的知情交易甚至市场操纵策略提供了前提。

所谓"信息不对称"，就是指相互影响的经济人之间，信息分布得不均衡。其实，信息不对称现象普遍存在于我们的日常生活中，卖方能向买方推销低质量商品，是因为市场双方各自掌握的信息不对称，人们应如何利用所掌握的信息来谋取更大收益？掌握信息较少一方如何进行市场调整？ 荣获2001年度诺贝尔经济学奖的三位美国经济学家：约瑟夫·斯蒂格利茨、乔治·阿克尔洛夫、迈克尔·斯彭斯从一个新的角度解释了信息不对称情况下市场的失灵，提出了经济信息学研究的核心内容——信息不对称理论。

综观证券市场，信息不对称是一个普遍现象。在信息不对称的情况下，交易者依据他们的个人信息对资产的未来预期收益做出判断，这些信息影响了交易者的行为，同时也影响了资产的价格。根据交易者拥有的信息的不同，我们将证券市场的投资者分为两大类，即知情交易者和不知情交易者。

知情交易者主要包括内幕交易者，即主要指公司管理者、董事会及持有公司5%或以上的其他利益相关者等成员。除此之外，还应该包括部分机构投资者。他们或通过专业分析能力从公司已公布的信息中获取私人信息，或通过与公司内幕人员获取私人信息。但大多数在信息和资金方面处于劣势的交易群体——散户则属于不知情交易者，他们主要透过公开的信息来做出投资决策。

知情交易与市场操纵是两种紧密相连又有所区别的证券交易行为。知情交易者由于拥有优于市场其他参与者的有关资产的基本价值信息，因此，他们会利用这种信息优势进行交易从而获取利润。但这种交易行为对市场来说是有益的。因为，知情交易者进行交易就会暴露其私人信息,从而使资产的真实价值更快地被反映出来。

非对称信息下的知情交易在中国证券市场上是个十分典型的市场现象。如果知情者的信息优势是通过合法途径(市场与公司研究、行业分析)得到的,那么这种行为将有利于证券市场价格发现功能的提高,而证券市场定价效率的提高又将间接提升资本资源的配置水平。因此,我们应该鼓励这种价值发现型的非对称信息知情交易。

但同时,知情交易者为使自己的收益最大化,可能采用策略性的交易行为,从而使自己长时间保持信息上的优势,这样就会在满足一定条件下产生市场操纵行为。即按照其掌握的私人信息相反的方向进行交易,误导市场认为其掌握一定的私人信息,使市场向某一对其更加有利的方向运动,从中获取更多的超额利润。因此,知情交易可能会引起某种程度的市场操纵行为。

Foster和Viswanathan(1994)假定存在两个知情者,但他们所拥有的私人信息是不对称的,其中一个知情者知道两者的私人信息,而另一个只知道自己的私人信息,即第一个知情者要比第二个拥有更多的私人信息,但第二个知情者可以从交易中推知这额外的信息。对于各自的最优交易策略来说,拥有更多私人信息的知情者首先不会充分利用其额外信息,但两个知情者对他们所拥有的共同的私人信息会加以充分密集的利用。这就使得第二个知情者很难从交易中推测出第一个知情者所拥有的额外信息。从而第一个知情者可以保持额外信息的垄断优势。而当交易接近结束,知情者所拥有的共同的私人信息大部分都被揭示出来后,拥有额外私人信息的知情者则会充分地利用这一额外的信息优势以获取更多的收益。这意味着拥有额外私人信息的知情者的最优交易策略,在交易的前期阶段是与其额外私人信息信号相反的方向交易。

Huddart等(2001)在公共披露规则下,在理性预期均衡框架内分析了知情交易者的动态均衡交易策略。该文假定知情交易者所拥有的私人信息是长期有效的。在公共披露规则下,知情交易者在每一交易时期结束后都要披露其交易的数量。这一规则改变了知情者的均衡交易策略,因为做市商在下一期交易发生之前可从知情者先前的交易量中推测出知情者所拥有的私人信息。但通过在最后一期之前的每一期都使用混合策略,知情者就可以混淆其交易所含有的信息。这一交易策略平衡了知情交易的即时收益和因公共披露规则导致的未来收益的减少。这种知情交易者在其最优策略中加上噪声部分的现象被作者称为伪饰,体现了信息操纵的概念。

Vo(2001)考察了强制性交易披露规则对知情交易者的策略性交易行为的影响。该文假定存在一个内部知情者,知道有关资产收益的精确信息,同时存在一个外部知情者,知道有关资产收益的部分信息。在这一框架下,内部知情者的策略性行为就比较复杂,因为他不仅要考虑到其交易策略对做市商的学习的影响,还必须考虑到对外部知情者的影响。披露规则提高了做市商和外部知情者完全推知内部知情者私人信息的可能性。因此，为保持其私人信息的优势，内部知情者会使用混合策略。在其最优交易策略中加上随机噪声成分，独立于其私人信息或买或卖。同时，由于内部知情者与外部知情者在信息上的竞争性，两者所共享的信息将会很快被揭示出来。但伪饰使得内部知情者在公共披露规则下保持更多的私人信息的优势。

Vayanos(2001)研究了金融市场中策略性交易者的动态均衡交易策略。文中知情者为机构投资者，在每一期都收到有关股票真实价值的私人信息。作者发现，在经历禀赋冲击后，知情交易者的股票持有量收敛于长期极限，这一极限取决于知情者与做市商的最优风险，并得到存在收敛的两种模式：股票持有量一直随时间减少或先减少后增加。这第二种收敛模式说明知情交易者的交易策略比较复杂，有点类似于市场操纵。

通过上述分析，我们发现：在一定的条件下，提前获取私人信息的知情者有动力进行类似市场操纵的策略性行为，以使其长期保持相对于其他市场参与者的信息优势，以获取更多的超额利润。但这种策略性交易行为是证券市场监管者所不愿看到的，是有悖于保护中小投资者利益原则的。

课堂分享案例8-5

南京市经委原主任刘宝春因利用内幕信息交易高淳陶瓷获刑，成为全国首例国家公职人员因内幕交易被追究刑责的案件，刘宝春也成为"官员内幕交易第一人"。

高淳陶瓷内幕交易案始于股票价格的异常上涨。市场行情显示，2009年4月20日开盘后几分钟时间内，高淳陶瓷股价突然被迅速拉至涨停。

次日，高淳陶瓷公告称正在筹划重大资产重组事项，股票自当日起停牌。当年5月21日，高淳陶瓷正式发布重组公告，称公司将与中国电子科技集团公司下属南京第十四研究所进行资产重组，公司主业也因此将完成从日用陶瓷制造业到信息技术业的华丽转身。22日，高淳陶瓷复牌后股价飙升，连续拉出10个涨停。

2009年4月20日，高淳陶瓷停牌筹划重组前的最后一天，股价涨停收于8.13元，复牌后到6月9日收盘价已高达21.9元。

证监会有关负责人介绍，2009年6月，证监会在调查高淳陶瓷股价异动过程中发现南京市经委原主任刘宝春及其妻子陈巧玲涉嫌泄露内幕信息及内幕交易行为，并于当年9月被移送司法机关。

经查，南京市经委原主任刘宝春于2009年2月至4月间，代表南京市经委参与中国电子科技集团第十四研究所及其下属企业国睿集团有限公司与高淳县人民政府洽谈重组高淳陶瓷过程，在涉及对证券交易价格有重大影响的信息尚未公开前，将该信息告知其妻子陈巧玲。

刘宝春、陈巧玲在内幕信息价格敏感期内，以出售所持其他股票、向他人借款400万元所得资金，并使用其家庭控制的股票账户，由陈巧玲在其办公室通过网上委托交易方式先后买入614 022股高淳陶瓷股票，并于股票复牌后至6月24日期间全部卖出，非法获利749.9万元。

2010年12月30日，南通市中级人民法院经过审理做出一审判决，以内幕交易罪判处刘宝春有期徒刑5年，并处罚金750万元，追缴其违法所得749.9万元。[①]

观点碰撞： 相比一般主体的内幕交易行为，该案的社会危害性更大：一方面，刘宝春身为国家公职人员，且担任一定级别的领导职务，在代表政府部门参与上市公司重组谈判过程中，理应以身作则，遵纪守法，但刘宝春却利用职务便利通过内幕交易谋取巨额私利，严重损害了政府形象，社会影响恶劣；二是刘宝春作为一名受过高等教育的知识型官员，理应具备一定的法律素养，但在接受证监会的调查过程中与他人商议串供，欺瞒证监会的调查，企图蒙混过关，最终得到的只能是法律的严惩。

8.3.2 信息不对称下市场操纵中的知情交易

市场操纵的产生有很多途径，可采取的方式也有很多。但证券市场的不对称信息是最主要的原因，市场操纵的产生肯定含有知情交易行为。由于投资者之间对某一资产的内在价值预期的信息不对称，知情的投机者就可能利用这种信息不对称性来为自己牟取暴利。如散布有关虚假信息、采取影响资产内在价值的虚假行为等。这些操纵行为都是被各国认为违法的。但还可能存在一种基于交易的操纵行为，这类操纵只是通过买卖证券来进行，没有采用任何公众可察觉的非交易行动来改变该风险资产的价值，也没有散布虚假消息，只是由于该参与者对市场的影响能力较大，他的买卖行为能在某种程度上影响价格。通过合法的手段，依靠其对市场的影响和控制能力，以与其获知的私人信息相反的方向进行操作，以期望市场价格在其交易影响下朝对其更加有利的方向运动，同时也迷惑了其他的市场参与者，使得他们不可能从操纵者的交易行为中推测出有关该资产的真实价值。这样，市场操纵者就会获得更多的超额利润。

Allen和Gale(1992)在理性预期的框架下分析了基于交易的操纵行为。如果投资者以正的概率将操纵者视为知情交易者的话，那么未知情的操纵者通过简单的买卖股

---

① 申屠青南.官员内幕交易第一人：借款买股非法获利近750万[N].中国证券报，2011-12-8.

票就可以达到操纵股票获利的目的。该模型中，知情交易者和未知情操纵者都是风险中性的大额交易者，而风险厌恶的中小投资者无法分辨进入市场的大额交易者的身份，而且假定知情交易者能够预期到股票在未来时期是否有利好消息。作者证明只要中小投资者严格风险厌恶，且认为大额交易者为操纵者的概率足够小，就可能存在混同均衡使操纵者获利。这里，操纵者之所以能获利，是因为其知道市场上是否存在知情交易者，而中小投资者则无法辨识。

虽然操纵者没有有关股票的私人信息，但正是由于知道市场上是否存在知情交易者这一优于中小投资者的信息优势而获取操纵利润。

Fishman和Hagerty(1995)研究了强制性披露规则对内幕交易者交易行为的影响。发现这种强制性的披露规则能够提高内幕交易者的预期利润，这是因为即使内幕交易者没有有关资产的私人信息，披露规则也会导致其获利。文中的操纵行为主要产生于不知情的内幕交易者企图冒充知情的内幕交易者，而关键假定是其他参与者不能确定是拥有私人信息的内幕交易者还是未知情的模仿者在进行交易。正是这种信息的不对称性造成了未知情的交易者模仿知情内幕者的交易策略来获取正的操纵利润。

John和Narayanan(1997)研究了交易公共披露规则对公司内部人的动态交易行为的影响。这一规则为知情内幕者操纵股价提供了激励。他们通过在错误的方向上交易，即在其私人信息为好消息时卖出公司股票而在坏消息时买进公司股票。通过这种反向交易降低了知情内幕者交易披露的信息含量。从而知情内幕者就可以保持信息上的优势，并利用这种信息优势在交易的最后时期在正确的方向上交易以获取更大的利润。这些利润足以弥补先前交易所遭受的损失。作者发现，在公共披露规则的同时，如果再执行"戒绝短线交易规则"将会减少这种操纵的发生，并促进市场效率的提高。

Vitale(2000)研究发现，在外汇市场上，在未知情投机者有效的操纵策略当中，运用噪声交易获得未来信息优势是其中的一种。作者在市场参与者的不同的假设下，分析了未知情投机者在权衡信息投资的成本以及这一信息优势可获得的利润之后可能采取的最优操纵策略。由于噪声交易的加入，投机者拥有比做市商更多的信息优势，这种信息不对称导致了该投机者总体上获取正的操纵利润。

Medrano和Vives(2001)研究了在连续交易机制下公开拍卖的价格发现过程中，大额的知情交易者的策略性交易行为的影响。作者通过论证发现，策略性的知情交易者会有激励在信息调整过程的开始阶段操纵市场。通过这一行为，就可以保持市场价格的信息含量较低。操纵策略主要是通过采取与竞争性的知情者相反的交易策略，这些竞争性的知情者根据他们所收到的私人信息进行交易。

Aggarwal和Wu(2003)考察了当其他投资者在搜寻有关股票真实价值的信息时，操纵者的进入将会有何影响。在一个没有操纵者的市场，这些信息搜寻者通过把股价抬高到知情方私人信息所显示的真实水平，毫无疑问提高了市场效率。更多的信息搜寻者使得购买股票带来更大的竞争，提高了操纵者的利润，使得操纵者更有可能进入市场，从而也损害了市场效率。因此，股票价格操纵的可能性会降低套利活动的有效性，这时就需要政府的监管。

Chakraborty和Yilmaz(2004)建立了一个内幕交易者策略性交易操纵模型，分析了知情内幕交易者与未知情内幕交易者的操纵策略。如果内幕交易者对交易资产的内在价值拥有长期的私人信息，就称为知情内幕交易者。而对于未知情内幕交易者来说，虽然不知道资产内在价值，但也有动机操纵股价。模型假定市场并不知道动态交易者(知情内幕交易者或未知情内幕交易者)对资产的内在价值是否知情，但与做市商相比，被称为跟风者的理性交易者知道动态交易者是否参与市场交易。虽然他们与做市商一样不知道动态交易者的交易是否含有信息、信息内容是什么。正是因为在信息上优于做市商，跟风者发现通过模仿动态交易者交易可以获取利润。但这种模仿行为会产生两种效果：首先增加了以私人信息进行交易的知情内幕交易者的竞争压力；但同时也给知情内幕交易者创造了交易操纵的动机。作者表明，不管未知情内幕交易者的交易策略是什么，只要交易期数足够多，知情内幕交易者采用反向交易操纵策略最终可以获利。对于未知情内幕交易者来说，由于跟风者的最优策略是模仿动态交易者的交易策略，这样未知情内幕交易者就可以伪装为知情内幕交易者先在低位买进，跟风者模仿也买进，价格就会进一步被抬高，最后未知情内幕交易者在股价高位出货。作者证明，当交易期数足够多，并且跟风者的交易量所占比重足够大，那么未知情内幕交易者将会在每一期都进行操纵，并最终获得严格正的利润。

Chakraborty和Yilmaz(2004)研究了知情内幕者的不同于Kyle(1985)的策略性交易行为。在他们的动态框架中，知情交易者不仅仅通过少交易来隐藏其信息，而且发现其有激励以错误的方向交易以混淆其他的市场参与者，以短期的损失获取长期的收益。作者在Kyle(1985)连续交易模型的基础上进行了扩展。作者证明，当交易期足够长，存在这样的均衡，即每个均衡中每种类型的知情交易者通过在错误的方向上交易以操纵市场。同时，作者指出一种类型的知情交易者的市场操纵的激励取决于其他类型的知情交易者的交易策略。

通过上述分析，我们发现：市场操纵产生的前提是信息的非对称性，知情交易者通过策略性的信息操纵策略误导市场其他参与者对其掌握的私人信息的预期，使得交易朝对知情者有利的方向发展，从而保持信息优势来获取超额利润。

8.3.3 投资群体操纵市场的基本类型

目前我国的证券投资群体操纵行为大体分为四类：虚伪交易型，实际交易型，恶意散布、制造虚假信息型和其他操纵行为。

1. 虚伪交易型

虚伪交易可以分为以下几种类型：一是洗售，也称为"冲洗买卖"，它是最古老的证券市场的信息操纵形式，即以影响证券市场行情为目的，人为地制造证券交易虚假繁荣，从事所有权非真实转移的交易行为。二是相对委托，也称相互委托或合谋，是指行为人意图影响市场行情，与他人合谋，由一方做出交易委托，另一方依据事先知悉的对方委托内容，在同一时间、地点，以同等数量、价格委托，并达成交易的行为。

2. 实际交易型

实际交易可分为以下类型：一是扎空。它是指证券市场上的某一操纵集团，将证券市场流通股票吸纳集中，致使证券交易市场上的卖空者，除此集团之外，已经没有其他来源补回股票，扎空集团乘机操纵证券价格的一种方式。[①]此时，卖空者已无其他证券来源，只好与操纵者了结，价格由操纵者随意决定。二是连续交易操纵。也称为连续买卖，它是指行为人为了抬高或压低集中交易的有价证券的交易价格，自行或以他人名义，对该证券进行连续高价买入或者低价卖出的行为，以"养"—"杀"—"套"—"补"循环操作方式操纵股价，从上涨及下跌中，两面获利。

3. 恶意散布、制造虚假信息型

真实信息对证券市场可以产生影响，谣言、不实资料一样可以直接影响证券价格。借助散布谣言或不实资料方式操纵市场的目的，是吸引公众投资者对该股票的买入兴趣，一直维持到操纵者将其持股全部清出为止，然后造成股价下跌。因此，为了保证资讯的真实性和正确性，立法禁止不通过交易行为而借散布或制造信息方式所进行的市场操纵行为。

=== 课堂分享案例8-6 ===

证监会2011年12月9日通报数起案件，其中令人咋舌的是一起利用媒体荐股，提前进入"抢帽子"的案件，涉及资金572亿元，涉股票552只，非法获利4.26亿元。这是至今证监会查实涉及股票最大规模、涉案金额最大、涉案人员数量最多的案件。

从2007年4月到2009年10月，薛书荣、郑宏中、杨晓鸿、黎睿咨等人以70

---

① 吴晓求.中国证券市场典型案例[M].北京：中国人民大学出版社，2002.

个自然人名义，在44家证券营业部开立112个资金账户，使用148个证券账户，动用超过20亿资金预先买入选定的股票。

与此同时，他们通过广东中恒信传媒投资公司，联络来自10家券商和8家证券投资咨询公司的30名证券分析师，录制了荐股的节目。前述人员以4 483万元购买了9家电视台的证券栏目时段，播放上述荐股节目，随后在节目播出当日或第二天将预先买入的股票卖出获利。到2009年10月份，前述人员操纵个股552只，交易金额572亿元。[①]

观点碰撞：这些操纵方法是典型的"抢帽子"手法，但与过去庄家操纵单个股票相比，更具欺骗性。证监会还指出，由于通过多家卫视媒体播放荐股节目，影响力巨大，受害股民数量众多。

4. 其他的操纵市场行为

所谓其他的操纵市场行为，是较上述行为不太常见或不太典型的行为，通常包括，违约交割、公司及其关系人买回自己公司发行的股份、出售或者要约出售其并不持有的证券，扰乱证券市场秩序等。正所谓"道高一尺，魔高一丈"，只要证券市场存在一天，就会出现各种新型的操纵市场行为。

本章小结

"羊群行为"是一种特殊的非理性行为，它是指市场参与者在某些因素的影响下与大多数参与者的行为趋于一致的现象，是一种由从众心理和思维惯性导致的学习和模仿行为。在学术研究中通常把从众行为分为非理性从众和理性从众两类。群体行为的影响力巨大，有时会使理性的个体放弃了自己的私人信息。群体的从众在很大程度上影响着股价的变动。证券市场发展的不规范、不完善，使得信息分布的不均衡性不断地发展和强化，信息的非对称性也就日益明显，而这就为群体投资者的知情交易甚至市场操纵策略提供了前提。目前我国的证券投资群体操纵行为大体分为虚伪交易型、实际交易型、恶意散布、制造虚假信息型和其他操纵行为四类。

思考练习

一、名词解释

羊群行为　　从众行为　　理性从众　　非理性从众　　连续交易操纵　　洗售相对委托　　扎空

[①]　吴敏.证监会通报A股最大市场操纵案：涉资572亿元[N].新京报，2011-12-10.

二、判断题

1. 从众行为是一种不常见的心理矛盾现象。 （   ）

2. 内化是态度形成的中间阶段。 （   ）

3. 许多理论和经验研究表明，证券投资群体比个人投资者更愿意产生羊群行为。 （   ）

4. 从众心理是因，追风行为是果。 （   ）

5. 非理性从众心理不等于无目的行为，往往有些盲从行为，其目的却是很明确的。 （   ）

6. 群体行为的影响力巨大，有时会使理性的个体放弃了自己的私人信息。 （   ）

7. 知情交易与市场操纵是两种紧密相连没有区别的证券交易行为。 （   ）

8. 证券市场的不对称信息是市场操纵产生的最主要的原因。 （   ）

9. Fishman和Hagerty研究了交易公共披露规则对公司内部人的动态交易行为的影响。 （   ）

10. 真实信息对证券市场可以产生影响，谣言、不实资料一样可以直接影响证券价格。 （   ）

三、单选题

1. 市场操纵的产生有很多途径，（   ）是最主要的原因。

   A. 证券市场的不对称信息   B. 股票市场的不对称信息

   C. 债券市场的不对称信息   D. 基金市场的不对称信息

2. John和Narayanan(1997)研究了(   )。

   A. 强制性披露规则对内幕交易者交易行为的影响

   B. 交易公共披露规则对公司内部人的动态交易行为的影响

   C. 在连续交易机制下公开拍卖的价格发现过程中，大额的知情交易者的策略性交易行为的影响

   D. 知情内幕者的不同于Kyle(1985)的策略性交易行为

3. 下面哪种是虚伪交易型(   )。

   A. 扎空   B. 连续交易操纵

   C. 洗售   D. 恶意散布、制造虚假信息型

4. 下面哪种属于实际交易型(   )。

   A. 扎空   B. 洗售

   C. 相对委托   D. 恶意散布、制造虚假信息型

5. 下面哪个不属于其他的操纵市场行为(   )。

   A. 扎空   B. 违约交割

   C. 出售其并不持有的证券   D. 要约出售其并不持有的证券

6. 非理性从众就是主体不以下面(　　)的活动为主导接受客体行为或态度的影响而产生的从众心理。

    A. 直接   B. 直觉   C. 本能   D. 感觉

7. 理性从众不包括(　　)。

    A. 遵从   B. 顺从   C. 听从   D. 服从

8. 知情交易者不包括(　　)。

    A. 内幕交易者

    B. 公司管理者、董事会及持有公司5%或以上的其他利益相关者等成员

    C. 部分机构投资者

    D. 散户

9. 对从众现象的科学研究最早源于美国心理学家谢里夫(Sherif，M.，1935)所做的被称之为(　　)的实验。

    A. 游动效应   B. 羊群效应   C. 从众效应   D. 群体效应

10. 荣获2001年度诺贝尔经济学奖的三位美国经济学家：约瑟夫·斯蒂格利茨、乔治·阿克尔洛夫、迈克尔·斯彭斯从一个新的角度解释了信息不对称情况下市场的失灵，提出了经济信息学研究的核心内容(　　)。

    A. 羊群效应理论   B. 信息不对称理论   C. 游动效应理论   D. 从众效应理论

四、多选题

1. 从众行为的产生，其内在的逻辑包括(　　)。

    A. 依从   B. 认同   C. 内化   D. 吸收

2. 一个团体具备以下哪几点就更容易使个人从众(　　)。

    A. 由专家组成   B. 团体成员有很重要的任务

    C. 它的成员在每个方面都与个人相似   D. 它的成员在某些方面与个人相似

3. 目前我国的证券投资群体操纵行为分为(　　)。

    A. 虚伪交易型   B. 实际交易型

    C. 恶意散布、制造虚假信息型   D. 其他操纵行为

4. 理性从众包括(　　)方面。

    A. 遵从   B. 顺从   C. 听从   D. 服从

5. 虚伪交易类型包括(　　)。

    A. 洗售   B. 相对委托   C. 扎空   D. 连续交易操纵

五、简答题

1. 证券投资群体比个人投资者更愿意产生羊群行为的原因有哪些？

2. 简述从众行为存在哪些局限。

3. 简述虚伪交易型可以分为哪些类型。

4. 简述实际交易型可以分为哪些类型。

5. 简述在证券市场信息操纵过程中，大体分为哪几个阶段。

六、论述题

1. 请阐述群体投资羊群行为的产生。

2. 在证券市场上，哪些行情阶段最易引起投资者的从众心理。

综合案例

公元前480年，波斯皇帝薛西斯继续执行其父大流士一世的扩张政策，决定将自己强大的军队运送过赫勒斯滂海峡(现在的达达尼尔海峡)。为了入侵希腊，他不得不进行海上运兵。这件事由腓尼基人和埃及人来承办。他们建了两座完整的大桥，把亚洲和希腊连接起来。显然，这是所谓的"吊桥"，因为历史学家希罗多德在给我们描述这一事件时讲到，桥是腓尼基工匠用"白亚麻"的绳索、埃及工匠用莎草纸绳索建起来的。倒霉的是，刚刚建起来就遭遇巨大的风暴，两座渡河设施全部被毁。得知这一消息后，波斯皇帝盛怒之下命令痛击大海300鞭，然后又命令将两副枷锁沉入大海。更有甚者，愤慨的薛西斯又派出自己的刽子手给赫勒斯滂打上烙印。

波斯皇帝如何命令鞭笞大海的故事传遍全世界。但不应当认为薛西斯只是一个大海的折磨者，因为他处罚大海的行动还伴随着对古代东方的统治者们而言更为实际的行为：根据皇帝命令，设计和建筑赫勒斯滂海峡大桥的人都被砍了头。这个消息也立刻传到世界上的很多国家。

因此，当人们说起皇帝惩处大海这一稚嫩的行为时，脸上并没有露出微笑：大家都记起跨海大桥那些天才建设者们悲惨的死亡。

现代的证券投机者在不经意间遭到市场教训时，经常会像那位波斯皇帝一样"鞭笞"它。就像古代那些凶残的暴君一样，人们非常想埋怨提供了投资信息的人，因为提供信息的人坚定了自己交易的信心。投资者倾向于把自己失败的原因归咎于随便什么人，只要不是他们本人。

而市场就像大海一样，与投资者绝没有任何纠葛。它并不想有意给谁制造痛苦或带来欢乐。它生活在人之外，在人的意志和愿望之外。所有与交易灾难有关的痛苦和感情都只存在于人的头脑中，而且只有当事者自己才能"激活"市场价格向这方或那方的运动。

的确，游戏规则没有改变。条件也没变。市场还是那个市场，甚至证券的价格也毫厘不差。改变的只是最微小的一点——人对刺激的反应。为什么？因为在交易中人的心理非常重要。[①]

案例讨论题

(1) 人对刺激的反应有多大？

(2) 波斯皇帝处罚设计和建筑大桥的人时是否意识到了羊群效应？

(3) 人在总结教训的时候为什么总愿意推卸责任？

(4) 市场能否按照人的意志发展？

(5) 操纵市场行为为何屡禁不止？

---

① 刘克.证券投资学[M].北京：中国铁道出版社，2010：157-159.

第9章
证券投资主体的心理调适

　　没有人能否认通过研究或分析"怎样进行管理"来研究管理经验的重要性，但是，管理学并不像法律，它不是建立在先前判例上的科学，未来的情境不可能是对过去的重复。的确，过分依赖于过去的经验和管理问题解决未经提炼的体验是非常危险的，原因很简单：过去发现是"正确"的技巧或观点可能并不适合未来的情境。[1]

——【美】哈罗德·孔茨(Harold Koontz，1908—1984)

在证券投资过程中，投资者在投资行为中经常表现出一些令常人无法理解、甚至事后自己也难以想象的心理异象。投资者在进行投资决策时常表现出信息专享心理，并多次尝试以相反意见说服自己，往往过分相信自己对股票价值判断的准确性，过分偏爱自己掌握的信息，倾向于仿效多数投资者的投资行为等。这就是由证券投资主体心理异象带来的影响。

　　本章在分析投资主体心理异象的同时，还提供了具有一定指导意义的心理调适方法。

●开篇案例●

　　纵观历届奥运会主办国的股市行情有一个共同点，就是都在那一年达到历史最高点，即使涨幅最小的希腊股市也达到了30%的涨幅。

　　2008年8月8日，北京奥运开幕，就在当天，上证指数以2 724.43点开盘，以2 605.72点收盘，从此，中国股市踏上了慢慢熊途。什么样的事件有这么大的动力呢？是热钱"做空"中国。

　　事实上，传统、一般资本输出发展为金融掠夺及其掠夺权的分配争夺已成为当代资本主义发展的最新特征。热钱就是要制造中国金融市场的恐慌，让投资者彻底失去对中国股市、楼市乃至中国宏观经济的信心，摧毁中国金融主力机构和市场调

---

　　① Harold Koontz. The Management Theory Jungle Revisited[J]. Academy of Management Review，1980，5(2)：175-187.

控者的威信，从而彻底掌握A股的"做底"权力——即底部在哪里由它们决定！2 500点，2 000点，1 664点，它不再由中国资本主力说了算，而由热钱说了算。股市如此，楼市如此，汇市如此，中国中小企业大面积"休克"也如此。即热钱最终拥有操控中国资产价格的低谷与高峰的能力。

当热钱大规模收购中国资产后，国外的巨量热钱再次回流，与国内热钱会师，再拉一轮汹涌惊人的资产大泡沫，其以比现在价格还低价格收购的资产，再通过上市等手段，卖出比现在贵5倍、10倍，甚至50倍的价格。届时他们再操控舆论为新一轮的资产泡沫高峰将它们卖给中国老百姓！①

心理专家解读： 2008年北京奥运会开幕当天的A股大跌，已经不仅仅是挑战"维稳"，而是热钱在争夺控制中国经济和金融周期的市场主导权。如果国内投资者仍然秉承不变的心理预期，正好形成热钱希望的行为偏差，那么，中国股市的再次启动将时日长久。

9.1 证券投资主体的信息专享心理

目前，中国证券市场风险管理和监管水平不断提高，品种创新步伐不断加快，发展环境明显改善。但是，由于受投资主体的利益驱动，证券市场信息尚不能共享，信息专享已经成为制约证券市场健康发展的障碍。

9.1.1 证券市场信息专享度评价

为了探讨证券市场信息专享程度，有必要建立证券市场信息专享度模型。由于对证券市场信息专享程度的数据难以量化，且数据的变化规律难以把握，因此，本节在设计证券市场信息专享度模型时，采用了调查表和专家打分等方法，虽然调查的数据较少，但已经具有一定的代表性。本节首先构造了证券市场信息专享度评价指标体系，将信息专享度分为"严重、较严重、一般、弱和无"五个级别。

证券市场信息专享度评价指标体系由以下五大部分构成。

(1) 信息发布的真实性。真实性代表信息所负载的内容真实，且无论是正式发布的信息还是市场流传的信息。

---

① 张庭宾.热钱已对中国发动最后攻击[N].第一财经日报，2008-8-12.

(2) 信息影响的对称性。即信息为所有人掌握，而不是部分人知道，并且这部分人利用该信息进行交易。

(3) 信息流通的时效性。主要指信息及时与否。有些信息由于具有一定的期限性，信息传递到投资者时可能已经失去了效用。

(4) 信息传播的通达性。主要指信息通达与否。有些信息还没有进入市场就被截留或者吞噬，造成了信息的不对称。

(5) 信息更新的及时性。即每天发布的必须是最新信息，而不是已经变化了的旧信息，有些信息是不断更新和补充的，不可用已经过时的信息误导投资者。

通过将信息专享与否分成以上五个方面，再将这五个方面具体细分，并将细分后的每个小方面分配一定的权重，最后进行综合评价。

9.1.2 证券市场信息专享度评价模型设计

由于部分投资主体致力于信息专享行为，严重损害了广大投资者的根本利益，也为证券市场的全面、协调、可持续发展埋下了祸根。广大证券交易者的心目中对中国证券市场交易信息专享行为无法获得正确的判断，因此为了体现以人为本，本节采用调查表的形式反映交易者们对我国目前证券市场信息专享程度的评价。

1. 评价指标构成

根据证券交易信息的来源、内容及形式，本节将其分类为基本信息、技术信息、消息、政策和制度信息。证券市场信息专享程度评价指标体系亦由5大类监测指标组成[1]。

(1) 基本信息。基本信息主要包括供求信息和非供求信息两部分。其中供求信息主要有当前市场上可交易证券的种类、数量、结构等。非供求信息主要指货币金融信息，例如利率、汇率、存款准备金率等；自然条件信息，例如天气气候信息、行业周期信息等；经济形势信息，例如经济发展速度、物价指数等。这些信息对正确判断证券价格走势有非常重要的作用。

(2) 技术信息。主要是指证券交易中的交易量、交易价格、交易周期等信息。它们是进行证券价格技术分析时的基本要素，当然也包括一些图形和图表信息。

(3) 消息。主要指市场传闻、内部信息、流言等。

(4) 政策信息。指国家制定的对内对外的一些政策。包括本国的政策，例如行业

---

① 张玉智.中国金融衍生品市场监管体系重构[M].北京：中国金融出版社，2009：125-126.

政策等；包括国外的相关政策，例如国际组织的政策和国际局势等信息。这些信息通过对经济的影响，从而影响到证券价格，进一步影响到证券市场信息专享行为的变化。

(5) 制度信息。主要指证券交易的相关制度、法律规定，以及中国证券监督管理委员会的规章制度、证券交易所的规章制度、证券公司的规章制度等。

利用证券市场专享行为的主要载体——信息的5种主要特性即信息发布的真实性、信息影响的对称性、信息流通的时效性、信息传播的通达性和信息更新的及时性作为评价标准，对这5大类证券交易信息下各个监测项进行评价，从而判断目前中国证券市场信息专享程度。

2. 评价方法及框架

目前，主要的评价方法以"分值法"或"等级法"居多，即选取一定的评价指标，设定分值，并采取相应的标准进行静态的、横向的比较，从而评估生态环境的"分值"或"等级"。[①]

(1) 评价模型的建立。本部分构造的证券市场信息专享度评价指数：

信息专享度指数i=〔(满意的指标数目×k_1＋持平的指标数目×k_2＋下降的指标数目×k_3)/指标项目总数〕×100

满意的指标k分别赋值为0.5和1，持平的指标k赋值为0，下降的指标分别赋值为-0.5和-1。我们可以构造出每项指标的信息专享度指数公式：

$$IM = \frac{1}{5N}\left(\sum_{i=1}^{5} A_i \times K_i\right) \times 100 \tag{9-1}$$

$A_i(i=1，2，\cdots，5)$依次代表评价为"无"、"弱"、"一般"、"较严重"、"严重"的指标数目，N代表评价指标的数目，$k_i(i=1，2，\cdots，5)$依次赋值1，0.5，0，-0.5，-1。

IM表示每项指标的指数值，再根据每项指标的指数在指标体系中所占的权数计算出证券市场信息专享度评价综合指数MIM，即：

$$MIM = \sum_{i=1}^{5} IE_i \times \lambda_i \tag{9-2}$$

$IM(i=1，2，\cdots，5)$表示五项证券市场信息专享度指数值；$\lambda_i(i=1，2，\cdots，5)$依次表示每一项的权数。权数依靠专家评分法进行确定。

(2) 评价数据的采集。对于所需要的数据通过构造调查表的形式来收集。调查表的设计如表9-1所示：

---

① 张作凤.知识共享的可能性：一个博弈分析[J].图书情报工作，2004(2).

表9-1　投资者对证券交易信息满意程度调查表

发布类别	发布的真实性	影响的对称性	流通的时效性	传播的通达性	更新的及时性
基本信息					
技术信息					
资讯信息					
政策信息					
制度信息					

说明：请被调查者就您所处的证券市场对上述交易信息的五种标准做出合理的选择。选择等级：严重专享、较严重专享、一般专享、弱专享、无专享。

(3) 评价过程。在2010—2011年两年的时间里通过市场调查的方法收集了大量的数据，对数据进行回收整理后，选取了5 000份作为计算证券市场信息专享度指数的依据。经计算后得出每项指标的信息专享度指数如下。

① 基本信息的信息专享度指数。基本信息的信息专享度指数数据如表9-2所示：

表9-2　基本信息的信息专享度指数数据　　　　单位：个

基本信息	严重	较严重	一般	弱	无
信息发布的真实性	68	586	2 865	852	656
信息影响的对称性	52	482	1 266	2 002	1 198
信息流通的时效性	160	563	2 620	983	674
信息传播的通达性	49	448	1 886	1 562	1 055
信息更新的及时性	253	856	2 031	1 502	358

经计算，

$IM=-5\ 963/25\ 000=-0.238\ 52$

② 技术信息的信息专享度指数。技术信息的信息专享度指数数据如表9-3所示：

表9-3　技术信息的信息专享度指数数据　　　　单位：个

基本信息	严重	较严重	一般	弱	无
信息发布的真实性	218	1 002	2 122	1 085	573
信息影响的对称性	221	986	2 411	1 005	377
信息流通的时效性	251	1 023	2 511	989	226
信息传播的通达性	562	902	2 312	896	382
信息更新的及时性	852	988	1 861	965	334

经计算，

$IM=-7.5/25\ 000=-0.000\ 3$

③ 消息的信息专享度指数。消息的信息专享度指数数据如表9-4所示：

表9-4 消息的信息专享度指数数据 单位：个

基 本 信 息	严　　　重	较 严 重	一　　　般	弱	无
信息发布的真实性	20	442	2 856	1 520	162
信息影响的对称性	19	596	2 684	1 263	438
信息流通的时效性	23	756	2 681	1 263	277
信息传播的通达性	8	562	1 953	2 236	241
信息更新的及时性	50	853	2 236	1 052	809

经计算，

$IM=-3\ 869.5/25\ 000=-0.154\ 78$

④ 政策信息的信息专享度指数。政策信息的信息专享度指数数据如表9-5所示：

表9-5 政策信息的信息专享度指数数据 单位：个

基 本 信 息	严　　　重	较 严 重	一　　　般	弱	无
信息发布的真实性	156	586	2 143	1 523	592
信息影响的对称性	103	856	2 631	1 268	142
信息流通的时效性	99	456	2 651	1 447	347
信息传播的通达性	48	1 132	2 023	1 632	165
信息更新的及时性	85	1 002	2 141	1 324	448

经计算，

$IM=-2\ 784/25\ 000=-0.111\ 36$

⑤ 制度信息的信息专享度指数。制度信息的信息专享度指数数据如表9-6所示：

表9-6 制度信息的信息专享度指数数据 单位：个

基 本 信 息	严　　　重	较 严 重	一　　　般	弱	无
信息发布的真实性	112	998	2 130	954	806
信息影响的对称性	144	785	2 166	996	909
信息流通的时效性	163	529	2 389	1 752	170
信息传播的通达性	111	659	1 990	1 532	708
信息更新的及时性	182	999	2 561	1 002	256

经计算，

$IM=-3\ 270/25\ 000=-0.130\ 8$

9.1.3 评价结果

根据专家给定的权数，基本信息的信息专享度指标权数0.3；技术信息的信息专享度指标权数0.2；消息信息的信息专享度指标权数0.1；政策信息的信息专享度指标权数0.2；制度信息的信息专享度指标权数0.2。

我们得出2010—2011年中国证券市场信息专享度的综合指数：

$MIM=-(0.070\ 716+0.000\ 06+0.015\ 478+0.022\ 72+0.026\ 16)=-0.135\ 134$

根据A_i($i=1$，2，…，5)依次代表评价为"无专享"、"弱专享"、"一般专享"、"较严重专享"、"严重专享"的指标数目，N代表评价指标的数目，K_i($i=1$，2，…，5)依次赋值1，0.5，0，-0.5，-1，可知：

MIM为-0.135 134，介于-0.5~0之间，表明中国证券市场信息专享度介于"弱"和"一般"之间。

课堂分享案例9-1

在2007年两会后的记者见面会上，温家宝总理明确表示自己更关注股票市场的健康。为此，温总理提出了建立一个成熟的资本市场的目标，其中包括：建立一个公开、公正、透明的市场体系；加强资本市场的监管；加强股票市场情况的信息的及时披露，使股民增强防范风险的意识等。而"杭萧钢构事件"的出现，与此目标明显背离。

杭萧钢构在信息披露上明显是违规的。先是在2007年2月12日公司内部会议上的信息泄密，接着是信息披露的不透明。一个344亿元的"天价订单"信息，硬是挤牙膏似地挤了四、五次。该公司在4月2日发布的澄清公告上称，公司股价异动与董事长讲话无关联，公司不存在信息披露违规问题。但4月5日发布的重大事项公告里又称，公司接到证监会的调查通知，将对公司股价异常波动，涉嫌存在违法违规行为，进行立案调查。

按照证监会有关人士的说法，这次监管部门对杭萧钢构事件的监管是启动了快速反应机制的。但投资者看到的事实是，监管部门叫停杭萧钢构股票的时候，该股票已连拉了十个涨停板，先知先觉的资金已开始撤退了，如图9-1、9-2所示。

2007年4月2日杭萧钢构股票的复牌，更是体现了监管部门监管能力的不足。监管部门对杭萧钢构调查了十多天，最后却是一言未发就让该公司的股票复牌了。由于当天杭萧钢构发布了一则澄清公告，以至于投资者误认为该公司真的不存在问题了，于是该股票在4月2日复牌后又继续涨停。然而，到了4月4日，监管部门在盘中叫停了该股票的交易，接着的公告称，要对"涉嫌存在违法违规行为，进行立案调查"，让投资者无所适从。[1]

---

[1] 余东明，李建平."安哥拉项目"不确定因素浮出水面[N].法制日报，2007-12-9.

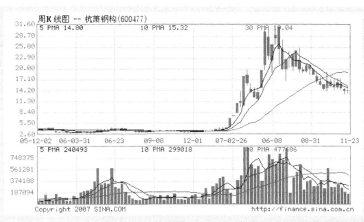

图9-1　杭萧钢构股票2007年走势周线图

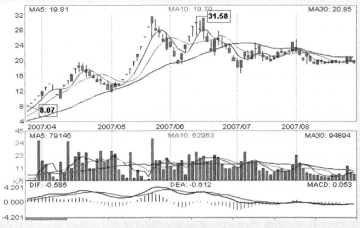

图9-2　杭萧钢构股票2007年走势日线图

观点碰撞： 从投资者来看，市场上也确实存在着一股疯狂投机的力量。市场上对杭萧钢构的天价订单一直质疑声不断，而且杭萧钢构也在公告中提醒投资者合同存在无法全部履行的风险。但在该股票已连拉十个涨停板的基础上，4月2日杭萧钢构股票复牌后，投资者仍纷纷杀入，甚至个别投资基金也杀入其中，从而造成了该股票在复牌后的再次连续涨停。

一方面是上市公司信息披露的不规范，另一方面是监管部门的监管不力，加上市场上某些投机力量的疯狂炒作，市场的信息专享度越来越高。

9.2　证券投资主体的相反意见心理

相反意见理论和逆向思考方法是投资者最熟悉，也最常用到的一种心理学理论。其创始人是美国的投资专家汉弗莱·B.尼尔，源于勒庞等人的群体心理理论。在证券市场中，从最初的数人头、数自行车，到近年来刚刚出现于一些报刊的证券专版和证券网站的多空情绪指标，投资者在自觉不自觉地应用着相反意见理论和逆向思考方法。

9.2.1 相反意见理论与逆向思考方法

逆向思考方法来自于相反意见理论。所谓逆向思考方法，是一种深刻的反思方法，应用范围广泛，包括政治、经济和社会各方面。逆向思考方法的目的就是要挑战当前流行的政治、社会、经济趋势中为人们普遍接受的观念。

当所有人都想得一样时，每个人都可能是错的；太多的人发出同样的预言，预言反而不会应验；在同一种预言上层层加码，预言就会不攻自破。这是因为，太多的人预料同样的事，必定会采取相应的预防措施，结果就抵消或绕开了当初的预言。

相反意见理论只是一种思维方法。它主要是对大众普遍预期的一种矫正方法，而不是一种预测系统。人类的本性决定了相反意见理论是成立的，这些本性包括习惯、情绪、急躁、习俗、贪婪、刚愎自用、模仿他人、一厢情愿、如意算盘、相互感染、轻信、冲动、恐惧、过敏、造作等方面。

相反意见理论建立在社会学和心理学的法则之上，在这些法则之间存在着下列逻辑关系：群体往往受制于人类的本性，而个体往往会抑制此类人性的弱点；人是合群的，人类具有本能的"从众"冲动；人们具有接受少数成员的感染，模仿少数成员的言行举止的本性，这使得人们容易受到各种暗示、命令、习俗、煽动的影响；群体丧失了理性思维的能力，而只接受情绪的控制。群体用"心"(情绪)思考，而个体则用大脑思考。

逆向思考的艺术，一方面是要训练头脑习惯于深思熟虑，选择同普罗大众相反的意见；另一方面，需要根据当前事件的具体情况，以及人类行为模式的当前表现来推敲自己的结论。

证券投资主体应用相反意见理论进行逆向思考的目的是为了理解社会经济与政治运动的宏观趋势，而不是为了把握证券市场的细微波动。

9.2.2 证券投资主体应用逆向思考方法的本质

1. 资源的稀缺性是逆向思考方法的基石

自然资源和社会资源是稀缺的、有限的，资源的稀缺性是一条自然界和人类社会的公理。在资源与经济发展和社会进步之间存在着以下的逻辑关系：自然资源、社会资源的稀缺性导致经济增长、社会发展速度的有限性，而这种增长速度的有限性又反过来强化了资源的稀缺性。

在人类经济史上曾经爆发过许多次经济危机和社会动乱，并且这种危机呈现周期性地重复规律。历史的不断重演，说明了人性中有不可克服的缺陷。而正是人性的弱点，又导致经济增长、社会发展呈现出周期性。

因此，只要资源是稀缺和有限的，则竞争就是不可避免的；只要竞争不可避免，则人生就是一场博弈。人类社会的博弈本质，决定了满足多数人的利益和需求是不现实的。在这场博弈中，做一个特立独行的人，采用大众的相反意见就是一种胜率较大的思维方法。

2. 逆向思考方法并非是一种预测体系

逆向思考方法，或相反意见理论，并非是一种预测体系。相反意见理论的价值更多地体现在帮助人们在预测中避免犯错误，而不是运用它作为预测的主要手段。

关于预测，有个著名的"墨菲定律"：一项预测越是被广泛接受，它就越可能变得不准确。由此可以推论，权威的预测者的预言永远不可能应验，因为大众接受了他们的预测，而每个相信他们的预言的人都会采取相应的措施保护自己，从而导致了预言的落空。这个原理在投资实践中已得到多次验证。

承认相反意见理论不是一种预测体系，并不否认相反意见理论和逆向思考方法的实用性。相反意见理论不是预测体系，但应用它可以对他人的预测进行核查和过滤。而且，在把握大众行为和市场趋势方面，相反意见理论和逆向思考方法更有其独到之处。

当所有人都想的一样时，每个人都可能是错的。对于这个断言需要注意两点：其一，"所有人的想法一致"指的是一种极端的情况；其二，在这种情况下，每个人都"可能"是错的，并不是说大众一定就是错的，或者说大众总是错的。

根据相反意见理论，大众通常在主要趋势上是正确的。趋势是由大众推动的，正因为大多数人看好市场，市场才会因为这些看好情绪不断转变为实质性的购买力而上升，而且此上升过程有可能持续很久，直到市场中所有人的看好情绪趋于一致时，市场就会发生逆转，这是因为供求发生了失衡。

由于人性的弱点，本该小心翼翼和深思熟虑的时候，大众总显得热情而乐观；本该大胆进取的时候，大众却显得胆怯。趋势的转折总是出现在大众明显发现这种转折之前，使用逆向思考方法可以使我们洞烛先机，先人一步采取行动。

所以，在应用相反意见理论判断市场趋势时，证券投资主体都秉承了这样一种理念：在趋势发展过程中大众通常是正确的，但是在趋势的转折处大众却总是错误的。

3. 对主流观点的认识是应用逆向思考方法的关键

什么是目前流行的大众观点？如何了解目前流行的大众观点？如何评估其流行的程度和意见的强度？

这三个问题归结为一点，就是如何发现社会政治经济生活或证券市场的主流观点。这是应用相反意见理论的关键，也是最困难的工作。

主流观点往往具有以下特点：媒体的观点往往代表主流观点；证券分析师一致同意的观点往往代表主流观点；一般投资者常常议论的观点往往代表主流观点。

在证券市场上，当某一观点同时兼有以上特点时，投资者往往可以比较有把握确认该观点就代表着当前市场上的主流观点。如2011年10月，南方一些企业民间借贷资金链断裂，受这一消息影响，上证指数跌至2 307.15点。此后，经国务院批准，2011年上海市、浙江省、广东省、深圳市开展地方政府自行发债试点。允许地方政府自行发债，拓展市场化、规范化的融资渠道，有利于缓解地方融资平台集中到付风险，也是探索地方融资"阳光化"的进一步尝试，为将来实现地方自主发债、建立地方政府举债的中长期制度积累经验。受此影响，主流观点开始看好后市，而与之相对的就是对后市看淡的观点。

━━━━━━━━ 课堂分享案例9-2 ━━━━━━━━

2007年5月9日上午，素来走势平稳的上市公司贵州茅台在没有明显利空消息的情况下，突然逆势大跌：从开盘的96.5元跌至当日最低价89.90元。由此，公司总经理乔洪出事的说法开始流传。

茅台随后公告称，因媒体报道需要澄清，两个工作日连续停牌。"乔洪出事"传言更盛。

5月14日，贵州茅台针对传言再发公告，称乔洪将平调至贵州省国资委任副主任，其原职暂由董事长袁仁国代理。当日，茅台复盘，走势正常。就在舆论认为风波平息、尘埃落定时，再次传出的消息是：乔洪并未到国资委报到，相关官员甚至对这一任命并不知情。事情因此变得更为扑朔迷离。

5月19日，贵州省纪委终于通过新华社发布消息，乔洪因为涉嫌在2002年的一次奖励经销商活动中接受贿赂，已被采取"双规"措施。在12天后召开的茅台股东大会上，乔洪被免去公司董事职务。至此，这位曾在国酒舞台上领军近七年的前茅台总裁，被完全割断了与茅台的人事关系。

正是因为这样一个事件，贵州茅台遭到众机构的抛售，股价被钉死在跌停板上。

但是，某证券营业部有一个炒股神人，总是在大家对某只股票绝望时买入该股票，每次都能够获得超额利润。他既不喜欢炒消息股，也从不费尽心思去发掘什么黑马，而是专门出击出现危机的"白马"股。就在贵州茅台风声鹤唳之时，他却将他的所有资金反向买进了贵州茅台。他认为，公司高管出问题并不表明公司的产品有问题，也不是酒市场有问题，这是股市对这种突发利空的过度反应，股市自身的纠错能力会使股价重回基本面。果不其然，没过两天贵州茅台又涨回到原来的价位，由于全仓出击，资金利用效率很高，那一把让他赚得盆满钵满。①

观点碰撞：他是在运用逆向思维进行操作，并且经常取得了可喜的成绩。中国股市的1.6亿股民中，能够利用反向操作并从中获利的并不多。

9.2.3 相反理论与数量化测市

何时采取相反的立场？如何评估大众意见？应当寻找何种强烈程度的普遍意见？这些问题涉及将相反意见理论数量化的问题。

在运用相反意见理论时，理论上可以构造一个指标，比如"多空情绪指标"。数据来源可以是各大券商、基金、专业咨询机构、专业报刊等主要媒体以及主要证券论坛等，在采样的基础上计算出看多和看空的比例。

以多空情绪指标为例。该指数从0开始(代表所有人都绝对看空)，到100%为止(表示所有人都看多)。如果多空指数在50%左右，则表示看多看空情绪参半。多空指数一般在20%~80%之间震荡。如果市场一边倒地看多或看空，表示牛市或熊市已经走到尽头，市场即将转势。当然，这种极端情况很少出现。

多空指数的数值范围为0~100%，在不同的区域有不同的含义，如表9-7所示。

表9-7 多空指数的不同含义及投资要点

序号	数值范围	含 义	解 释	要 点
1	0~5%	一个主要的上升趋势近在眼前	物极必反，大势跌无可跌之际，即是转势之时	应把握时机，大胆做多
2	5%~20%	在该区域大多数人看空，只有少部分人看多	空头居于压倒性优势，大盘随时可能见底	对于大盘是否已经见底，需要以其他技术指标和成交量等辅助判断

---

① 王桂虎.涨跌都挣钱：股票逆向获利36招[M].北京：北京理工大学出版社，2011：49-51.

续表

序号	数值范围	含义	解 释	要 点
3	20%~40%	看空比例仍高于看多比例	投资者顺应趋势，继续看空为上。如果在该区域大盘不再向下，则大盘会变得十分不明朗，此时以观望为上。如果在该区域大盘反转向上，一般来说升势会十分凌厉。因为市场选择了明确的方向	当大家看空时出现上涨，会出现急速的上涨行情
4	40%~60%	市场趋势不明	盘整状态	投资者保持观望，保证资金安全为上策
5	60%~80%	看多者占多数，但又并非绝大多数	市场的发展有很大的上升余地。但是，如果此时大盘不涨反跌，则几乎会是急跌行情，且会造成投资者心理恐慌	在大家看好时出现下跌行情，一般会出现近期的低点
6	80%~95%	多头处于明显优势	很多时候，市场都会在这个区域转势向下，但是有时也会在大众普遍看好的情绪下，继续上涨行情，直至所有人看好为止	应利用技术分析手段作为辅助工具进行判断
7	95%~100%	大众全面看多	该投入的资金已经悉数入市，已经是弹尽粮绝，强弩之末	转势就在眼前，此时不可恋战，迅速清仓出局

需要说明的是，第一，以上只是一个理论上的模型，实际上由于采样等因素限制很难做到。第二，统计数字的采样应力求全面，即覆盖面要广，涵盖各类投资者；样本应该力求相互独立；样本容量应该足够大。第三，对于做空机制刚刚起步的中国股市，唯有做多才可盈利，多头思维始终占据上风，即使在空头市场多方也只是暂时蛰伏而已。因此，在设计该指标时，可以根据实际情况做些适当的调整。

9.3 证券投资主体的心理异象

心理异象就是人们在对事物进行判断决策时，无法摆脱自我个性心理特征的影响，受感觉、情绪、性格以及思维定势的影响，从而对事物做出错误的判断，做出违背常理的行为。证券投资主体的心理异象，就是在投资活动中，面对市场大量的信息，投资者不能对信息进行正确的分析和判断，从而产生错误的投资选择，做出错误的投资决策。在投资过程中，来自于内心深处的压力与来自于市场外部的压力，会相互作用共同影响人们的投资决策。

心理异象在实际投资过程中主要表现在以下几个方面。

9.3.1　急于求成的赌博心理

股市是产生神话的地方，许多人梦想"一日富百万"，一般股民都是抱着这样的心态入市的。在沪深两市的开办初期，确实有一部分投资者成了百万富翁，甚至是千万富翁。但是，随着沪深两市股票市场逐步走向规范和成熟，想在股票市场中一夜暴富已经难上加难。可是，一些投资者看见别人在股市上盈利，就不顾一切地冲进股票市场，毫不考虑股市的风险，像赌徒一样，一心做着暴富的美梦。

具有赌博心理的投资者往往在股价上涨时，不断加码买进，希望一下子发大财。有些投资者当股价持续上涨，已处高位时，认为还要涨，不顾市场风险，拼命追高，其结果往往是高价被套牢；有些投资者高价套牢后，不是冷静、客观地判断大势是否已反转，是否需要割肉离场，而是把全部资金押上，甚至大量透支(如期货市场)，孤注一掷，乞求股价或期价反弹，其结果往往是全军覆没；有些投资者没有正确的投资理念，总把股票投资等同于赌博，带着赌博的心理来参与证券投资。

投资者若抱着赌博心理而进入股市买卖股票，无疑是走向失败的开始。在股票市场行情不断下跌中，遭受惨重损失的往往都是这种人。他们一旦在股市投资中获利，多半会被胜利冲昏头脑，像赌徒一样频频加注，恨不得把自己的身家性命全押在股市上。而当自己在股市上失利时，他们常常会不惜背水一战，把资金全部投在股票上，结果多半是落得倾家荡产的下场。这种投资者投机的心理动机要强于投资的动机，因为这种投资者是完全根据直觉行事的，往往把"宝"押在特定的品种和时段上，而想要获利就需要经得起时间的考验。

具有赌博心理的投资者之所以赌气十足，是由于股价的变动具有难以预测性，有些投资者因此认为股价变动无规律可循，要想在证券市场中赚钱，全凭运气。赌博无非有两种结局，输或赢。在证券买卖中，怀有赌博心态的人无非也有两种结局，一种是倾刻加入"富豪"之列；另一种是瞬间挤进"乞丐"的队伍。也就是说向两个极端发展，要么一鸣惊人，先富起来；要么一败涂地，倾家荡产。

股市是有其内在运行规律的，有涨也有跌，有高峰也有低谷。一旦股市基本面或上市公司业绩发生突变，股市行情开始下跌，而这时投资者买入的股票又来不及脱手，就有可能使买入的股票全线深度套牢，只能眼睁睁地看着股价一天天下跌，钱一天天减少，最后落得个"偷鸡不成蚀把米"的下场。

常言道："久赌必输"。从事证券投资，光靠运气是不行的，好运气不会永远跟着人走，存有任何侥幸心理所做的投资决定，往往是很危险的，损失是惨重的。股市的特点就是高风险、高收益，风险与收益同在。投资者如果以赌博心理入市和购买股票，肯定很难获利，而且还可能会被股市的高风险所击倒。所以应保持一颗平常心，冷静分析、谨慎入市。另外，还应当注意选择多种投资渠道，不要把所有资金都投入股市，这样可以分散投资风险，克服赌博心理。

课堂分享案例9-3

八十年代中期某日，英国的《金融时报》刊登了一则内容奇特的广告。广告发出一个参加有奖测试的邀请，参与者可以向《金融时报》任意捐助1英镑到100英镑的金额，而捐款最接近平均捐款中间数的读者，可以获得10 000英镑的奖金。

这是一个相当有名的逻辑和理性测验。从数理学上来说，在100之内的随机数字平均，当然肯定是50，因此向《金融时报》寄出50英镑似乎是一个有逻辑的选择。然而想深一层，因为很多人会做出同样的考虑，大部分可能会选择50英镑作为平均值，所以30到35英镑似乎更应该接近最终的合理平均数。如此类推下去，这个数学问题变成了人类心理学问题，因此变得非常复杂。结局有可能是0到50之间的任何一个数字。

最后实际的结果，是17英镑。[1]

观点碰撞：这个测试其实有非常现实的意义，对股票市场和其他投机市场都有重要的参考价值。比如中国股市，所有的参与者都认定中国政府在每年两会之前不会让股市巨幅下跌，因此即使很多时候中国的股票已经大大超过真实的投资价值，投资者似乎仍然可以稳坐钓鱼船。因此中国股市经常出现"两会行情"之说，大家坐等每年两会之前的盈利。

9.3.2　知错难改的自信心理

知错不改与恶习难改是股市常见的心理异象。研究证据揭示，投资者所表现出来的整体学习能力还不如智力有缺陷的小孩子，即便错误是如此的显见，但仍然不时地重蹈覆辙。通俗地说，就是过度自信、自高自大。

投资者坚持错误观点的第一个理由是他们产生了确认性偏差，即他们往往找出那些能确认其观点的资料，而忽略那些反对自己观点的资料，这就是所谓"仓位决定观点"。空仓的投资者怎么分析都认为要跌，满仓的投资者不论听到什么消息都不觉得是利空，即使是板上钉钉的利空也会说成是"利空出尽"。

---

[1]　吴必康.资本贪婪与金融危机：资本的本性、特点、霸权、转嫁危机和思维方式[J].世界历史，2009(6).

投资者坚持错误观点的第二个理由是他们产生了盈利性失衡。有的投资者因账面利润跟不上大盘涨幅而失衡，这在多头市场中最容易出错，做出急功近利的操作举动，最终会陷入多头陷阱。

投资者坚持错误观点的第三个理由是他们产生了情绪性落差。有研究发现，投资者对市场的判断与情绪关系密切，而情绪的高低又与先前的市场状况相关，于是人们对市场的判断也就与市场过去的走势高度相关。因此，在大多数情况下，投资者趋向于把预测未来当做一项延续过去趋势的外推工作，而不太注意寻找趋势的拐点。有时人们还容易被自己所了解的现实一叶障目。

投资者坚持错误观点的第四个理由是他们产生了非理性投机。投资者大多不太愿意买自己太熟悉的绩差股，而去投机其他的绩差股，专业人士则容易对利空产生过度悲观而对利好产生过度乐观。人们对自己了解的信息反应过度，而对自己不清楚的事情则考虑不足。所以，经常会有一些会计师、审计师面对垃圾股的暴涨瞠目结舌，他们很难想通自己不愿在报告上签字的破企业居然能在市场上被捧成明星股。投资者的行为和思路就这样被锚定在过去的惯性认识上了。

9.3.3 思维惯性的定势心理

物理学告诉人们，运动的物体有惯性。同样，股市也有惯性，而这背后是思维的惯性。这些惯性也使每年的股市中有许多无辜的投资者惨遭不幸。股市的惯性可表现为指数和股价受阻力的约束而幅度逐渐减少的一种物理震荡。由于市场不断有各种利好和利空刺激，市场在上一个过程没有完成时，可能已经进入第二甚至第三个震荡过程了。

有的投资者专门迷信股评专家之言。跟着股评走，而没有自己的主见。实际上股评专家也是人，也会有失误，更不用说有些专家本身就是某些主力机构的代言人，而且股评专家的观点随着市场的变化也随时改变。俗话说，股市无专家，只有输家和赢家。钱是自己的，不是别人的，自己应对自己的钱负责，不应将决策权不明不白地交给别人。[①]

有的投资者具有迷信惯性情结。人们对前阶段的某些股票的某些趋势形成了思维惯性，于是其后的行为惯性造成了过度反应；或对眼前某些新信息和新变化一时反应不过来，而造成反应不足。其实，庄家的某些坐庄手法也是想在跟庄者的大脑中建立某种条件反射，并在最后的关键时刻，利用这种条件反射兑现利润。了解股票和投资者思维上的惯性后，也不一定会联想到如何防止和利用惯性。首先，当

---

① 彭浩东，黄惠平.证券市场中错误投资心理透视[J].经济师，2002(2).

发现股票已经跌到平衡或合理的位置时，就急于买进，惯性会使股票跌到合理位置之下，这时却丧失了买进和补仓的好机会。其次，当股票上升到合理位置时，早已轻易抛出，等到惯性使股票涨到不太合理的位置后，却又丧失实现利润最大化的好时机。有些预测看似荒唐，但也仍然可能具有锚定作用。比如，2007年股市大涨之时，有人预测上证指数会走过5 000点，当时不少人认为这是天方夜谭；但到后来，果真跨越6 000点时，很多人也就见怪不怪了。因为事先的5 000点其实已经深深地刻入了这些人的脑海中，5 000点已经起了锚定作用。同样，经过了2008年全球金融危机后，全球经济缓慢复苏，但股价却没有像样的反弹。此时有人断言上证指数会跌破2 300点，但大多数人认为这是不可能事件。当2011年12月13日上证指数跌到2 245点时，大多数人都下调了自己的预测点位。这时，2 300点的锚定作用再次得以发挥。

9.3.4 鱼掌兼得的贪婪心理

在大牛市或大熊市中，市场会经常出现行情一涨再涨或一跌再跌的现象。即当投资者认为股价已经偏高，不敢再买时，它却仍然死不回头地持续上涨；而当投资者觉得股价已经很低，不愿再割肉出货时，它却仍在我行我素地向下猛跌，似乎根本没有回头的迹象。受此影响，许多投资者要么丧失大量的收益，要么无端地被套牢。于是，一些投资者在回顾自己的投资心理过程时，往往产生既不舍鱼也不舍熊掌的心理。

一方面，贪心是人性的一种弱点。贪心的投资者在证券市场上永远是高了还想高，低了还想低。具体表现为：行情上涨时，投资者一心要追求更高的价位，获得更大的收益，而迟迟不肯抛出自己的股票，从而使得自己失去了一次抛出的机会；当行情下跌时，一心想行情还会继续下跌，犹豫不决，迟迟不肯入市，期望以更低的价格买进，从而又错过入市的良机。希望最高点抛出是贪，希望最低点买进也是贪，贪心的最后结果不是踏空，就是被套牢。探究其原因，主要是由于贪婪过度所致，投资目标订得过高，致富的欲望过于急切，却忘了风险。

另一方面，思维模糊是投资者的通病。实际上，在大牛市或大熊市中，必须要有与之相适应的牛市思维或熊市思维。也就是说，在牛市中，人们总认为价格还会继续上涨，因而，会不断地在高位买进，当人们认为价格已经很高，此时买入已是很傻时，总还会有更傻的人愿以更高的价格来购买，因此，人们可以坚信还会以更高的价格把自己手中的股票卖给比自己更傻的傻瓜。相反，在大熊市中，大家都对市场看淡，因而，会争先恐后地抛售，此时也会产生两种博傻行为：一是当某人认为其他仍在抛售的人都是傻瓜，只有自己已精明地预见到行情见底并大量买进时，殊不知，他却是被别人当做傻瓜来推销其存货的；二是行情事实上确实已经见底，而自己却视而不见，仍在疯狂地杀跌抛售。而聪明的空头投资者这时却在利用总有人以为行情见底的幻觉，通过不断地抛售来打压行情，再寻找更低的价位进货。因此，整个市场的竞争也便成了一场傻瓜博傻瓜的游戏。

此外，犹豫不决是困扰投资者的魔方。股市像大海一样，波涛汹涌，潮起潮落。股价何时高低人们很难把握。作为中小投资者，从来是抄不到底，也逃不到顶的，既然如此，在股指跌到不多的低位时就应当敢于入市，而在股指涨到一定高度时，就应当保住胜利果实，见好就收，越是一片看好，越是要激流勇退，只要股票价格涨至自己的预测价位，就要坚决出手。即使还能涨，也不能继续追。因为，从某种意义上讲，不懂得卖比不懂得买更危险。

9.3.5 追涨杀跌的恐惧心理

追涨杀跌是指一些投资者天天在股市杀进杀出，见什么股票价格上涨就追什么股票，见什么股票价格一落又赶紧杀跌，而根本不过问大盘走势。随着股票市场的逐步规范和成熟，狂炒个股的现象将会越来越少，理性投资会逐渐被接受。

有人说，股市是最能磨练人性格的地方。确实，股市的运行规律是不以人的意志为转移的，明明看好的股票，可能建仓以后就停滞不前，等人们耐不住盘整，刚刚抛出以后，它可能又似一匹黑马，狂奔不已，一涨再涨，令人后悔莫及。特别是股指处在斜率较快的上升通道时，这种浮赚的心态尤为突出。炒股讲究的是心平气和，只要选中了一只业绩好、有成长性的好股票，就放心大胆地持有，不因一时的涨跌而心急，稳扎稳打，方可得到成功的喜悦。倘若股票一涨就追高，一跌就"割肉"，那最终可能只落得个给券商打工的命运。

有些时候，股票投资者因对股市大盘或某些个股的前途失去信心，甚至受未经考证的利空消息的影响而顿起恐慌，于是一窝蜂拼命抛售手中的股票。实践证明，有些恐慌常常是虚惊一场。因为不少抛售风是大户和一些主力机构故意掀起的，他们适时放出不利的消息，从而引起大量股民的抛售热潮。他们这样做的目的主要是为了压价以便趁低大量吸纳。一般投资者若中计而产生不必要的恐慌，跟着抛售股票，必定要遭受损失。因此，投资者在不利消息面前，一定要保持镇定，仔细分析消息的可靠性。

课堂分享案例9-4

暨南大学附属第一医院精神心理科接收过这样的患者：

- 病人：15岁女孩，休学在家专职炒股；
- 症状：心情大起大落，极度亢奋中会突然极度抑郁，自杀念头明显；
- 诊断：双相抑郁症，又称躁狂抑郁症。

休学在家的15岁女孩小敏一吃东西就吐，无法睡眠，心情极度低落，容易发火、烦躁。隔一两天后又大笑，特别喜欢说话，逮着人就说不停，但还是不能吃东西，或只能吃少量流食。持续近一个星期，因厌食症到心理门诊就诊。心理医生用抗抑郁药治疗几天后，发现她情绪在低落、高昂之间变化发作的频率竟然比进医院前更高了。心理医生得知，当年2月份，她看到身边有同学在玩股票，于是向父母讨要10万块去炒股。一开始是赚了，不但将10万本钱还给父母，还剩下不少零花钱和再次投资股票的本钱。拿着赚来的几万块，小敏再次进入股市，但最终亏得血本无归，她又向父母讨要了几万块，还是全亏了。她不甘心就此作罢，竟然休学在家全职炒股，父母也无法阻止。[①]

观点碰撞：她患上了最为麻烦的双相抑郁症。双相抑郁症又称躁狂抑郁症，表现为心情大起大落，由极度亢奋突然转变为极度忧伤抑郁，即在心情的两极间波动。而在平时，患者又是正常的。患此病的人自杀念头非常明显，自杀手段也很极端。单用抗抑郁药是没有效果的，反而会加重病情或增加发病频率。

9.3.6 知行冲突的矛盾心理

在证券投资中，人们非理性行为的形式有很多种，知行冲突即为一种比较特殊的形式。人们有时会做出一些连自己都无法理解的事情，特别是有时候内心知道某些事情不可为，却又忍不住去做，感觉自己控制不了自己，好像整个人已经陷了进去，完全失去了理智，行事变得极其疯狂，像是一个赌红眼了的赌徒，完全被行情所控制。我们可以描述为知行分离、冲突，知道却做不到，明知不可为而为之。这是非理性行为中最为突出的一种表现，要从人类心理的根源去分析这个问题。

对于每一个人而言，通常存在着两个自我，两个心理系统，即分析研判心理系统与实际执行心理系统。这两个心理系统虽然是分开的，但通常是统一的，执行从属于分析，即知行合一。执行系统虽从属于分析系统，但人的心理系统具有逆反性，即执行系统常常不按分析系统去做决定。

---

① 蔡民，张灵.股市波动心理患者剧增 医生接诊先问炒股否[N].信息时报，2007-10-27.

在生活中这两个心理系统经常会出现不一致，严重的话则变成了精神分裂，但多数时候只是稍微有冲突而已，对人们没有太大影响。金融市场会将人们心理上的缺陷放大，因此，对于金融投资而言，理性的投资者其分析系统与执行系统是独立分开的，不会相互冲突、干预，分析系统只管分析问题，执行系统只管执行，就好像机器人一样。但那些非理性的投资者做不到这一点，分析系统和执行系统的不一致被放大后，经常会做出一些不理性的行为，比如出现亏损后不愿意止损，小亏变大亏，直至最后套牢。犯错误不愿意承认错误，会用更多的错误去弥补这个错误，形成恶性循环，直至无法收场。致使巴林银行破产的尼克·李森应该是最为典型的实例，开始的小失误最终变为豪赌，创下了惊人巨亏。

两个心理系统之间的逆反性应该是人类许多非理性行为发生的根源，亦即人本身的自我冲突导致做出种种不合理的行为。这种冲突经常发生，不会被消除，但理性人可以控制它，使之局限在一定范围内。

对于分析系统和执行系统，重要的是执行系统。因为人们的分析判断不可能每次都正确，这就要求人们执行时讲究规则，严格遵守投资守则，不求每次都看对，但求每次都做对。严格按照预先计划操作，能够盈利就继续投资，判断失误投资失败就出局离场。索罗斯有个比较成功的试错法，不断提出假设，不断进行验证，勇敢地承认自己的错误。他也承认自己十次也只能正确一两次，经常犯错误，但他正确的一两次足以弥补其余的亏损，抵消后最终的盈利还非常巨大，因为他每次执行时都是正确的，犯错时不会一错再错，一直拖下去，控制住了风险带来的损失。正如他的那句名言，看对看错并不重要，重要的是你看对时赚了多少钱，看错时又亏了多少钱。

实际上，证券投资主体心理异象的表现是多方面的，绝不仅限于上述六个方面，应该还包括失衡心理、迷信心理、懊丧心理、从众心理等等。[①]股票市场上，投资者面对的是一个高深莫测、变幻不定的复杂环境，激烈的市场竞争既是投资者实力的竞争，更是投资者心理素质的角逐。股票交易(市场)之所以能够久盛不衰，使成千上万的投资者沉醉于此，其根本原因就在于它能为投资者提供十分丰厚的收益。正因为这样，证券投资主体的心理异象才会此起彼伏。

9.4 证券投资主体的心理调适

人们的心理经常是缺乏理性的，某种程度上有些缺陷。这些缺陷在日常生活中可能影响不大，但在证券市场中，这些缺陷往往会被放大，造成严重的后果。所

---

① 陈建明.股市中几种错误的投资心理分析[J].徐州教育学院学报，2000(12).

以，成功的证券投资者往往不断与自身的非理性心理作斗争，心理不健全的人在证券市场中也很难生存。因此，进行必要的心理调适势在必行。

9.4.1 培养过硬的心理素质

证券投资表面上是资金实力和知识素养的抗衡，实质上背后是心理素质的较量。因而培养良好的心理素质是投资成功的重要保证。所谓良好的心理素质，是指投资者头脑冷静，不轻信谣言，不盲目跟风，不犹豫不贪婪，勇敢、机智、灵活，能承受成功的喜悦和失败的挫折等。

1. 坚持主见，忌盲目跟风

证券市场有一种特殊的现象，就是群众心理远远超过其他因素，成为左右证券市场运行方向的巨大力量。参与证券投资的人，在他们各自独处时性格和行为各不相同，但当他们进入证券营业厅成为投资群体的一部分时，个人意识形态会逐渐消失，取而代之的是整体的情绪和意见，其心态就会受到群体的影响而趋于一致。

群众心理在证券市场上具体表现为，看见他人纷纷购进股票时，自己即使原本并不看好后市，但受他人影响也深恐自己落后而跟着买入；看见别人抛售股票时，也会把原本不该卖出的股票一售了之。当市场人气旺盛、一派欢腾时，绝大多数投资者都会因受感染而争相入市；而当市场人气低迷、情绪涣散时，群众心理也就一派悲观。

群众心理有其合理之处，因为市场行情变动是市场信心和大众行为交互作用的结果。当大多数人看好后市而纷纷跟进时，股价必然上升；反之则下跌。这种上升或下跌与基本因素无多大关系，而完全是心理作用的结果。但是群众心理也常常为人利用，因而投资者切忌盲目跟风。

证券投资中不能不听别人的经验之谈，不能不考虑市场的整体气氛，但在自己的操作中又绝不能人云亦云，必须有自己的主见。因为股价时时存在涨跌运动，市场也经常性地突然发生利多或利空的变化，如果投资者不能做到临危不乱，遇险不慌，泰然处之，必然导致疲于奔命而一无所获。

2. 机动灵活，忌逆势而为

趋势是证券分析和投资决策的核心概念。一般来说，一种趋势一旦确立，往往会延续相当一段时间。当股价的下跌趋势没有明显改变时，不应自作聪明去抢反弹；当股价的上涨趋势没有明显改变迹象时，也不应轻易抛出了结。否则不是被套牢就是获利甚微。在股价运行规律面前，是绝对的"顺之者昌，逆之者亡"，任何人都不能和趋势抗衡，这是铁律。

在行情出现逆转时再行动，是顺势而为的精华。但是，什么时候才是股价发生逆转的拐点，实际上是很难判断和捕捉的。许多投资者在买卖股票之前，心目中就确定了一个理想的买卖价格，力求达到至善至美的境界。受这种心理的支配，当股价上升到相当高时，这种人还在待价而沽，总想在最高价上卖出，或者在趋势已发生逆转时还希望已开始下跌的行情再升回来，达到目标价位后再卖出；当股价跌到相当低时，这种人仍在观望，试图等到最低价再买进，或者在趋势已发生逆转时还希望已开始上升的行情再跌回来，创新低时再买进。结果是，机会一次又一次从眼前溜过，给投资者留下的只是遗憾和后悔。

趋势是客观存在的，但趋势是理论上的，是死的，而人却是活的。顺势而为，并不排斥灵活机动。况且一波大的趋势中总包含着许多小的趋势，进出的机会时时存在，输赢只在一念间。为此，必须从脑海中构筑的固有观念和意识中超脱出来，灵活、务实地观察市场变化，不断消除理论和现实的不协调，才能更准确地把握市场方向，才能立于不败之地。证券市场中的全部盈利都是机动灵活的结果，尤其是对于中小散户来说，机动灵活是制胜的法宝。

3. 坚决果断，忌患得患失

坚决果断是和患得患失、犹豫不决相对应的。大多数投资者都不同程度地具有患得患失心理。当自己持有的股票的价格上升到足以使自己获得可观的利润，本应及早出手时，又担心股价还会继续上升，如果此时出手，会使本可以赚得的更多利润与自己失之交臂，因此，抱着再等等、等股价再上升一些时再抛售的心理；如果此后价格仍继续上升，便又不舍得出手而再看看，最后股价转跌一泻千里，已经没有机会，结果后悔不已。另一种情形是，当股价下跌到相当低水平时，各种市场利空消息已经出尽，本可入市，但又怕入市购进后，股价还会下跌，因而一等再等，当终于发现最低价位已成历史时，最佳入市时机早已过去。此时，要么追涨买进，要么等待下一轮机会，但股市究竟会一路上升还是一时反弹，实难判断。如果不跟进，怕股价会一路上升，一错再错；如果跟进，又怕行情短暂。在这种患得患失心理的支配下，投资者总是在后悔中煎熬。

坚决果断是一种勇猛的作风，在关键时刻必须坚决果断才能获取大利。

犹豫不决会使你丧失最有利的时机。丢卒保车是撤退时的坚决果断，伤其十指，不如断其一指，强敌压境时，要想主力安全撤退，不付出小部分掩护部队的代价是不行的。

4. 顽强忍耐，忌过分脆弱

证券投资有得必有失，只有意志顽强、坚韧不拔的人才能经受住证券市场长期征战的心理压力。这包括投资失败产生的挫折情绪和投资成功产生的骄傲情绪两个方面。

挫折包含心理学两种含义：阻碍体和受阻碍情绪。股市挫折有客观性，下跌的大盘趋势是客观的，但是操作失误是主观的。挫折既是坏事又是好事，既可以使人消极颓废，又可以使人磨练意志。健康和能力是影响挫折的因素，强烈的创富意识和目标感，加上适当的排遣，是消除挫折压力、克服浮躁心态的基本手段。受阻碍情绪化解了，然后总结分析操作技术或心态的原因，找到问题的症结和解决方法，就能在失败中真正成长起来。

投资成功，必然给投资者带来可观的收入和良好的心态。但很多投资人在操作股票的过程中，稍有盈余即开始自我感觉良好，认为自己是做股票的天才，逐渐产生骄傲的情绪。实际上，只要投资生涯开始，不论何时，投资者永远都是在和极限挑战，其资金永远都是一个100%，而不是1万或100万、1 000万。因为不论过去业绩是如何出色——将10万元增值到1 000万，还是从1 000万亏损到500万，也不论过去曾经有过多少个100%的优秀业绩，现在只要损失一个100%就一无所有。证券市场是个逆水行舟不进则退的行业，不论何时，投资者都必须小心翼翼，任何的骄傲自大，都会造成疏忽大意，最后转化成为巨额亏损。因此，任何时候，投资者都不能有骄傲自大的情绪，在享受成功喜悦的同时，更要承受成功的考验。

课堂分享案例9-5

德国波恩大学和海德堡大学的经济学家牵头搞了个试验，查看几十个大学里学各种专业的人交易股票的成功率，结果是：学心理学的人买卖股票的成功率高于学习经济学的。

这个互联网试验是在35个德国大学中举办的，共有约6 500人参加。做法是，由专家用几个月的时间观察学习各种专业的人购买与出售股票的情况。结果是，学心理学的人平均赢利超过8%，高于学企业经济学和数学的，甚至相当于国民经济学和物理学的人的3倍。

这个研究报告的撰写人之一、波恩大学的安德列斯·罗伊德尔认为，心理学学生和老师取胜的原因在于："他们不信任被捧得过高的证券，经常反对一种有许多参加者去购买，从而使之变得太贵的股票。"

游戏的方法是，参加游戏的人要在A和B两种虚拟的股票中做出选择，这两种股票只有一种是赚钱的，而另一种是赔的。组织者提供了11 000欧元的奖金，目的是让游戏参加者认真地去对待，对他们的决定做出认真的思考。在购买股票之前，他们得到投资银行的咨询意见，但投资专家们的看法只有三分之二是正确的。同时，参加游戏者可以随时看到，其他参与者做出了什么样的选择。

这个研究报告得出的一个重要结论是，这些虚拟投资者往往不像人们想象的那样重视其他人的购买行为，经常选择别人多选择的反面。罗伊德尔说："在许多专家的想象中，股票投资人就像北极旅鼠，他们购买抢手的股票，从而把股值推向过高或过低。"传说中，北极旅鼠繁殖过多后就涌向一个地方去集体自杀。当然，这种传说现在已被许多科学家给否认了。[①]

观点碰撞：要学会不管股市上的发展，保持冷静，避免过度反应。Cognitred的专家高尔德贝格说："值得推荐的是，在投资之初搞一个计划，然后坚持这个计划。"对罗伊德尔来说，这份研究报告得出的一个重要结论是："谁能够对简单的声明采取批评态度，把自己的直觉考虑在内，保持一定的距离，谁就给股市上的成功创造了良好前提。"

9.4.2 树立正确的投资理念

在证券市场，有众多的金融工具供投资者选择，投资者依据一定的信念去选择这些金融工具，这种信念即为投资理念。投资者如何树立投资理念问题不仅仅是一个形成信念的问题，它还涉及投资者对其所处证券市场发展形势的认识了解、投资者素质以及投资者在市场发展的前提下如何适时转变投资理念等诸多问题。随着证券市场的对外开放及QFII机制的引入，中国证券市场的发展迎来了新的挑战和机遇，这就要求投资者树立相应的新型投资理念。

1. 理性投资的理念

从理性投资的角度来讲，投资者在做出投资决策之前必须对上市公司的短、中、长期都有个价值的客观评判，投资决策的做出应该是基于对公司价值增长的认同，并据此做出合理的资金匹配。

价值分析要求投资者对上市公司的行业属性、产品特性以及市场发展前景等都有深入的了解，这对散户投资者而言是有难度的，但专业的机构投资者必须做到这点。

事实上，理性投资与证券投资分析中的公司分析有些相似。在证券投资分析中，公司分析包含公司的行业地位分析、区位分析、经营管理分析、科技开发分析、公司前景分析、产品和市场分析等。

---

① 华讯财经.心理分析：学心理胜过学经济[EB/OL].http://fs.591hx.com/Article/2011-09-09/0000017978 s.shtml，2011-09-09/2011-12-26.

2. 价值投资的理念

在选股思路上，要逐步树立价值投资的理念。目前，中国股市上市公司数量已达到2 300余家，上市公司的质量良莠不齐。对于主力资金来说，投资选股的余地已相当大，质地优良、成长性好的上市公司无疑是机构投资者追逐的目标。另外，以往的投机操作面临的监管风险也较大，而价值投资则可规避这一风险。

价值投资要求投资主体能够在宏观层面上把握投资决策。当然，价值投资在需要投资主体长期投资的同时，也需要投资主体经常关注政治、经济、文化、科技环境的变化以及投资心理的变化。

3. 分散与组合投资的理念

投资者在进行证券投资选择时，往往需要考虑三个因素：一是报酬，二是风险，三是时间。一方面，分散投资可降低非系统风险，对于一般的投资者来说，由于种种条件的限制，选择那些风险低、收益高的股票是很难的，相反往往很容易碰到一些地雷股和问题股。稍不慎就有可能使自己的资金被无情蒸发。另一方面，目前市场中机构投资者的力量已日益强大，尤其是证券投资基金，其组合投资的理念对市场中的投资者具有示范效应，由此将带动投资者的跟踪和模仿，市场中组合投资的规模将不断扩大。

4. 战略投资的理念

巴菲特战略投资理念是从实战中升华而出的、同时又在实践中指导其投资行为。理念的核心就是长期投资并持有实质价值(绩优)的企业和企业的股票，这种接近零风险的战略投资理念，既充分了解把握了市场，又远离了市场，继而战胜了市场。由于我国同美国存在着诸多方面的差异，对巴菲特的战略投资理念要结合我国的具体实际情况有取舍地借鉴。目前中国证券市场的投资战略适用的是立足中期投资，抓住短期机会，着眼长期投资的战略组合。

5. 传统文化的理念

在股市中有两个"大象无形"往往被投资者所忽略：第一，投资者重视的是买入的股票面值，担心涨跌，胜过重视宏观经济的向好，因此无法把握无形的大势。第二，大盘通过一定的涨幅，作一定调整是技术性问题，而牛市行情并未改变，这个无形的上升通道和想象空间在牛市急跌的恐慌性抛盘中又被忽略了。投资者只要把握好"超象离形"的"道"，即认清政策面的向好，宏观经济的上升和牛市行情的存在，精选业绩与股价均能稳步增长的新蓝筹个股就会避免频繁交易的失误。另一方面，老子主张的"大象无形"，在股市中如果完全离开有形的K线，那么无形的"道"也就如雾似烟，如同"政策派"与"技术派"的对立均不能给投资者一个满意的答案一样。

课堂分享案例9-6

股民吴某于2009年5月27日以7.08元买入武钢股份,持有至同年7月13日,发现该股股价虽创新高,成交量却出现萎缩,因而在9.1元价位卖出,获利超过20%。谁知周围的同事、朋友听说后无不表示反对,而该股也确实仍在缩量上行,在最高达到12.5元后才开始了调整。但周围的同事、朋友都坚定地认为该股后市还会再创新高。吴某面对武钢股份的走势和大家异口同声的观点终于动摇了,在8月11日以10.45元的价位将原本已获利卖出的武钢股份再度全仓买回。怎奈该股的调整并未止步,至9月2日,最低价已达7.11元,吴某自然不会甘心止损,便一路持有至今,本金亏损已经过半。[①]

观点碰撞:其实,大多数投资者的表现与此大同小异:他们经常会在市场已经进入高风险区域时拼命追涨,又会在市场历经了长时间大幅度调整后拼命杀跌。为什么会有如此众多的人一再不由自主地犯下这种高买低卖的错误呢?根源就在于从众心理的影响。

人类是有限理性的,而投资市场是错综复杂与不断变化的,人们不可能穷尽投资决策所需的一切信息与规律,因此有效检验投资决策正确与否的手段就是试错,对可能的投资方法与对象进行尝试性投资,将投资手段与方法放到实践中进行检验。千万不要小看了这种方法,这种方法连索罗斯都曾运用过。一次,索罗斯在决定买进3亿美元债券的同时,竟然吩咐助手先卖出5000万美元债券。面对助手的惊讶,他是这样解释的:没错。我要先找找市场的感觉。如果能很容易地卖出这些债券,我就更愿意当买入者;如果很难脱手,我就再没有买入的把握了。人们往往被我的成功所误导,认为我不会犯错误。其实,我犯的错误和其他人一样多。我的过人之处就在于能及时认识自己的错误。我操作的方式基本上是在脑子里有一个理论,然后在市场行为中加以检验。

9.4.3 塑造健康的心理预期

追求利润的最大化是证券市场投资者的心理期望。但证券市场的固有特点决定了证券市场的投资是收益与风险并存,收益的高低与风险的大小成正比。由于证券市场的波动性赋予证券投资的刺激性,证券市场高风险高收益特征给证券投资带来冒险性。证券市场投资的成功与失败会使个体、群体引起心理变化,甚至波及社会稳定。一般来讲,人们的心理上都预期获得愉快的情感体验,而不愿承受挫折与失败打击。

---

① 陆向东.利用试错法克服从众心理[N].中国证券报,2011-8-11.

因此,证券投资会给心理健康带来影响,而心理健康与否又会产生不同的投资结果。

1. 次优选择投资心理

最科学、健康、可行的办法是运用次优选择进行投资。所谓次优选择是指非最优选择,即在基本条件满足的前提下,选择较为优秀的方案进行决策。具体到股票市场中,买卖点非最理想点,而是次优点。

投资应具有客观性、周密性和可控性等特点,在股票投资中绝对不能感情用事,投资者既需要了解股票投资的知识和经验,更需要具有理智和耐心。善于控制自己的情绪,不要过多地受各种信息的影响,应在对各种资料、行情走势的客观认识的基础上,经过细心比较、研究,再决定投资对象并且入市操作。这样既可避开许多不必要的风险,少做一些错误决策,又能增加投资获利机会。

2. 理性信息甄别心理

在证券投资中,会有许多投资建议和分析观点笼罩着投资者,有意或无意中左右着人们的思维与判断。对于市场评论与专家点评应坚持科学的态度。因为市场评论与专家点评也是个人或集体的智慧,它不是市场的方向舵。对待所谓市场投资高手与证券评论家的意见只能当做参考,不能作为圣旨。对待身边的信息应坚持以公开发布的消息为准,不能道听途说,更不能偏信地进行资金运作。

在证券投资过程中,周围心理氛围与情感会感染、左右着投资的思维与行动,导致其决策时随大众,这是一种躲避遭受挫折的主观反应,但有时会使投资者失去很多机会。坚持在科学分析各种信息资料的基础上形成的观点和投资理念,保留自己的观点并不等于固执、偏执。投资中受他人的干扰而做出决策往往会与成功失之交臂。

由于不断地成功或失败的感情体验作用,投资者会在心灵深处形成一种较为稳定的心理倾向,这就是心理定势。已形成的理念和思维定势会阻碍你的思维,不妨常用逆向思维的方法去分析问题,不断地跳出思维禁区。

成功与失败是时刻存在的,股市中盈与亏是正常现象。过去的成功与失败都会在未来的决策中产生影响。认为过去的成功与失败就是借鉴,以此作为今后投资决策时的依据,就有可能始终被市场所左右。只有不断地学习、思考、分析,才能有所进步。

3. 适当价格定位心理

证券投资主体在买入股票时充分考虑到哪个价位应为卖点,这是投资决策的基础,但是定好价位不等于非卖不可,而是根据走势来行动,高于已定价位卖出为彻底胜利,在这个价位左右窄幅内卖出同为成功。

有的投资者对证券市场的风险认识不足,把投资回报定位过高,造成心理压力过大,不能理智地对待涨跌,甚至于错过机会,事实上,把自己的目标定得过高并不能真正获利，反而会成为心理负担。把投资回报定位于略高于银行利率是比较适度的，一个成功的投资者能将得失置于身外，泰然处之，正确对待盈利与亏损。

只有这样，才会在证券投资中保持良好的心态。证券投资的收益与心理健康有着至关重要的关系，它们是互相强化的过程。只有心理健康的人，投资才会有较好的理想的回报；有了成功的活动，会提高投资者信心，形成愉快的心理体验，为心理健康提供保证。

在投资市场上，真正的敌人是自己。要战胜自己，就必须不断地培养和锻炼自己的心理素质，培养独立的判断力，磨练自己的耐心，具备良好的期望心理，思路敏捷，性格坚毅，培养自我管理能力，对待投资成功与失败的正确态度应该是冷静分析、总结经验，恰如其分地归因，以利再战。

课堂分享案例9-7

2006年底，有5年股龄的丽丽同时手握9只股票。在单边上扬行情下，她仓位中的个股每天总能有3只以上涨停，给她带来了很多的惊喜。2007年后，股市不再像过去那样单边上涨，她将仓位中的个股缩小为3~4只。同时，对自己的投资确立了清晰的目标，一旦投资收益达到30%，就进行止赢换股。

一般持有一个月左右，丽丽都能获得30%的投资回报。到了5月30日，大盘跳空低开300点，几乎将她守候了半个月近20%的收益吞噬了大半。那天，办公室的气氛很沉闷，很多同事都在下单，胆大的抄底加仓，胆小的则割肉逃离，以避免更大的损失。但满仓的丽丽却觉得股市跌了，按照以往的经验，自然会涨回去，手中的个股都还没达到30%的目标价位，遂持股不动。股市连跌4天，个股一开盘就朝着跌停板奔去时，她心里开始不平静起来。但她想自己只是散户中的散户，并不靠股市中的钱来生活。这次股市的中期调整，无非是庄家趁机洗盘，想获得低价筹码而已，自己坚定持有就不信它涨不回来。跌去30%算什么，庄家拉上几个涨停板就回来了。这么想着，丽丽安心地拿着手中的个股。

大盘果然迅速反弹，暴跌后的个股也有了不同的涨幅。但上涨速度并不如调整前迅速，反而多了几分温吞和犹豫。一个多星期的反弹后，股指慢慢向前期高位靠近，一些被套的股民纷纷在股价与前期持平后就大幅减仓。但丽丽觉得上涨才刚刚开始，个股正在上涨，自己也还在亏钱，实在不愿意在这时候减仓，还是按照计划达到预定的目标再出货。

正当她焦躁地等待着股价上涨时，市场再次跟她开了一个玩笑。6月20日至6月25日大盘又连跌了四天，股价二次探底。此时的丽丽，很难用言语来表述心中的郁闷和懊恼之情。她有很好的机会可以以盈利的价格出货，降低自己的持仓比例，但由于固守着预期收益30%再出货这个原则，导致越套越深的尴尬局面。

经过一番深思，她觉得此时的股市已经不是年初天天创新高的股市，它需要一定时间的调整和洗礼，大盘指数的下跌空间可能有限，但个股却是下跌空间很大，上涨动力较小，股价要像之前迅速地上涨似乎是不可能的事了。看来，达到30%才出货的标准该降低为20%，甚至是10%才对。毕竟，落袋的才是自己的钱。不然，一回调，涨得再多，也会吐回去。这是丽丽总结出来的规律。[1]

观点碰撞：心理价位不是由着投资者的主观愿望任意决定的，它必须符合资金管理的规律。心理价位的设定法则是：股票买入后，这个股票的"止赢心理价位"服从"止损心理价位"，而"止损心理价位"服从这个交易系统的盈利概率。

4. 坚毅性格恒定心理

要成为成功的投资者，除了要知道投资既能让人赚钱也能让人蚀本的道理，还要明确并不是所有人都能直接从事投资这一行当，一个人是否能成为成功的投资家，取决于他是否有足够的精力花在股市分析和技术的提高上以及是否具备坚强的性格，投资者在投资时一定要执着专一、坚守自己的准则，将自己正在进行的投资活动作为意识对象，不断地对其进行实际控制，包括制定投资计划的能力、实际控制的能力、检查结果的能力、合理归因的能力、采取补救措施的能力。切实认识到股票不是储蓄，不仅需要财力，还需要智力和精力，股市既存在收益也存在风险，高收益与高风险成正比，如何趋利避害、顺势而为是一门科学，投资者应该克服追涨时只听利多，杀跌时只听利空的偏执心理，增强对经济环境、股市行情的综合分析和判断能力，不断提高自己的鉴别能力，培养坚毅的性格，消除紧张、稳定情绪。能对股市进行全面分析把握股市整体走势，认清当前的股市形势，预测可能产生的不良因素，对具体情况进行系统分析。

本章小结

受投资主体的利益驱动，证券市场信息尚不能共享，信息专享已经成为制约证券市场健康发展的障碍。逆向思考方法，是一种深刻的反思方法，应用范围广泛，包括政治、经济和社会各方面。逆向思考方法的目的就是要挑战当前流行的政治、社会、经济趋势中为人们普遍接受的观念。心理异象是人们在对事物进行判断决策时，无法摆脱自我个性心理特征的影响，受感觉、情绪、性格以及思维定势的影响，从而对事物做出错误的判断，做出违背常理的行为，包括急于求成的赌博心理、知错难改的自信心理、思维惯性的定势心

---

[1] 卢远香.股市心理战：最忌讳戒满、戒贪、戒躁[EB/OL]. http://www.cnfstar.com/news/2007/20070704/20070704425461.shtml，2007-07-04/2011-12-26.

理、鱼掌兼得的贪婪心理、追涨杀跌的恐惧心理和知行冲突的矛盾心理。因此，应通过培养过硬的心理素质、树立正确的投资理念、塑造健康的心理预期等方面进行必要的调适。

思考练习

一、名词解释

信息影响的对称性　　信息真实性　　非供求信息　　政策信息　　制度信息
心理异象　　股市的惯性　　知行冲突

二、判断题

1. 证券市场信息分为严重、较严重、一般、弱和无等五个级别。　　　　　　（　　）

2. 供求信息主要指货币金融信息，例如利率、汇率、存款准备金率等；自然条件信息，例如天气气候信息、行业周期信息等；经济形势信息，例如经济发展速度、物价指数等。　　　　　　　　　　　　　　　　　　　　　　　　　（　　）

3. 证券市场信息专享度评价主要的评价方法以"分值法"或"等级法"居多。（　　）

4. 在分析系统和执行系统中，重要的是分析系统。　　　　　　　　　　（　　）

5. 心理异象就是人们在对事物进行判断决策时，无法摆脱自我个性心理特征的影响，受感觉、情绪、性格以及思维定势的影响，从而对事物做出错误的判断，做出违背常理的行为。　　　　　　　　　　　　　　　　　　　　　　（　　）

6. 证券投资主体心理异象包括急于求成的赌博心理，知错难改的自信心理，思维惯性的定势心理，鱼掌兼得的贪婪心理，追涨杀跌的恐惧心理，知行冲突的矛盾心理，还包括失衡心理、迷信心理、懊丧心理、从众心理等。　　　　　（　　）

7. 知错不改与恶习难改是股市常见的心理异象。　　　　　　　　　　　（　　）

8. 从股票惯性和思维性质的角度，可以对过度反应和反应不足现象进行解释。（　　）

9. 分析研判心理系统与实际执行心理系统逆反性是人类许多非理性行为发生的根源。　　　　　　　　　　　　　　　　　　　　　　　　　　　　　　（　　）

10. 在证券市场中群众心理是左右证券市场运行方向的巨大力量。　　　（　　）

三、单选题

1. 证券市场信息专享度评价指标体系由（　　）部分构成。

　　A. 三　　　　　　B. 四　　　　　　C. 五　　　　　　D. 六

2. 证券市场信息专享程度评价指标体系由（　　）大类监测指标组成。

　　A. 三　　　　　　B. 四　　　　　　C. 五　　　　　　D. 六

3. 非供求信息主要指（　　）。

　　A. 货币金融信息　　B. 基本信息　　C. 供求信息　　D. 制度信息

4. 在证券市场信息专享度评价方法中，目前主要的评价方法是( )。

    A. 分值法和等级法　　　　　　　　　B. 分值法和静态比较法

    C. 静态比较法和横向比较法　　　　　D. 横向比较法和等级法

5. 下面哪些不是描述赌博心理的( )。

    A. 投资者往往在股价上涨时，不断加码买进，希望一下子发大财

    B. 投资者总是希望能一朝发迹

    C. 投资者往往理解股市的运行规律

    D. 投资者不能意识到股市的高风险

6. 下面哪个不是投资者坚持错误观点的理由( )。

    A. 盈利性失衡　　　B. 情绪高涨　　　C. 确认性偏差　　　D. 非理性投机

7. 股市的惯性可表现为( )和股价受阻力的约束而幅度减少的一种物理震荡。

    A. 指数　　　　　　B. 股票的种类　　　C. 投资者　　　　　D. 惯性思维

8. 对于每一个人而言，通常存在哪两个心理系统( )。

    A. 分析研判心理系统与实际执行心理系统

    B. 分析研判心理系统与实际分析心理系统

    C. 理论研判心理系统与实际分析心理系统

    D. 理论研判心理系统与实际执行心理系统

9. 证券市场有一种特殊的现象，( )远远超过其他因素，成为左右证券市场运行方向的巨大力量。

    A. 群众心理　　　　B. 从众心理　　　C. 盲从心理　　　　D. 羊群效应

10. 投资者在进行证券选择时，不包括( )因素。

    A. 报酬　　　　　　B. 风险　　　　　　C. 时间　　　　　　D. 空间

四、多选题

1. 下面哪些是市场信息专享度评价指标体系( )。

    A. 信息发布的真实性　　　　　　　　B. 信息影响的对称性

    C. 信息流通的时效性　　　　　　　　D. 信息影响的不对称性

2. 下面哪些是投资者坚持错误观点的理由( )。

    A. 产生了确认性偏差　　　　　　　　B. 产生了盈利性失衡

    C. 产生了盈利性失衡　　　　　　　　D. 产生了非理性投机

3. 下面哪些是过硬的心理素质( )。

    A. 坚持主见，忌盲目跟风　　　　　　B. 逆势而为，忌机动灵活

    C. 见好就收，忌盲目跟风　　　　　　D. 不存侥幸，忌痴人做梦

4. 下面哪些属于正确的投资理念( )。

    A. 传统文化的理念　　　　　　　　　B. 战略投资的理念

C. 保持良好心态的理念   D. 分散与组合投资的理念

5. 下面哪些属于健康的心理预期(   )。

A. 次优选择投资心理   B. 理性信息甄别心理

C. 适当价格定位心理   D. 坚毅性格恒定心理

五、简答题

1. 证券市场信息专享度评价指标体系由哪几部分构成?

2. 简述基本信息、技术信息、消息、政策和制度信息。

3. 简单描述什么是急于求成的赌博心理。

4. 简述我们可以树立哪些正确的投资理念。

5. 简述坚毅恒定心理。

六、论述题

1. 心理异象在实际的投资过程中主要表现在哪几个方面?

2. 论述怎样培养过硬的心理素质?

综合案例

从前,有两个饥饿的人得到了一位长者的恩赐:一根鱼竿和一篓鲜活硕大的鱼。经过谈判,一个人得到了一篓鱼,另一个则得到一根鱼竿。得到鱼的人用干柴搭起篝火就地煮起了鱼,他狼吞虎咽,转瞬间连鱼带汤就吃了个精光。不久,他便饿死在空空的鱼篓旁。另一个人则提着鱼竿继续忍饥挨饿,一步步艰难地向海边走去,可当他已经看到不远处那片蔚蓝色的海洋时,他浑身的最后一点力气都使完了,也只能眼巴巴地带着无尽的遗憾撒手人寰。

同样有两个饥饿的人,他们也得到了长者相同的恩赐。而经过谈判,他们商定共同去找寻大海。他俩每次只吃一条鱼,以维持体力。后来经过遥远的跋涉,来到了海边。从此,两人开始了以捕鱼为生的日子。几年后,他们盖起了房子,有了各自的家庭、子女,也有了自己建造的渔船,过上了幸福安康的生活。[①]

案例讨论题

(1) "我赢你输"或"双输"的想法为什么总是常见?

(2) 证券市场是否有"双赢"情况发生?

(3) 投资者如何训练自己的耐力?

(4) 兼顾眼前利益和长远利益到底有多难?

(5) 如何克服投资过程中的心理障碍?

---

① 杉杉.渔与鱼[N].经理日报,2008-8-30.

第10章
期货投资主体的行为疏导

> "投机者相信自己对未来的看法比市场上一般人高明，因而想从市场变动中获利。不同的人对证券市场的未来有不同的估计。当绝大多数人估计利率会下降，从而证券的价格将上涨时，有人持相反的看法，认为利率将上升，从而证券价格将下降，并为此持有现金，等待这种有利机会的到来。当他的估计被证明是正确的时候，他在这一投机中就可以获大利。"[①]
>
> ——【英】凯恩斯(John Maynard Keynes)

作为资本市场的重要组成部分，期货市场在国民经济和社会发展中的作用越来越突出，期货投资主体投资行为对期货市场功能的发挥起着至关重要的作用。期货投资主体在风险识别过程中，往往刚愎自用，甚至过度自信。而在判断行情走势时，过度相信技术分析，对基本面因素的影响人为忽视，甚至借助技术分析参与过度投机。因此，期货投资主体的行为疏导就显得迫在眉睫。

本章在分析期货投资主体风险识别行为的同时，对其分析固化行为和过度投机行为也进行了深入探讨，提出了期货投资主体行为疏导的具体策略。

● 开篇案例 ●

随着行情的"翻云覆雨"，期货市场被压抑了许久的热情似乎也一下子迸发出来。2011年8月8日、9日、10日，国内期市的日成交量分别为9 783 624手、12 105 636手和7 356 058手，而在上个月，这一数字的日均值仅为4 018 352手。大行情点燃了市场的兴奋点，不过这样的"过山车"行情，投资者也难免几家欢喜几家愁。

"从这两天的盘面，可以看出市场心态的一些微妙变化。"上海一家私募基金的经理郭先生在接受期货日报记者采访时表示，从上周五开始，各品种就开始深跌，这把市场"吓坏了"。他认为，虽然外部经济环境不好是事实，但这种跌幅也实在有点"过"。以周二为例，有了2008年的教训，在恐慌情绪促动下，一些投资者开盘就奔着跌停挂单，生怕平不了，但实际上可能坑了自己。

"由于市场超跌，这两天在各国'救市'传言的带动下，加上空头获利平仓，市场

---

① 吴易风，王健.凯恩斯学派[M].武汉：武汉出版社，1996：53.

开始反弹，盘面也回到了相对正常的点位。"郭先生戏言，当市场发现"狼没来"，至少还没有来那么快、那么猛的时候，市场情绪也有所缓和，盘面反弹也在情理之中。

与职业投资人在这种"V"字行情下还能静下心来分析大众投资心态不同，一些散户和新入市的投资者，此时的心思则全在自己的账户权益上了。

"我周一手里留了几张空单，幸亏昨天(8月9日)跑得快，要不现在非后悔死。"老单是个业余期民，主要精力放在了自己的服装生意上，因此平时做单并不频繁。"前几天营业部的朋友说最近可以关注一下行情，我也就跟着别人做了几手，没想到这么'刺激'。"老单称，由于自己不熟悉市场，就投了几万元，没想到周二低开就浮盈一万多，于是赶紧平仓。他坦言自己水平不高，由于把握不好后市，周二平仓后也就没敢操作，周三盘面反弹，老单感叹幸亏自己不贪心，这种行情对自己来说就像撞大运，"钱包哪能天天捡"?

并不是所有人都有老单这样的运气。同样是散户，身在上海的苏小姐这两天则十分沮丧，她称短短数日，自己的账户权益就从18万变成了13万。"最近亏得太多，都不打算再做了。"苏小姐称，自己先前一直拿着多单，没料到跌幅会这么大。"后来我调整了思路，采用套利策略，因为价格波动剧烈刚好容易打开套利空间。不过，心态打乱之后，套利交易的效果也不理想。"

职业投资人汪兴敏认为，在这种行情下，一般投资者和高水平投资者之间最大的差异就是心态，想赢怕输的心态容易让自己背上包袱，而这种包袱容易导致操作失误，当盈利变成亏损，再想调整好心态就更难了。[①]

心理专家解读：投资行为要疏导。对于期货新手来说，这种市场行为反差带来的行情异动是典型的"教学式行情"，是个很好的认识期货风险的机会。只有能够经受千锤百炼的人，才是真正的投资者。

10.1 期货投资主体的风险识别行为

期货投资风险多种多样，但如果识别不好，就有可能产生比原生产品——现货市场大得多的风险，这是因为期货市场有杠杆效应——利用少量资金进行巨额交易是期货投资的重要特征。

10.1.1 期货投资风险描述

期货作为市场经济形态发展到一定阶段的产物，其建立和发展的过程始终是以风险管理为核心的。然而，由于期货市场在回避风险的同时，本身又派生出多种风险，使得有效控制市场风险变得更加复杂。

---

① 张晨晨."狼来了"吓出大行情? 心态好方能"捡钱包"[N].期货日报，2011-8-11.

1. 风险概念界定

关于期货投资的风险，国内外业界有许多不同的界定，这些风险概念的界定目前在理论认识上有所分歧。归纳起来，有以下几种表述形式。

(1) 风险本质理论。风险是指人们对未来决策及客观条件的不确定性可能引起的后果与预定目标发生负偏离的综合。该观点不仅揭示了风险的本质，而且与人们所认为的风险常识相吻合，宜于为常人理解和接受。

(2) 风险损失理论。风险是指资产及其收益的现有损失。此种说法由于把风险理解为一种现实损失，与风险的本质——一种非现实的可能性相左，因此赞同者寥寥。

(3) 风险概率理论。风险是指资产及其收益损失或获益的可能性，即风险涵盖获益与损失双重可能性。这与人们对风险的一般认识相异，而且容易误导人们的行为选择，强化风险激励，所以也似有偏颇。

(4) 风险效应理论。欧洲金融学会前任助理会长洛伦兹·格利茨(Lawrence Galitz)博士对风险的定义可谓是至今较为合理的解释，他认为：风险是指结果的任何变化。既包括不希望发生的结果，又包括希望发生的结果。因为，在现实的期货市场中，交易双方的观点往往是相反的，因此，将这两种情况下，双方面临的风险起因于同一事件的变化，都把风险看做是有意义的。

将以上诸种定义进行综合，并运用到对期货市场风险的定义上，可以得出，期货投资风险是指资产未来实际收益低于其预期收益的机率，具体表现为发生收益损失的不确定性。

2. 风险来源追溯

期货投资的高风险发生的原因如下。

(1) 价格的波动性。期货市场集中交易的方式和价格变动的连续性，使期货市场有可能出现在极短的时间内浓缩了现货市场在一个相当长的时段里所发生的价格波动的状况，剧烈的价格震荡就孕育着巨大的市场风险。

(2) 交易的杠杆性。期货市场实施的交易保证金制度，其高杠杆作用、以小博大的能量，是加大市场风险的内在动因。

(3) 投资的投机性。期货市场允许投机者合法进入，也是造成市场风险的重要原因。尽管在正常状态下投机者充当了市场风险承担者的角色，但在利益驱动下，他们往往会成为市场风险的制造者。由此决定了期货市场较之现货市场发生风险的机率要高，且具有集中爆发性的特征，其风险的后果往往也较为严重，如果对风险控制不力，就会损害期货市场运作的稳定性和安全性。

(4) 环境的渗透性。期货市场的外部环境诱发风险的产生。一方面，社会对期货市场认识上存在偏见。宏观环境的不和谐和政府管理经验的不足，造成了许多政策风险，比如政策多变，行政干预太多，政策信息具有不确定性，管理体制不顺，监管不力等。另一方面，法规缺乏和执法不严，使得期货市场风险频繁发生。期货市场是高风险高收益的市场，必须遵循"公平、公正、公开"的原则，为了使这一高级市场形式能够正常运作，需要有一系列法规予以支持和保证。

3. 期货投资风险分类

综合学术界、理论界以及金融界、经济界对期货投资风险的分类方法，结合期货交易的本质属性和时代特征，参照期货市场的社会功能和特殊作用，按照投资者所面临的风险的基本属性和期货投资风险的不同表现形式，期货投资风险可以划分为可控风险和不可控风险两大类。

可控风险包括决策风险、操作风险、经营风险和自律风险4小类，并派生出18种基本风险。

不可控风险可以划分为环境风险、行业风险、政策风险和市场风险4小类，并衍生出18种基本风险。图10-1揭示了期货投资风险的36种类型[①]。

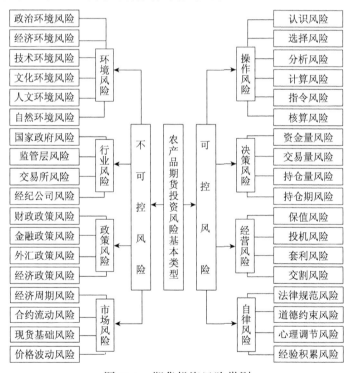

图10-1　期货投资风险类别

为了更直观揭示上述36种风险，本部分以农产品期货为例阐释期货投资主体的风险识别行为。

---

① 张玉智，戚欣.农产品期货投资策略[M].海口：南海出版公司，2005：108-110.

10.1.2　可控风险识别行为

所谓可控风险，是指投资主体在期货投资过程中因操作、决策、经营、自律等层面的失误导致的、可以凭借投资主体自身的理论修养、知识根底、业务水平和经验积累得以控制、化解和规避的风险。可控风险由操作风险、决策风险、经营风险和自律风险组成。

1. 操作风险

操作风险是投资主体在投资操作过程中因某些主观因素导致的风险。操作风险包括认识风险、选择风险、分析风险、计算风险、指令风险和核算风险6种。

(1) 认识风险。认识风险是指粮食企业由于缺乏对期货投资理论的研究探讨和投资实践的经验积累，在投资过程中对投资概念、功能、方式、措施以及理念缺乏足够的认识而产生的风险。

课堂分享案例10-1

时间：1993年4月。

地点：上海粮油商品交易所。

主体：吉林省A公司。

品种：粳米。

事件：1993年，上海粮油商品交易所成立不久，吉林省A公司就成为上海粮油商品交易所的首批会员。尽管对于市场经济发展过程必然出现的高级产物——农产品期货还很陌生，甚至在当时国内理论界、学术界还在探讨和争论的研究阶段，在当时国人尤其是粮食企业对农产品期货一无所知的盲从阶段，公司还是派出了具有30多年现货经营经验的赵某从事农产品期货的自营和代理业务。1993年5月，上海粮油商品交易所的粳米R312合约价格是1 420元/吨，而当时东北地区的"标一"粳米现货价格是1 170元/吨。在考虑到收购、储存、运输、交割以及交易费用后，公司计算出交割成本在130元，如果在期货市场进行实物交割，则每吨可获得利润120元。于是公司决定进行实物交割，并指示郭某在上海粮油商品交易所"做空"，即卖出粳米R312期货合约。考虑到收购和运输能力，公司决定卖出500手，即5 000吨。随着交割月的临近，R312的价格也在逐渐上升。特别是当年的经济过热的形势在上海表现得淋漓尽致，到8月份，粳米的现货价格已经上升到1 530元/吨，期货市场粳米R312以及相近月份的R501、R503合约价格已经分别达到了1 580元/吨、1 640元/吨和1 680元/吨。而此时，公司运抵上海粮油商品交易所指定交割仓库——上海第二粮库的3 000吨粳米中，有2 500吨不够交割标准，不能注册成仓单，后续的粳米已经发货，再组织符合标准仓单要求的现货为时已晚，公司不得不把近400手R312合约以当时的期货市场价格1 580元/吨买入平仓，并在上海低价处理现货。在这次投资中，该公司仅期货损失就达60余万元。[①]

观点碰撞： 经营失利的原因，关键在于公司从领导者到操作员对期货市场缺乏了解，尤其是交割规则方面的知识贫乏，总是用现货经营思维代替期货投资决策，缺乏全面、系统、客观的认识。由此可见，认识风险是粮食企业进行期货投资的首要风险。

(2) 选择风险。选择风险是指粮食企业在选择交易对象时，对期货交易品种和期货合约的品质、特征、内容了解片面、粗浅，缺乏系统的综合思维，盲目选择交易品种和交易方向而产生的风险。

(3) 分析风险。分析风险是指对基本面、消息面、政策面和技术面分析不到位，投资分析不能成为指导投资的有利工具，投资者失去投资决策的依据而产生的风险。

(4) 计算风险。计算风险是指投资者在计算量、价、时、空等指标时出现错误，或者采样发生偏离，导致计算结果错误给投资者带来的风险。

(5) 指令风险。指令风险是指由于投资主体对有关交易指令的性质和特征缺乏足够的理解，盲目下达交易指令产生的风险。

(6) 核算风险。核算风险是指交易结束后，投资主体不能及时地对账户上的资金往来以及资金余额进行清对，不了解账户的资金余额情况，或者被"强制平仓"，或者"坐失良机"而产生的风险。

2. 决策风险识别

决策风险是指投资者在投资决策过程中，由某种主观原因导致的因投资数量和投资时间的不确定产生的风险。决策风险主要包括资金投放量风险、交易量风险、持仓量风险和持仓期限风险。

(1) 资金量风险。资金量风险实质上是指投资者的资金投放量。粮食企业对资金投放量的确定应该基于企业的流动资产总额，把握好投资额度，如果投入过少，资本增值的幅度微乎其微；如果投入过大，则管理难度系数也将随之增大，甚至产生巨额亏损，这便是期货投资的资金量风险。

① 张玉智，戚欣.农产品期货投资策略[M].海口：南海出版公司，2005：113-115.

━━━ 课堂分享案例10-2 ━━━

时间：1996年12月。

地点：中国郑州商品交易所。

主体：山东省G粮油进出口公司。

品种：绿豆。

事件：1996年12月，中国郑州商品交易所绿豆合约GN9701、GN9703价格分别为47 500元/张和49 000元/张，且多头凭借资金的力量和人气的力量仍具有上攻意愿，而且将目标价位定在55 000元/张。实际上，此时空头的力量也正在聚集，而且基本面、技术面和消息面都有些偏空。山东省G粮油进出口公司根据调查，认为空头市场已经来临，于是决定做空。G公司共投入资金370万元，在计算了保证金①之后，该公司于12月中旬以48 500元/张的价格卖出了GN9703合约1 400张，占用保证金1 400×2 500=350万元。元旦过后，GN9703的价格在多头资金的推动下开始上升，当价格上升到48 640元/张时，G粮油进出口公司已经亏损19.6万元，接近强制平仓的底线。经纪公司要求该公司追加保证金，于是该公司连夜筹措资金100万元，于次日追加到位。然而，价格还在上涨，到1月上旬，GN9703价格已经上涨到49 300元/吨，此时，G公司又面临强制平仓的窘境。公司通过借款，又筹集了100万元资金入市。到1月中旬，GN9703的价格突破了50 000元/张，G公司已经无力追加保证金，只能任凭经纪公司强制平仓。1月下旬，GN9703的价格在52 000元/张时开始横盘整理，而此时，G公司的交易账户上只有280张。其余的持仓已经被强制平仓。虽然后来GN9703的价格直线下跌，甚至跌到了43 000元/张，但G公司的280张合约在46 000元/张时就已经平仓，所挽回的损失也只有170万元，尚亏损300余万元。②③

观点碰撞： G公司没有正确把握资金量，甚至在亏损初期没有认识到资金投入风险，还在屡次追加保证金，甚至采取借款的方式，公司不得不另想办法偿还借款，从而陷入负债经营的泥潭。

(2) 交易量风险。交易量风险是指粮食企业参与期货交易的频率的大小，亦即俗称的进出次数。究竟如何控制交易量，不但因人而异，而且也因时而异、因事而异和因地而异。如果过度投机，投资者将面临交易量风险。

---

① 当时中国郑州商品交易所绿豆合约的保证金按2 500元/张的固定比例收取。

② 该公司共投入资金570万元(370+100+100)，剩余资金为260万元(190+70)，其中190万元为280张的盈利，70万元为280张的履约保证金。

③ 张玉智，戚欣.农产品期货投资策略[M].海口：南海出版公司，2005：120-122.

(3) 持仓量风险。持仓量风险是指粮食企业在进行期货交易时，在一定时期内开仓后没有平仓的数量。持仓量的确定，虽不能一概而论，但也有投资的内在规律，否则，持仓量风险必将形影相吊。

(4) 持仓期风险。持仓期风险是指投资主体持仓的期限。有些投资者喜欢长线投资，有些投资者喜欢中线投资，而有些投资者喜欢短线投资。不论是期限如何变化，风险都始终存在。一般说来，持仓期越长，风险就越大。关于持仓期限的控制，是投资者必须认真对待的关键问题，一旦在持仓期内某些因素发生变化，投资主体将面临持仓期风险。

3. 经营风险

经营风险实质是指经营方式风险。粮食企业在选择经营方式时，对于套期保值、投机交易、实物交割和套期图利的利用不当产生的风险。

(1) 保值风险。在期货市场尤其是商品期货市场，生产、加工和流通企业为回避原料、产品价格的大幅度波动，经常利用期货市场的套期保值功能，而运作失败，就会产生保值风险。

(2) 投机风险。大多数投资者都是市场风险的偏爱者，正是这些投机者的存在，才使得套期保值的风险能够被转嫁出去，而任何投机都是风险的主要根源。

课堂分享案例10-3

时间：2004年10月。

地点：大连商品交易所。

主体：宁波麒麟粮食经营有限公司。

品种：玉米。

事件：2004年9月22日，玉米期货合约在大连商品交易所上市。在玉米期货上市前，有关部门举办了多次推介会，会上部分专家学者都对玉米期货的走势发表了不同的看法，大体上为远多近空，即长期看多，短期看空。宁波麒麟粮食经营有限公司也参加了几次推介会，基本持有同样的观点。在玉米期货上市后，价格很快冲过了1 200元/吨，宁波麒麟粮食经营有限公司决定做长线，在1 240元/吨附近买入0505玉米期货合约800手，等待市场继续上扬。然而玉米价格很快下跌到1 200元以下，并在1 130~1 170元/吨间长期盘整，直到2005年2月下旬也没有起色。眼看临近交割月，宁波麒麟粮食经营有限公司不得不在2月22日以1 170元/吨的价格将800手玉米期货合约买入平仓，亏损56万元(不包括交易手续费等的支出)。

虽然2005年3月份以后,玉米价格开始上涨,但宁波麒麟粮食经营有限公司已经无心恋战,因为近4个月的摧残已经瓦解了宁波麒麟粮食经营有限公司的斗志。[①]

观点碰撞:分析原因,主要是宁波麒麟粮食经营有限公司投机心态作祟。不是入市时机不对,就是入市方向不对。如果当初不入市买入,如果当初是入市卖出,那么损失就会变成盈利。

(3) 交割风险。实物交割看似稳定,其实也蕴涵着极大的风险,实际上,任何实物交割都将产生结果的任何变化:为弥补交易亏损的交割有可能使交割商品严重背离其原有价值;为控制原料成本的交割有可能是投资主体成本增加的一种因素;为避免产品价格下降的交割有可能正是阶段内的低价交割。交割风险是企业投资者必须面对的风险。

(4) 套利风险。一些投资者在进行跨市场套利、跨品种套利和跨月份套利的过程中,同样面临着套利风险。

4. 自律风险

自律风险是投资者对期货交易法律、法规的藐视以及对道德的蔑视,或者不能正视自身的心理素质和综合能力,过分突出主观意念给组织、企业或个人造成的风险。

(1) 法律规范风险。不遵守法律法规,必将受到法律法规的严厉惩处,此所谓法律规范风险。

(2) 道德约束风险。道德缺失,信用丧失,伦理丢失,得不到经纪公司的信任,更得不到交易者的信任,人气极度缺乏,投资到处碰壁,此所谓道德约束风险。

(3) 心理调节风险。心理承受力差,对于盈利和亏损的预期落差大,一旦出现结果和预期的负偏离,不能调节心态,要么手舞足蹈,要么灰心丧气,此所谓心理调节风险。

课堂分享案例10-4

时间:2005年3月。

地点:郑州商品交易所。

主体:河北省Q粮食储运公司。

品种:小麦。

事件:2005年以来,郑州商品交易所硬麦合约价格缓慢上涨,硬麦0509

[①] 张玉智,戚欣.农产品期货投资策略[M].海口:南海出版公司,2005:127-128.

合约价格在不到一个月的时间里上涨了100多元。河北省Q粮食储运公司分析了当前的市场形势，从供给和需求角度对小麦的整体状况进行了具体分析，认为1 600元/吨的价格是阶段性的高价，应该尝试性地卖出合约，于是该公司在1 600元/吨附近卖出了硬麦0509合约800手，等待价格回调获取利润。可是，价格的回调幅度非常小，根本不能达到公司预期的目标，之后价格又掉头向上，而且一路上扬，直逼1 800元/吨。到2005年4月，河北省Q粮食储运公司眼看大势已去，忍痛买入割肉，亏损140余万元，然后心态受到了刺激，在1 800点附近开始空翻多，结果可想而知。[①]

观点碰撞：心理因素导致亏损的实际并不罕见，尤其是在心态很乱时仍然进行投资决策，必然导致不必要的损失，投资风险凸显。

(4) 经验积累风险。参与投资期限短，对期货投资理解不全面，遇到问题束手无策，不是头脑发热孤注一掷，就是畏手缩脚坐失良机，此所谓经验积累风险。

10.1.3　不可控风险识别行为

所谓不可控风险，是指投资主体面临的因各种环境变化、行业态势转换、国家政策波动和市场因素调整导致的不可控制的投资结果的不确定性。不可控风险虽然不可控制，但能够运用相关衍生工具、分析工具、组合工具防范、转移和规避。

1. 环境风险

环境风险是不可控风险的重要组成部分。环境的变化导致投资主体遭受风险的例证俯拾皆是。

(1) 政治环境风险。政局的动荡、政权的更迭以及恐怖活动的发生都会使投资者面临政治环境风险。

(2) 经济环境风险。投资、消费和出口渠道的畅通与否将使投资者面临经济环境风险。

==========课堂分享案例10-5==========

时间：2011年7月。

地点：大连商品交易所。

主体：山西省金诚粮油贸易有限责任公司。

品种：大豆。

[①] 张玉智，戚欣. 农产品期货投资策略[M]. 海口：南海出版公司，2005：133.

事件：2011年初，山西省金诚粮油贸易有限责任公司在大连商品交易所进行大豆期货交易，价格的上下波动很让公司领导兴奋，在随后的一系列的涨跌过程中，公司确实尝到了赚钱的滋味，到5月末，已经盈利60余万元。6月初到7月上旬，在单边的缓慢下跌过程中，该公司失去了方向，也损失了20万元左右的利润。考虑到期货交易的复杂性，公司领导决定退出期货市场，到股票市场进行B股交易。2011年8月10日，公司领导通过关系按1：6.43的比价将期货市场的保证金人民币100万元兑换了15万美元，投入到上海证券交易所进行凌云B股交易。当时凌云B股价格为0.48元/股。该公司以0.48元/股和0.49元/股购买了30万股凌云B。从11月30日起，外资大幅撤离，人民币对美元汇率不断触及跌停，至12月5日，凌云B股跌至0.36元/股，该公司损失近4万美元。[①]

观点碰撞： 投资过程中，对于经济环境的不熟悉、不了解、不掌握，失利的永远是自己。

(3) 技术环境风险。网络交易过程中出现的数据安全问题是投资者面临的技术环境风险的主要表现。

(4) 文化环境风险。理论界、学术界对期货投资研究的冷热度以及全球范围的行业交流频率的快慢度都将使投资者面临文化环境风险。

(5) 人文环境风险。投资者性格的内向与外向、周围社会关系的融洽与否以及对有关信息资源共享度的把握等因素是导致投资主体面临人文环境风险的根本原因。

(6) 自然环境风险。自然环境风险主要表现在因自然灾害的发生导致的某个交易品种价格的非理性涨跌，如地震、洪水、干旱等，日本阪神地震导致日经指数陡然下跌，是巴林银行交易人员里森购买的日经指数期货无法履行的直接原因。

2. 行业风险

行业风险主要来自于作为期货市场主管部门的国家政府(证监会)、作为行业自律组织的期货业协会、作为期货交易场所提供者的期货交易所和作为交易者与交易所连接桥梁的经纪公司。

(1) 国家政府风险。期货市场的政府风险主要指投资者在从事期货投资活动时由于政令实施过程中出现的阻塞行为、中央政府与地方政府对待同一个事物出现的短期的摩擦、政府的对外贸易策略的改变等因素对期货交易价格产生的正面或负面影响。

---

① 刘佳.控制风险是农产品期货市场永恒的主题[J].当代生态农业，2011(11).

课堂分享案例10-6

时间：1994年1月。

地点：原上海粮油商品交易所。

主体：中国K粮油贸易公司。

品种：粳米。

事件：1993年末，粮食流通体制改革刚刚开始，上海市的粮食现货价格居高不下，期货价格也在高位盘整。当时的R503合约价格为1 580元/吨，且有继续上升趋势。而当时国家为了稳定农产品价格，多次召开会议，并由国务院下发了农产品的最高限价，粳米的最高限价为1 600元/吨。中国K粮油贸易公司正是抓住了这一机会，于1 580~1 600元/吨的价位开始在原上海粮油商品交易所做空，卖出粳米合约达25 000手。此后，价格开始缓慢下跌，但波幅不大，中国K粮油贸易公司也没有买入平仓，其持仓部分利润并没有兑现。1994年1月，面对已经十分吃紧的粮食供给，上海市出台了地方限价规定，将粳米的最高限价调整为1 800元/吨。中国K粮油贸易公司的25 000手持仓瞬间就亏损5 000万元，虽然公司没有在最高点平仓，随后上海市又取消了地方最高限价，但中国K粮油贸易公司此役仍然亏损3 000余万元。[①]

观点碰撞： 政府风险可以说是期货交易的最大潜在风险。如果进行反向思维，想想为什么多头会赚得盆满钵满，就不难理解把握政府政策的必要性。

(2) 监管层风险。监管层风险主要体现在行业监管部门在行使职责时人为产生的信息不对称从而改变交易商品真实价格的风险。

(3) 交易所风险。交易所风险一般表现为交易所以盈利为目的诱发过度投机、无"三公"竞争的交易环境放纵大户操纵市场、不顾主观和客观条件盲目推出高风险合约等不自律行为。

(4) 经纪公司风险。经纪公司风险是指法人无代理资格而开展代理业务、专职经纪人误导客户、不能准确及时地传递价格和交易信息以及客户的订单等经纪公司代理行为的不规范而导致期货投资者遭受损失的可能性。

3. 政策风险

政策风险是由于政策的多变性导致的期货价格长期背离价值，从而给期货投资者造成投资损失的可能性。政策风险包括经济政策风险、财政政策风险、金融政策

[①] 张玉智，戚欣.农产品期货投资策略[M].海口：南海出版公司，2005：140-141.

风险和外汇政策风险。

(1) 经济政策风险。经济政策风险是指国家的经济政策变更对期货价格升跌产生的影响，比如我国的粮食价格市场化政策、按保护价收购农民手中的余粮政策、订单农业政策都会对农产品的现货和期货价格产生深刻的影响。

课堂分享案例10-7

时间：2011年12月。

地点：大连商品交易所。

主体：长春市昌盛粮油开发公司。

品种：大豆。

事件：2011年初，大连商品交易所大豆价格屡创新高，当价格从近4 900元/吨高位回落到4 500元/吨时，考虑到当年的大豆需求量和供给量，长春市昌盛粮油开发公司决定与农民签订订单，在当年的11月份以4 500元/吨的价格收购农民的大豆10 000吨，并对质量、水分等指标进行了明确的规定。与此同时，该公司与南方某饲料企业签订了20 000吨大豆销售合同。为防止出现亏损，该公司在期货市场又以4 500元/吨购买了2011年11月份大豆期货1 000张合约。事实上，由于CPI连番上涨，国家有关部门出台了一系列控制物价水平的政策，大豆期货价格从4月上旬开始就缓慢下跌，到11月份，价格已经跌至4 000元/吨附近。该公司不但期货市场亏损500余万元，而且还应以4 500元/吨的价格收购农民的大豆10 000吨。由于该公司亏损巨大，公司想与农民解除合约，被农民告上法庭，结果该公司亏损可想而知。[①]

观点碰撞：国家对农民的政策来不得半点折扣，谁越过了红线，谁都要承担因此而来的严重后果。

(2) 财政政策风险。财政政策风险是指一个国家的财政政策的变更对期货交易价格升跌产生的影响，比如我国近年来实行的适度从紧的积极的财政政策引起的货币供应量的增加和减少对现有商品期货价格的影响导致的期货交易价格的升跌。

(3) 金融政策风险。金融政策包括利率政策、货币政策、通货膨胀政策等，这些政策的变更对期货价格波动产生根本的影响，也是投资主体主要面对的风险。

(4) 外汇政策风险。外汇政策风险是指一个国家的外汇政策的调整导致的本币兑换外币的汇率产生的变化和波动而造成的期货价格的波动风险，主要表现在外汇期货、外汇期权上。

---

① 尚春玲.农产品期货市场风险历程回顾[J].当代生态农业，2011(12).

4. 市场风险

市场风险是指由于基础资产价格变动导致期货价格或价值变动而引起的风险。导致期货投资的市场风险的主要因素是经济风险，如相关金融资产价格的变动、整个社会经济周期的影响等等。从根本上说，整个社会经济的发展状况直接决定期货投资的风险。一般说来，经济波动越厉害，产生的期货投资的市场风险也越大。

(1) 经济周期风险。经济周期的延长或缩短能反映出现实的需求水平，因而对期货投资者来说，面临经济周期风险是理所当然的。

(2) 合约流动风险。合约流动风险是指期货市场的资金以及合约的流动性差而导致交易者无法对冲或平仓已经持有的合约，因而造成投资的不稳定性。

(3) 现货基础风险。现货基础风险是指期货交易商品的现货供应量占期货交易量的比重的大小导致的期货交易价格波动的风险。

(4) 价格波动风险。价格波动风险主要指市场价格升跌的即时性或长期性导致的投资主体无法测量投资效果的风险。

课堂分享案例10-8

时间：2011年8月。

地点：大连商品交易所。

主体：吉林省L粮油集团。

品种：玉米。

事件：2010年7月4日，大连商品交易所玉米期货合约呈窄幅振荡走势。C1209合约以2 282元/吨开盘。由于前期场内下跌气氛浓厚，吉林省L粮油集团准备短线做空，于是在2 282~2 289元/吨之间做空3 000手，等价格急跌时买入平仓。然而，玉米期货的波动幅度有限，每天只有几个点，至8月23日收盘于2 311元/吨，8月24日则收盘于2 312元/吨。近两个月的时间不但没有盈利，还产生了亏损，该公司决定认亏出局。8月25日开盘前，该公司以2 312元/吨的价格下达买入平仓预备单，开盘后成交。在这次投资中，该公司亏损近90万元。[①]

观点碰撞：价格的波动性是交易者赖以交易的理论基础，也是投资者投机交易的重要因素之一。没有了价格的波动性，则任何价格都是理论价格，势必形成有价无市的局面。

---

① 刘涛.把握期市风险的几个要点[J].当代生态农业，2011(3).

10.2 期货投资主体的分析固化行为

技术分析是期货投资者赖以投资决策的主要依据之一。实证研究表明，开放的、收敛的和真空的信息生态环境对期货投资技术分析的有效性的影响呈递进趋势。研究信息生态环境下期货投资技术分析的有效性有助于期货市场发现价格和套期保值基本经济功能的发挥。

国外的著名投资者如巴菲特、索罗斯以及国内的所有知名代理机构如中期、金鹏、渤海等期货经纪公司都十分注重技术分析。影响技术分析有效性的因素除了分析者信息素质、样本采集差异、投资者心理预期以及分析软件优劣外，最重要的因素就是期货市场的信息生态环境。期货市场的信息生态环境是指期货市场投资信息—期货投资者—期货市场环境之间的均衡状态[①]，如图10-2所示。

信息

信息生态

人

环境

图10-2　信息—人—环境处于均衡状态的信息

按照期货市场负载的信息量划分，期货市场的信息生态环境可以划分为开放信息生态环境、收敛信息生态环境和真空信息生态环境。信息生态环境与期货技术分析有效性之间存在因果关系，即不同的信息环境下，期货技术分析的有效性各不相同，有的分析结果与价格走势趋于一致，有的则产生严重的背离。技术分析的有效性对投资者的投资决策影响巨大，对期货市场甚至对资本市场、金融市场的影响也不容忽视。因此深入研究信息生态环境下的期货技术分析有效性就显得十分必要。通过对RSI、MACD、KDJ、MTM、DMI、WR、PSY、ARBR和BIAS等指标分析，能够对开放的、收敛的和真空的信息生态环境下期货投资技术分析有效性进行实证研究。

10.2.1　开放的信息生态环境下期货投资技术分析有效性

1. 开放的信息生态环境

所谓开放的信息生态环境，是指在海量信息时代期货市场对各种信息不加任

---

① Zhang Yuzhi，Sun Ying. Perfecting of Information Ecology of China's Futures Market[J].ICMSE，2004：1955-1960.

何分析、加工、整理和过滤，信息可以自由生产、传递、循环与再造，期货投资信息—期货投资者—期货市场环境之间呈现的非均衡状态。

开放的信息生态环境主要表现在信息爆炸、信息超载、信息阻滞、信息侵犯、信息污染、信息虚假和信息欺诈等。

开放的信息生态环境主要特征为信息生产的随意性、信息加工的混乱性、信息传递的自由性、信息影响的广泛性和信息吞吐的无序性。

2. 开放的信息生态环境下期货投资技术分析有效性

在开放的信息生态环境下，期货投资者对投资分析工具的依赖性大多局限于政策面分析、基本面分析、消息面分析和制度面分析，对于技术分析则仅作参考。因此，基础面分析对期货投资技术分析的影响力比较大，而技术分析则显得力不从心。如图10-3所示。

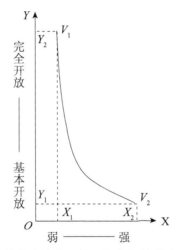

图10-3　开放信息生态环境下期货投资技术分析有效性

如果以纵轴Y代表开放的信息生态环境，以横轴X代表期货投资技术分析有效性，则开放信息生态环境下的期货投资技术分析有效性为V_1-V_2曲线。随着信息生态环境由Y_1到Y_2的逐步开放，期货投资技术分析的有效性则呈现由X_2向X_1递减运动，换言之，若满足期货投资技术分析有效性由弱到中或强即由X_1向X_2的转变，则期货市场的信息生态环境必须呈由完全开放向基本开放即由Y_2向Y_1运动的趋势。

需要指出的是，即使信息生态环境由完全开放运行到基本开放即由Y_2运动到Y_1，期货投资技术分析有效性也并非很强，至多达到中等，因为开放信息生态环境的干扰始终存在。

========课堂分享案例10-9========

大连商品交易所(DCE)焦炭1205合约2011年4月15日开始上市，上市后价格一直震荡走低。值得提及的是，由于上市后焦炭市场属于开放的信息生态环境，因而该合约的交易主要依赖于煤炭、钢铁产业形势，也就是说，煤炭、钢铁产业发展态势对焦炭期货价格产生直接影响，而国内市场的其他因素则对价格影响不大。事实上，该合约一直受制于国内煤炭、钢铁市场信息，而技术分析则显得可有可无。

如图10-4所示，从2011年4月15日开始，国际、国内煤炭和钢铁市场价格一直温和盘整，大连商品交易所焦炭1205合约也一直在2 432~1 932元/吨间震荡。

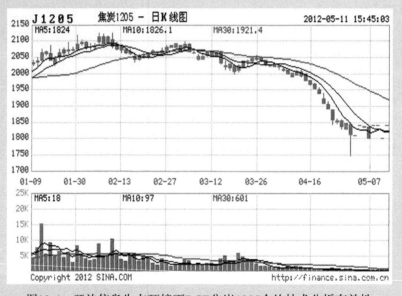

图10-4　开放信息生态环境下DCE焦炭1205合约技术分析有效性

而根据ARBR指标、PSY指标和BIAS指标分析，价格均线粘连，几次显示出买入信号。2011年10月份后，国际煤炭、钢铁价格逐渐上升，DCE焦炭1205合约价格却一直盘整，而此时的ARBR指标、PSY指标和BIAS指标则多次显示出买入信号，如2011年10月20日、11月10日和12月8日。事实上，这一阶段焦炭价格正呈盘整缓跌走势。[①]

观点碰撞： 在开放的信息生态环境下，期货技术分析的有效性极弱。

---

① 焦炭期货网.焦炭期货周评：期价总体下跌 趋势仍空头[EB/OL]. http://www.jiaotanqihuo.com/html/201112/12/20111212142112.htm，2011-12-12/2011-12-26.

10.2.2　收敛的信息生态环境下期货投资技术分析有效性

1. 收敛的信息生态环境

所谓收敛的信息生态环境，是指能够保持期货投资信息—期货投资者—期货市场环境这一系统在一定范围内经常处于均衡状态的信息环境。[①]所谓一定范围，是指期货投资信息所蕴涵的内在价值与投资者所期望的预期效果的相关性而言。所谓均衡状态，是指投资者面对纷繁复杂的政策信息、供求信息、基础信息以及技术信息，能够采取正确的策略加以梳理、分析和应用，使信息负载、信息比例、信息时效、信息影响、信息受众都处于对称、稳定、通达或均衡状态，从而使期货投资信息—期货投资者—期货投资环境之间形成相对均衡发展的状态。

收敛的信息生态环境的主要特征包括生态性、真实性、应时性、效用性、通达性和联动性，是绿色的、实在的、及时的、有用的、通畅的和互动的信息。

2. 收敛的信息生态环境下期货投资技术分析有效性

在收敛的信息生态环境下，期货投资者对投资分析工具的依赖性不再局限于政策面分析、基本面分析、消息面分析和制度面分析等基础面分析，而是更侧重于技术分析。因此，技术面分析对期货投资技术分析的影响力比较大，如图10-5所示。

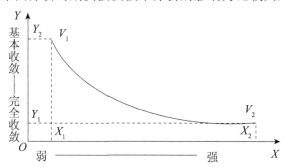

图10-5　收敛信息生态环境下期货投资技术分析有效性

如果以纵轴Y代表收敛信息生态环境，以横轴X代表期货投资技术分析有效性，则收敛信息生态环境下的期货投资技术分析有效性为V_1-V_2曲线。随着信息生态环境由Y_2到Y_1的逐步收敛，期货投资技术分析的有效性则呈现由X_1向X_2递增运动，即信息生态环境越收敛，期货投资技术分析有效性越强。换言之，若满足期货投资技术分析有效性由弱到强即由X_1向X_2的转变，则期货市场的信息生态环境必须呈由基本收敛向完全收敛即由Y_2向Y_1运动的趋势。值得提及的是，在收敛信息生态环境下期货投资技术分析的有效性强于在开放信息生态环境下期货投资技术分析的有效性。

① 张玉智，靖继鹏.我国期货市场信息吞吐功能分析[J].中央财经大学学报，2004(11).

大连商品交易所(DCE)玉米1205合约从2011年5月上市交易后，行情呈震荡盘整下跌再横盘走势。值得提及的是，1205玉米期货合约上市交易后，交易所及有关部门对市场的信息生态环境进行了必要的整顿和治理，玉米期货交易信息处于收敛的信息生态环境，因而该合约的交易主要依赖需求和供给的变化。从1205玉米上市交易到2011年末，玉米的供给总量大于需求总量，玉米出口有限，转化困难，这就使得玉米期货合约价格相对稳定，如图10-6所示。

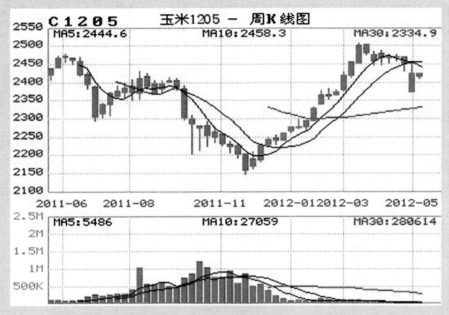

图10-6　收敛信息生态环境下DCE玉米1205合约技术分析有效性

从2011年5月开始，受玉米产量预期影响，大连商品交易所玉米1205合约从2 450元/吨跌到了2 150元/吨，期间虽然也有各种关于玉米政策方面的信息传入和传出，但在收敛的信息生态环境下，这些信息对投资者的投资决策基本没有产生影响。而根据MTM指标、DMI指标和WR指标分析，价格均线粘连，既没有明显的买入信号，也没有明显的卖出信号，技术分析显示出了长期的盘整趋势。[①]

观点碰撞：这一阶段玉米期货价格正呈盘整走势。这说明，在收敛的信息生态环境下，期货技术分析的有效性比较强。

---

①　郭坤龙.大连玉米短期上行空间有限[N].证券时报，2011-12-21.

10.2.3　真空的信息生态环境下期货投资技术分析有效性

1. 真空的信息生态环境

所谓真空的信息生态环境，是指期货市场的投资信息处于真空状态的环境。期货市场真空信息生态环境的产生，主要原因有三个，一是信息垄断，即期货投资信息被极少数人完全垄断，投资者无法获得任何信息；二是信息无效，即期货投资信息要么过时、要么无关；三是信息真空，即在一定的时期内期货市场上的信息呈真空状态。

真空的信息生态环境主要特征表现在信息的几个环节上。在信息的生产环节，生产者减少产量；在信息的加工环节，加工者减少加工量；在信息的传递环节，传递者减少传递量；在信息的利用环节，利用者减少浏览量；在信息的再生环节，再生者减少吞吐量。

2. 真空的信息生态环境下期货投资技术分析有效性

在真空的信息生态环境下，由于缺乏基础面分析工具，期货投资者对投资分析工具的依赖性仅局限于技术分析。因此，技术面分析对期货投资技术分析的影响力最大，如图10-7所示。

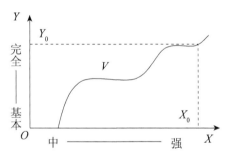

图10-7　真空信息生态环境下期货投资技术分析有效性

如果以纵轴Y代表真空信息生态环境，以横轴X代表期货投资技术分析有效性，则真空信息生态环境下的期货投资技术分析有效性为V曲线。随着信息生态环境由基本真空环境向完全真空环境递进，期货投资技术分析的有效性则呈现由中到强递增运动。值得注意的是，即使在微弱的真空信息生态环境下，期货投资技术分析的有效性也已经很强，亦即在基本没有基础面信息时，期货投资者赖以遵循的投资分析工具只能由技术分析来承担，因此技术分析在此时将显示出极强的有效性。但是，完全真空的信息生态环境只有短时间的存在，少则1~2天，多则1~2周，长期的真空信息生态环境是不存在的。

真空的信息生态环境实际上也是信息生态失衡的一种表现，在这种状态下，期货市场一般容易为大户所操纵，使期货市场失去健康发展的基础[1]，因此，优化和规范期货市场的信息生态已经成为当务之急。

课堂分享案例10-11

郑州商品交易所(ZCE)棉花1205合约从2011年5月初期开始，行情进入了长期盘整下跌走势，如图10-8所示。

图10-8　真空信息生态环境下ZCE棉花1205合约技术分析有效性

虽然期间也有过不同程度的反弹，但始终没能有效突破长期均线。这一期间，关于棉花产销、供需等方面的信息基本处于真空状态，投资者所依赖的分析工具基本上只有技术分析。而根据RSI、MACD、KDJ等指标显示，1205合约在2011年5月3日于26 550点附近从上部有效击穿长期趋势线后，显示出了强烈的卖出信号，在8月9日经过短暂的底部整理后在20 340点又有意上攻，但没能有效站稳于长期趋势线之上，目前的价格仍然受制于长期均线。[2]

观点碰撞：大多数投资者根据技术分析进行投资，已经取得了很好的收益，因为这一期间能够指导投资者投资的工具只有技术分析，这说明，在真空的信息生态环境下，期货技术分析的有效性非常强。

技术分析是通过各种理论、指标、形态、趋势以及图表对市场行为进行研究，

---

[1]　Zhang yuzhi，Liu xiaohui. Analysis on Psychology of Manipulative Behavior in Chinese Futures Market[J]. ICMSE，2003(8)：1955-1960.

[2]　胡东林.郑州棉花期货延续回调[N].中国证券报，2011-11-17.

据此来预测期货价格的未来走势。按照期货市场负载的信息量划分，期货市场的信息生态环境可以划分为开放信息生态环境、收敛信息生态环境和真空信息生态环境。信息生态环境与期货技术分析有效性之间存在因果关系，通过对RSI、MACD、KDJ、MTM、DMI、WR、PSY、ARBR和BIAS等指标分析以及对开放的、收敛的和真空的信息生态环境下期货投资技术分析的有效性进行实证研究表明，开放的信息生态环境对期货投资技术分析的有效性的影响较弱，收敛的信息生态环境对期货投资技术分析的有效性的影响较强，真空的信息生态环境对期货投资技术分析的有效性的影响最强。因此，强化技术分析有效性，必须治理和整顿期货市场信息生态环境，使市场信息生态环境处于平衡状态。

10.3　期货投资主体的过度投机行为

过度投机是中国证券市场的老问题，尤以期货市场为甚。经济学界和管理层的普遍看法是，投机不可避免，过度投机则必须抑制。但投机和过度投机如何界定并没有明确答案。一般认为，市场价格偏离价值过大就意味着过度投机，而其根源就在于市场参与者的非理性。

10.3.1　期货投资群体的过度投机

如同证券市场一样，期货市场也存在过度投机行为。期货市场具有集合竞价的价格发现功能和套期保值的规避风险功能，而这两种功能的发挥都离不开投机。适度投机可以推动期货市场基本经济功能的发挥，过度投机则对市场有百害而无一利。

期货市场的过度投机是指扭曲市场价格、妨害市场套期保值功能发挥的投机活动(马承霈2006)。期货市场的过度投机主要表现为两个方面，一是由具有资金优势的利益共同体挟资金优势人为创造需求的虚假增加，引起期货市场相关品种价格大幅上扬，交易量与未平仓合约量空前骤增，市场多头气氛浓烈，跟风散户层出不穷，直至市场空头断臂离场；二是由具有现货优势的利益共同体挟仓单优势人为创造供给虚假增加，引起市场价格大幅下跌，交易量与未平仓合约量亦空前骤增，市场空头气氛浓烈，跟风散户络绎不绝，直至市场多头割肉平仓。

引起过度投机的动因有很多，归纳起来主要有以下三个方面：一是交易所逐利偏好的驱动。我国非盈利的期货交易所主要收入来源是按交易金额的固定百分比收取的定率会费，亦即交易手续费。显然，交易所的收入是与交易量成正比的，即交易量越大，其收入越多。因此交易所无疑必然存在着在收入的诱使下鼓励、容忍、默认过度投机，扩大交易量，以谋取巨额收入的驱动力。二是机构投资者信息操纵的拉动。一些包括国有大企业、私募基金以及神秘资金结盟者在内的机构投资者多年来凭借其对信息的垄断优势盘踞期货市场，操纵期货信息，伺机过度投机，任意妄为做市，根本不管供求关系和其他影响因素的变化，上演着一幕幕多逼空、空逼多的过度投机。三是期货交易法规滞后以及执法乏力的推动。我国有关期货交易方面的法律法规虽有出台，而且各个交易所都有自己暂行的规定，但毕竟不具有正式的法律效力，缺乏威慑力。当过度投机行为发生时，由于操纵市场的这些机构投资者与相关执法部门之间存在一定的亲缘关系，使得执法部门在具体处理这些过度投机事件时，往往显得有些手软。

10.3.2　过度投机市况下期货市场信息博弈的产生

期货市场的信息博弈是指参与期货市场博弈的各个主体在包括信息产生、信息传播和信息利用在内的期货市场信息运行体系中，围绕信息的真实性、完整性、及时性和有效性进行的博弈(张艳2002)。在期货交易中，信息不对称和不完全是期货市场的常态，因此，在这种情况下，期货市场监管层、期货交易所、期货经纪公司、期货投资主体对过度投机的偏好也不尽相同，如图10-9所示。

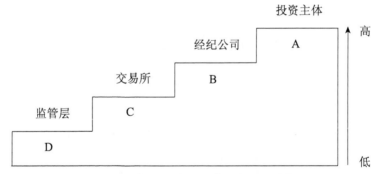

图10-9　期货市场参与者对过度投机的偏好

如图10-9所示，期货市场监管层、期货交易所、期货经纪公司、期货投资主体对过度投机的偏好是由D→C→B→A由低到高的顺序逐步递增的。监管层不希望看到市场的过度投机行为；交易所在逐利偏好驱动下，会在判断自身对市场运行把握能力的前提下有放纵过度投机的冲动；期货经纪公司受利益驱使在不会承担过多责任的情况下会与投资主体短暂合谋以通过迅速过度投机获得交易手续费收入；期货投资主体间更是利用彼此对交易信息的掌握情况进行过度投机。这样，在期货市场监管层、期货交易所、期货经纪公司、期货投资主体之间就形成了错综复杂的信息博弈，如图10-10所示。

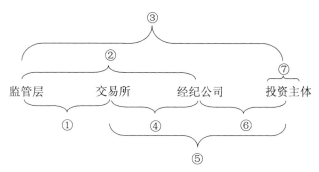

图10-10 期货市场信息博弈结构

图10-10中，①、②、③、④、⑤、⑥、⑦分别代表监管层与交易所、监管层与经纪公司、监管层与投资者、交易所与经纪公司、交易所与投资者、经纪公司与投资者、投资者之间的信息博弈。

交易所为了自身收入的增加会利用自身信息优势，在一定程度上纵容过度投机行为，并躲避监管层的监督。而监管层为了维护期货市场秩序，会利用掌握的信息对期货市场的过度投机行为进行监管，这样，监管层与交易所之间就形成了信息博弈。

期货经纪公司是期货市场的中介机构，其利润来源主要依靠交易手续费，同交易所一样，其收入是与交易量成正比的，即交易量越大，其收入越多。因此也必然存在着在利润的诱使下鼓励、默认甚至联合机构投资者过度投机，引诱大众交易者入市，扩大交易量，以谋取巨额收入的驱动力。而为了回避来自监管层和交易所的监管，经纪公司同样会对相关信息进行必要的包装，以防止监管层、交易所的监管，而监管层和交易所也必然会挟市场的信息优势对经纪公司的运作进行必要的监管。这样，在监管层与经纪公司之间、交易所与经纪公司之间也分别产生了信息博弈。

由于期货市场上大多交易者均为投机者(含套利者)，实施套期保值和实物交割的投资者只占投资主体的极少数，因此对于投资主体来说，期货交易行情波动越激烈，则其参与交易的动力越大。由此可以看出，期货投资主体是期货市场的最大风险偏好者，他们希望在行情的大幅波动中博取利润。因此，一些具有信息、资金、现货优势的利益共同体挟信息、资金和仓单优势人为创造市场剧烈波动，引诱散户跟风，形成过度投机，获取超额利润。监管层、交易所以及经纪公司为了维护期货市场的稳定发展，必然不同程度地挖掘各种过度投机信息，防范、化解和控制过度投机，这样，监管层与投资主体之间、交易所与投资主体之间、经纪公司与投资主体之间也分别产生了信息博弈。同样，不同的期货投资者之间因掌握的政治、经济、文化、技术、法律以及自然方面的信息不同，其对市场价格走势的判断也不尽相同，投资主体之间必然存在着交易分歧，这也是投资主体彼此之间信息博弈产生的根源所在。

实际上，在各个经纪公司之间，甚至各个交易所之间同样存在着信息博弈，限于篇幅，本部分不做过多讨论。

10.3.3　过度投机市况下监管层与交易所的信息博弈

期货交易所往往为了收入的增加而在一定程度上纵容过度投机行为。交易所纵容过度投机行为既取决于交易所与监管层之间的内部信息拥有量，又取决于交易所与投资主体之间的信息拥有程度，还取决于交易所纵容过度投机所面临的惩罚和监督风险。

期货交易所往往为了收入的增加而在一定程度上纵容过度投机行为。交易所纵容过度投机行为既取决于交易所与监管层之间的内部信息拥有量，又取决于交易所与投资主体之间的信息拥有程度，还取决于交易所纵容过度投机所面临的惩罚和监督风险。

假定1：交易所与监管层之间的内部信息函数服从 $[0,+\infty]$ 的概率分布，分布函数 $F(x) = \int_0^x f(t)\mathrm{d}t$，$0<x<+\infty$，$x$ 为其信息拥有量，交易所与投资主体之间的信息函数也服从 $[0,+\infty]$ 的概率分布，分布函数 $G(y) = \int_0^y g(t)\mathrm{d}t$，$0<y<+\infty$，$y$ 为其信息拥有量。这里 $f(x)>0$，$g(x)>0$，即满足信息拥有量越多，函数值越大的要求；

假定2：交易所纵容过度投机行为收益期望值服从 $[0,1]$ 之间以 $F(x)$ 为概率的均匀分布函数即 $R = E(r) = R_0 \cdot F(x) + 0 \cdot [1-F(x)] = R_0 F(x)$；

假定3：交易所利润函数为 $\pi_A = R - C^{1-G(y)} = R_0 F(x) - C^{1-G(y)}$，监管层收益函数为 $\pi_B = C^{1-G(y)}$，$\pi_B > C_0$，C_0 为监督成本。这里 π_A 为纵容过度投机行为的利润，R_0 为可获得收入，$C(C>1)$ 为纵容成本。信息拥有量越大，将会导致 $R_0 \cdot F(x)$ 越大，利润越趋近最大收入，对投资主体信息拥有量越大，对对手越了解，所花费的成本越小直至趋于1；

假定4：监管层为接受信息的被动方，π_B 为监管层监督收益即交易所纵容不成功所付出的成本。假定监管层无搜集信息的能力，交易所对监管层了解越少，监管层监督收益越大，监管层越有积极性从事监督。由图10-11可知，此博弈模型为一混合战略纳什均衡。

交易所

		纵容	不纵容
	监管	$(\pi_B - C_0, -\pi_B)$	$(-C_0, 0)$
监管层	不监管	$(-\pi_A, -\pi_A)$	$(0,0)$

图10-11　监管层与交易所间混合战略纳什均衡模型

假设只要监管层实施监督，交易所纵容过度投机行为就会被发现，用p代表监管层实施监督的概率，q为交易所纵容行为的概率。

给定q，监管层选择监督($p=1$)和不监督($p=0$)期望收益分别为

$$E(B)=q(\pi_B-C_0)+(1-q)\cdot(-C_0), \quad E'(B)=q(-\pi_A)+(1-q)\cdot 0$$

当期望收益无差异时，由

$$E(B)=E'(B)\Rightarrow q^*=\frac{C_0}{\pi_A+\pi_B}=\frac{C_0}{R_0F(x)}$$

两边对q^*求x的导数，所以有

$$\frac{dq^*}{dx}=-\frac{C_0\cdot f(x)}{R_0F^2(x)}<0$$

同理：给定p，求q，可得

$$p^*=\frac{\pi_A}{\pi_A+\pi_B}=\frac{R_0F(X)-C^{1-G(y)}}{R_0F(x)}=1-\frac{C^{1-G(y)}}{R_0F(x)}$$

两边对p^*分别对x,y求偏导$p*$

$$\frac{\partial p^*}{\partial x}=\frac{C^{1-G(y)}\cdot f(x)}{R_0F^2(x)}>0 ;$$

$$\frac{\partial p^*}{\partial y}=\frac{\ln C\cdot C^{1-G(y)}\cdot g(y)}{R_0F(x)}>0$$

由模型可知：第一，交易所纵容过度投机行为的概率取决于对监管层监督行为的信息拥有量。交易所对监管层了解得越多，纵容概率反而下降，这是由于监管层清楚信息对于交易所的重要性，但他们又无力隐藏信息。因此，势必增大监督的概率，以发出"纵容必管"的可置信威胁是其选择的上策，从而交易所纵容行为反而下降；第二，监管层监督的概率既取决于交易所与投资主体多方的信息拥有量，也取决于交易所对于监管层信息的拥有量。交易所和投资主体多方共同拥有的信息会使多方有可能形成协议共同实施过度投机，瓜分收入，从而，减少了回避监管的成本，纵容过度投机的可能性大大增强。因此，监管层监督的概率相应增大。同时，监管层监督的概率还取决于交易所对监管层的信息拥有量。交易所越了解监管层信息，监管层监督概率也应越大。

10.3.4 我国期货市场过度投机问题长期存在的解释

上述模型的结果可以系统地解释我国期货市场过度投机与市场发展的几个相互关联的现象：第一，交易所出于长期发展的考虑有充分的激励抑制过度投机，控制市场风险，这解释了自20世纪90年代末期以来各交易所争相上市新品种，争相出

台新规章，争相发展新主体，争相完善新机制，使得过度投机行为基本处于可控范围内；第二，处于信息博弈中的交易所不愿意与监管层充分合作监管市场，对于那些双赢的监管合作机会"反应冷淡"，这有助于解释我国期货市场长期存在的监管层主动防御过度投机，交易所被动控制过度投机；第三，交易所为了追求自己的收入、同时剔除监管层的不满，会边合作、边对抗，这有助于解释我国自1998年以来三家期货交易所都能够在每次过度投机事件后依然按部就班地照常运营。①

===== 课堂分享案例10-12 =====

1998年以来，我国期货市场依然出现了若干起过度投机事件。表10-1列举了近年来我国期货市场的过度投机事件。

表10-1　1998年来我国期货市场部分过度投机事件

序号	时间	交易所	品种	事件	结果
1	1999	ZCE	绿豆	按当日结算价强制平仓	绿豆退出期货历史舞台
2	2001	DCE	大豆	总持仓创出110万手天量	过度投机气氛后移
3	2003	ZCE	硬麦	暴跌15个停板	交割后合约开始沉寂
4	2005	SHFE	铜	与外盘走势背离	大批优秀投资者消失
5	2007	ZCE	强麦	主力逼空交易所被迫限仓	空头散户损失殆尽
6	2008	ZCE	PTA	逼仓失败高位接货	多头主力亏损愈10亿
7	2009	SHCE	螺纹钢	成交量创历史新高	掀起新一轮涨价潮
8	2010	ZCE	糖	遭遇资金爆炒	留下下跌隐忧
9	2011	ZCE	棉花	冲高摔落	回归理性

从表10-1不难看出，我国期货市场长期存在的过度投机问题不是简单的主力投资者为谋求高额利润而过度操纵市场的问题，而是过度投机的第一监管人期货交易所实施收入增值政策的一部分，它包含着明显的收益的计算。②

观点碰撞：尽管交易所也在监督过度投机行为，但当交易所意识到过度投机基本可控、且将不易为监管层所获悉，或者说监管层无法获得更多的关于过度投机的信息时，交易所才是过度投机的"保护伞"。

基于上述信息博弈模型，本部分提出一个基本解释是，与纯粹的行政监管相比，交易所同时处于两种境况之中：既要在日常监管中最大限度地把握过度投机尺度，以尽可能地刺激投资主体的投机交易，获得客观的收入，又要最大限度地与监管层合作，防止过度投机严重而使自身生存权利受到威胁。这就使得交易所不仅需

① 张玉智，曹凤岐.期货市场监管层与投资者的信息博弈分析——兼论期货市场过度投机的动因[J].当代经济科学，2009(2).
② 张玉智，张丽娜.提升吉林省期货经纪业的对策研究[J].长春工业大学学报：社会科学版，2011(3).

要计算经济收益，而且还要计算信息博弈中的生存收益。两者的总和才真正构成对他们行为的激励。从这个角度出发，在前面提出的模型基础上，我们可以尝试提出以下两个推论。

推论1：监管合作的收入激励约束。只有当对过度投机行为进行监管合作的净结果不改变交易所的相对收益时，合作收益才可能实现，否则合作很难发生。

推论2：合作的生存危机约束。如果对过度投机行为进行监管合作后的结果会不利于交易所的生存收益，那么，合作的负收入前景也不足以阻止合作发生。

推论1说明在市场过度投机的氛围没有充分表现出来，整个市场虽有放量成交，但交易者仍然较为"理性"，市场短期内不会出现期货价格的大起大落，主力控盘力度强大，不至于造成大面积爆仓且无法平仓的情况下，交易所与监管层的监管合作的空间和意愿降至最低。该推论有助于说明当期货市场处于"温和"的甚至"可容忍"的过度投机时，为什么交易所总是单方面采取行政手段，"人为修改交易规则"，采取按当日结算价强制平仓。①

推论2说明生存危机的考虑可能使得交易所采取先入为主型的主导合作，使得监管层仍然能够看到交易所为维护市场秩序所表达出的诸多诚意，因此也就对"温和"的甚至"可容忍"的过度投机淡化处理。虽然监管合作的收益前景并不乐观，甚至影响交易所乃至个人收益，但如果采取合作则可以阻止已经十分明显、且过早被监管层关注的过度投机行为的发生，也能够证明交易所合作的业绩上升，有时即便没有任何收益，也可能是值得的。该推论有助于解释长期以来各交易所在与监管层信息博弈过程中主动合作，毫不手软地处理过度投机的当事人的行为。一些交易所在市场出现过度投机行为时，能够发出紧急通告，并在第一时间报送中国证监会期货监管部。②虽然市场过度投机亦会给交易所带来可观收益，但因多年来一些交易所已经发生了多起过度投机行为，国家有关部门以及监管层对交易所的监管能力的信心已经开始动摇，此时选择主动合作无疑是上策之选，其得益何止大于收益几倍！这也正是过度投机行为长期存在而屡禁不止的一个不容忽视的根源之所在。

由于信息博弈属于所有期货市场的一个基本特征，因此本部分所提出的分析框架具有更为一般的意义。在期货市场中，普遍存在着监管层与各交易所、监管层

---

①　1999年1月18日下午，郑交所发布《中郑商交字(1999)第10号》文宣布："1999年1月18日闭市后，交易所对绿豆9903、9905、9907合约的所有持仓以当日结算价对冲平仓。"

②　2007年7月19日郑交所发出紧急通告，并在第一时间报送中国证监会期货监管部。"根据《郑州商品交易所风险控制管理办法》的有关规定，经郑州商品交易所理事会批准和中国证监会备案，现将浙江永安期货经纪有限公司、中粮期货经纪有限公司、中国国际期货经纪有限公司、广发期货经纪有限公司、格林期货经纪有限公司、河南万达期货经纪有限公司、长城伟业期货经纪有限公司、浙江新世纪期货经纪有限公司、云晨期货经纪有限公司的限仓数额调整。"

与各经纪公司、监管层与投资者间，交易所与各经纪公司、交易所与投资者间，经纪公司与投资者间的信息博弈，各市场参与者间存在一个个分散的所谓的"信息孤岛"。本部分设计的模型同样适用于上述博弈。对于各交易所间、各经纪公司间、投资者之间的信息博弈则并不具备普遍意义。

10.4 期货投资主体的行为疏导

传统的金融理论总是假设人是理性的，但随着行为金融理论的兴起，人们发现理性人假设并不符合实际状况。在期货市场中，多数时候人们存在着行为障碍，要么反应不足，要么过度反应。这些行为障碍因素对期货投资产生了非常大的负面影响，绝大多数时候，投资亏损并不是判断出现了失误，而是执行时的非理性导致了投资的失败。因此，疏导投资主体的行为就显得尤为重要。

10.4.1 通过理论学习积累投资经验

期货投资博大精深，投资机会时时存在，但投资风险也时刻伴随在投资者身边。投资者在市场中时刻需要对各种情况进行分析判断，没有丰富的知识就没有进行分析的基础。有知识不保证一定会赢，但没有知识却保证一定会输。所以加强学习、提高素质，具备丰富而全面的各种领域的知识是投资实践的第一必备条件。从知识面上讲，投资者最好对经济学、军事学、心理学、哲学、管理学、法律、财务、会计等等都有所了解。

因此，要不断学习与投资有关的相关知识，扩大自己的视野。在学习过程中，重点学习影响期货价格的因素，尤其是国家宏观经济政策因素，使自己的投资行为跟上时代的节拍。

在生活和学习中，各个领域是相通的，互相借鉴的，一种原理可以移植到另一个领域中去。不过，要将这么多的知识学会并加以运用，绝不是一件轻松的事，需要不断学习、实践和总结，才能不断提高运用技巧，增长经验，使自己的操作越来越符合证券市场的内在规律。特别需要强调的是，期货投资是一个知识密集领域，也是一个操作至上的领域。投资者的知识结构包括他的人生阅历和社会经验。所谓"阅历、经验"就是了解各种领域知识并能灵活运用移植的能力。坎坷的经历，失败的经验和教训，都是期货投资致胜的无价财富。

10.4.2 通过人性剖析把握认知特点

心理学研究发现人们投资时存在着确认偏差，即一旦人们形成先验信念，他们就会有意识地寻找有利于证实先验信念的各种证据。"事后诸葛亮"，就是力图寻找各种非真实的证据来证明他们的信念是正确的。这种确认偏差会使管理工作者坚持错误的投资决策，直至强而有力的证据出现才能迫使其改变原有的信念。

投资主体存在着很强的"阿Q精神"，即人们的信念会由于行动的成功与否而改变。如果投资行动失败，人们将向下修正自己的信念，人为地降低由于后悔带来的损失；如果投资行动成功，人们则向上修正自己的信念，显示自己决策的英明。管理者其实应该明白，一个决策的成功与失败还有很多其他方面的原因，比如下属贯彻领导意图不力等。

人在考虑一个决策问题的时候，经常会将问题分解成一些相对习惯和简单的科目，并在头脑中相对独立地保持并跟踪这些科目的损益情况，而其感受的效果则分别来自于这些科目的得失带来的感觉，这种考虑问题的方式就是心理账户。在心理账户中，金钱常常被归于不同的账户类别，不同类的账户不能互相替代。比如一对夫妻外出旅游钓到了好几条大马哈鱼，这些鱼在空运中丢失，航空公司赔了他们300美元，这对平时勤俭持家的夫妻到豪华饭店吃了一顿，将这笔钱花个精光。在一对夫妻年收入只有150美元的时代，这顿饭实在太奢华了。这笔钱显然被划了"横财"与"食品"的账户，所以其决策行为一反常态。有时当某笔开支属于不同的心理账户时，人们宁可出高额利息去贷款，也不愿挪用存款。当某笔钱被划入临时账户时，将不受终生收入的影响。对心理账户的研究还发现，两笔盈利应分开，两笔损失应整合。这条规则给我们的启示是：在你给人送两件以上的生日礼物时，不要把所有礼物放在一个盒子里，应该分开包装；若你是老板，给人一次性发5 000元，不如先发3 000元，再发2 000元；比如开会收取会务费时，务必一次收齐并留有余地，若有额外开支一次次增收，虽然数量不多，会员仍然会牢骚满腹。

认知的系统偏差指社会特有因素对人的信念与决策产生重要的影响。不同背景的人们由于文化差异、收入差异、地域差异等，可能会形成若干个具有不同信念的群体，群体内部无明显差异，但不同群体之间存在着系统差异。也就是说，人们的认知受到整个系统因素的影响，也受到自身所在群体的因素的影响。人类的此类社会心理特征可以很好地解释不同背景管理者的各种各样不同的意见。

信息串流指人们在决策时都会参考其他人的选择，而忽略自己已有的信息或可获得的信息。信息串流理论刻画了大量信息在传播与评估中的丢失现象。由于人们注意力的限制，人们只能关注那些热点信息，并形成相似的集体信念，而人们的交流以及媒体的宣传使得这些信念得到进一步加强。投资者在决策时要注意适度参考他人选择，重视自己调查得来的信息，要注意不断分辨修正相似的集体信念。

对于期货市场的政策影响，投资主体既要保守，也要认识深刻。比如对于美国农业部每周出台的出口报告，投资者就应该准确判断这一政策的影响深度和影响广度，尤其应该联系实际行情进行必要的剖析。应该说，期货投资主体对于影响期货市场的供求政策给予了极大的关注，大多数投资者克服了认知偏差，对供求变化背后的经济形势有了一定的心理准备，因此，市场的走势表现出了顺理成章的一致。

正因为如此，投资主体应该对自己进行必要的个性剖析，分析自己的认知偏差，不断锻炼自身信息的敏感性，准确把握信息，赢得投资的更大收益。

10.4.3　通过投资筹划防范知行冲突

为有效解决非理性人的分析研判心理系统和实际执行行为系统之间会出现不一致以及存在着许多心理冲突等问题，应该从如下几方面来寻求解决之道。

1. 制定并执行投资计划

要想保证自己的投资成功，制订一个详细的计划是保证不发生失误的首要条件，正如彼得·林奇在《战胜华尔街》一书所指出的："如果你能执行一个固定的投资，而不理睬市场所发生的变化，你会得到丰厚的利润。"

制订投资计划的最大好处就在于：它可以使投资者提高投资的客观性，减少情绪性，从而在变幻莫测的市场中不随波逐流，而始终坚持自己的投资理念。而且一旦写出投资计划，就很容易评估各方面的情况，比如自己的设计是否符合市场的逻辑，是否存在个人的偏见，在发生出乎意料的情况时应该采取哪些对策。

对大多数投资者来说，可能不会制订投资计划，而且反对制订投资计划。不制订投资计划，既有知识方面的原因，也有能力方面的原因，而反对制订投资计划的人，是因为他们不喜欢按固定的原则进行投资，总认为市场多变，无规律可循，所谓计划不如变化快，因此总喜欢按"直觉"去投资，但这样往往有可能会在一连串糟糕的市场行为中将自己的获利统统还给市场，甚至把本钱也赔进去。

美国投资专家凯恩斯指出，期货投资这种游戏，对于一点赌性都没有的人，是一件既无聊又繁琐的事。至于有赌性而对投资又有兴趣的人，想以此为业，就必须付出适当的代价。这就是说，要在期货市场上有所成就，就必须把期货投资当成重要的工作，而不只是赌博冒险。既然是一项工作，就要按工作计划来展开。

成功的投资有四个关键要素，技术、资金、心理、纪律。技术指投资的策略手段，资金指投资时的风险控制与仓位运用，他们二者是互相配合的关系，投资的方法要正确，同时资金运用也要适当。心理指投资者的心理要健全，没有性格上的缺陷，而纪律指严格按投资计划执行，不随意投资，正因为存在着非理性障碍，他们要互相配合，彼此制约。在投资者心理训练中，学会制定完善的投资计划，按照计划执行，遵守投资相关的准则是非常重要的环节。只有这样，才能不断提高投资的水平，增加盈利，建立起自己的投资交易模式。

2. 权衡并调整盈利定位

人生需要目标，事业成功需要目标，期货投资更需要目标。人生没有明确的目标，就会使人像在大海里漂泊的航船，就不会有全力以赴的行动。在期货投资中，投资者必须要确立自己的目标。如果目标不能确定，投资人的心理就会经受着种种欲望和情绪的冲突，自己的心态就会随着期货价格的波动而起伏，就容易出现失误。因此，在投资或交易活动中，必须确定特殊的目标。投资目标的确立有助于投资者把自己的精力从外部转向自身，这样在投资出现问题时，就不会仅仅从外部寻找原因，怨天尤人，而会更好地审视自己，从自身寻找原因，分析总结自己的经验教训，更好地完善自己，以使自己更加成熟，投资行为更加理性。

要避免非理性，一个重要的方法是定位。成功的投资首要的就是放弃与定位。放弃是指放弃要战胜市场、获取盈利最大化的不切实际的做法，在金融市场中赚钱是无限的，而你所能赚取的钱则是有限的。定位则是指专门从事自己能够赚钱而且风险比较低的投资交易。金融投资的风险很大，而且方法渠道又很多，一不小心就会花了眼，其实只要专做某一种特别的模式，时间长了所获得的效益远大于不停转换对象的做法。定位还有更深一层的含义是形成自己的交易系统，这一点非常重要。交易系统指从市场中持续稳定获取利润的一套模式，每一个成功的投资者都有自己的交易系统，它们不相同，各有特色。它没有优劣之分，适合自己的就是好的。很多出名的投资家更是如此，比如巴菲特的交易系统是长期价值发掘投资，索罗斯是宏观经济外汇对冲投资，罗杰斯则是价值发现轮换投资。交易系统的建立依赖于专业的知识和丰富的经验，需要不断的摸索。

3. 熟悉并组合投资领域

在期货市场中还有一点也非常重要，就是要对不同的金融市场进行不同深度的研究，亦即所谓的"远离金融"。远离金融具体而言包涵两层含义：一是广义上人生要有更高的追求，不能把在金融市场中赚钱作为惟一要做的事情；二是狭义上不能仅仅关注某一个市场，要有广泛的宏观市场战略。如果把金融投资作为生活的全部，则人很容易就会陷进去，最终导致失败。所谓距离产生美，期货投资只能是谋生的手段的一种点缀，不是毕生的追求，这方面最明显的例子莫过于利文摩尔，这位本世纪最伟大的炒家最后却破产自杀了，人们对他的评价是他除了学习如何赚钱之外，什么都不学。不谋万世者，不足谋一时，即使只参与某一个期货市场，但也要有宏观的市场战略。每一个分支期货市场肯定都有牛熊轮回，不可能每次都有行情，关注不同的期货市场，一是可以形成宏观的战略分析，即使只参与某一市场，也可以扩散思维，避免陷入某一市场；二是在不同的市场轮换操作，既降低了风险，又增加了盈利。当然，关注的市场也不能太多，那样不容易形成专业化，一般横向或纵向关注两三个市场是比较合理的做法。横向指不同国家区域如美洲、欧洲、亚洲的金融市场，纵向则是指商品期货市场、金融期货市场等。

总之，期货投资不能忽视心理因素，尤其是投资时的非理性行为会产生非常大的负面作用。必须采取一些措施以避免和防范非理性心理冲突，只有这样，才能在期货市场中长期持续稳定地获利，形成自己的投资盈利系统。

10.4.4　通过完善自我塑造人格魅力

人类社会的众多规律可分为三个层次，最内核的是核心心理规则，中间层是核心规律，最外层则是具体各方面的规则，也即人类社会最根本的规律是心理层次上的。

1. 以内化认识自我

各种行为都可以从心理因素中找到合理解释，其原理与性格决定命运有一定类似之处。所谓核心心理规则，并不仅仅指人类性格的共性，而是人类思考、决策所依赖的共性的基本原理法则，它是每一个人类社会个体心理逻辑中相同的最核心的部分。这三个层次的规律之间有多方面的联系，内层决定外层，每一层又有很多要素点，各层次的各个要素点之间是复杂的互动双向联系，它们共同决定了人类社会的各种规律法则的全貌，期货投资规律也不例外。

从宏观上看，这些一层一层重叠起来的要素点规律圆环是人类认识世界的示意图。其中第一层和第二层从人类历史诞生以来基本没改变，而第三层却随着时代的发展不断发生变化。尤其对于期货市场而言。正如一句名言所说，阳光下没有新事物。有些东西是永远不会改变的，投资就像山峰一样古老。虽然期货市场分析的手段、投资的具体策略和几百年前大不一样，但它分析决策所依赖的基本法则没有改变过，从博弈的观点来看，始终是各方参与主体博弈的场所，永远是少数大的实力机构领导操作的市场。就像著名投资家彼得·林奇说的那样，投资所依赖的只是一些心理学和历史方面的知识，并无特殊之处。

按照上述原理，对于期货投资而言，最根本的核心分析是博弈信息分析，外围则是基本面分析、技术面分析、消息面分析，也即基本面决定大的方向，技术面决定具体的走势，消息面决定行情突破的契机，他们共同围绕着博弈信息分析，从属于它，而对于博弈信息分析而言，最重要的则是核心心理规则的运用。

2. 以剖析改造自我

实验表明，期货投资主体在投资活动中存在着过度自信、厌恶模糊、厌恶后悔和厌恶损失等心理学特征，而这些特征又直接影响着人们的行为。[①]

过度自信源于人们的乐观主义。在很多方面，大多数人对自己的能力以及未来的前景都表现出过于乐观。比如在驾驶水平、与人相处、幽默感、投资等方面所做的调查显示，90%的被调查者都表示自己的能力要高出平均水平。同时由于归因偏差的自我强化，人们常常将好的结果归功于自己的能力，而将差的结果归罪于外部环境。所以人们难以通过不断的理性学习来修正自己的信念，导致人们动态的过度自信。以前投资者大多把精力放在自卑的人身上，所以对于绝大多数人的过度自信把握不够。要是诸葛亮对马谡的过度自信把握在先，中国历史上也许就不会上演挥泪斩马谡的画面了。

厌恶模糊，即对越可能发生的结果赋予的权重越多，或称为"确定性效应"。人们对主观的不确定性的厌恶程度要超过对客观不确定性的厌恶；人们厌恶模糊的程度与他们对不确定性的主观概率估计能力负相关；在有决策失误的经历或者周围有能力更强的参与者时，人们将更加厌恶模糊。这可以解释人们为什么要求管理者的政务要公开透明，为什么人们喜欢客观的法治胜于主观的人治。

人在犯错误之后都会感到后悔，并且后悔带来的痛苦可能比由于错误引起的损失还要大，即厌恶后悔。因此，人们在决策时倾向于避免将来可能的后悔，即决策的目标可能是最小化未来的后悔。这一理论认为，个人在决策前会估计自己在未来可能出现的处境中的感受，并且采取行动的后悔程度要远高于没有采取行动的后悔程度。Kahneman用心理距离来解释后悔的程度，心理距离既与实际的物理距离有关也与想象的容易度有关，其基本规律是心理距离越短，后悔的强度越大。例如，彩票的中奖号码是865304，小文的号码是361204，小军的号码是865305。由于小军更容易假想他能中奖，因此更后悔。投资者了解厌恶后悔的心理特征，就可能在决策时战胜厌恶后悔的心理，将决策的目标定为最小化错误。有关心理距离的解释有助于人们摆脱五十步笑百步的尴尬情景。

Kahneman研究表明：有两项选择，一是损失7 500元，二是75%的概率损失10 000元，25%的概率没有损失，绝大多数人选择后者。这种现象被称为损失厌恶。进一步的研究发现，人对损失比对同样数额收益反应强烈，一项损失对人带来的影响大约是同等收益给人带来的影响的2.5倍。比如，损失1 000元钱所带来的懊恼要比发1 000元奖金而带来的喜悦更强烈。在一个团体中，奖励一人1 000元，其余没受奖而论理该

---

① 谈龙宝，邱文清.投资中的心理学：管理工作的新参照[J].求索，2004(1).

受奖的人员的痛苦更大。在期货投资过程中，一个决策获利10 000元，其喜悦程度不会比投资损失10 000元强烈，就是这个道理。

3. 以自律控制自我

人的心理状态对投资决策影响很大，学会控制自己的心理是很重要的一项本领。有过几年期货投资经验的投资者就会发现，掌握大盘阶段性的运行趋势有时并不难，而难的是在得出结论后如何说服自己去执行。因此，学会控制自己是投资者必修的一门功课。对职业投资者而言，世界可以划分为简单的两部分，第一部分是自己以内的一切，第二部分是自己以外的一切，即唯心和唯物，主观和客观。如果一个人可以控制第一部分，那么他就可以立于不败之地，如果再可以控制第二部分，那他就是这个市场的主宰，但如果只能控制第二部分而不能控制第一部分，那他可能是一个恶魔，就像某些势力无边的市场操纵者，最终将因无法战胜自己而毁灭。对于大多数非垄断性市场而言，所有的人都不可能控制整个市场，因此首先要学会操控自己。尽管心理因素只占一半，但这是惟一可以努力的一半，因为另一半因素只能够接受而无法彻底改变。对于个人投资者而言，往往越是修炼到高级的阶段，越要加强心理的修炼。知识是可以学习的，而心理是很难学习的，它需要的是训练、磨练、修炼和悟性。要学会控制自己，首先要分清哪些是自己可控的部分，哪些是不可控的部分。对于不可控制的部分，不必也不可为之费尽心思，而对于属于自己的部分则要尽心尽力。最简单的例子就是大势的涨跌(中长期趋势)，整个市场的趋势是不可控的，至少是个人投资者不可控的，而恐惧和忧虑是可控的，控制好情绪，才能保持理性判断的水准，也才能在期货投资中长期稳定地盈利。所以说，猜测明天是涨还是跌，并没有多少意义，关键是考虑好涨跌之后如何操作。区分主观与客观似乎是非常容易的事情，但事实并非如此，要知道，别人的主观是一种客观，自己的客观有时是一种主观。例如，市场中很多中小投资者都热衷于打探庄家的意图，其实这是中小投资者的身外之事，是自己所不能控制的事情。即使庄家真心告诉你明天的坐庄计划，也难保庄家一觉醒来不会因其他因素影响而改变主意却忘了或来不及通知你。相比之下，自己用多大比例跟庄，出现意外后如何止损，反倒是自己应该思考的问题。

4. 以稳健完善自我

心态是投资能否成功的重要因素之一。投资者应以投资的心态介入期货市场，并且要保持良好的心理状态。期市如潮，有涨有跌，涨多了就要回调，跌多了就要反弹。虽然介入期货市场的目的都是为了赚取投资收益，但投资毕竟有风险，毕竟会有赚、有亏。特别是期货市场中的短期投机有时会赚到很大的收益，但投机也同样会使投资者损失惨重。因此，投资者在期货市场中搏击，最重要的是调整好投资者本人的心态。在此基础上，还要理解和掌握期货市场的基本规律，逐步达到处乱不惊的境界。

对于一个单边上涨行情而言，每当期货价格处于长期上涨的过程中时，就应认识到上涨是风险积累的过程；反之，每当期货价格处于长期下跌的过程中时则意味着风险在释放。因此，投资者如果在期货市场的风险得到较好的释放之后买入某种合约，而待价格上涨、风险增加到一定程度时就卖出合约，如此反复，月积年累必将在期货市场中获得不菲的收益。反之，若乱了心态，其操作行为也会反其道而行之，即使整天忙于期货市场也难有作为。期货市场不可能每天都有行情，相反，如果日日忙于市场，时时都想从期市上获益，其结果必将影响个人的心态，做出事与愿违之举。要注意培养自己的独立分析判断市场价格趋势的能力，只有相信自己的能力并有及时认错的勇气，在发生错误的时候才能及时止损、止盈，不怕、不悔，该出手时就出手。

期货市场的起伏和沉寂，就是市场的正负反馈系统此消彼长变化的过程，是人性中追逐利润的本性和规避风险的理性间斗争与较量的过程。

中国期货市场受中国经济的影响有自己的特点。真正的大牛市和大熊市的产生，往往是某一种投资理念得到了反复验证和广泛认同的时候。某种理念一旦被证实为正确，就会被更广泛的投资者所认同并采用，越多的人采用这种理念，就会使得理念在市场中得到更好的证实，直到不相信这种理念和方法的对手绝大部分"投降"，使得投资者没有对手的时候，这种理念也就自然失效了，旧的系统也就到头了。人们常看到，当市场逐步走向狂热或极度低迷的时候，就会出现"反转"，否则期货市场就真可能成为无法阻挡的洪水猛兽了。

衡量一个人的行为活动，可从能量和时间来描述，能量描述人的反应性和活动性，时间反映持续性和灵活性。因此在参与期货投资时，特别是选择策略和方法上，需要经常注意规避自己气质上的缺点，发扬自己的优点。期货市场有不同的投资方法，更有适合不同性格投资者的投资工具，选择适合发挥自己性格特长的投资方法和投资品种才是成功的基本保障，"适合的才是最好的"。

本章小结

投资主体如果对期货使用方法不当，可能产生比原生产品——现货市场大得多的风险，这是因为期货市场有杠杆效应——利用少量资金进行巨额交易是期货投资的重要特征。期货投资风险可以划分为可控风险和不可控风险两大类。面对期货投资风险，投资者往往过分依赖技术分析，甚至利用技术分析进行过度投机。因此，疏导期货投资主体的行为，应通过理论学习积累投资经验、通过人性剖析把握认知特点、通过投资筹划防范知行冲突、通过完善自我塑造人格魅力。

思考练习

一、名词解释

投资心理学　　可控风险　　认识风险　　选择风险　　分析风险　　计算风险　　指令风险　　核算风险　　决策风险　　开放的信息生态环境

二、判断题

1. 即使投资主体对期货使用方法不当，其产生的风险也不可能比现货市场大。（　）

2. 国内外投资心理学所用的研究方法主要来自实验心理学和社会心理学。（　）

3. 风险虽然不可确定，但是对风险的衡量是可以确定的。（　）

4. 期货市场实施的交易保证金制度，其高杠杆作用、以小博大的能量，是加大市场风险的内在动因。（　）

5. 不可控风险，是指投资主体面临的因各种环境变化、行业态势转换、国家政策波动和市场因素调整导致的不可控制的投资结果的不确定性。（　）

6. 市场风险是指由于期货价格或价值变动导致基础资产价格变动而引起的风险。（　）

7. 按照期货市场负载的信息量划分，期货市场的信息生态环境可以划分为开放信息生态环境、收敛信息生态环境和真空信息生态环境。（　）

8. 开放的信息生态环境，是指在海量信息时代期货市场对各种信息不加任何分析、加工、整理和过滤，信息可以自由生产、传递、循环与再造，期货投资信息—期货投资者—期货市场环境之间呈现的均衡状态。（　）

9. 收敛的信息生态环境，是指能够保持期货投资信息—期货投资者—期货市场环境这一系统在一定范围内经常处于非均衡状态的信息环境。（　）

10. 一般认为，市场价格偏离价值过大就意味着过度投机，而其根源就在于市场参与者的非理性。（　）

三、单选题

1. 下面属于决策风险的是（　　）。
   A. 资金量风险　　B. 保值风险　　C. 经济政策风险　　D. 国家政府风险

2. 下面属于经营风险的是（　　）。
   A. 资金量风险　　B. 保值风险　　C. 经济政策风险　　D. 国家政府风险

3. 下面属于行业风险的是（　　）。
   A. 资金量风险　　B. 保值风险　　C. 经济政策风险　　D. 国家政府风险

4. 下面属于政策风险的是（　　）。
   A. 资金量风险　　B. 保值风险　　C. 经济政策风险　　D. 国家政府风险

5. 按照期货市场负载的信息量划分，期货市场的信息生态环境可以划分为(　　)。

　　A. 政治环境、经济环境和开放信息生态环境

　　B. 开放信息生态环境、收敛信息生态环境和真空信息生态环境

　　C. 技术环境、人文环境和自然环境

　　D. 开放信息生态环境、收敛信息生态环境和人文环境

6. 不是期货市场产生真空信息生态环境的原因的是(　　)。

　　A. 信息垄断　　　　B. 信息无效　　　　C. 信息真空　　　　D. 信息泛滥

7. 在真空的信息生态环境下，由于缺乏基础面分析工具，期货投资者对投资分析工具的依赖性仅局限于(　　)。

　　A. 信息分析　　　　B. 理论分析　　　　C. 技术分析　　　　D. 环境分析

8. 交易所纵容过度投机行为不取决于(　　)。

　　A. 交易所与监管层之间的内部信息拥有量

　　B. 交易所与投资主体之间的信息拥有程度

　　C. 交易所纵容过度投机所面临的惩罚和监督风险

　　D. 交易所信息的传递有效性

9. 不属于成功投资的四个关键要素的是(　　)。

　　A. 技术　　　　　　B. 信息　　　　　　C. 心理　　　　　　D. 纪律

10. 人类社会的众多规律，最内核的是(　　)。

　　A. 核心心理规则　　　　　　　　　B. 核心规律

　　C. 具体各方面的规则　　　　　　　D. 核心行为

四、多选题

1. 期货投资的高风险发生的原因包括(　　)。

　　A. 价格的波动性　　B. 交易的杠杆性　　C. 投资的投机性　　D. 环境的渗透性

2. 可控风险包括(　　)。

　　A. 决策风险　　　　B. 行业风险　　　　C. 经营风险　　　　D. 政策风险

3. 不可控风险可以划分为(　　)。

　　A. 决策风险　　　　B. 行业风险　　　　C. 经营风险　　　　D. 政策风险

4. 操作风险包括(　　)。

　　A. 认识风险　　　　B. 分析风险　　　　C. 指令风险　　　　D. 核算风险

5. 自律风险包括(　　)。

　　A. 交割风险　　　　B. 法律规范风险　　C. 心理调节风险　　D. 套利风险

五、简答题

1. 什么是期货投资的风险？

2. 期货投资的高风险发生的原因有哪些？

3. 简述操作风险中包括的几种风险。

4. 简述什么是资金投放量风险、交易量风险、持仓量风险和持仓期限风险。

5. 粮食企业在选择经营方式时，哪些因素的利用不当会产生风险？分别简单阐述产生的风险。

六、论述题

1. 论述期货市场的过度投机。

2. 怎样对期货投资主体的行为进行疏导？

综合案例

有7个人住在一起，每天共食一锅粥，因人多粥少，争先恐后，秩序混乱，还互相埋怨，心存芥蒂。于是，他们想办法解决每天的吃饭问题——怎样公平合理地分食一锅粥。

他们试验了不同的方法：

第一种方法，指定一个人分粥，很快大家就发现，这个人为自己分的粥最多，于是又换了一个人，结果总是主持分粥的人碗里的粥最多最好；

第二种方法，大家轮流主持分粥，每人一天，虽然看起来平等了，但是几乎每周下来，他们只有一天是饱的，就是自己分粥的那一天；

第三种方法，推选出一个人来分粥，开始这位品德尚属上乘的人还能公平分粥，但没多久，他开始为自己和溜须拍马的人多分，搞得整个小团体乌烟瘴气；

第四种方法，选举一个分粥委员会和一个监督委员会，形成监督和制约机制，公平基本上做到了，可是等互相扯皮下来，粥吃到嘴里全是凉的，大家也很不满意；

第五种方法，轮流分粥，而分粥的人要等到其他人都挑完后才能取剩下的最后一碗。令人惊奇的是，采用此办法后，七只碗里的粥每次都几乎一样多，即便偶有不均，各人也认了，大家快快乐乐，和和气气，日子越过越好。[①]

案例讨论题

(1) 构建科学管理体制是否重要？

(2) 如果只是"轮流分粥"，而没有"分者后取"，结果会是怎样？

(3) 当每个人都有权利或资格主宰某一事件时，该人是否会操纵事件过程？

(4) 分粥博弈在期货市场上如何演绎？

(5) 为什么疏导投资行为如此重要？

---

① 马德举.从七人分粥的故事所想到的[J].领导之友，2005(3).

参 考 文 献

[1] Armony J L，Servan-Schreiber D，Cohen J D，et al. Computational modeling of emotion：Explorations through the anatomy and physiology of fear conditioning[J]. Trends in Cognitive Sciences，1997(1)：28-34.

[2] Alfred Marshall.Principles of Economics[M].Lodon：The Macmillan Company，1938：46.

[3] Armony J L，Servan-Schreiber D，Cohen J D，et al. Computational modeling of emotion：Explorations through the anatomy and physiology of fear conditioning[J]. Trends in Cognitive Sciences，1997(1)：28-34.

[4] Bentham J.An introduction to the principles of morals and legislation[M]. Oxford，England：Blackwell，1984：143-146.

[5] Bechara A，Damasio H，Tranel D，et al.Deciding advantageously before knowing the advantageous strategy[J].Science，1997(275)：1293-1295.

[6] Bell D E.Disappointment in decision making under uncertainty[J].Operations Research，1985(33)：1-27.

[7] Clore G L，Schwarz N，Conway M. Affective causes and consequences of social information processing[M].Hillsdale，NJ：Erlbaum，1994：323-417.

[8] Daniel Kahmeman，Mark W. Riepe. Aspects of Investor Psychology[J].Journal of Portfolio Management，1998(24)：4-6.

[9] David Winstone. Financial Derivatives：Hedging with Futures，Forwards，Options and Swaps[M].Neeyork：Chapman ＆Hall，1995：153-154.

[10] Edwards W.Utility theories: Measurements and applications[M].Boston: Kluwer，1992：210-213.

[11] Gilbert D T，Pinel E C，Wilson T C，et al. Immune neglect：A source of durability bias in affective forecasting[J].Journal of Personality and Social Psychology，1998(75)：617-638.

[12] Hare R D. Psychopathy：fear arousal and anticipated pain[J].Psychological Reports，1965(16)：499-502.

[13] Johnson E J, Tversky A. Affect, generalization, and the perception of risk[J]. JPSP, 1983(45): 20-31.

[14] Josephs R A, Larrick R P, Steele C M, et al. Protecting the self from the negative consequences of risky decisions[J].Journal of Personality and Social Psychology, 1992(62): 26-37.

[15] Kahneman D, Tversky A. Prospect theory[J].Econometrica, 1979(47): 263-292.

[16] Koontz, Harold. The Management Theory Jungle Revisited[J].Academy of Management Review, 1980(52): 175-187.

[17] Lerner J S, Keltner D. Beyond valence: Toward a model of emotion-specific influences on judgment and choice[J].Cognition and Emotion, 2000(14): 473-494.

[18] Loomes G, Sugden R. Disappointment and dynamic consistency in choice under uncertainty[J].Review of Economic Studies, 1986(53): 271-282.

[19] Maslow A.H. Conflict, Frustration, and the Theory of Threat[J].Abnorm. Psychol, 1943(38): 87-88.

[20] Nardi Bonnie A., Vicki L. O'Day. Information Ecologies: Using Technology with Heart[M]. Massachusetts: Cambridge, Mass: MIT Pr., 1999: 232.

[21] Parker D, Stradling S G, Manstead A S R. Modifying beliefs and attitudes toward exceeding the speed limit: An intervention study based on the theory of planned behavior[J].Journal of Applied Social Psychology, 1996(26): 1-19.

[22] Quiggin J. A theory of anticipated utility[J].Journal of Economic Behavior and Organization, 1982(3): 324-345.

[23] Raghunathan R, Pham M T. All negative moods are not equal: Motivational influences of anxiety and sadness on decision making[J].Organizational Behavior and Human Decision Processes, 1999(79): 56-77.

[24] Servan-Schreiber D, Perlstein W M. Selective limbic activation and its relevance to emotional disorders[J].Cognition and Emotion, 1998(12): 331-352.

[25] Thomas H. Davenport, Laurence Prusak. Information Ecology: Mastering the Information and Knowledge Environment[M].London: Oxford University Press, 1997: 132-145.

[26] Tversky A, Kahneman D.Advances in prospect theory: Cumulative representation of uncertainty[J].Journal of Risk and Uncertainty, 1992(5): 297-323.

[27] Von Neumann J, Morgenstern O.Theory of games and economic behavior[M].

New jersey：Princeton University Press，1947：209-211.

[28] Wilson T D，Schooler J W. Thinking too much：Introspection can reduce the quality of preferences and decisions[J].Journal of Personality and Social Psychology，1991(60)：181-192.

[29] Zajonc R B.Feeling and thinking：Preferences need no inference[J].American Psychologist，1980(35)：151-175.

[30] 艾里克·拉斯缪森.博弈与信息[M].王晖，译.北京：北京大学出版社，2003.

[31] 安德鲁·基尔帕特里克.关于永恒价值：沃伦·巴菲特的故事[M].伯明翰：AKPE，1994.

[32] 毕艳杰，柯大钢.行为金融理论述评[J].首都经济贸易大学学报，2005(2).

[33] 陈彦斌.情绪波动和资产价格波动[J].经济研究，2005(3).

[34] 陈梦根，曹凤歧.中国证券市场价格冲击传导效应分析[J].管理世界，2005(10).

[35] 陈文汉.我国证券市场信息不对称的博弈分析及政策建议[J].华东经济管理，2004(4).

[36] 丁治国，苏治.投资者情绪、内在价值估计与证券价格波动——市场情绪指数假说[J].管理世界，2005(2).

[37] 甘泉.信息不对称条件下中国股票市场博弈行为分析[D].南京：南京工业大学，2005.

[38] 侯桂红.从众心理现象分析[J].内蒙古民族大学学报，2007(1).

[39] 黄小宁.股票投资中的心理预期浅析[J].理论学刊，2004(7).

[40] 姜继娇，杨乃定.行业特征、市场情绪与收益波动[J].管理学报，2006(5).

[41] 李晓梅.证券投资心理学[J].证券导刊，2005(40).

[42] 李心丹，王冀宁，盛昭瀚.股价与交易量均衡下的个体证券投资者与机构间的博弈研究[J].金融研究，2004(1).

[43] 李玉杰.证券市场投资心理浅析[J].经济师，2001(6).

[44] 刘蓉晖，王垒.阈下情绪启动效应[J].心理科学，2000(23-3).

[45] 鲁直，何基报.中国证券投资者追风行为的实验研究[J].心理科学，2004(4).

[46] 陆剑清.投资心理学[M].大连：东北财经大学出版社，2000：31.

[47] 彭浩东，黄惠平.证券市场中错误投资心理透视[J].经济师，2002(2).

[48] 彭贺.证券投资中的心理行为障碍探析[J].当代财经，2003(3).

[49] 时蓉华.社会心理学[M].杭州：浙江教育出版社，1998：377-399.

[50] 宋官东.从众新论[J].心理科学，2005(5).

[51] 宋新军.论意志与潜能[J].桂林师范高等专科学校学报，2005(9).

[52] 苏东水.管理心理学[M].3版.上海：复旦大学出版社，1998：78.

[53] 孙耀君.管理思想发展史[M].太原：山西经济出版社，1999：248.

[54] 汤光华.从众行为的背后[J].统计理财，2003(12).

[55] 翁学东.美国投资心理学理论的进展[J].心理科学进展，2003(3).

[56] 王安静.股市投资者偏好投机[J].重庆商学院学报，2002(1).

[57] 王舒.资本市场投机行为模式综述[J].经济学动态，1998(11).

[58] 王淑臻，田禾.对证券市场中从众行为的心理探讨[J].市场论坛，2005(6).

[59] 吴光静，陆剑清，张俊宇.我国证券市场从众行为的实证分析[J].郑州航空工业管理学院学报，2006(4).

[60] 向锐，李琪琦.中国机构投资者羊群行为实证分析[J].产业经济研究，2006(1).

[61] 徐旭初.机构投资者和资本市场的效率[J].世界经济研究，2001(6).

[62] 杨柏.基于证券交易的市场操纵行为博弈机制研究[J].经济问题探索，2006(7).

[63] 于松涛，杨春鹏，杨德平.牛市熊市中机构投资者的行为分析[J].青岛大学学报，2007(3).

[64] 张德.社会心理学[M].北京：劳动人事出版社，1990：114.

[65] 张建英.博弈论的发展及其在现实中的应用[J].理论探索，2005(2).

[66] 张艳.信息博弈与监管：我国证券市场监管新视角[J].管理世界，2002(5).

[67] 张艳.我国证券市场信息传递中代理者与信息提供者串谋的信息博弈[J].四川大学学报，2005(2).

[68] 张玉智.期货市场的信息场效应分析[J].长春工业大学学报，2007(3).

[69] 张玉智.基于生态信息的新型期货投资主体的培育[J].经济师，2007(2).

[70] 张玉智.证券投资心理与行为[M].北京：经济日报出版社，2009.

[71] 张玉智.市场操纵的心理学解读[J].工业技术经济，2003(1).

[72] 郑亚伟.投资者理性与证券市场[J].特区经济，2006(7).

[73] 邹辉文，李文新，汤兵勇.证券市场投资者的心理和决策特征评述[J].财贸研究，2005(3).

[74] 邹莉娜，赵梅链.行为金融理论的发展及评述[J].经济师，2006(5).

[75] 庄锦英.情绪与决策的关系[J].心理科学进展，2003(4).

后　记

近年来，金融学专业招生规模不断扩大，与金融学相关的会计学、财务管理专业也不甘落后。在日常教学过程和投资实践中，我们深感大多数学生及投资者对投资心理了解得并不全面，还存在着许多心理障碍。而关于投资心理方面的书籍也并不多，能够作为教材的也比较少见。这也是我们决定编写本书的初衷之一。

本书通过揭示投资主体的投资心理与行为规律，将为证券市场管理者监管市场提供必要的理论支撑，为证券市场中介者服务市场提供可靠的数据支持，为证券市场投资者参与市场提供合适的操作策略。

此前，我们对投资心理理论和实践有所积累，但真正动笔的时候，仍感到有些力不从心，不得不进一步学习和研究。令人愉快的是，在学习和研究过程中，我们对证券投资心理学产生了浓厚的兴趣，每天都沉浸在陋室书海中，寻找能够指导实践的理论和可以指导理论的实践。为了得到更多的资料和成果，我们多次参加各种学术研讨和交流，并多次回到证券市场、期货市场，了解投资者的投资心理和经营轨迹，以增加本书的可读性、严谨性和科学性。

在此期间，北京大学曹凤岐教授、吉林大学孙巍教授、长春大学潘福林教授、长春工业大学郭晓立教授等多次给予我们理论与实践上宝贵的指导。

研究生秦兴、辛晴文、陈曦、韩佳培等都给予了我们资料上的帮助。

本书得到了长春工业大学"十一五"规划教材项目资助。

本书在编著过程中，参考了大量资料，在此谨向各位学术先贤和挚友致以崇高的敬意！

作　者

2011年12月于长春